[Wissen für die Praxis]

Weiterführend empfehlen wir:

Die Beteiligungsrechte der Vertrauenspersonen in der Bundeswehr
ISBN 978-3-8029-6226-4

Disziplinarrecht, Strafrecht, Beschwerderecht der Bundeswehr
ISBN 978-3-8029-6299-8

Disziplinarvorgesetzer und Beschwerdeführer
ISBN 978-3-8029-6232-5

Dienstzeugnisse der Bundeswehr
ISBN 978-3-8029-6231-8

Handbuch Disziplinar- und Beschwerderecht
ISBN 978-3-8029-6213-4

Weitere Titel unter: www.WALHALLA.de

Wir freuen uns über Ihr Interesse an diesem Buch. Gerne stellen wir Ihnen zusätzliche Informationen zu diesem Programmsegment zur Verfügung.

Bitte sprechen Sie uns an:

E-Mail: WALHALLA@WALHALLA.de
http://www.WALHALLA.de

Walhalla Fachverlag · Haus an der Eisernen Brücke · 93042 Regensburg
Telefon 0941 5684-0 · Telefax 0941 5684-111

Widmaier · Weber

Wehr-
disziplinarrecht
in Fällen

Rechtsprechung zu Dienstvergehen
von Alkohol- bis Waffenmissbrauch

WALHALLA

Bibliografische Information der Deutschen Nationalbibliothek

Die Deutsche Nationalbibliothek verzeichnet diese Publikation in der Deutschen Nationalbibliografie; detaillierte bibliografische Daten sind im Internet über http://dnb.dnb.de abrufbar.

Zitiervorschlag:
Widmaier/Weber, Wehrdisziplinarrecht in Fällen
Walhalla Fachverlag, Regensburg 2019

Hinweis: Unsere Werke sind stets bemüht, Sie nach bestem Wissen zu informieren. Alle Angaben in diesem Buch sind sorgfältig zusammengetragen und geprüft. Durch Neuerungen in der Gesetzgebung, Rechtsprechung sowie durch den Zeitablauf ergeben sich zwangsläufig Änderungen. Bitte haben Sie deshalb Verständnis dafür, dass wir für die Vollständigkeit und Richtigkeit des Inhalts keine Haftung übernehmen.

Bearbeitungsstand: März 2019

© Walhalla u. Praetoria Verlag GmbH & Co. KG, Regensburg
Alle Rechte, insbesondere das Recht der Vervielfältigung und Verbreitung sowie der Übersetzung, vorbehalten. Kein Teil des Werkes darf in irgendeiner Form (durch Fotokopie, Datenübertragung oder ein anderes Verfahren) ohne schriftliche Genehmigung des Verlages reproduziert oder unter Verwendung elektronischer Systeme gespeichert, verarbeitet, vervielfältigt oder verbreitet werden.
Produktion: Walhalla Fachverlag, 93042 Regensburg
Umschlaggestaltung: grubergrafik, Augsburg
Printed in Germany
ISBN 978-3-8029-6214-1

Vorwort des Deutschen BundeswehrVerbandes

Der Deutsche BundeswehrVerband als weitaus größte Interessenvertretung der Menschen der Bundeswehr arbeitet seit mehr als zehn Jahren mit Herrn Prof. Dr. Widmaier zusammen, und mit höchster Zuverlässigkeit liefert er Erläuterungen zu ausgewählten Entscheidungen des 2. Wehrdienstsenats des Bundesverwaltungsgerichts in Disziplinarsachen für unser monatlich erscheinendes Magazin „Die Bundeswehr". Das Format erfreut sich bei unserer Leserschaft zu Recht großer Beliebtheit, denn natürlich hat nicht jeder und schon gar nicht jeder Vorgesetzte Zeit und Muße, die nicht selten sehr umfangreichen Urteile selbst auszuwerten, zumal Sprache und Stil gerade für Nicht-Juristen schnell ermüdend werden. Und ich müsste lügen, würde ich von mir selbst etwas anderes behaupten.

Ganz anders ist die Herangehensweise des Autors: Jeder Fall wird in verständlicher Weise auf seine wesentlichen Aspekte reduziert und in allen Facetten erläutert – vom Sachverhalt über die entscheidungserheblichen Umstände bis hin zur Maßnahmenzumessung. Tatsächlich ist zur Schärfung des eigenen Judizes nichts hilfreicher als die Auseinandersetzung mit der höchstrichterlichen Rechtsprechung über die gesamte Bandbreite der disziplinar zu würdigenden Verhaltensweisen. Dies gilt umso mehr, als das Wehrdisziplinarrecht im Hinblick auf eher „lässliche Sünden" in der Strafgerichtsbarkeit durchaus unangenehme Überraschungen bereit hält. Ein besonderer Verhaltenskodex, der entsprechende Sanktionsrahmen und die zugehörigen Verfahren sind eben genau das: besonders.

Umso erfreulicher ist, dass die naturgemäß „vergänglichen" Beiträge in dem vorliegenden Werk zusammengefasst, geordnet und ergänzt wurden und so einen vollständigen und dieser Form einzigartigen Überblick bieten.

Ich lege das Buch nicht nur allen ans Herz, die regelmäßig und vor allem beruflich mit dem Wehrdisziplinarrecht zu tun haben; die Lektüre ist auch für potenziell Betroffene interessant, ganz sicher lehrreich und stellenweise sogar spannend. Ehrlich.

Christian Sieh

Justitiar im Bundesvorstand des DBwV

Vorwort

Vorwort

Die hier ausgewählten Urteile und Beschlüsse zur Ahndung von Dienstvergehen werden in gekürzter und erläuterter Form dem Leser aufbereitet. Dies ermöglicht es ihm, bestimmte Themen zu vertiefen. Es handelt sich um wichtige Fallgruppen aus der Praxis und, soweit ersichtlich, um die bislang erste und einzige kompakte fallbezogene und mit weiterführenden Anmerkungen versehene Übersicht zum Wehrdisziplinarrecht. Die Gerichtsentscheidungen werden dem Leser in ihren wesentlichen Aussagen und Gründen wiedergegeben und ihm wird vermittelt, welche rechtlichen Themen in den jeweiligen Jahren von Bedeutung waren. Mit der Wiedergabe eines praktischen Falles in seinen wesentlichen Gesichtspunkten, so wie er höchstrichterlich entschieden wurde, wird dem interessierten Leser Berechenbarkeit und ein Judiz auch für die Lösung ähnlich gelagerter Fälle geboten und vor allem auf umfangreiche, teils irritierende Darstellungen von Autoren und deren persönliche Auffassungen verzichtet. Die Judikate spiegeln die Vielschichtigkeit disziplinarrechtlicher Fragestellungen und ihre Behandlung und Lösung durch den 2. Wehrdienstsenat des Bundesverwaltungsgerichts wider. Sie sind speziell für Soldaten und Soldatinnen gedacht, die mit diesem Rechtsgebiet, auch in der Ausbildung von Offizieren und Unteroffizieren, in Berührung kommen, um sich an den Vorgaben der höchstrichterlichen Rechtsprechung zu orientieren. Die Realisierung eines solchen Vorhabens ist vor allem für die Betroffenen im Interesse eines effektiven Rechtsschutzes und darüber hinaus auch für weitere Verfahrensbeteiligte überfällig, da das Wehrdisziplinarrecht längst nicht mehr mit einem „Orchideenfach" verglichen werden kann.

Prof. Dr. jur. Ulrich Widmaier
Richter am Bundesverwaltungsgericht a. D.

Sebastian Weber
Vertragsanwalt des Deutschen BundeswehrVerbandes

Inhaltsverzeichnis

I.	**Alkohol**	15
	1. Selbstverschuldete Trunkenheit – Kein Grund zur Maßnahmemilderung Neuere Rechtsprechung des 2. WD-Senats des Bundesverwaltungsgerichts	15
II.	**Aussagedelikte**	17
	1. Aussagegenehmigung für einen beabsichtigten Strafantrag BVerwG, Beschl. v. 30.9.2008 – 1 WB 23.08	17
	2. Aberkennung des Ruhegehalts – wie Aussagedelikte und außerdienstliche Betrugshandlungen bei erheblicher disziplinarer Vorbelastung zu beurteilen sind BVerwG, Urt. v. 4.3.2009 – 2 WD 10.08	19
III.	**Befehl**	22
	1. Fahrlässig falsche dienstliche Meldung bei Ausführung eines Befehls BVerwG, Beschl. v. 31.7.2008 – 2 WDB 1.08	22
IV.	**Beleidigung von Untergebenen/Menschenführung**	24
	1. Ausbilder gefährdet und beleidigt Rekruten – 18 Monate Beförderungsverbot (Übungshandgranatenwurf und Ehrverletzung) BVerwG, Urt. v. 13.3.2008 – 2 WD 6.07	24
	2. Ausbilder zeigte Defizite in der Menschenführung – Beförderungsverbot und Bezügekürzung BVerwG, Urt. v. 25.11.2010 – 2 WD 28.09	27
V.	**Drogen**	29
	1. Beförderungsverbot wegen Verstoßes gegen das Sprengstoffgesetz und das Betäubungsmittelverbot – BVerwG hebt Degradierung durch TDG auf BVerwG, Urt. v. 7.5.2013 – 2 WD 20.12	29
	2. Soldat verschafft sich eine große Menge an Drogen BVerwG, Urt. v. 12.1.2017 – 2 WD 12.16	32
VI.	**Einfache Disziplinarmaßnahme/Erzieherische Maßnahme**	34
	1. Soldat speicherte rechtswidrig Daten – Gericht klärte Fristbeginn für Verhängung einer einfachen Disziplinarmaßnahme BVerwG, Beschl. v. 7.4.2011 – 2 WNB 2.11	34
	2. Anfechtung einer Erzieherischen Maßnahme BVerwG, Beschl. v. 23.2.2010 – 1 WB 23.09	36

Inhaltsverzeichnis

VII. Grundgesetz 38

1. Verpassen einer körperlichen Abreibung im außerdienstlichen Bereich
   BVerwG, Urt. v. 24.5.2012 – 2 WD 18.11 38

2. Außerdienstliche Körperverletzung durch einen Soldaten –
   BVerwG verlängert Beförderungsverbot durch TDG
   BVerwG, Urt. v. 7.3.2013 – 2 WD 28.12 40

VIII. Kameradschaft 43

1. „Kameradendiebstahl" ist ein schweres Dienstvergehen
   BVerwG, Urt. v. 23.9.2008 – 2 WD 18.07 43

2. Soldat greift in die Gemeinschaftskasse – im Dienstgrad herabgestuft
   BVerwG, Urt. v. 10.9.2009 – 2 WD 28.08 46

3. Der „Einbruch" in die Kameradenehe ist keine überholte Vorstellung
   BVerwG, Urt. v. 1.7.1992 – 2 WD 14.92 – und
   BVerwG, Urt. v. 16.4.2002 – 2 WD 43.01 48

4. Soldat verschafft sich als Geschäftsführer einer Offizierheimgesellschaft (OHG) finanzielle Vorteile
   BVerwG, Urt. v. 27.9.2012 – 2 WD 22.11 50

IX. Misshandlung 52

1. Eine „brutale" körperliche Misshandlung durch einen Soldaten rechtfertigt eine Dienstgradherabsetzung
   BVerwG, Urt. v. 3.8.2016 – 2 WD 20.15 52

X. Nebentätigkeit 53

1. Ausübung einer nicht genehmigten Nebentätigkeit
   BVerwG, Urt. v. 8.5.2014 – 2 WD 10.13 53

XI. Politische Treuepflicht/Volksverhetzung 55

1. Aberkennung des Ruhegehalts wegen Verstoßes gegen die politische Treuepflicht (§ 8 SG) und die nachwirkende Verfassungstreuepflicht (§ 23 Abs. 2 Nr. 2 Alt. 1 SG)
   BVerwG, Urt. v. 6.9.2012 – 2 WD 26.11 55

2. Rechtsextremistisches Verhalten: Die Verletzung der politischen Treuepflicht (§ 8 SG) ist eine der schwersten denkbaren Pflichtwidrigkeiten
   BVerwG, Urt. v. 25.1.2000 – 2 WD 43.99, BVerwG, Urt. v. 7.11.2000 – 2 WD 18.00, BVerwG, Urt. v. 21.11.2000 – 2 WD 27.00, BVerwG, Urt. v. 28.2.2002 – 2 WD 35.01 und BVerwG, Urt. v. 22.10.2008 – 2 WD 1.08 58

Inhaltsverzeichnis

3. Einbringen eines Schriftstückes mit ausländerfeindlichem Inhalt in den dienstlichen Bereich (sog. Schmähkritik)
BVerwG, Urt. v. 23.1.1997 – 2 WD 37.96 61

XII. Prozessuales 63

1. Fehlerhafte Sachverhaltsaufklärung (Bundesverwaltungsgericht verweist zurück an das Truppendienstgericht) 63

2. Im Zweifel für den Angeschuldigten – wann „In dubio pro reo" und die Unschuldsvermutung gelten
BVerwG, Urt. v. 4.9.2009 – 2 WD 17.08 65

3. Fehlerhafte Anwendung des Grundsatzes „Im Zweifel für den Angeschuldigten"
BVerwG, Beschl. v. 8.12.2009 – 2 WD 36.09 67

4. Soldat handelte in Notwehr – Freispruch nicht nur nach dem Grundsatz „in dubio pro reo"
BVerwG, Urt. v. 14.2.2013 – 2 WD 27.11 69

5. Gericht sieht keine Milderungsgründe in der Dauer des Disziplinarverfahrens
BVerwG, Urt. v. 10.10.2013 – 2 WD 23.12 72

6. Unangemessen lange Verfahrensdauer ist bei der Maßnahmebemessung mildernd zu berücksichtigen
BVerwG, Urt. v. 19.5.2016 – 2 WD 13.15 73

7. Überlange Verfahrensdauer infolge Überlastung der Truppendienstkammer
BVerwG, Urt. v. 12.5.2016 – 2 WD 16.15 76

8. Ist die Höchstmaßnahme verwirkt, kann sich die Dauer des gerichtlichen Disziplinarverfahrens nicht (mehr) maßnahmemildernd auswirken
BVerwG, Urt. v. 6.9.2012 – 2 WD 26.11 78

9. Zur Bestellung eines Pflichtverteidigers im disziplinargerichtlichen Verfahren
BVerwG, Beschl. v. 21.12.2011 – 2 WD 26.10 80

10. Unterbleiben der Pflichtverteidigerbestellung, obwohl die Verhängung der disziplinaren Höchstmaßnahme im Raume stand, war rechtens
BVerwG, Urt. v. 5.5.2015 – 2 WD 6.14 82

11. Fehlende Wahl-Verteidigung ist Voraussetzung für die Pflichtverteidigerbestellung durch das Wehrdienstgericht
BVerwG, Beschl. v. 5.10.2016 – 2 WDB 1.16 84

12. Wehrdienstgerichtliche Urteile sind grundsätzlich binnen fünf Wochen nach Verkündung fertigzustellen
BVerwG, Beschl. v. 27.6.2013 – 2 WD 19.12 86

Inhaltsverzeichnis

13. Überschreiten der Urteilsabsetzungsfrist durch den zur Urteilsabsetzung berufenen Richter führt zur Aufhebung des Urteils
BVerwG, Beschl. v. 28.8.2015 – 2 WD 9.15 88

14. Verteidiger versäumt Rechtsmittelfrist – Antrag auf Wiedereinsetzung in den vorigen Stand erfolgreich
BVerwG, Beschl. v. 11.12.2013 – 2 WDB 7.13 90

15. Berufungsfrist beginnt mit Zustellung des Urteils an den Soldaten, nicht mit der Übersendung an den Verteidiger
BVerwG, Beschl. v. 11.4.2014 – 2 WDB 2.13 91

16. Gericht verwirft Antrag auf Wiederaufnahme eines gerichtlichen Disziplinarverfahrens
BVerwG, Beschl. v. 29.10.2013 – 2 WDB 6.12 93

17. Verbot gerichtlicher „Überraschungsentscheidungen"
BVerwG, Beschl. v. 7.8.2013 – 2 WNB 2.13 95

18. Die strafgerichtlichen Feststellungen sind für die Wehrdienstgerichte in der Regel bindend
BVerwG, Urt. v. 13.3.2014 – 2 WD 37.12 97

19. Unentschuldigtes Ausbleiben als Zeuge vor Gericht
BVerwG, Beschl. v. 13.8.2014 – 2 WDB 6.13 99

20. Einstellung des Disziplinarverfahrens mit Zustimmung des Wehrdisziplinaranwalts bei erwiesenem Dienstvergehen
BVerwG, Urt. v. 14.4.2011 – 2 WD 7.10 101

21. Truppendienstgericht bezweifelt Schuldfähigkeit eines Soldaten, ohne Sachverständigen hinzuzuziehen
BVerwG, Beschl. v. 8.3.2012 – 2 WD 30.11 103

22. BVerwG hebt Urteil des Truppendienstgerichts (TDG) auf und stellt das gerichtliche Disziplinarverfahren gegen den Soldaten ein
BVerwG, Urt. v. 17.1.2013 – 2 WD 25.11 105

23. Sachverhaltslücken im Strafurteil muss das Truppendienstgericht durch eigene Ermittlungen füllen
BVerwG, Beschl. v. 27.3.2012 – 2 WD 16.11 107

24. Einbehaltung von Dienstbezügen bei Einleitung des gerichtlichen Disziplinarverfahrens
BVerwG, Beschl. v. 4.12.2009 – 2 WDB 4.09 109

25. Bundesverwaltungsgericht setzt Vollstreckung eines bereits verhängten Disziplinararrestes aus (Antrag auf Aussetzung mit Nichtzulassungsbeschwerde)
BVerwG, Beschl. v. 9.4.2010 – 2 WDS-VR1.10 112

Inhaltsverzeichnis

26. Milderungsgründe in den Tatumständen (Entwicklung der Rechtsprechung des 2. WD-Senats des Bundesverwaltungsgerichts) 114

27. Zur Bewertung fahrlässigen ärztlichen Handelns bei der Begutachtung und Dokumentation des Gesundheitszustandes eines Soldaten
BVerwG, Urt. v. 5.6.2014 – 2 WD 14.13 118

28. Änderung der Rspr.: Degradierung zum Stuffz der höheren Besoldungsgruppe A7 zulässig
BVerwG, Urt. v. 24.4.2014 – 2 WD 39.12 120

XIII. Schuldenmachen 121

1. Finanzielle Verbindlichkeiten (Schuldenmachen) gegenüber dienstgradniedrigeren Soldaten sowie Griff in die Kameradenkasse
BVerwG, Urt. v. 8.3.2011 – 2 WD 15.09 121

XIV. Sittlichkeit 124

1. Besitz kinderpornographischer Bilddateien – Disziplinarrechtliche Ahndung
BVerwG, Urt. v. 6.12.2007 – 2 WD 25.06 124

2. Zum Disziplinarmaß bei sexueller Nötigung im außerdienstlichen Bereich
BVerwG, Urt. v. 27.7.2010 – 2 WD 5.09 126

3. Disziplinare Ahndung von sexueller Belästigung gegenüber einer untergebenen Soldatin
BVerwG, Urt. v. 10.10.2013 – 2 WD 23.12 128

4. Sexuelle Belästigung von Rekrutinnen durch Vorgesetzten im Dienst: Dienstgradherabsetzung
BVerwG, Urt. v. 23.6.2016 – 2 WD 21.15 131

5. Nach Dienstzeit kinderpornografische Dateien verbreitet – Reservistendienstgrad aberkannt
BVerwG, Urt. v. 6.10.2010 – 2 WD 35.09 133

XV. Straßenverkehrsdelikte 136

1. Fahren ohne Fahrerlaubnis durch einen Soldaten – Maßnahmebemessung des BVerwG
BVerwG, Urt. v. 19.1.2012 – 2 WD 5.11 136

XVI. Unerlaubtes Fernbleiben 137

1. Unerlaubtes Fernbleiben vom Dienst – Unterlassene Kontrollmaßnahmen im Rahmen der Dienstaufsicht
BVerwG, Urt. v. 5.8.2008 – 2 WD 14.07 137

Inhaltsverzeichnis

    2. Fernbleiben von der Ausbildung im Rahmen der Berufsförderung am Ende der Dienstzeit
BVerwG, Urt. v. 26.4.2012 – 2 WD 6.11 140

    3. Aberkennung des Ruhegehalts bei eigenmächtigem Fernbleiben eines Soldaten von der Truppe
BVerwG, Urt. v. 4.12.2014 – 2 WD 23.13 142

    4. Eigenmächtiges Fernbleiben von der Truppe über acht Tage – Degradierung um zwei Dienstgrade zum Oberstabsgefreiten
BVerwG, Urt. v. 12.2.2015 – 2 WD 2.14 145

    5. Fernbleiben vom Dienst über fast sechs Wochen – Keine Fortsetzung des Dienstverhältnisses
BVerwG, Urt. v. 11.6.2015 – 2 WD 12.14 147

    6. Leutnant beging schweres Dienstvergehen – Ruhegehalt aberkannt
BVerwG, Urt. v. 16.12.2010 – 2 WD 43.09 150

XVII. Ungehorsam 152

    1. Zur Maßnahmebemessung bei Ungehorsam eines Soldaten im Auslandseinsatz
BVerwG, Urt. v. 22.8.2007 – 2 WD 27.06 152

XVIII. Unwahre dienstliche Erklärung 154

    1. Die Wahrheitspflicht in dienstlichen Angelegenheiten (§ 13 Abs. 1 SG) erstreckt sich auch auf die „Stempeluhr"
BVerwG, Urt. v. 4.9.2009 – 2 WD 17.08 154

    2. Abgabe falscher dienstlicher Erklärungen, um berufliche Karriere nicht zu gefährden
BVerwG, Urt. v. 31.5.2011 – 2 WD 4.10 155

XIX. Verletzung dienstlicher Befugnisse 158

    1. Das Verleiten Untergebener zu einer Pflichtverletzung durch einen Vorgesetzten ist maßnahmemildernd zu berücksichtigen
BVerwG, Urt. v. 18.4.2013 – 2 WD 16.12 158

XX. Vermögensdelikte 160

    1. BVerwG erweitert Tatmilderungsgrund des Zugriffs auf geringwertige Objekte um Zugriffe auf Kameradenvermögen
BVerwG, Urt. v. 13.12.2012 – 2 WD 29.11 160

    2. Preismanipulation beim Kauf einer Ware in einer Verkaufsstelle verbündeter Streitkräfte im Ausland
BVerwG, Urt. v. 14.10.2009 – 2 WD 16.08 162

Inhaltsverzeichnis

3. Außerdienstlicher Warenhausdiebstahl – zur Bemessung der Laufzeit eines Beförderungsverbots
   BVerwG, Urt. v. 10.2.2010 – 2 WD 9.09 165

4. Warenhausdiebstahl – Beförderungsverbot i. V. m. einer Kürzung der Dienstbezüge
   BVerwG, Urt. v. 16.2.2012 – 2 WD 7.11 168

5. Unzumutbarkeit der Fortsetzung des Dienstverhältnisses – Betrügereien als S4-Versorgungsoffizier gegenüber dem Dienstherrn
   BVerwG, Urt. v. 25.6.2009 – 2 WD 7.08 170

6. Stabsoffizier zieht Wehrpflichtige und Dienstfahrzeug zu privater Hausrenovierung heran – Beförderungsverbot verhängt
   BVerwG, Urt. v. 20.5.2010 – 2 WD 12.09 173

7. Eigennützige Verwendung dienstlich anvertrauter Spendengelder – Bestimmung der Disziplinarmaßnahme
   BVerwG, Urt. v. 15.3.2012 – 2 WD 9.11 176

8. Einsatz einer für Dienstfahrzeuge der Bundeswehr bestimmten Tankkarte zu privaten Zwecken
   BVerwG, Urt. v. 13.3.2014 – 2 DW 37.12 178

9. Missbrauch von Tankkarten durch einen Soldaten, der förmlich zum Tankkartenverwalter bestellt war
   BVerwG, Urt. v. 18.2.2016 – 2 WD 19.15 180

10. Soldat schummelte bei Reisekosten – Beförderungsverbot und Bezügekürzung
    BVerwG, Urt. v. 21.1.2016 – 2 WD 6.15 182

11. Wiederholte Steuerhinterziehung eines Soldaten – ein schweres Dienstvergehen
    BVerwG, Urt. v. 21.6.2011 – 2 WD 10.10 184

12. Hoher Schaden des Fiskus durch unberechtigte Auszahlung von doppeltem Kindergeld
    BVerwG, Urt. v. 11.1.2012 – 2 WD 40.10 186

13. Steuerhinterziehung ist kein „Kavaliersdelikt" – Soldat wird aus dem Dienstverhältnis entfernt
    BVerwG, Urt. v. 24.11.2015 – 2 WD 15.14 188

14. Zu den Voraussetzungen eines verlängerten Unterhaltsbeitrags im Wehrdisziplinarrecht
    BVerwG, Urt. v. 17.11.2009 – 2 WD 18.08 190

Inhaltsverzeichnis

XXI.	Waffen/Munition	192
	1. Rechtswidriger Gebrauch einer Schusswaffe (Herabsetzung um einen Dienstgrad) BVerwG, Urt. v. 22.4.2009 – 2 WD 12.08	192
	2. Vorsätzliches Fehlverhalten eines Ausbilders im Umgang mit einer Signalpistole – Degradierung vom Oberfeldwebel zum Stabsunteroffizier BVerwG, Urt. v. 12.12.2013 – 2 WD 40.12	195
	3. Werfen eines Feuerwerkskörpers in einem Fußballstadion – Degradierung BVerwG, Urt. v. 3.12.2015 – 2 WD 2.15	198
	4. Hauptfeldwebel schoss mit Signalpistole in Richtung eines Soldaten – Degradierung um nur eine Stufe wegen Vorliegens mildernder Aspekte BVerwG, Urt. v. 12.11.2015 – 2 WD 1.15	200
	5. Unsachgemäße Lagerung von Manövermunition BVerwG, Urt. v. 19.5.2016 – 2 WD 13.15	202
XXII.	Wachdienst	204
	1. Ungehorsam eines Offiziers gegenüber Wachsoldaten BVerwG, Urt. v. 23.4.2015 – 2 WD 7.14	204
	2. Leutnant beging schweres Dienstvergehen – Ruhegehalt aberkannt BVerwG, Urt. v. 16.12.2010 – 2 WD 43.09	207
XXIII.	Wehrstrafgesetz	209
	1. Verbot der Annahme von Vorteilen für die Dienstausübung – Gericht verhängt disziplinare Höchstmaßnahme BVerwG, Urt. v. 16.1.2014 – 2 WD 31.12	209
XXIV.	Soldatengesetz (Auszug)	211
XXV.	Wehrdisziplinarordnung (Auszug)	216
XXVI.	Literaturverzeichnis (Auswahl)	220
XXVII.	Stichwortverzeichnis	223

I. Alkohol

Selbstverschuldete Trunkenheit – Kein Grund zur Maßnahmemilderung
Neuere Rechtsprechung des 2. WD-Senats des Bundesverwaltungsgerichts

> **Anmerkung und Hinweise für die Praxis**
>
> Nach der neuen Rspr. des 2. WD-Senats des BVerwG wird bei selbstverschuldeter Trunkenheit und dadurch bewirkter verminderter Schuldfähigkeit (§ 21 StGB) eine Maßnahmemilderung nicht (mehr) vorgenommen. Ein Fall selbstverschuldeter Trunkenheit liegt jedenfalls dann vor, wenn der betreffende Soldat für Art und Umfang des Alkoholgenusses selbst verantwortlich war.
>
> Eine selbstverschuldete Trunkenheit hat das BVerwG allerdings ausgeschlossen, wenn im Tatzeitraum eine erhebliche Alkoholkrankheit und ein damit zusammenhängender Kontrollverlust über die Trinkmenge vorlagen.

Geänderte Rechtsprechungspraxis

Nachdem der Bundesgerichtshof mit Urt. v. 27.3.2003 (3 StR 435/02) und Urt. v. 27.1.2004 (3 StR 479/03) seine frühere Entscheidungspraxis geändert und nunmehr entschieden hatte, dass bei selbstverschuldeter Trunkenheit eine Strafrahmenverschiebung regelmäßig zu versagen ist, hat sich der 2. Wehrdienstsenat des Bundesverwaltungsgerichts der Rechtsprechung des Bundesgerichtshofs für den Bereich des Wehrdisziplinarrechts ausdrücklich angeschlossen. Im Folgenden wird auf die Konsequenzen, die sich aus dieser Rechtsprechung ergeben, eingegangen.

1. Maßnahmemilderung

Nach der neuen Rechtsprechung des 2. WD-Senats, die offenbar noch nicht hinreichend bekannt ist, führt die selbstverschuldete Trunkenheit eines Soldaten nicht (mehr) zu einer Maßnahmemilderung. In der grundlegenden Entscheidung vom 24.11.2005 – BVerwG 2 WD 32.04 – begründet der 2. WD-Senat im Rahmen der Maßnahmebemessung bei dem Kriterium „Maß der Schuld" – in dem zugrundeliegenden Fall war der Soldat deutlich alkoholisiert, als er ein Dienstvergehen beging – seine geänderte Auffassung wie folgt: „Selbst wenn man wegen der Alkoholisierung vom Vorliegen der Voraussetzungen des § 21 StGB ausgehen würde, wäre die erhebliche Verminderung der Schuldfähigkeit des Soldaten auf eine selbst verschuldete Trunkenheit zurückzuführen. Nach der Rechtsprechung des Bundesgerichtshofs (Urt. v. 27.3.2003 – 3 StR 435/02 – NJW 2003, 2394 und Urt. v. 27.1.2004 – 3 StR 479/03 – NStZ 2004, 495), der der Senat folgt, kommt in solchen Fällen eine Strafrahmenverschiebung nach den §§ 21, 49 Abs. 1 StGB in der Regel nicht in Betracht. Von der Regel im vorliegenden Fall abzuweichen, bestand für den Senat kein Anlass. Im Falle selbstverschuldeter Trunkenheit und dadurch bewirkter verminderter Schuldfähigkeit eine Maßnahmemilderung vorzunehmen, käme letztlich einer Prämierung des Fehlverhaltens nahe. Das lässt das Gesetz nicht zu."

In dem später ergangenen Urt. v. 3.7.2007 – 2 WD 12.06 – bestätigt der 2. WD-Senat seine geänderte Entscheidungspraxis, indem er zum Verhältnis von Alkoholkonsum und verminderter Schuldfähigkeit (§ 21 StGB) ausführt:

„Sofern der starke Alkoholkonsum des Soldaten lediglich dazu geführt hätte, dass bei diesem im Tatzeitpunkt die tatsächlichen Voraussetzungen einer verminderten Schuldfähigkeit entsprechend § 21 StGB vorlagen, würde sich dies nicht zugunsten des Soldaten auswirken. Der Senat würde in einem solchen Fall von der ihm bei Vorliegen der Voraussetzungen des § 21 StGB eingeräumten Befugnis zur Milderung der Maßnahmebemessung keinen Gebrauch machen. Denn nach seiner gefestigten Rechtsprechung kommt eine

I. Alkohol — Selbstverschuldete Trunkenheit

solche Milderung nach § 21 StGB nur dann in Betracht, wenn die alkoholbedingte Minderung der Schuldfähigkeit von dem Angeschuldigten nicht schuldhaft verursacht worden ist (vgl. dazu u.a. BVerwG, Urt. v. 24.11.2005 – 2 WD 32.04 – …)."

Auch in weiteren Entscheidungen hielt der Senat daran fest, dass bei selbstverschuldeter Trunkenheit eine Maßnahmemilderung nicht geboten ist (Urt. v. 2.4.2008 – 2 WD 13.7 und Urt. v. 23.9.2008 – 2 WD 18.07).

2. Alkoholkrankheit

Eine selbstverschuldete Trunkenheit hat das BVerwG allerdings ausgeschlossen, wenn im Tatzeitraum eine erhebliche Alkoholkrankheit und ein damit zusammenhängender Kontrollverlust des Täters über die Trinkmenge vorlagen. Dies verdeutlicht das BVerwG in seinem Urt. v. 16.5.2006 – 2 WD 3.05 –. Die in diesem Zusammenhang entscheidenden Passagen lauten: „Zugunsten des Soldaten ist in Übereinstimmung mit dem Sachverständigen jedoch von einer verminderten Schuldfähigkeit i. S. d. § 21 StGB auszugehen. Dem steht hier ausnahmsweise nicht die neuere Rechtsprechung des Bundesgerichtshofs zur grundsätzlichen Unbeachtlichkeit dieses Umstands bei selbstverschuldeter Trunkenheit (Urt. v. 27.3.2003 – 3 StR 435/02 – NJW 2003, 2394 und Urt. v. 27.1.2004 – 3 StR 479/03 – NStZ 2004, 495), der sich der Senat angeschlossen hat (vgl. dazu Urt. v. 24.11.2005), entgegen. Denn wegen einer im gesamten Tatzeitraum bestehenden erheblichen Alkoholkrankheit des Soldaten – mit damit zusammenhängendem Kontrollverlust über die Trinkmenge –, die der Senat mit Hilfe des Sachverständigengutachtens sowie der dazu erläuternden nachvollziehbaren Ausführungen des Sachverständigen festgestellt hat, liegt hier im Tatzeitraum ein Fall der nicht selbstverschuldeten Trunkenheit vor. Erst im Zuge einer vom Soldaten selbst initiierten Entwöhnungstherapie trat diesbezüglich eine deutliche Besserung ein, die in der Diagnose: „Alkoholkrankheit, während der Behandlung abstinent …" zum Ausdruck kommt. Das Vorliegen einer Alkoholkrankheit im jeweiligen Tatzeitraum stellt zugleich einen Milderungsgrund in den Umständen der Tat dar. Sie ist als eine sonstige außergewöhnliche Besonderheit zu werten, die ein an normalen Maßstäben orientiertes Verhalten des Soldaten nach den Umständen des Einzelfalls nicht mehr erwarten ließ und nicht vorausgesetzt werden konnte."

Bereits zuvor hatte das BVerwG in seinem Urt. v. 28.10.2003 – 2 WD 10.03 – die Alkoholkrankheit eines Soldaten als Milderungsgrund in den Umständen der Tat anerkannt und hierbei folgende Feststellungen getroffen: „Jedoch sind in der Berufungshauptverhandlung sonstige außergewöhnliche Besonderheiten erkennbar geworden, wonach ein an normalen Maßstäben orientiertes Verhalten des Soldaten im Tatzeitraum nach den Umständen des Einzelfalles nicht mehr erwartet und vorausgesetzt werden konnte. Die vom Senat getroffenen Feststellungen rechtfertigen die Annahme, dass der Soldat seit Jahren an einer schweren Alkoholkrankheit litt, die im Lauf der Zeit behandlungsbedürftig geworden ist und die, wie ihm nicht widerlegt werden konnte, durch dienstlichen Stress im Tatzeitraum immer weiter verstärkt wurde. Der Senat hat aufgrund des glaubhaften Vorbringens des Soldaten die Überzeugung gewonnen, dass durch die Alkoholkrankheit die privaten und dienstlichen Freundschaften des Soldaten zerstört wurden, und er im Grunde dienstlich und privat isoliert war. Insofern hatte seine Alkoholerkrankung gravierende Auswirkungen auf sein Fehlverhalten. Diese Alkoholkrankheit wurde jedoch zunächst nicht behandelt und bestand auch noch im Tatzeitraum fort. Er hatte sich zwar einer Entgiftung unterzogen, die jedoch erfolglos blieb. Erst als er sich einer weiteren professionellen Entgiftung sowie anschließend einer Entwöhnungstherapie unterzog, trat eine deutliche Besserung ein. Dies kam schon in der Diagnose: „Alkoholkrankheit, gegenwärtig abstinent" zum Ausdruck. Nach dem Dienstvergehen hat der Soldat, wie er glaubhaft dargelegt hat, keinen Alkohol mehr zu sich genommen und es offenbar geschafft, seine Alkoholkrankheit zu überwinden. Diese Situation bestand jedoch im Tatzeitraum nicht. Dass der Soldat früher aus eigener Kraft und ohne fremde Hilfe Auswege aus seiner Krankheit hätte finden können, hat der Senat nicht mit der erforderlichen Sicherheit feststellen können. Die Situation im dienstlichen Bereich spricht eher dagegen, da er von niemandem Hilfestellung für die Einleitung einer umgehenden professionellen Therapie erhielt. Dies mindert das Maß seiner Schuld am Dienstvergehen deutlich."

II. Aussagedelikte

Aussagegenehmigung für einen beabsichtigten Strafantrag
BVerwG, Beschl. v. 30.9.2008 – 1 WB 23.08

> **Anmerkung und Hinweise für die Praxis**
>
> Die vom 1. WD-Senat vorgenommene Auslegung des Begriffs der „Wahrnehmung berechtigter Interessen", die für die Erteilung oder Versagung der benötigten Aussagegenehmigung im Rahmen der Stellung eines Strafantrages maßgeblich ist, entspricht der beamtenrechtlichen Rechtsprechung.
>
> Danach ist entscheidend, ob sich der Beamte in einer Konfliktsituation befindet, in welcher er gegen ihn erhobene Vorwürfe, Beschuldigungen oder Ähnliches ohne Erteilung der Genehmigung nicht aus der Welt schaffen kann. In Umsetzung dieser Rechtsprechung prüft der 1. WD-Senat selbst, ob sich aus der Darstellung des Soldaten zumindest tatsächliche Anhaltspunkte für das Vorliegen einer Straftat desjenigen, gegen den der Soldat Strafantrag stellen will, ergeben, die eine entsprechende strafrechtliche Ahndung mit einer gewissen Wahrscheinlichkeit erwarten lassen.

1. Strafantrag wegen Ehrverletzung

Ein Berufssoldat beabsichtigte, gegen einen anderen Soldaten einen Strafantrag wegen einer Ehrverletzung gemäß §§ 185 ff. StGB zu stellen. Hierfür benötigte er eine Aussagegenehmigung nach § 14 Abs. 2 SG durch den dafür nach § 14 Abs. 2 S. 3 SG i. V. m. § 62 Abs. 4 BBG (entspricht § 68 Abs. 3 BBG neu) zuständigen Bundesminister der Verteidigung, weil es um die Verwendung von Informationen gegenüber der Staatsanwaltschaft bzw. der Polizei ging, die ihm i. S. v. § 14 Abs. 1 S. 1 SG bei seiner dienstlichen Tätigkeit bekannt geworden waren. Das Bundesministerium der Verteidigung lehnte seinen Antrag auf Erteilung einer Aussagegenehmigung ab. Den hierauf vom Soldaten beim 1. WD-Senat des Bundesverwaltungsgerichts eingelegten Antrag auf gerichtliche Entscheidung erachtete das BVerwG zwar für zulässig, weil bei der Verweigerung der Aussagegenehmigung für einen Soldaten der Rechtsweg zu den Wehrdienstgerichten eröffnet sei, wies den Antrag in der Sache jedoch zurück. Entscheidend für die Zurückweisung des Antrags war die Auslegung des Tatbestandsmerkmals der „Wahrnehmung berechtigter Interessen" i. S. d. § 62 Abs. 3 S. 1 BBG (= § 68 Abs. 2 S.1 BBG neu) für den Bereich des Soldatenrechts, mit der sich der 1. WD-Senat in der vorliegenden Entscheidung erstmals näher befasste.

2. Wahrnehmung berechtigter Interessen

Nachstehend werden die wesentlichen Gesichtspunkte des Beschlusses des 1. WD-Senats zum Verhältnis „Wahrnehmung berechtigter Interessen" und Anspruch auf Erteilung einer Aussagegenehmigung in einer Art Zusammenfassung wiedergegeben. Nach § 62 Abs. 3 S. 1 BBG (= § 68 Abs. 2 S. 1 BBG neu) i. V. m. § 14 Abs. 2 S. 3 SG hat ein Soldat, wenn sein Vorbringen der Wahrnehmung berechtigter Interessen dienen soll, einen nur durch unabweisbare dienstliche Rücksichten begrenzten Anspruch auf Erteilung einer Ausnahmegenehmigung. Dabei unterliegt das Tatbestandsmerkmal der „Wahrnehmung berechtigter Interessen" in vollem Umfang der gerichtlichen Überprüfung. Der Senat hat im vorliegenden Fall einen Anspruch des Soldaten auf Erteilung der beantragten Aussagegenehmigung mit der Begründung verneint, die vom Antragsteller beabsichtigte Stellung des Strafantrages diene nicht der „Wahrnehmung berechtigter Interessen". Die Voraussetzungen für das Vorliegen des Tatbestandsmerkmals („Wahrnehmung berechtigter Interessen") sieht der Senat nur dann als gegeben an, wenn sich aus der Darstellung des Soldaten zumindest tatsächliche Anhaltspunkte für das Vorliegen einer Straftat ergeben, die eine entsprechende straf-

II. Aussagedelikte — Aussagegenehmigung Strafantrag

rechtliche Ahndung mit einer gewissen Wahrscheinlichkeit erwarten lassen; außerdem darf der beabsichtigten Rechtsverfolgung „im Verhältnis zu den durch den Grundsatz der Amtsverschwiegenheit geschützten Rechtsgütern ein nicht nur untergeordnetes Gewicht zukommen". Die von dem Antragsteller beanstandeten Aussagen seines Kameraden, der hierdurch eine Straftat zu Lasten des Antragstellers begangen haben soll, stellten nach Auffassung des Senats keine Straftaten i. S. v. §§ 185 ff. StGB dar, weil die gewählte Ausdrucksweise zwar „kräftig bis drastisch" gewesen, die „Schwelle der Ehrenrührigkeit" jedoch nicht überschritten worden sei.

II. Aussagedelikte

Aberkennung des Ruhegehalts – wie Aussagedelikte und außerdienstliche Betrugshandlungen bei erheblicher disziplinarer Vorbelastung zu beurteilen sind
BVerwG, Urt. v. 4.3.2009 – 2 WD 10.08

> **Anmerkung und Hinweise für die Praxis**
>
> Aussagedelikte von Soldaten vor Gericht (im vorliegenden Fall vor Amts- und Landgericht) werden vom 2. WD-Senat als so schwerwiegend eingestuft, dass eine nach außen sichtbare Maßnahme erforderlich ist, und zwar bei vorsätzlichem Meineid grundsätzlich die Entfernung aus dem Dienstverhältnis und bei uneidlicher Falschaussage die Herabsetzung in einen Mannschaftsdienstgrad.
>
> Bei einem außerdienstlich von einem Offizier begangenen Betrug nimmt der 2. WD-Senat in der Regel eine Dienstgradherabsetzung zum Ausgangspunkt der Zumessungserwägungen. Bei einem Berufssoldaten, der, wie im vorliegenden Fall, im Tatzeitraum den Dienstgrad eines Hauptfeldwebels bzw. Oberfeldwebels innehatte und sechs außerdienstliche Betrugshandlungen begangen hatte, war ebenfalls von einer Dienstgradherabsetzung als Ausgangspunkt der Zumessungserwägungen auszugehen.
>
> Entscheidend zum Nachteil des früheren Soldaten fielen hier neben der Vielzahl der schuldhaften – vorsätzlichen – Dienstpflichtverletzungen seine erhebliche disziplinare Vorbelastung und seine langjährige mangelnde Bereitschaft ins Gewicht, sich mit den Ursachen seines Fehlverhaltens auseinanderzusetzen und hieraus die notwendigen Schlussfolgerungen zu ziehen. Dies zusammen machte die Verhängung der Höchstmaßnahme unausweichlich. Im Übrigen stellte der Senat klar, dass – entgegen seiner früheren Rechtsprechung – auf die Höchstmaßnahme nicht allein deshalb zurückgegriffen werden darf, weil eine weitere Herabsetzung des Dienstgrades nicht mehr zulässig ist.
>
> Der 2. WD-Senat hat mit der vorliegenden Entscheidung aus generalpräventiven Gründen deutlich gemacht, dass ein gravierendes, über Jahre hinweg erfolgendes wiederholtes kriminelles und disziplinares Fehlverhalten eines Soldaten nicht ohne schwerwiegende disziplinarrechtliche Konsequenzen bleibt, und zwar auch dann, wenn der betreffende Soldat relativ kurze Zeit danach in den Ruhestand tritt und aus der Bundeswehr ausscheidet.

Dem früheren Soldaten, einem Feldwebel a.D., wurde durch das Truppendienstgericht wegen eines Dienstvergehens das Ruhegehalt aberkannt. Die schuldhaften Pflichtverletzungen des früheren Soldaten ereigneten sich durchweg außerdienstlich, jedoch noch während seiner Bundeswehrdienstzeit. In allen Fällen handelte es sich um strafbares Verhalten (falsche uneidliche Aussage vor Amts- und Landgericht sowie mehrere Fälle von außerdienstlichen Betrugshandlungen), das auch zu entsprechenden Verurteilungen durch die Strafgerichte führte. Darüber hinaus war der frühere Soldat disziplinar erheblich vorbelastet (Degradierung vom Hauptfeldwebel zum Oberfeldwebel und später zum Feldwebel). Die auf die Maßnahmebemessung beschränkte Berufung des früheren Soldaten wurde durch das Bundesverwaltungsgericht zurückgewiesen, wobei die Gewährung des Unterhaltsbeitrages auf zwölf Monate verlängert wurde.

1. Falsche uneidliche Aussagen vor Gericht

Im Rahmen der Maßnahmebemessung sieht der 2. WD-Senat den Schwerpunkt des Fehlverhaltens des früheren Soldaten in seinen zwei falschen uneidlichen Aussagen vor dem Amtsgericht E. und vor dem Landgericht B. Zu den Grundpflichten jedes Zeugen – zumal eines Soldaten – gehört, wie der 2. WD-Senat betont, die staatlichen Gerichte bei der Erfüllung der ihnen obliegenden Aufgaben zu unterstützen. Wer vor Gericht falsch aussagt, erschwert die Wahrheitsfindung durch das Gericht oder macht sie gar unmöglich. Er nimmt in Kauf, dass damit eine gerichtliche Fehlentscheidung herbeigeführt werden kann, die geeignet ist, das Vertrauen in die staatliche Rechtspflege zumindest bei den Betroffenen zu erschüttern.

II. Aussagedelikte

Das offenbart einen erheblichen Charaktermangel. Hinzu kommt, dass ein Soldat mit einer Falschaussage vor Gericht zeigt, dass man sich auf seine Glaubwürdigkeit nicht verlassen kann. Dies ist für sein Dienstverhältnis von erheblicher Bedeutung, was nicht zuletzt die Bestimmung des § 13 Abs. 1 SG belegt. Sie macht deutlich, welche Bedeutung der Gesetzgeber der Pflicht jedes Soldaten zu wahrheitsgemäßen Angaben und Bekundungen beimisst (BVerwG, Urt. v. 13.12.1972 – 2 WD 30.72 – BVerwGE 46, 41 m.w.N. und BVerwG, Urt. v. 25.9.1987 – 2 WD 24.87).

2. Außerdienstliche Betrugshandlungen

Aber auch die Betrugshandlungen des früheren Soldaten bei Versteigerungen von Gegenständen über die Internetplattform E. sowie die beiden Betrugshandlungen zu Lasten der Fa. F. sind schon aufgrund ihres kriminellen Unrechtsgehalts schwerwiegend.

3. Gesamtwürdigung: Höchstmaßnahme (hier: Aberkennung des Ruhegehalts) unabweisbar notwendig

Die Verhängung der Höchstmaßnahme in Gestalt der Aberkennung des Ruhegehalts setzt bei einem Soldaten im Ruhestand nach § 58 Abs. 2 Satz 1 Nr. 4 i. V. m. § 65 Abs. 1 Satz 2 WDO voraus, dass die Entfernung aus dem Dienstverhältnis gerechtfertigt wäre, falls sich der Soldat im Ruhestand noch im Dienst befände. Dies wäre dann der Fall, wenn der betreffende Soldat durch sein Dienstvergehen bei der gebotenen objektiven Betrachtung das Vertrauen des Dienstherrn in seine persönliche Integrität und Zuverlässigkeit und damit eine zentrale Grundlage des Dienstverhältnisses in besonders grobem Maße erschüttert und letztlich zerstört hätte (vgl. u.a. BVerwG, Urt. v. 19.7.1995 – 2 WD 9.95 – BVerwGE 103, 265 = NZWehrr 1996, 164, BVerwG, Urt. v. 6.5.2003 – 2 WD 29.02 – BVerwGE 118, 161 = NZWehrr 2004, 31 und BVerwG, Urt. v. 27.11.2003 – 2 WD 6.03). Maßgeblicher Zeitpunkt für die Beurteilung dieser Frage ist dabei der Zeitpunkt, zu dem das Wehrdienstgericht nach Maßgabe des § 58 Abs. 7 i. V. m. § 38 Abs. 1 WDO über die Verhängung der gebotenen gerichtlichen Disziplinarmaßnahme zu entscheiden hat. Nach diesem Maßstab wäre der frühere Soldat nach Auffassung des 2. WD – Senats – bei fiktiver Betrachtung – als Berufssoldat und auch als Soldat auf Zeit für den Dienstherrn untragbar, sodass seine Entfernung aus dem Dienstverhältnis geboten wäre. Es liegt bei objektiver Betrachtung zum hier maßgeblichen Zeitpunkt nicht nur eine grobe Erschütterung, sondern eine vollständige Zerstörung des Vertrauens des Dienstherrn in die persönliche Integrität und Zuverlässigkeit des früheren Soldaten vor, die, falls er sich noch im Dienst befände, sowohl aus spezial- als auch aus generalpräventiven Gründen die Verhängung der Höchstmaßnahme erforderlich machen würde.

a) Aussagedelikte von Soldaten vor Gericht

Aussagedelikte von Soldaten vor Gericht werden in ständiger Rechtsprechung des 2. WD-Senats stets als so schwerwiegend eingestuft, dass eine nach außen sichtbare Maßnahme erforderlich ist, und zwar bei vorsätzlichem Meineid grundsätzlich die Entfernung aus dem Dienstverhältnis (BVerwG, Urt. v. 16.10.2002 – 2 WD 23.01 und 32.02 – NVwZ-RR 2003, 364 m.w.N.), bei uneidlicher Falschaussage die Herabsetzung in einen Mannschaftsdienstgrad (vgl. u.a. BVerwG, Urt. v. 24.10.1991 – 2 WD 9.91 – BVerwGE 93, 171 = NZWehrr 1993, 78) und bei fahrlässiger Abgabe einer falschen Versicherung an Eides statt vor Gericht eine Dienstgradherabsetzung oder – in besonderen Fällen – eine laufbahnhemmende Pflichtenmahnung (BVerwG, Urt. v. 25.9.1987 – 2 WD 24.87). Hieran hält der Senat zur Wahrung der im Interesse der Rechtssicherheit gebotenen Kontinuität der Rechtsprechung und im Hinblick auf das Gebot der Gleichbehandlung (Art. 3 Abs. 1 GG) sowie aus generalpräventiven Gründen fest. Die Dienstgradherabsetzung in einen

Mannschaftsdienstgrad bildet deshalb bei einer vorsätzlichen uneidlichen Falschaussage für den Senat den Ausgangspunkt der Zumessungserwägungen (vgl. auch BVerwG, Urt. v. 8.5.2003 – 2 WD 45.02).

b) Mehrfache außerdienstliche Betrugshandlungen

Weiterhin war in die Abwägung einzustellen, dass der frühere Soldat nach den den Senat bindenden Feststellungen der Truppendienstkammer in weiteren sechs Fällen außerdienstliche Betrugshandlungen (§ 263 StGB) begangen hat. Bei einem außerdienstlich von einem Offizier begangenen Betrug nimmt der Senat in der Regel ebenfalls eine Dienstgradherabsetzung zum Ausgangspunkt der Zumessungserwägungen (vgl. dazu u.a. BVerwG, Urt. v. 21.1.1997 – 2 WD 38.96 – BVerwGE 113, 45 = NZWehrr 1997, 167, BVerwG, Urt. v. 25.7.1990 – 2 WD 16.89 – BVerwGE 86, 309 = NZWehrr 1991, 116 und BVerwG, Urt. v. 28.11.2007 – 2 WD 28.06 – BVerwGE 130, 65). Bei einem Berufssoldaten, der, wie hier, im Tatzeitraum den Dienstgrad eines Hauptfeldwebels bzw. Oberfeldwebels innehatte, ist jedenfalls bei sechs außerdienstlichen Betrugshandlungen ebenfalls von einer Dienstgradherabsetzung als Ausgangspunkt der Zumessungserwägungen auszugehen. Bei einer solchen gerichtlichen Disziplinarmaßnahme kann es jedoch nur dann bleiben, wenn keine anderen schweren Pflichtverletzungen hinzutreten, was hier jedoch im Hinblick auf die beiden zuvor erörterten uneidlichen Falschaussagen der Fall ist, die jede für sich bereits die Herabsetzung in einen Mannschaftsdienstgrad erfordern.

c) Erhebliche disziplinare Vorbelastung, weitere belastende Umstände

Entscheidend zum Nachteil des früheren Soldaten fielen aber bei der Maßnahmebemessung neben der Vielzahl der schuldhaften – vorsätzlichen – Dienstpflichtverletzungen und dem kriminellen Unrechtsgehalt seines Fehlverhaltens seine erhebliche disziplinare Vorbelastung, seine in den letzten Jahren bis zu seinem Ausscheiden aus dem Dienst sehr unzureichenden dienstlichen Leistungen sowie seine in der Berufungshauptverhandlung sehr deutlich gewordene – langjährige – mangelnde Bereitschaft ins Gewicht, sich mit den Ursachen seines Fehlverhaltens in hinreichendem Maße auseinanderzusetzen und hieraus die notwendigen Schlussfolgerungen zu ziehen. Dies zusammengenommen macht die Verhängung der Höchstmaßnahme in Gestalt einer Aberkennung des Ruhegehaltes unausweichlich.

III. Befehl

Fahrlässig falsche dienstliche Meldung bei Ausführung eines Befehls
BVerwG, Beschl. v. 31.7.2008 – 2 WDB 1.08

> **Anmerkung und Hinweise für die Praxis**
>
> Die Entscheidung befasst sich u.a. mit den Anforderungen an die Sorgfaltspflicht eines Soldaten, hier eines Offiziers, bei der Ausführung eines Befehls.
>
> Der vom 2. WD-Senat zugunsten des Soldaten angenommene Irrtum, er sei zum Zeitpunkt der Meldung davon ausgegangen, nicht mehr über die geforderte Datei zu verfügen, befreit den Soldaten nicht von dem Vorwurf der Fahrlässigkeit (schuldhaftem Verhalten).

Dem Soldaten, einem Hauptmann, wurde vorgeworfen, er habe, nachdem ihm mündlich der Befehl eines Vorgesetzten übermittelt worden sei, eine Datei elektronisch zu übersenden, wahrheitswidrig gemeldet, dass er dies nicht könne, weil die Datei auf seinem Arbeitsplatz-Computer nicht mehr vorliege, da er sie nach Rücklauf der Vorlage gelöscht habe. Der 2. Wehrdienstsenat (WD-Senat) des Bundesverwaltungsgerichts sah den Vorwurf als erwiesen an und stellte fest, dass der Soldat ein Dienstvergehen gemäß § 23 Abs. 1 i. V. m. § 13 Abs. 1 SG unter der verschärfenden Wirkung des § 10 Abs. 1 SG begangen hat.

Die Entscheidung stützt sich im Wesentlichen auf folgende Gründe:

1. Dienstliche Meldung

Objektiv ist der Tatbestand des § 13 Abs. 1 SG erfüllt. Die dienstliche Meldung des Soldaten, er könne die Datei auf elektronischem Weg nicht vorlegen, entsprach nicht der Wahrheit, weil sich die Datei unbestritten auf dem Dezernatslaufwerk befand, auf das der Soldat von seinem Arbeitsplatz-Computer aus problemlos hätte zugreifen können. Der 2. WD-Senat sah die Angabe des Vorgesetzten (des Abteilungsleiters) des Soldaten bestätigt, er habe befohlen, dass ihm die Vorlage in elektronischer Form vorgelegt werden solle. Ausgehend von diesem Befehl entsprach die von dem Soldaten insoweit nicht bestrittene Meldung, er könne die Datei nicht elektronisch vorlegen, selbst dann objektiv nicht der Wahrheit, wenn der Soldat zur Begründung geäußert haben sollte, die Datei sei auf seinem PC nicht mehr vorhanden. Aus der Sicht eines verständigen Empfängers konnte die Meldung nämlich nur so verstanden werden, der Soldat habe überhaupt keinen Zugriff mehr auf die Datei; denn für die Befolgung des Befehls – Übermittlung der Vorlage in elektronischer Form – war es ersichtlich unerheblich, wo die Datei gespeichert war (auf der Festplatte des PC oder im Gruppenlaufwerk auf dem Server), solange der Befehlsempfänger nur Zugriff auf beide Laufwerke hatte. Die Möglichkeit des Zugriffs auf das Dezernatslaufwerk bestreitet der Soldat in seiner Einlassung nicht. Sein Einwand, der Befehlsgeber habe selbst unmittelbaren Zugriff auf das Dezernatslaufwerk gehabt, rechtfertigt keine andere Beurteilung, weil es für den Inhalt eines Befehls ersichtlich nicht darauf ankommt, ob der Befehlsgeber in der Lage wäre, die befohlene Handlung auch selbst vorzunehmen.

2. Fahrlässigkeit

Im subjektiven Bereich konnte dem Soldaten allerdings lediglich Fahrlässigkeit nachgewiesen werden. Vorsatz setzte voraus, dass der Soldat mit Wissen und Wollen handelte, also die Unwahrheit seiner Aussage zumindest billigend in Kauf genommen hätte. Für eine solche Annahme lagen keine ausreichenden Beweise vor. Dem Soldaten war nicht zu widerlegen, dass er zum Zeitpunkt der Meldung davon ausging, nicht mehr über die geforderte Datei zu verfügen. Der insoweit zugunsten des Soldaten anzunehmende Irrtum konnte ihn aber nicht von dem berechtigten Vorwurf der Fahrlässigkeit befreien (vgl. § 16 Abs. 1

Satz 2 StGB). Das Bundesverwaltungsgericht hebt hervor: Bei der für einen Offizier im Rang eines Hauptmanns gebotenen Sorgfalt bei der Ausführung von Befehlen hätte der Soldat, der seit mehreren Jahren aufgrund seiner Funktion intensiv und umfangreich mit der Arbeit an einem Computer samt Netzwerk gewöhnt war, einerseits erkennen müssen, dass es für die Erledigung des Befehls nicht darauf ankommen konnte, wo die Datei gespeichert war, und andererseits auch im Dezernatslaufwerk nach der Datei suchen müssen, zumal er als Ersteller der Datei sie dort gespeichert haben musste. Im Übrigen sei, so der 2. WD-Senat, weder vom Soldaten dargetan noch sonst ersichtlich, dass die Speicherung einer dienstlichen Datei (zumindest auch) im Dezernatslaufwerk besonders ungewöhnlich wäre. Im Gegenteil dürfte es gerade der Zweck des gemeinsamen Laufwerks sein, allen Angehörigen des Dezernats den Zugriff auf derartige Dateien zu ermöglichen. Ohne Bedeutung sei es deshalb, ob dem Soldaten neben dem Befehl zur elektronischen Übermittlung der Datei – von welchem Vorgesetzten auch immer – aufgegeben worden sei, er solle die Datei auf seinem PC suchen. Jedenfalls habe der Soldat ohne Verstoß gegen seine Sorgfaltspflicht nicht annehmen können, der Abteilungsleiter wolle seinen Auftrag in diesem Sinne beschränkt wissen. Zumindest hätte der Soldat sich über die Richtigkeit dieser Auslegung des Befehls durch entsprechende Nachfrage vergewissern müssen. Nach alledem sei es auch nicht erheblich, ob der Soldat in seiner Meldung weiter wahrheitswidrig angegeben habe, er habe die Datei gelöscht, oder ob er insoweit nur eine (unzutreffende) Vermutung geäußert habe, zumal auch die fahrlässige Äußerung unzutreffender Vermutungen geeignet sein könne, bei dem Empfänger der Äußerung einen falschen Eindruck von den Geschehnissen hervorzurufen.

IV. Beleidigung von Untergebenen/Menschenführung

Ausbilder gefährdet und beleidigt Rekruten – 18 Monate Beförderungsverbot (Übungshandgranatenwurf und Ehrverletzung)
BVerwG, Urt. v. 13.3.2008 – 2 WD 6.07

> **Anmerkung und Hinweise für die Praxis**
>
> 1. In seiner Rechtsprechung hat der 2. WD-Senat die Verletzung der Gehorsamspflicht je nach Schwere des Verstoßes mit einer Gehaltskürzung (Kürzung der Dienstbezüge), einem Beförderungsverbot und in schwerwiegenden Fällen auch mit einer Dienstgradherabsetzung geahndet.
>
> 2. Bei ehrverletzenden und/oder entwürdigenden Äußerungen Vorgesetzter gegenüber unterstellten Soldaten legt der 2. WD-Senat in der Regel denselben Maßstab an wie bei einer durch einen Vorgesetzten gegenüber Untergebenen begangenen ehrverletzenden und/oder entwürdigenden Behandlung. Danach ist im Regelfall die Dienstgradherabsetzung um einen oder mehrere Dienstgrade, in schweren Fällen sogar die Höchstmaßnahme verwirkt. Eine weniger gravierende Disziplinarmaßnahme kommt lediglich bei leichteren Pflichtverletzungen oder bei Vorliegen besonderer Milderungsgründe in den Umständen der Tat in Betracht.
>
> 3. Im vorliegenden Fall lagen zugunsten des Soldaten eine Reihe von mildernden Gesichtspunkten vor, die es ausnahmsweise rechtfertigten, von der an sich gebotenen Dienstgradherabsetzung abzusehen und lediglich ein Beförderungsverbot zu verhängen. Insbesondere hat der 2. WD-Senat zugunsten des Soldaten berücksichtigt, dass dieser aufgrund der relativ langen Zeitdauer des gerichtlichen Disziplinarverfahrens bereits erhebliche dienstliche Nachteile im Hinblick auf seine berufliche Zukunft hinnehmen musste. De facto bestand zu Lasten des Soldaten bereits ein mehrjähriges Beförderungsverbot (die schon vorbereitete Urkunde zur Beförderung zum Oberfeldwebel wurde seinerzeit nicht ausgehändigt).

Der Soldat, ein Feldwebel, hatte ein Dienstvergehen gemäß § 23 Abs. 1 SG begangen, dessen Schwerpunkt im Wesentlichen in folgendem Fehlverhalten lag: Als im Rahmen der allgemeinen Grundausbildung eingesetzter Gruppenführer des 1. Zuges der ... hatte er auf einem Standortübungsplatz eine entsicherte Übungshandgranate in Richtung der während einer Pause zusammenstehenden Rekruten seiner Gruppe geworfen, sodass diese etwa drei bis fünf Meter vor den Rekruten detonierte, die keinen Gehörschutz trugen. Außerdem hatte der Soldat die Rekruten des 1. Zuges auf dem Standortübungsplatz antreten lassen und diese sinngemäß als „schlimmer als eine allgemeine Grundausbildung mit Schwerverbrechern, Mördern und Drogenjunkies" bezeichnet.

Die im Jahre 2004 vorgesehene Ernennung des Soldaten zum Oberfeldwebel wurde aufgrund der gegen ihn geführten disziplinaren Ermittlungen nicht ausgesprochen und die Urkunde an die personalführende Dienststelle zurückgeschickt. Der 2. WD-Senat des Bundesverwaltungsgerichts hat gegen den Soldaten im Berufungsverfahren ein Beförderungsverbot für die Dauer von 18 Monaten verhängt.

1. Dienstvergehen geprägt durch Ungehorsam und beleidigende Äußerungen

Das Dienstvergehen des Soldaten ist nach seiner Eigenart und Schwere, die sich nach dem Unrechtsgehalt der Verfehlung bestimmen, vorliegend dadurch geprägt, dass er mit dem nicht zu Ausbildungszwecken erfolgten Werfen/Rollen der Übungshandgranate in die unmittelbare Nähe der Rekruten seiner Gruppe, die keinen Gehörschutz trugen, i. S. v. § 11 Abs. 1 SG vorsätzlich ungehorsam war und dadurch zugleich kriminelles Unrecht (§ 19 WStG) beging. Die Gehorsamspflicht zählt zu den zentralen Dienstpflichten eines jeden Soldaten (vgl. BVerwG, Urt. v. 14.11.1991 – 2 WD 12.91 – BVerwGE 93, 196, 199, BVerwG, Urt. v. 3.8.1994 – 2 WD 18.94 = NZWehrr 1995, 211, Urt. v. 4.7.2001 – 2 WD 52.00 = NZWehrr 2002, 76, BVerwG, Urt. v. 2.7.2003 – 2 WD 47.02 = NZWehrr 2004, 80 und BVerwG, Urt. v. 21.6.2005 – 2 WD 12.04 – BVerwGE 127, 302). Ist ein Vorgesetzter, der wegen seiner herausgehobenen Stellung in besonderem Maße für die Erfüllung seiner Dienstpflichten verantwortlich ist (§ 10 Abs. 1 SG), vorsätzlich ungehorsam, so gibt er ein denkbar schlechtes Beispiel, untergräbt seine dienstliche Autorität und schädigt sein dienstliches Ansehen. Auch mit seinen weiteren vorsätzlich begangenen Dienstpflichtverletzungen gegenüber Untergebenen und Kameraden hat er seine dienstliche Autorität und sein Ansehen nachhaltig beschädigt und einen deutlichen Mangel an charakterlicher Integrität offenbart. Durch seine beleidigenden Äußerungen wurde die Ehre der Betroffenen verletzt.

2. Gesamtwürdigung

Bei der Gesamtwürdigung war vor allem die Schwere des Dienstvergehens in Ansatz zu bringen. Dafür ist insbesondere maßgeblich, dass der Soldat nicht nur wegen Missachtung einer Sicherheitsvorschrift gegen seine Gehorsamspflicht (§ 11 Abs. 1 SG) verstieß und damit ungehorsam war. Darüber hinaus hat er damit gleichzeitig die körperliche Integrität seiner ihm unterstellten Soldaten vorsätzlich gefährdet, dadurch eine Straftat nach § 19 WStG begangen und die Pflicht zum treuen Dienen (§ 7 SG) verletzt, zu der insbesondere die Verpflichtung zur Loyalität gegenüber der geltenden Rechtsordnung gehört, vor allem die Beachtung der Strafgesetze. In seiner Rechtsprechung hat der Senat die Verletzung der Gehorsamspflicht – je nach Schwere des Verstoßes – mit einer Gehaltskürzung (BVerwG, Urt. v. 4.7.2001 – 2 WD 52.00 = NZWehrr 2002, 76), einem Beförderungsverbot (vgl. u.a. BVerwG, Urt. v. 7.7.1988 – 2 WD 6.88 – BVerwGE 86, 30 = NZWehrr 1989, 37, BVerwG, Urt. v. 27.9.1989 – 2 WD 12.89 – BVerwGE 86, 180 = NZWehrr 1990, 261 und BVerwG, Urt. v. 3.8.1994 – 2 WD 18.94 = NZWehrr 1995, 211) und in schwerwiegenden Fällen auch mit einer Dienstgradherabsetzung (BVerwG, Urt. v. 14.11.1991 – 2 WD 12.91 – BVerwGE 93, 196 und BVerwG, Urt. v. 2.7.2003 – 2 WD 42.02 = NZWehrr 2004, 31) geahndet. Allein aufgrund des Umstandes, dass die schuldhaften Pflichtverletzungen im Zusammenhang mit dem verbotswidrigen Werfen der Übungshandgranate zu keiner konkreten Gesundheitsverletzung bei den betroffenen Rekruten führten und dass der Soldat nicht aufgrund eines vorgefertigten Planes, sondern – möglicherweise auch wegen des (schlechten) Vorbilds der anderen Gruppenführer – eher unüberlegt handelte, kann hier für diesen Teilkomplex noch ein Beförderungsverbot zum Ausgangspunkt der Zumessungserwägungen genommen werden.

Da aber das Dienstvergehen durch weitere Pflichtverletzungen, insbesondere die drastischen ehrverletzenden Äußerungen gegenüber den ihm unterstellten Soldaten geprägt ist – „schlimmer als eine allgemeine Grundausbildung mit Schwerverbrechern, Mördern und Drogenjunkies", wodurch der Soldat eine Beleidigung (§ 185 StGB) im dienstlichen Bereich beging und damit gegen seine Pflicht zum treuen Dienen (§ 7 SG) verstieß –, war zu berücksichtigen, dass nach der ständigen Rechtsprechung des Senats bei einer durch einen Vorgesetzten begangenen ehrverletzenden und/oder entwürdigenden Behandlung Untergebener im Regelfall die Dienstgradherabsetzung um einen oder mehrere Dienstgrade, in schweren Fällen sogar die Höchstmaßnahme verwirkt ist (vgl. u.a. BVerwG, Urt. v. 9.1.2007 – 2 WD 20.05 – BVerwGE 127, 293 = NZWehrr 2007, 167 m.w.N.). Dieser Maßstab gilt im Regelfall auch bei ehrverletzenden und/oder entwürdigenden Äußerungen. Eine weniger gravierende Disziplinarmaßnahme kommt lediglich bei leichteren Pflichtverletzungen oder bei Vorliegen besonderer Milderungsgründe in den Umständen der Tat in Betracht. Ausgangspunkt der Zumessungserwägung ist für diesen Teilkomplex demnach eine Dienstgradherabsetzung. Im vorliegenden Falle wurden, wie der 2. WD-Senat zugunsten des Soldaten berücksichtigt, durch das Dienstvergehen keine Gesundheitsverletzungen oder sonstige nachhaltige Schäden bei den Opfern verursacht; zudem erfolgten die Pflichtverletzungen ohne eine böswillige oder gar menschenverachtende Zielrichtung. Weiterhin hat der Senat zugunsten des Soldaten in Ansatz gebracht, dass dieser schon aufgrund der relativ langen Zeitdauer des gerichtlichen Disziplinarverfahrens bereits erhebliche

IV. Beleidigung von Untergebenen — Ausbilder gefährdet/beleidigt Rekruten

dienstliche Nachteile im Hinblick auf seine berufliche Zukunft hinnehmen musste. Für die disziplinarrechtlichen Folgen seines Dienstvergehens trägt zwar letztlich der Soldat die Verantwortung (vgl. dazu u.a. BVerwG, Urt. v. 8.7.1998 – 2 WD 42.97 – BVerwGE 113, 235, 240). Bei der Bemessung von Art und Ausmaß der erforderlichen Pflichtenmahnung können und müssen dennoch die den Soldaten objektiv und subjektiv belastenden, bereits eingetretenen Auswirkungen bei der Maßnahmebemessung Berücksichtigung finden. Im vorliegenden Fall bestand de facto zu Lasten des Soldaten seit dem Bekanntwerden seiner Pflichtverletzungen bereits ein mehrjähriges Beförderungsverbot. Die zu jenem Zeitpunkt schon vorbereitete Urkunde zur Beförderung des Soldaten zum Oberfeldwebel wurde dementsprechend nicht ausgehändigt. Andererseits hat die relativ lange Dauer des gerichtlichen Disziplinarverfahrens dem Soldaten auch die Möglichkeit einer Nachbewährung eröffnet. Der Umstand, dass der Soldat diese Chance genutzt hat, ist zu seinen Gunsten bei der Maßnahmebemessung zu berücksichtigen. Diese Gesichtspunkte rechtfertigen es im konkreten Fall bei einer wertenden Gesamtbetrachtung, von einer bei einer im Dienst begangenen Straftat und einer ehrverletzenden Behandlung von Untergebenen an sich gebotenen Dienstgradherabsetzung hier ausnahmsweise abzusehen und lediglich ein Beförderungsverbot im unteren bis mittleren Bereich als noch angemessene und ausreichende gerichtliche Disziplinarmaßnahme zu verhängen.

Ausbilder zeigte Defizite in der Menschenführung – Beförderungsverbot und Bezügekürzung
BVerwG, Urt. v. 25.11.2010 – 2 WD 28.09

> **Anmerkung und Hinweise für die Praxis**
>
> Festzuhalten ist, dass bei unwürdiger, demütigender oder ehrverletzender Behandlung Untergebener durch Vorgesetzte nach der Rechtsprechung des 2. WD-Senats grundsätzlich eine Dienstgradherabsetzung Ausgangspunkt der Zumessungserwägungen ist. Die schwerwiegende vorsätzliche Dienstpflichtverletzung des Soldaten als Vorgesetzter und Ausbilder machte vorliegend ausnahmsweise eine Degradierung noch nicht erforderlich. Dem Soldaten standen insgesamt eine Reihe mildernder und entlastender Umstände zur Seite. So handelte es sich um ein erst- und einmaliges Fehlverhalten; der Soldat war als Ausbilder nicht abgelöst worden. Eine funktionierende „begleitende Dienstaufsicht" hätte das Dienstvergehen weitgehend vermeiden können; die Vorgesetzten und die höhere Personalführung traf daher ein Mitverschulden. Zugunsten des Soldaten war weiter anzuführen, dass der Pflichtverletzung erkennbar keine böswillige und schikanöse Gesinnung zugrunde lag. Der Soldat hatte sich auch glaubhaft als einsichtig und reuig gezeigt und in seinem Leistungsverhalten nicht nachgelassen. Ihm konnte daher nicht nur eine erfolgreiche Nachbewährung, sondern auch eine günstige Persönlichkeitsprognose attestiert werden.

1. Sachverhalt

Der Soldat, ein Oberfeldwebel, war als Gruppenführer eines Ausbildungszuges eingesetzt. Er ließ ihm unterstellte Soldaten nach Abschluss der eigentlichen Ausbildung mindestens 25 Minuten im Freien bei minus 5 Grad mit dem gesamten Marschgepäck in der von ihm befohlenen Grundstellung verharren, währenddessen er sich zum Kaffeetrinken begab. Durch das ununterbrochene Beibehalten der Grundstellung kam es bei einem Soldaten zu einer vorübergehenden gesundheitlichen Beeinträchtigung. Das Truppendienstgericht verhängte gegen den Oberfeldwebel ein Beförderungsverbot für die Dauer von zwölf Monaten. Gegen dieses Urteil hat die Wehrdisziplinaranwaltschaft zuungunsten des Soldaten eine auf die Maßnahme beschränkte Berufung eingelegt mit dem Antrag, ein 18-monatiges Beförderungsverbot nebst einer Kürzung seiner Dienstbezüge für zehn Monate um ein Zwanzigstel auszusprechen. Der 2. WD-Senat des BVerwG hielt die Berufung für begründet und verlängerte die Laufzeit des Beförderungsverbots von zwölf auf achtzehn Monate, zugleich verhängte er gegen den Soldaten eine Kürzung der Dienstbezüge auf die Dauer von zehn Monaten um ein Zwanzigstel.

2. Maßnahmebemessung durch das BVerwG

Das Truppendienstgericht ist zu der für den Senat bindenden Feststellung gelangt, dass der Soldat durch das festgestellte Verhalten vorsätzlich gegen seine Pflicht zum treuen Dienen (§ 7 SG), seine Fürsorgepflicht (§ 10 Abs. 3 SG), seine Pflicht, Befehle nur unter Beachtung der Gesetze und Dienstvorschriften zu erteilen (§ 10 Abs. 4 SG), seine Kameradschaftspflicht (§ 12 SG) sowie gegen seine Pflicht zu achtungs- und vertrauenswürdigem Verhalten (§ 17 Abs. 2 Satz 1 SG) verstoßen hat und damit ein Dienstvergehen nach § 23 Abs. 1 SG begangen hat.

Bezüglich einzelner Bemessungskriterien (§ 58 Abs. 7 i. V. m. § 38 Abs. 1 WDO) führte das BVerwG im Wesentlichen Folgendes aus:

IV. Beleidigung von Untergebenen — Defizite in der Menschenführung

a) Schweres Dienstvergehen

Nach Eigenart und Schwere wiegt das Dienstvergehen schwer. Eine unwürdige, demütigende oder ehrverletzende Behandlung Untergebener – hier durch pflichtwidrige Diensterschwerung – ist für einen Soldaten in Vorgesetztenstellung stets ein sehr ernstzunehmendes Fehlverhalten; es verstößt gegen die Wehrverfassung der Bundesrepublik Deutschland und gegen die Prinzipien der Inneren Führung der Bundeswehr. Nach Art. 1 Abs. 1 GG ist die Würde des Menschen unantastbar; sie zu achten und zu schützen ist Verpflichtung aller staatlichen Gewalt. Dieses Gebot gilt auch für die Streitkräfte als Teil der Exekutive und bedarf im militärischen Bereich mit seiner streng hierarchischen Gliederung sogar besonderer Beachtung. Der Unrechtsgehalt des Dienstvergehens folgt auch aus der Bedeutung der verletzten Dienstpflichten: Die Pflicht zum treuen Dienen (§ 7 SG) gehört zu den zentralen Pflichten eines Soldaten. Der Verstoß des Soldaten als Vorgesetzter gegen seine Fürsorgepflicht (§ 10 Abs. 3 SG) hat ebenfalls erhebliches Gewicht. Das Truppendienstgericht hat für den Senat auch bindend angenommen, dass der Soldat nach den Gesamtumständen durch seine Befehlsgebung „Achtung", d.h. Grundstellung mit Front zum Vorgesetzten, für die Dauer von etwa 25 Minuten gegen die Menschenwürde und den rechtsstaatlichen Grundsatz der Verhältnismäßigkeit sowie gegen den Erlass „Erzieherische Maßnahmen" (in der zur Tatzeit geltenden Fassung) und damit gegen § 10 Abs. 4 SG verstieß. Zugleich hat das Truppendienstgericht bindend festgestellt, dass der Soldat seine Kameradschaftspflicht (§ 12 SG) verletzt hat. Außerdem hat die Vorinstanz mit für den Senat bindender Wirkung einen Verstoß des Soldaten gegen seine Pflicht zu achtungs- und vertrauenswürdigem Verhalten im Dienst (§ 17 Abs. 2 Satz 1 SG) angenommen. Eigenart und Schwere des Dienstvergehens werden hier schließlich nicht nur durch die besonderen Tatumstände – ca. 25-minütige Grundstellung von zehn bis 20 Soldaten mit Marschgepäck bei minus fünf Grad als unzulässige „Kollektivstrafe" mit vorübergehender gesundheitlicher Beeinträchtigung eines Soldaten –, sondern auch dadurch bestimmt, dass der Soldat als Oberfeldwebel und Ausbilder zur Tatzeit eine herausgehobene Vorgesetztenstellung innehatte.

b) Maß der Schuld

Das Maß der Schuld wird vor allem dadurch bestimmt, dass der Soldat vorsätzlich gehandelt hat. Zu Recht hat das Truppendienstgericht dem Soldaten aber den Milderungsgrund einer unzureichenden Dienstaufsicht zugebilligt. Dieser Milderungsgrund steht einem Soldaten dann zur Seite, wenn dieser der „begleitenden Dienstaufsicht" bedarf, z.B. in einer Überforderungssituation, die ein hilfreiches Eingreifen von Vorgesetzten erforderlich macht (vgl. z.B. BVerwG, Urt. v. 13.3.2003 – 1 WD 4.03). Ein solcher Fall lag hier zur Tatzeit vor. Die Schwächen des Soldaten im Bereich der Menschenführung waren den zuständigen Stellen von Anfang an bekannt. Der Soldat bedurfte einer dienstaufsichtsrechtlichen Unterstützung. Eine solche unterblieb, obwohl deren Notwendigkeit den Vorgesetzten des Soldaten bekannt war. Dies entlastet ihn von seinem Fehlverhalten.

c) Beförderungsverbot und Kürzung der Dienstbezüge

Bei der Gesamtwürdigung aller be- und entlastender Umstände hielt der 2. WD-Senat den Ausspruch eines Beförderungsverbotes für die Dauer von (noch) 18 Monaten nebst einer Kürzung der Dienstbezüge auf die Dauer von (noch) zehn Monaten um ein Zwanzigstel für erforderlich, aber auch ausreichend. Für die Fälle der unwürdigen demütigenden oder ehrverletzenden Behandlung Untergebener durch Vorgesetzte ist – auch aus generalpräventiven Überlegungen – nach der Rechtsprechung des Senats grundsätzlich eine Dienstgradherabsetzung Ausgangspunkt der Zumessungserwägungen. Der Senat ging vorliegend insgesamt noch von einem leichteren Fall aus, der es rechtfertige, auf eine der Art nach mildere Disziplinarmaßnahme – Beförderungsverbot – überzugehen. Der Senat hielt allerdings weiterhin den zusätzlichen Ausspruch einer Kürzung der Dienstbezüge des Soldaten für erforderlich, da hier ein alleiniges Beförderungsverbot von 18 Monaten keine Auswirkungen auf den dienstlichen Werdegang des voraussichtlich noch bis 2016 Dienst leistenden Soldaten habe.

V. Drogen

Beförderungsverbot wegen Verstoßes gegen das Sprengstoffgesetz und das Betäubungsmittelverbot – BVerwG hebt Degradierung durch TDG auf

BVerwG, Urt. v. 7.5.2013 – 2 WD 20.12

Anmerkung und Hinweise für die Praxis

1. Ausgangspunkt der Zumessungserwägungen ist bei einer fahrlässigen Verletzung von Sorgfaltspflichten im Umgang mit Munition ein Beförderungsverbot. Für Fälle des strafbaren Erwerbs, Besitzes, Konsums sowie der strafbaren Weitergabe von Betäubungsmitteln im oder außer Dienst ist bei aktiven Soldaten Ausgangspunkt der Zumessungserwägungen grundsätzlich ein Beförderungsverbot, in schweren Fällen eine Dienstgradherabsetzung. Ein schwerer Fall, insbesondere in der Form des Dauerkonsums, lag hier nicht vor.

2. Da die Dauer des Beförderungsverbots über die Restdienstzeit des Soldaten hinausreicht, kommt nach § 58 Abs. 4 Satz 2 WDO die Verbindung mit einer Bezügekürzung in Betracht. Der 2. WD-Senat hat hiervon abgesehen, weil dem Soldaten wegen des laufenden Verfahrens bereits eine Beförderung zum Hauptfeldwebel entgangen ist. Die unterbliebene Beförderung stellt eine auch wirtschaftlich bedeutsame Konkretisierung der pflichtenmahnenden Wirkung des Verfahrens als solchem dar, die es erlaubt, von einer zusätzlichen Bezügekürzung vorliegend abzusehen.

1. Sachverhalt

Der Soldat, ein Oberfeldwebel, der für die ordnungsgemäße Verwahrung von Munition verantwortlich war, hat im Mai 2009 in der ... Kaserne in A. zehn Handgranatenübungsladungen und einen Anzünder für Leuchtkörper-Boden an sich genommen, in seinen privaten Pkw gelegt und dort bis zum Januar 2010 mit sich geführt. Anlässlich einer Polizeikontrolle wurden diese Bestände der Bundeswehr im Pkw des Soldaten aufgefunden. Bei den zehn Handgranatenübungsladungen handelte es sich um pyrotechnische Gegenstände ohne Zulassung der Bundesanstalt für Materialforschung und -prüfung, die ausschließlich für militärische Zwecke zu verwenden sind; der Anzünder enthielt keine Explosivstoffe. Weiterhin hat der Soldat im Januar 2010 außerhalb des dienstlichen Bereichs einen Marihuanajoint konsumiert. Er war, wie er auf Vorhalt eingeräumt hat, im Jahre 1999 gemäß damaliger ZDv 10/5 „Leben in der militärischen Gemeinschaft" Nr. 404 Abs. 4 über den Missbrauch von Betäubungsmitteln belehrt worden. Das Truppendienstgericht (TDG) hat den Soldaten wegen eines Dienstvergehens nach § 23 Abs. 1 SG in den Dienstgrad eines Stabsunteroffiziers der Besoldungsgruppe A 6 herabgesetzt. Auf die Berufung des Soldaten hat der 2. WD-Senat des BVerwG das Urteil des TDG aufgehoben und gegen den Soldaten ein Beförderungsverbot für die Dauer von drei Jahren verhängt.

2. Entscheidung des BVerwG

a) Rechtliche Würdigung

Die Aufbewahrung der Handgranatenübungsladungen im privaten Pkw des Soldaten verletzt § 7 SG unter dem Teilaspekt der Loyalität zur Rechtsordnung, weil hierdurch eine Straftat nach § 40 Abs. 1 Nr. 3 i. V. m. § 27 Abs. 1 SprengG (Sprengstoffgesetz) begangen ist. Im Hinblick auf den Zünder für Leuchtkörper ist die Pflicht zum treuen Dienen (§ 7 SG) deshalb verletzt, weil sie auch den sorgfältigen Umgang mit Munitionsbestandteilen und eine Pflicht, alles zu unterlassen, was zu einer Gefährdung der Öffentlichkeit durch diese Gegenstände führen kann, einschließt. Damit ist zugleich § 17 Abs. 2 Satz 1 SG verletzt. Denn ein

V. Drogen
Verstoß gegen das Sprengstoffgesetz und das Betäubungsmittelverbot

Verstoß eines Munitionsfeldwebels gegen das SprengG oder gegen die Sorgfaltspflichten im Umgang mit Munitionsbestandteilen weckt Zweifel an seiner dienstlichen Zuverlässigkeit und ist deshalb auch geeignet, seine Achtungs- und Vertrauenswürdigkeit zu mindern. Diese Pflichten hat der Soldat teils fahrlässig, teils vorsätzlich verletzt. Der Konsum eines Cannabisproduktes verletzt vorsätzlich § 7 SG unter dem Teilaspekt der Loyalität zur Rechtsordnung. Cannabisprodukte stellen Betäubungsmittel i.S.v. § 1 Abs. 1 BTMG und der Anlage III hierzu dar, sodass der Konsum eines „joints" den Tatbestand des § 29 Abs. 1 Nr. 1 („sich in sonstiger Weise verschafft") und 3 („besitzt") BTMG erfüllt. Zugleich liegt auch ein – ebenfalls vorsätzlicher – Verstoß gegen § 17 Abs. 2 Satz 2 SG vor, da das Verhalten des Soldaten geeignet war, eine ansehensschädigende Wirkung auszulösen.

b) Bemessung der Disziplinarmaßnahme

Nach § 58 Abs. 7 i. V. m. § 38 Abs. 1 WDO sind insbesondere folgende Kriterien zu berücksichtigen:

aa) Pflicht zum treuen Dienen

Gewicht verleiht dem Dienstvergehen vor allem die Verletzung der Pflicht zum treuen Dienen (§ 7 SG). Aber auch die Verletzung der Pflicht zu achtungs- und vertrauenswürdigem Verhalten innerhalb und außerhalb des Dienstes (§ 17 Abs. 2 Satz 1 und 2 SG) wiegt nicht leicht. Bestimmend für Eigenart und Schwere des Dienstvergehens sind auch die Tatumstände: Hierbei ist zum einen zu berücksichtigen, dass es sich bei der Pflichtverletzung bzgl. des Verstoßes gegen das SprengG um ein sich über ein halbes Jahr hinziehendes Dauerdelikt handelt, das ein erhebliches Maß an Sorglosigkeit im Umgang mit den Dienstpflichten offenbart. Zum anderen ist aber auch festzustellen, dass dieses Fehlverhalten Übungshandgranatenladungen betraf, die die Öffentlichkeit weit geringer gefährden, als dies bei echter Munition der Fall gewesen wäre.

bb) Keine nachteiligen Auswirkungen

Das Dienstvergehen hatte keine nachteiligen Auswirkungen auf den Dienstbetrieb, da der Soldat nicht umgesetzt oder versetzt worden ist. Jedoch hatte das Versagen des Soldaten im Umgang mit Munitionsbestandteilen eine sich über einen langen Zeitraum erstreckende abstrakte Gefährdung der Öffentlichkeit zur Folge. Da die Detonation einer Übungshandgranate nur den Knall einer echten Handgranate simulieren soll, wären die möglichen Schäden für Leib und Leben von Menschen und Sachen von bedeutendem Wert zwar erheblich geringer als im Falle der Detonation einer echten Handgranate. Jedoch hätte durch eine versehentliche Detonation der Übungsladungen im Pkw des Soldaten ein Verkehrsunfall mit gravierenden Folgen für ihn, etwaige Mitfahrer und andere Verkehrsteilnehmer ausgelöst werden können.

cc) Maß der Schuld

Das Maß der Schuld des Soldaten wird vor allem dadurch bestimmt, dass er für den größten Teil des hier in Rede stehenden Zeitraums fahrlässig und nur zum Teil auch vorsätzlich gehandelt hat.

dd) Gute Leistungen

Im Hinblick auf die Zumessungskriterien „Persönlichkeit" und „bisherige Führung" sprechen die konstant guten Leistungen des Soldaten für ihn. Mangels einer Leistungssteigerung geht der Senat aber nicht von einer zusätzlichen Nachbewährung aus. Für den Soldaten sprechen aber auch sein Geständnis und die damit zum Ausdruck gebrachte Unrechtseinsicht.

ee) Fahrlässige Verletzung der Sorgfaltspflicht

Bei einer fahrlässigen Verletzung von Sorgfaltspflichten im Umgang mit Munition ist Ausgangspunkt der Zumessungserwägungen ein Beförderungsverbot (vgl. BVerwG, Urt. v. 6.6.1991 – 2 WD 27.90 – BVerwGE 93, 100 ff. und BVerwG, Urt. v. 9.2.1993 – 2 WD 24.92 – BVerwGE 93, 352). Es kann hier dahinstehen, ob für vorsätzliche Verletzungen solcher Pflichten durch einen Munitionsfeldwebel eine strengere Sanktion geboten wäre. Denn hier überwiegt der Zeitraum, in dem der Soldat nur fahrlässig versagt hat, so deutlich, dass das zum Teil vorsätzliche Versagen ganz untergeordnete Bedeutung hat.

Für Fälle des strafbaren Erwerbs, Besitzes, Konsums sowie der strafbaren Weitergabe von Betäubungsmitteln im oder außer Dienst ist bei aktiven Soldaten Ausgangspunkt der Zumessungserwägungen grundsätzlich ein Beförderungsverbot, in schweren Fällen eine Dienstgradherabsetzung (vgl. BVerwG, Urt. v. 12.10.2010 – 2 WD 44.09 – und zuletzt BVerwG, Urt. v. 28.6.2012 – 2 WD 3410). Ein schwererer Fall, insbesondere in der Form des Dauerkonsums, des Handeltreibens mit Betäubungsmitteln oder der Verstrickung von Kameraden in das Vergehen, liegt hier nicht vor.

Hiernach erreicht das Dienstvergehen des Soldaten noch kein solches Gewicht, das eine schärfere Sanktion verlangen würde. Insgesamt hielt der 2. WD-Senat ein Beförderungsverbot im oberen Bereich, aber noch deutlich unterhalb der gesetzlichen Höchstgrenze für angemessen und ausreichend.

V. Drogen

Große Menge an Drogen

Soldat verschafft sich eine große Menge an Drogen
BVerwG, Urt. v. 12.1.2017 – 2 WD 12.16

> **Anmerkung und Hinweise für die Praxis**
> Besitzt ein Soldat eine große Menge an Betäubungsmitteln, die einen mehr als nur gelegentlichen Eigenkonsum oder die Weitergabe an zahlreiche Dritte ermöglicht, ist die Dienstgradherabsetzung Ausgangspunkt der Zumessungserwägungen (Regelmaßnahme). Dies ist jedenfalls – wie hier – beim Besitz von mehr als 100 Konsumeinheiten unterschiedlicher Betäubungsmittel der Fall. Die Dienstgradherabsetzung war vorliegend durch § 62 Abs. 1 Satz 1 WDO ausgeschlossen, wonach Offiziere nur bis zum Leutnant degradiert werden können. Daher wurde als nächstniedrigere Maßnahme ein Beförderungsverbot kombiniert mit einer Kürzung der Dienstbezüge verhängt, diese Maßnahme aber im oberen Bereich des gesetzlichen Rahmens angesiedelt.

1. Sachverhalt

Das Truppendienstgericht (TDG) hat festgestellt, dass der Soldat, ein Leutnant zur See, eine größere Menge dreier unterschiedlicher Betäubungsmittel besessen hat. Er habe sich mehr als 100 Konsumeinheiten von drei verschiedenen Betäubungsmitteln verschafft, weshalb ein schwerer Fall vorliege. Entgegen seiner Belehrung über das Verbot nach der Nr. 404 der damaligen ZDv 10/5, Betäubungsmittel auch außer Dienst zu besitzen oder zu konsumieren, habe er wissentlich und willentlich am … 45,08 g Amphetamin, 9,86 g Kokain und 0,17 g Metamphetamin bei sich getragen. Hierdurch habe er vorsätzlich seine Pflichten aus §§ 7, 17 Abs. 2 Satz 2 2. Alt. SG verletzt. Auf dieser Grundlage hat das TDG gegen den Soldaten ein Beförderungsverbot für die Dauer von vierzig Monaten verbunden mit einer Kürzung der Dienstbezüge um ein Zwanzigstel für die Dauer von zweiundvierzig Monaten verhängt. Der 2. WD-Senat des BVerwG hat die – maßnahmebeschränkte – Berufung des Soldaten zurückgewiesen und das Urteil des TDG bestätigt.

2. Entscheidungsgründe des BVerwG

Das BVerwG sieht den besonderen Unrechtsgehalt des Dienstvergehens vor allem darin, dass der Soldat kriminelles Unrecht in Form eines Verstoßes gegen das Betäubungsmittelgesetz nach § 29 Abs. 1 Nr. 1 BtMG begangen hat und deshalb rechtskräftig verurteilt wurde. Hohe Bedeutung habe auch der Verstoß gegen die innerdienstliche Weisung in Nr. 404 der damaligen ZDv 10/5. Diese Anweisung diene der Erhaltung der Funktionsfähigkeit der Streitkräfte, indem sie Soldaten Verhaltensweisen untersage, die ihre jederzeitige Einsatzfähigkeit gefährdeten. Für den Soldaten sprechende Beweggründe seien nicht feststellbar. Ein anderes Motiv als Eigennutz sei nicht ersichtlich. Unabhängig davon, ob der Soldat die in Rede stehenden Rauschmittel selbst habe konsumieren oder an andere weitergeben wollen, habe er sein privates Interesse am Gebrauch illegaler Drogen durch Eigenkonsum oder Ermöglichung von Fremdkonsum, über das dienstliche Interesse am Erhalt des Vertrauens in seine Zuverlässigkeit und Rechtstreue gestellt. Bei der Gesamtwürdigung aller be- und entlastenden Umstände gelangt das BVerwG zu der Schlussfolgerung, dass die vom TDG verhängte Maßnahme nach Tat und Schuld nicht zu schwer wiegt und führt in diesem Zusammenhang u.a. aus: Für Fälle des strafbaren Erwerbs, Besitzes, Konsums sowie der strafbaren Weitergabe von Betäubungsmitteln im oder außer Dienst ist bei aktiven Soldaten Ausgangspunkt der Zumessungserwägungen (Regelmaßnahme), grundsätzlich ein Beförderungsverbot, in schweren Fällen eine Dienstgradherabsetzung (vgl. BVerwG, Urt. v. 12.10.2010 – 2 WD 44.09, BVerwG, Urt. v. 28.6.2012 – 2 WD 34.10 – juris Rn. 108, BVerwG, Urt. v. 7.5.2013 – 2 WD 20.12 – juris Rn. 61 und BVerwG, Urt. v. 21.5.2014 – 2 WD 7.13 – juris Rn. 60). Ein schwerer Fall liegt insbesondere im Falle des Dauerkonsums, des Handeltreibens mit Betäubungsmitteln oder der Verstrickung von Kameraden in das Vergehen vor. Ein schwerer Fall ist auch dann anzunehmen, wenn ein Soldat eine große Menge an Betäubungsmitteln besitzt oder sich verschafft, die einen mehr als nur gelegentlichen Eigenkonsum oder die Weitergabe an zahlreiche Dritte ermöglicht. Von einer solchen Menge ist jedenfalls dann auszugehen, wenn ein Soldat – wie hier – mehr als 100 Konsumeinheiten unterschiedlicher Betäubungsmittel bei sich trägt. Wer sich einen derart großen Vorrat unterschiedlicher Drogen anlegt, konsumiert entweder selbst mehr als nur gelegentlich Drogen oder fördert durch die entgeltliche oder unentgeltliche Weitergabe der Drogen einen mehr als nur gelegentlichen fremden Konsum. Damit gehen erhebliche Eigen- und/oder Fremdgefährdungen einher, die eine deutlich fühlbare Sanktionierung verlangen. Auch aus generalpräventiven Gründen ist in einem solchen Fall eine nach außen sichtbare Maßnahme grundsätzlich geboten. Zwar bildet hier die Dienstgradherabsetzung den Ausgangspunkt der Zumessungserwägungen. Allerdings ist weder diese noch die Höchstmaßnahme zu verhängen, weil § 62 Abs. 1 Satz 1 WDO diese Maßnahme hier ausschließt (vgl. BVerwG, Urt. v. 4.3.2009 – 2 WD 10.08). Daher ist zwar eine mildere Maßnahmeart zu wählen, diese muss aber am oberen Rand des gesetzlich Zulässigen bemessen werden. Ein Beförderungsverbot ist selbst dann noch eine gegenüber der Dienstgradherabsetzung mildere Maßnahme, wenn es gemäß § 58 Abs. 4 Satz 1 WDO mit einer Bezügekürzung verbunden wird. Das TDG hat weder mit der Dauer des Beförderungsverbotes noch in Dauer und Umfang der Bezügekürzung die Obergrenzen aus § 59 Satz 1 und § 60 Abs. 2 WDO ausgeschöpft. Den für den Soldaten sprechenden Aspekten in seiner Person und seiner bisherigen Führung hat es damit ausreichend Rechnung getragen.

VI. Einfache Disziplinarmaßnahme/Erzieherische Maßnahme

Soldat speicherte rechtswidrig Daten – Gericht klärte Fristbeginn für Verhängung einer einfachen Disziplinarmaßnahme
BVerwG, Beschl. v. 7.4.2011 – 2 WNB 2.11

> **Anmerkung und Hinweise für die Praxis**
>
> Einfache Disziplinarmaßnahmen (siehe § 22 WDO) können gemäß § 17 Abs. 2 WDO nur innerhalb von sechs Monaten verhängt werden. Nach Ablauf dieser Frist besteht ein Verhängungsverbot.
>
> Bei einem Dauerdelikt, wie hier der Speicherung privater Daten auf einem dienstlichen PC, beginnt die Frist des § 17 Abs. 2 WDO erst mit der Beendigung des rechtswidrigen Zustandes.

1. Problematik

Der 2. WD-Senat hatte sich mit der Frage zu befassen, ab wann bei einem Dauerdelikt – hier: Speicherung privater Daten auf dienstlichem PC – die Sechsmonatsfrist des § 17 Abs. 2 WDO, innerhalb der das Verhängen einer einfachen Disziplinarmaßnahme zulässig ist, zu laufen beginnt. Der Beschwerdeführer wollte geklärt wissen, ob „sich bei unzulässigem Speichern privater Dateien auf dienstlichen Rechnern die Fristbestimmung gemäß § 17 Abs. 2 WDO nach dem Zeitpunkt des Aufspielens oder nach dem späteren Zeitpunkt, zu dem die Speicherung entdeckt wurde, richtet". Der 2. WD-Senat des BVerwG hat die Frage dahingehend beantwortet, dass die Sechsmonatsfrist des § 17 Abs. 2 WDO erst mit der Beendigung der Speicherung, vorliegend also mit der Entdeckung der gespeicherten Daten, zu laufen begann.

2. Sachverhalt und Gründe der Entscheidung des BVerwG

Nach § 17 Abs. 2 WDO darf eine einfache Disziplinarmaßnahme nicht mehr verhängt werden, wenn seit einem Dienstvergehen sechs Monate verstrichen sind. Die Frist beginnt mit der Beendigung des Dienstvergehens (Dau/Schütz, WDO, 7. Aufl. 2017, § 17 Rn. 10). Die im vorliegenden Verfahren angegriffene Disziplinarbuße, die der Kommandeur des ...bataillons ... am 16. Februar 2010 verhängt hat, beruht auf dem Vorwurf, der Soldat habe entgegen den IT-Sicherheitsbestimmungen in der Bundeswehr und entgegen dem IT-Sicherheitskonzept des ...bataillons ... eine größere Zahl privater Dateien auf zwei dienstlichen Arbeitsplatzrechnern in der ...Kaserne gespeichert gehabt, wobei dies bei einer IT-Sicherheitsinspektion am 19. August 2009 entdeckt worden sei.

Das dem Soldaten zur Last gelegte Dienstvergehen besteht demnach nicht nur darin, dass er die privaten Dateien – nach seinen Angaben am 10.8.2009 – auf die dienstlichen Rechner geladen hat, sondern (auch), dass er diese Dateien dort gespeichert hat. Die Speicherung der Daten auf dem dienstlichen Rechner stellt ein Dauerdelikt dar, das erst mit der Löschung der Daten beendet wird (vgl. Dau/Schütz a.a.O.; LG Mosbach, Beschl. v. 26.6.1973 – Qs 100/73 – NZWehrr 1973, 237 und zur Verjährung von Straftaten: Fischer, StGB, 64. Aufl. 2017, § 78a Rn. 12 m.w.N.). Die Ansicht der Beschwerde, es liege kein Dauerdelikt vor, wird nicht weiter begründet. Sie vermag auch nicht zu überzeugen.

Im Unterschied zu einem sogenannten Zustandsdelikt (z.B. Körperverletzung; vgl. Fischer a.a.O. Rn. 58 vor § 52), bei dem der vom Täter geschaffene Zustand möglicherweise über einen längeren Zeitraum andauert, von ihm aber nicht mehr beseitigt werden kann, kann bei einem Dauerdelikt (z.B. unerlaubte Abwesenheit vom Dienst, Freiheitsberaubung) der rechtswidrige Zustand regelmäßig durch den Täter selbst beendet werden (Rückkehr zum Dienst, Freilassung der festgehaltenen Person; vgl. BVerwG, Urt. v. 27.11.1969 – 3 D 26.68 – BVerwGE 43, 30; OLG München, Urt. v. 22.2.2006 – 5 St RR 012/06). Dies gilt auch für die rechtswidrige Speicherung von Daten in einem PC. Der Soldat hätte den Zustand durch Löschung der Daten jederzeit beenden können. Dass er im vorliegenden Fall möglicherweise durch Ortsabwesenheit (Urlaub) tatsächlich keinen Zugriff auf die gespeicherten Daten mehr hatte, vermag an der Einordnung der Pflichtverletzung als Dauerdelikt nichts zu ändern.

Die Frist des § 17 Abs. 2 WDO begann daher erst mit der Beendigung der Speicherung, hier also mit der Entdeckung der gespeicherten Daten bei der IT-Inspektion am 19. August 2009 zu laufen. Im Übrigen wäre es für den Fristbeginn auf die Entdeckung des Dienstvergehens nicht angekommen, wenn die Speicherung bereits früher, z.B. durch den Soldaten, beendet worden wäre (vgl. auch Dau/Schütz, a.a.O.).

VI. Einfache Disziplinarmaßnahme — Anfechtung

Anfechtung einer Erzieherischen Maßnahme
BVerwG, Beschl. v. 23.2.2010 – 1 WB 23.09

> **Anmerkung und Hinweise für die Praxis**
>
> Der 1. WD-Senat des BVerwG befasst sich mit der Abgrenzung einer Erzieherischen Maßnahme zu einer Disziplinarmaßnahme und mit der Frage, aufgrund welcher Rechtsgrundlage eine „Erzieherische Maßnahme" angefochten werden kann. Die unterhalb der förmlichen Disziplinarmaßnahme möglichen disziplinaren Erziehungsmittel des Disziplinarvorgesetzten fasst die WDO in dem Begriff „Erzieherische Maßnahmen" zusammen (hierzu Dau/Schütz, WDO, 7. Aufl. 2017, § 33 Rn. 3). „Erzieherische Maßnahmen" sind also von den einfachen Disziplinarmaßnahmen zu unterscheiden (siehe hierzu den damaligen Erlass „Erzieherische Maßnahmen", ZDv 14/3 B151) und können in der Form etwa der Belehrung, Ermahnung, Zurechtweisung und Warnung als Maßnahme der Dienstaufsicht angeordnet werden, ohne dass notwendigerweise tatbestandsmäßig ein Dienstvergehen vorzuliegen braucht. Will ein Soldat eine Erzieherische Maßnahme anfechten, so kann er dies nur mit den Rechtsbehelfen nach der WBO.

1. Erzieherische Maßnahmen

Erzieherische Maßnahmen sind nach Nr. 503 des Erlasses „Erzieherische Maßnahmen" (ZDv 14/3 Teil B 151; Stand 2010) unter anderem Belehrungen, Zurechtweisungen und Warnungen.

2. Anfechtung

Nach dem oben genannten Beschluss des Ersten Wehrdienstsenats des BVerwG kann ein Soldat eine Erzieherische Maßnahme nicht mit der Beschwerde nach § 42 Wehrdisziplinarordnung (WDO), sondern nur unmittelbar mit den Rechtsbehelfen nach der Wehrbeschwerdeordnung (WBO) anfechten.

§ 42 WDO ermöglicht zwar gegen „sonstige Maßnahmen und Entscheidungen des Disziplinarvorgesetzten … nach diesem Gesetz" die Disziplinarbeschwerde. Der Erlass einer Erzieherischen Maßnahme ist jedoch, wie das BVerwG in seiner Begründung ausführt, nicht als sonstige Maßnahme oder Entscheidung „nach diesem Gesetz", also nach der Wehrdisziplinarordnung zu qualifizieren. Zuzustimmen ist der weiteren Argumentation des BVerwG, wonach sich dies schon aus der Vorschrift des § 1 Abs.1 WDO ergibt, die den sachlichen Geltungsbereich der Wehrdisziplinarordnung auf die Würdigung besonderer Leistungen durch förmliche Anerkennungen und auf die Ahndung von Dienstvergehen durch Disziplinarmaßnahmen beschränkt. Eine Erzieherische Maßnahme stellt hingegen keine Disziplinarmaßnahme im Sinne der gesetzlich abschließend geregelten Maßnahmenkataloge in § 22 Abs. 1 und § 58 Abs. 1 WDO dar: sie weist auch nicht die Rechtsnatur einer „Vorstufe" oder einer Nebenentscheidung zu einer Disziplinarmaßnahme auf, sondern bildet ein eigenständiges Erziehungsmittel des zuständigen (Disziplinar-)Vorgesetzten außerhalb der Wehrdisziplinarordnung. Die Erzieherische Maßnahme ist grundsätzlich kein Ersatz für eine (einfache) Disziplinarmaßnahme. Deshalb ist bei der Feststellung eines Dienstvergehens das Ausweichen in eine Erzieherische Maßnahme unzulässig, wenn eine einfache Disziplinarmaßnahme geboten ist: Andererseits darf neben einer disziplinaren Ahndung wegen desselben Sachverhalts keine Erzieherische Maßnahme ausgesprochen werden (Nr. 308 und Nr. 310 Abs. 1 des Erlasses „Erzieherische Maßnahme"). Aus § 33 Abs. 1 WDO folgt ebenfalls, dass Erzieherische Maßnahmen nicht als Maßnahmen „nach diesem Gesetz", also nach der Wehrdisziplinarordnung, zu werten sind. Nach dieser Vorschrift kann es der Disziplinarvorgesetzte nach der Feststellung eines Dienstvergehens „bei einer Erzieherischen Maßnahme bewenden lassen", die jedoch in Inhalt, Art, Form und Verfahren nicht in der Wehrdisziplinarordnung geregelt ist, weil sie eine Maßnahme außerhalb des Katalogs der Ahndungsmaßnahmen der Wehrdisziplinarordnung bildet. Deshalb werden die Erzieherischen Maßnahmen in der Literatur zutreffend nicht bei den Fallbeispielen für den sachlichen Geltungsbereich des § 42 WDO erwähnt (Bachmann: Das Zweite Gesetz zur Neuordnung des Wehrdisziplinarrechts und zur Änderung anderer Vorschriften, in: NZWehrr 2001, 177, 186; Dau/Schütz, WDO, 7. Auflage 2017, § 42 Rn. 8 und 9).

VII. Grundgesetz

Verpassen einer körperlichen Abreibung im außerdienstlichen Bereich
BVerwG, Urt. v. 24.5.2012 – 2 WD 18.11

> **Anmerkung und Hinweise für die Praxis**
>
> Bei einer außerdienstlichen Körperverletzung, bei der auch die qualifizierenden Tatbestandsmerkmale einer gefährlichen Körperverletzung nach § 224 StGB erfüllt sind, ist Ausgangspunkt der Zumessungserwägungen die Dienstgradherabsetzung bis in einen Mannschaftsdienstgrad. Dass ein außerdienstliches Fehlverhalten vorlag, rechtfertigt keine mildere Regelmaßnahme. In dem hier vom BVerwG entschiedenen Fall war wegen der Folgen der Tat eine Degradierung um zwei Dienstgrade, also in den Dienstgrad eines Unteroffiziers ohne Portepee, zwar erforderlich, aber auch ausreichend, weil es sich u.a. um eine einmalige und persönlichkeitsfremde Entgleisung des Soldaten handelte.

1. Sachverhalt

Der (frühere) Soldat, dessen Dienstzeit im Jahre 2012 endete, wurde 2009 durch rechtskräftiges Strafurteil eines Landgerichts wegen gefährlicher Körperverletzung (§ 224 Abs. 1 Ziff. 3 und Ziff. 4 StGB) zu einer zur Bewährung ausgesetzten Freiheitsstrafe von sieben Monaten verurteilt. Im Wesentlichen ging es um folgenden Sachverhalt aus dem Jahre 2007: Über ein Internet-Forum kam es zu Kontakten zwischen dem später Geschädigten G. und dem Bruder des Soldaten, M. ..., die schließlich in wechselseitigen Beleidigungen mündeten. Der Soldat und sein Bruder M. ... beschlossen deshalb, G., der ihnen bis auf den Internetkontakt nicht bekannt war, eine körperliche Abreibung zu verpassen. Zu diesem Zweck veranlasste der Soldat seine frühere Freundin, sich mit dem Geschädigten auf einem abgelegenen Parkplatz zu verabreden. Dort schlug er ihm in Anwesenheit seines Bruders mit der Faust ins Gesicht, sodass der Geschädigte ein Schädel-Hirn-Trauma, eine Augenprellung und mehrere Frakturen erlitt. In dem auf das Strafverfahren folgenden sachgleichen gerichtlichen Disziplinarverfahren hat das Truppendienstgericht den Soldaten, einen Oberfeldwebel der Reserve, durch Urteil aus dem Jahre 2011 wegen eines Dienstvergehens (vorsätzliche Verletzung der außerdienstlichen Achtungs- und Vertrauenswahrungspflicht aus § 17 Abs. 2 Satz 2 SG) in den Dienstgrad eines Feldwebels der Reserve herabgesetzt. Auf die zugunsten des Soldaten eingelegte – maßnahmebeschränkte – Berufung der Wehrdisziplinaranwaltschaft hat der 2. WD-Senat des BVerwG den Soldaten in den Dienstgrad eines Stabsunteroffiziers der Reserve (Besoldungsgruppe A 6) herabgesetzt.

2. Entscheidungsgründe des BVerwG (Maßnahmebemessung)

Bei der Gesamtwürdigung aller be- und entlastenden Umstände hielt das BVerwG im Hinblick auf die Bemessungskriterien des § 38 Abs. 1 WDO eine Degradierung um zwei Dienstgrade für erforderlich und angemessen, wobei insbesondere die Kriterien „Eigenart und Schwere" sowie die „Auswirkungen" des Dienstvergehens ins Gewicht fallen.

> *a) Nach „Eigenart und Schwere", so das BVerwG, wiegt das festgestellte Dienstvergehen schwer*

Eine brutale körperliche Misshandlung des Betroffenen ist sowohl mit dem Menschenbild des Grundgesetzes und dem Verfassungsprinzip der Wahrung der Menschenrechte als auch mit der gesetzlichen Verpflichtung zu vorbildhaftem Verhalten gemäß § 10 Abs. 1 SG unvereinbar. Dadurch hat sich der frühere Soldat nachhaltig in seiner Dienststellung als Vorgesetzter disqualifiziert. Nach Art 1 Abs. 1 GG ist die Würde des

Menschen unantastbar; sie zu achten und zu schützen, ist Verpflichtung aller staatlichen Gewalt, und dieses Gebot kann innerhalb wie außerhalb der Streitkräfte nicht unterschiedlich gelten. Wie der Senat ferner in ständiger Rechtsprechung hervorgehoben hat, ist auch die körperliche Unversehrtheit eines jeden Menschen durch Art. 2 Abs. 2 Satz 1 GG gewährleistet. Diese Grundrechte bedürfen nicht nur im militärischen Bereich besonderer Beachtung, da ihre Verletzung mit Freiheitsstrafe bedroht ist (§§ 30, 31 WStG), sondern derartige Verstöße sind auch generell durch das Kriminalstrafrecht, das dem allgemeinen Rechtsfrieden dient, sanktioniert. Diesen Verpflichtungen hat der Soldat auch außer Dienst sowie außerhalb dienstlicher Unterkünfte und Anlagen jederzeit zu entsprechen (vgl. BVerwG, Urt. v. 19.10.1999 – 2 WD 26.99 – und BVerwG, Urt. v. 2.3.2000 – 2 WD 44.99 = NZWehrr 2001, 35 jeweils m.w.N.). Eigenart und Schwere des Dienstvergehens werden hier des Weiteren dadurch bestimmt, dass der frühere Soldat aufgrund seines Dienstgrades als Oberfeldwebel in einem Vorgesetztenverhältnis stand (§ 1 Abs. 3 Satz 1 und 2 SG i. V. m. § 4 Abs. 1 Nr. 2, Abs. 3 VorgV). Bestimmend für Eigenart und Schwere des Dienstvergehens sind schließlich auch die weiteren Tatumstände: Die Tatbegehung ist hier durch die Hinterlist charakterisiert, mit der das Opfer mittels eines „Lockvogels" an einen abgelegenen Ort gelockt wurde, an dem Hilfe nicht unmittelbar zu finden war. Hinter diesem planmäßigen Vorgehen steht eine hohe kriminelle Energie.

b) Gesundheitliche Schäden beim Opfer

Die nachteiligen Auswirkungen des Dienstvergehens bestehen in den massiven gesundheitlichen Schäden des Opfers. Sie sind von besonderem Gewicht, auch wenn das Dienstvergehen nicht einer breiteren Öffentlichkeit bekannt geworden ist und es auch keine nachteiligen Auswirkungen auf den Dienstbetrieb oder die Personalführung hatte.

c) Dienstgradherabsetzung

In der Rechtsprechung des 2. WD-Senats ist bei brutalen, körperlichen Misshandlungen durch Soldaten in Vorgesetztenstellung im außerdienstlichen Bereich in aller Regel eine Dienstgradherabsetzung bis in einen Mannschaftsdienstgrad als angemessene Maßnahme betrachtet worden. Jedenfalls bei einer außerdienstlichen Körperverletzung, bei der auch die qualifizierenden Tatbestandsmerkmale nach den §§ 224 – 227 StGB erfüllt sind, ist die Dienstgradherabsetzung bis in einen Mannschaftsdienstgrad zum Ausgangspunkt der Zumessungserwägungen zu nehmen. Dass es sich um ein außerdienstliches Fehlverhalten handelt, rechtfertigt keine mildere Regelmaßnahme. Die Unfähigkeit, im privaten Bereich die Grenzen rechtmäßiger Anwendung von körperlicher Gewalt einzuhalten, hat auch Auswirkungen auf das Vertrauen des Dienstherrn in die dienstliche Zuverlässigkeit des früheren Soldaten. Soldaten üben für den Dienstherrn das staatliche Gewaltmonopol in der Verteidigung des Staates und seiner Bürger nach Außen hin aus. Hierbei muss der Dienstherr darauf vertrauen können, dass sie besonnen und unter Beachtung rechtlicher Grenzen vorgehen. Dieses Vertrauen ist beeinträchtigt, wenn ein Soldat im privaten Bereich Gewalt als Mittel der Konfliktlösung einsetzt. Im Hinblick auf die konkrete Bemessung der Disziplinarmaßnahme in dem vorliegenden zur Entscheidung stehenden Fall verneinte der Senat dann einen leichten Fall eines Dienstvergehens, der noch mit einer Kürzung des Ruhegehalts (§ 67 Abs. 1 WDO) hätte angemessen geahndet werden können. Wegen des gegen den früheren Soldaten sprechenden Rachemotivs und der schweren Folgen der Tat für das Opfer hielt der Senat die Herabsetzung in den Dienstgrad eines Unteroffiziers ohne Portepee für geboten. Dabei verbot es sich, den früheren Soldaten in den Dienstgrad eines Stabsunteroffiziers der Besoldungsgruppe A 7 herabzusetzen, weil die höchste für diese Dienstgradgruppe erreichbare Besoldungsgruppe solchen Soldaten vorbehalten ist, die sich nicht nur angesichts ihrer dienstlichen Leistungen, sondern auch durch eine tadelfreie Führung im und außerhalb des Dienstes besonders auszeichnen (vgl. BVerwG, Urt. v. 27.6.1995 – 2 WD 3.95 – BVerwGE 103, 246, 248 = NZWehrr 1996, 38 für Stabs- bzw. Oberstabsgefreite).

VII. Grundgesetz

Außerdienstliche Körperverletzung durch einen Soldaten – BVerwG verlängert Beförderungsverbot durch TDG

BVerwG, Urt. v. 7.3.2013 – 2 WD 28.12

> **Anmerkung und Hinweise für die Praxis**
>
> 1. Das BVerwG hat hier bei der Maßnahmebemessung auch berücksichtigt, dass sich durch die bereits im Laufe des gerichtlichen Disziplinarverfahrens entgangene Beförderung zum Stabsunteroffizier die pflichtenmahnende Wirkung des Verfahrens konkretisiert hat. Der Soldat habe damit durch das Verfahren als solches erhebliche Nachteile in seinem beruflichen Fortkommen erlitten, die ihm die Pflichtwidrigkeit seines Handelns nachdrücklich vor Augen führten (BVerwG v. 7.5.2013 – 2 WD 20.12). Einer zusätzlichen Bezügekürzung bedurfte es nicht.
>
> 2. Jedenfalls bei einer außerdienstlichen Körperverletzung, bei der auch die qualifizierenden Tatbestandsmerkmale nach den §§ 224 – 227 StGB erfüllt sind, ist die Dienstgradherabsetzung bis in einen Mannschaftsdienstgrad zum Ausgangspunkt der Zumessungserwägungen zu nehmen (BVerwG, Urt. v. 24.5.20.12 – 2 WD 18.11). Dass es sich um ein außerdienstliches Fehlverhalten handelt, rechtfertigt keine mildere Regelmaßnahme. Es kann dahinstehen, ob das Strafgericht und das Truppendienstgericht hier zutreffend oder zumindest für den Senat bindend nur von einer einfachen Körperverletzung (§ 223 Abs. 1 StGB) ausgehen. Denn bei Körperverletzungen i. S. v. § 223 Abs. 1 StGB ist, so das BVerwG, jedenfalls dann Ausgangspunkt der Zumessungserwägungen ebenfalls die Dienstgradherabsetzung, wenn – wie hier – mehrere tatmehrheitlich verbundene Handlungen in Rede stehen, die in der Begehungsweise durch besondere Brutalität gekennzeichnet sind.

1. Sachverhalt

Der Soldat, ein Unteroffizier, hat im Rahmen einer Auseinandersetzung zwischen vier Angeklagten und drei Zeugen den Geschädigten M. zu Boden gedrückt und ihn mit den Füßen zumindest einmal in den Rücken getreten. Als der Geschädigte aufstand und flüchtete, hat er ihn verfolgt und mehrmals mit Fäusten auf ihn eingeschlagen. Das Truppendienstgericht (TDG) hat gegen den Soldaten wegen eines Dienstvergehens (vorsätzliche Verletzung der Pflicht zur außerdienstlichen Achtungs- und Vertrauenswahrung aus § 17 Abs. 2 Satz 2 SG) durch Urt. v. ... ein Beförderungsverbot für die Dauer von eineinhalb Jahren verhängt. In dem zuvor durchgeführten Strafverfahren verurteilte das zuständige Amtsgericht den Soldaten wegen vorsätzlicher Körperverletzung in Tatmehrheit mit einer weiteren vorsätzlichen Körperverletzung zu einer Geldstrafe in Höhe von 120 Tagessätzen zu je 40 Euro. Gegen das Urteil des TDG hat die Wehrdisziplinaranwaltschaft – beschränkt auf die Maßnahmebemessung – zuungunsten des Soldaten Berufung eingelegt. In der Berufungshauptverhandlung vor dem 2. WD-Senat des BVerwG hat der Vertreter des Bundeswehrdisziplinaranwaltes ein Beförderungsverbot für die Dauer von drei Jahren verbunden mit einer Kürzung der Dienstbezüge von einem Zwanzigstel für zwei Jahre beantragt. Das BVerwG hielt die Berufung nur teilweise für begründet und verhängte gegen den Soldaten ein Beförderungsverbot für die Dauer von zwei Jahren.

2. Bemessung der Disziplinarmaßnahme durch das BVerwG

a) Schweres Dienstvergehen

Nach Eigenart und Schwere wiegt das Dienstvergehen schwer. Eine brutale körperliche Misshandlung des Betroffenen ist, so das BVerwG, sowohl mit dem Menschenbild des Grundgesetzes und dem Verfassungsprinzip der Wahrung der Menschenrechte als auch mit der gesetzlichen Verpflichtung zu vorbildhaftem

Verhalten gemäß § 10 Abs. 1 SG unvereinbar. Dadurch hat sich der Soldat nachhaltig in seiner Dienststellung als Vorgesetzter disqualifiziert. Nach Art. 1 Abs. 1 GG ist die Würde des Menschen unantastbar; sie zu achten und zu schützen, ist Verpflichtung aller staatlichen Gewalt, und dieses Gebot kann innerhalb wie außerhalb der Streitkräfte nicht unterschiedlich gelten. Wie der Senat ferner in ständiger Rechtsprechung hervorgehoben hat, ist auch die körperliche Unversehrtheit eines jeden Menschen durch Art. 2 Abs. 2 Satz 1 GG gewährleistet. Diese Grundrechte bedürfen nicht nur im militärischen Bereich besonderer Beachtung, da ihre Verletzung mit Freiheitsstrafe bedroht ist (§§ 30, 31 WStG), sondern derartige Verstöße sind auch generell durch das Kriminalstrafrecht, das dem allgemeinen Rechtsfrieden dient, sanktioniert. Diesen Verpflichtungen hat der Soldat auch außer Dienst sowie außerhalb dienstlicher Unterkünfte und Anlagen jederzeit zu entsprechen.

Eigenart und Schwere des Dienstvergehens werden hier des Weiteren dadurch bestimmt, dass der Soldat aufgrund seines Dienstgrades als Unteroffizier in einem Vorgesetztenverhältnis stand (§ 1 Abs. 3 Sätze 1 und 2 SG i. V. m. § 4 Abs. 1 Nr. 3, Abs. 3 VorgV) und deshalb eine höhere Verantwortung für die Wahrung dienstlicher Interessen hatte. Wegen seiner herausgehobenen Stellung ist ein Vorgesetzter in besonderem Maße für die ordnungsgemäße Erfüllung seiner Dienstpflichten verantwortlich und unterliegt damit im Falle einer Pflichtverletzung einer verschärften Haftung, da Vorgesetzte in ihrer Haltung und Pflichterfüllung ein Beispiel geben sollen (§ 10 Abs. 1 SG).

Die Schwere des Dienstvergehens liegt auch darin begründet, dass tatmehrheitlich verbundene Körperverletzungen zu beurteilen sind, die wegen des Eintretens auf ein bereits am Boden liegendes Opfer und des Nachsetzens nach einem Flüchtenden besonders brutal sind.

b) Auswirkungen des Dienstvergehens

Die Auswirkungen des Dienstvergehens belasten den Soldaten dagegen nicht schwer. Der Senat teilt die Einschätzung des Strafgerichts, dass die Beeinträchtigungen des Geschädigten „nicht allzu erheblich" gewesen sind. Es gibt keinen Hinweis auf Dauer- oder Folgeschäden und der Soldat hat dem Geschädigten ein gemessen an seinen Bezügen hohes Schmerzensgeld (1 000 Euro) gezahlt.

Auswirkungen auf den Dienstbetrieb hatte das Dienstvergehen nicht, da die Ermittlungen weder zu einer Entlassung des Soldaten nach § 55 Abs. 5 SG noch zur Notwendigkeit einer Wegversetzung oder Umsetzung auf einen anderen Dienstposten führten und auch seine weitere Ausbildung nicht verzögerten.

c) Altersunangemessene Unreife

Die Beweggründe sprechen gegen den Soldaten: Nach seinen Angaben in der Berufungshauptverhandlung ist er einem Freund, der sich beleidigt sah, zu Hilfe gekommen und dadurch in eine gewalttätige Auseinandersetzung verwickelt worden. Die Entscheidung für die Teilnahme an einer Schlägerei und gegen den Versuch, schlichtend einzugreifen, offenbart eine nicht altersangemessene Unreife.

d) Nachbewährung

Im Hinblick auf die Zumessungskriterien „Persönlichkeit" und „bisherige Führung" hält der Senat dem Soldaten die Leistungssteigerung im Laufe des gerichtlichen Disziplinarverfahrens zugute und geht von einer Nachbewährung aus. Der Senat hält dem Soldaten des Weiteren zugute, dass die Pflichtverletzung persönlichkeitsfremd war. Für den Soldaten spricht auch, dass er durch den Aufbau eines neuen Freundeskreises und die Herauslösung aus dem Umfeld, in dem es zu der Tat kommen konnte, die Basis für eine günstige Prognose zu seiner weiteren Entwicklung gelegt hat. Unrechtseinsicht hat der Soldat im Strafverfahren und im gerichtlichen Disziplinarverfahren nicht nur mit Worten bekundet. Es ist vor allem durch die – gemessen an den finanziellen Möglichkeiten des Soldaten und der geringen Schwere der erlittenen Verletzungen des Geschädigten – hohe und freiwillig geleistete Schmerzensgeldzahlung überzeugend dokumentiert. Diese Bereitschaft, Verantwortung für die Tat zu übernehmen und die Folgen zu tragen, spricht nachdrücklich für den Soldaten und zeigt auch, dass er das Entwicklungsstadium einer nicht altersangemessenen Unreife, die nach Überzeugung des Senats Beweggrund für die Tat war, überwunden hat.

e) Längeres Beförderungsverbot

Bei der Gesamtwürdigung aller be- und entlastenden Umstände hielt der 2. WD-Senat im Hinblick auf die Bemessungskriterien des § 38 Abs. 1 WDO ein längeres Beförderungsverbot für noch angemessen. Hier liegen, wie ausgeführt, gewichtige Milderungsgründe vor, die es erlauben, anstelle der im Regelfall indizierten nach außen sichtbaren Maßnahme eine laufbahnhemmende Maßnahme zu verhängen.

VIII. Kameradschaft

„Kameradendiebstahl" ist ein schweres Dienstvergehen
BVerwG, Urt. v. 23.9.2008 – 2 WD 18.07

> **Anmerkung und Hinweise für die Praxis**
>
> Bei einem Eigentums- oder Vermögensdelikt zum Nachteil von Kameraden ist nach ständiger Rspr. des 2. WD-Senats die Dienstgradherabsetzung bis in einen Mannschaftsdienstgrad Ausgangspunkt der Zumessungserwägungen. Der 2. WD-Senat bestätigte die vom Truppendienstgericht verhängte Herabsetzung des Soldaten in den untersten Mannschaftsdienstgrad. Eine weniger weitreichende Degradierung, etwa zum Hauptgefreiten, wäre allenfalls dann in Betracht gekommen, wenn eine günstige Zukunftsprognose erkennbar geworden wäre, was aber nicht der Fall war.
>
> Dass der Soldat nicht mehr in einem Vorgesetztendienstgrad verbleiben konnte, ergibt sich auch aus dem Zweck des Wehrdisziplinarrechts, aus spezial- und generalpräventiven Gründen durch die im Gesetz vorgesehene Disziplinarmaßnahme dazu beizutragen, einen ordnungsgemäßen Dienstbetrieb wiederherzustellen und aufrechtzuerhalten. Neben spezialpräventiven Erwägungen (Uneinsichtigkeit des Soldaten in sein Fehlverhalten) war, so der Senat, eine Degradierung in einen Mannschaftsdienstgrad auch deshalb auszusprechen, weil diese Maßnahme über ihren (engeren) Zweck hinaus auch pflichtenmahnende Wirkung auf die Angehörigen der Bundeswehr im Allgemeinen hat (Generalprävention).

Dem Soldaten, einem Oberfeldwebel, wurde in allen drei Anschuldigungspunkten zur Last gelegt, dadurch schuldhaft gegen seine Dienstpflichten verstoßen zu haben, dass er Kameraden bestohlen hat (ein innerdienstlicher und zwei außerdienstliche „Kameradendiebstähle"). Die Truppendienstkammer setzte den Soldaten, gegen den wegen Diebstahls in drei Fällen durch Strafbefehl rechtskräftig eine Gesamtgeldstrafe in Höhe von 30 Tagessätzen zu je 40 Euro verhängt wurde, wegen festgestellter „Kameradendiebstähle" in drei Fällen in den Dienstgrad eines Kanoniers herab. Die Berufung des Soldaten wurde durch den 2. WD-Senat des Bundesverwaltungsgerichts zurückgewiesen: Durch sein Verhalten habe der Soldat jeweils vorsätzlich gegen die Pflichten zur Kameradschaft (§ 12 Satz 2 SG), Fürsorge (§ 10 Abs. 3 SG), innerdienstlichen und außerdienstlichen Achtungs- und Vertrauenswahrung (§ 17 Abs. 2 Satz 1 SG; § 17 Abs. 2 Satz 2 SG) und zum treuen Dienen in Gestalt von Verstößen gegen die Pflicht zur Loyalität gegenüber der Rechtsordnung (§ 7 SG) verstoßen und damit schuldhaft ein Dienstvergehen gemäß § 23 Abs. 1 SG begangen.

1. Schwerwiegendes Dienstvergehen

Im Rahmen der Maßnahmebemessung hebt das BVerwG hervor, dass der dienstliche wie außerdienstliche Zugriff auf Eigentum und Vermögen von Kameraden oder Kameradengemeinschaften („Griff in die Kameradenkasse") nach ständiger Rechtsprechung des Senats ein so schwerwiegendes Dienstvergehen darstellt, dass grundsätzlich die Dienstgradherabsetzung bis in einen Mannschaftsdienstgrad Ausgangspunkt der Zumessungserwägungen ist und Erschwerungsgründe sogar eine Entfernung des Soldaten aus dem Dienstverhältnis gebieten können. Ein Eigentums- oder Vermögensdelikt zum Nachteil von Kameraden lässt nicht nur negative Rückschlüsse auf die Persönlichkeit des Soldaten zu und berührt die Möglichkeit seiner dienstlichen Verwendungen, sondern ist auch stets geeignet, das gegenseitige Vertrauen und die Bereitschaft, füreinander einzustehen, zu gefährden, sowie die Kameradschaft und den militärischen Zusammenhalt, auf dem die Bundeswehr nach § 12 Satz 1 SG beruht, zu untergraben. Ein solches Verhalten löst häufig, wie hier, neben Ermittlungen des Disziplinarvorgesetzten auch solche der Strafverfolgungsorgane aus. All dies führt regelmäßig zu gegenseitigen Verdächtigungen und Anschuldigungen und kann damit

VIII. Kameradschaft — Kameradendiebstahl ist ein schweres Dienstvergehen

ein Klima der Unruhe und des Misstrauens schaffen, das dem Dienstbetrieb höchst abträglich ist; das war auch hier der Fall. Erheblich ins Gewicht fällt ein solches Fehlverhalten bei einem Soldaten in Vorgesetztenstellung; denn dieser hat nach § 10 Abs. 1 SG in seiner Haltung und Pflichterfüllung ein Beispiel zu geben. Vergreift sich ein Soldat in Vorgesetztenstellung am Eigentum und/oder Vermögen seiner Kameraden, so disqualifiziert er sich mit diesem Verhalten grundsätzlich auch für seine weitere Verwendung als Vorgesetzter. Er untergräbt dadurch regelmäßig seine Autorität, erschüttert sein Ansehen tiefgreifend und beeinträchtigt nachhaltig das gegenseitige Vertrauen. Damit lockert er zugleich den Zusammenhalt der Truppe. Ein solcher Vorgesetzter versagt in dieser Eigenschaft und erweist sich grundsätzlich als ungeeignet zur Führung und Erziehung Untergebener. Als weitere belastende Umstände kommen hier hinzu, dass der Soldat nicht nur innerhalb von etwa eineinhalb Jahren – in zwei Fällen innerhalb von knapp zwei Monaten – wiederholt, nämlich dreimal Kameraden bestohlen hat, sondern dass er auch zwei der drei Verfehlungen im sozialen Nahbereich – in der Privatwohnung seiner Kameraden – begangen hat. Ein Soldat, der in der Wohnung seiner Gastgeber das ihm aufgrund einer Einladung entgegengebrachte gesteigerte Vertrauen durch kriminelles Verhalten missbraucht, erweckt dadurch nicht nur tiefgreifende Zweifel an seiner charakterlichen Integrität und Zuverlässigkeit, sondern beeinträchtigt dadurch in besonderem Maße auch seine dienstliche Verwendungsfähigkeit. Schließlich hat der Soldat durch sein wiederholtes Fehlverhalten jeweils einen kleinen Kreis bestimmter anderer, zur Tatzeit am Tatort ebenfalls anwesender Kameraden in Diebstahlsverdacht gebracht.

2. Auswirkungen

Die Auswirkungen des Dienstvergehens belasten den Soldaten in mehrfacher Hinsicht. Durch die Diebstähle war den betroffenen Kameraden – zumindest vorübergehend – ein Vermögensschaden in Höhe von insgesamt mehreren 100 Euro entstanden (Diebstahl einer Fotokamera und zweier Mobiltelefone). Nach der glaubhaften Aussage des Zeugen P. vor dem Truppendienstgericht und dem Senat hatten die Vorfälle, da sie nicht sogleich aufgeklärt werden konnten, auch zu Unruhe und Misstrauen im Unteroffizierkorps der Batterie geführt. Das Vertrauen der Unteroffizierskameraden sei so tief erschüttert gewesen, dass man die spätere Entschuldigung des Soldaten nicht angenommen habe. Er sei zum „Außenseiter" geworden, der im Unteroffizierkorps keine Daseinsberechtigung mehr gehabt habe und „raus gehöre". Dies führte dann dazu, dass der Soldat Mitte Oktober 2006 von seiner Batterie wegkommandiert wurde. Auch diese negativen Auswirkungen seines Dienstvergehens muss sich der Soldat zurechnen lassen. Das Bekanntwerden der Verfehlungen des Soldaten bei der Polizei und den sonstigen mit der Strafverfolgung und Durchführung des Strafverfahrens befassten Personen ist ebenfalls zu seinen Lasten zu berücksichtigen, da die Vorfälle bei Außenstehenden ein schlechtes Licht auf den Ruf der Bundeswehr und ihrer Angehörigen geworfen hat, in deren Reihen sich der Soldat noch befindet.

3. Maß der Schuld

Da dem Soldaten nicht widerlegt werden konnte, in den drei Diebstahlsfällen angetrunken gewesen zu sein, ging der Senat zugunsten des Soldaten davon aus, dass dieser zur jeweiligen Tatzeit alkoholbedingt erheblich vermindert schuldfähig i. S. d. § 21 StGB war. Auf die Bemessung der Disziplinarmaßnahme hat dieser Umstand jedoch keinen schuldmindernden Einfluss. Nach der ständigen Rechtsprechung des Senats ist bei selbstverschuldeter Trunkenheit und dadurch bewirkter verminderter Schuldfähigkeit eine – nach dem Gesetz (§ 21 StGB analog) im Ermessen des Gerichts stehende – Maßnahmemilderung nicht geboten, weil eine solche sonst der Prämierung des Fehlverhaltens nahe käme. Milderungsgründe in den Umständen der Tat, die die Schuld des Soldaten mindern könnten, waren nicht ersichtlich. Zwar kann eine durch familiäre Belastung bedingte psychische Ausnahmesituation eines Soldaten im Einzelfall einen entsprechenden Tatmilderungsgrund darstellen. Bei den vom Soldaten geschilderten Umständen handelte es sich jedoch nicht um so außergewöhnliche, psychisch belastende Situationen, in denen ein an normalen Maßstäben orientiertes Verhalten von ihm nicht mehr erwartet werden konnte. Ein Soldat muss auch dann das Eigentum seiner Kameraden respektieren, wenn er erhebliche eheliche Probleme hat.

4. Beweggründe

Die Beweggründe für das Fehlverhalten des Soldaten, der sich in der Hauptverhandlung vor dem Senat als relativ verschlossen gezeigt hat, sind nicht deutlich geworden.

5. Gesamtwürdigung

Bei der Gesamtwürdigung aller be- und entlastender Umstände war im Hinblick auf Eigenart und Schwere des Dienstvergehens, das Maß der Schuld sowie die Persönlichkeit und bisherige Führung des Soldaten nach Auffassung des Senats der Ausspruch einer Dienstgradherabsetzung bis in einen Mannschaftsdienstgrad unerlässlich. Das Gewicht des Dienstvergehens war geprägt durch eine Reihe erheblich belastender Umstände. Der Soldat, der zur jeweiligen Tatzeit aufgrund seines Dienstgrades als Oberfeldwebel eine Vorgesetztenstellung innehatte, hat in diesem Status nicht nur einmal versagt, sondern hat in drei Fällen „Kameradendiebstähle" begangen, die zugleich kriminelles Unrecht darstellen. In zwei Fällen hat er, was ebenfalls schwer wiegt, unter Ausnutzung des sozialen Nahbereichs das häusliche Vertrauen der Gastgeber und Wohnungsinhaber missbraucht. Das Fehlverhalten des Soldaten führte zudem nicht nur zu großer Unruhe im Unteroffizierkorps der Batterie, sondern auch zu der nachvollziehbaren Reaktion der Kameraden, dass sie seine Entschuldigung nicht annahmen und der Meinung waren, „er gehöre raus". Aufgrund des erheblichen Gewichts des Dienstvergehens war bei der gebotenen objektiven Betrachtungsweise die Dienstgradherabsetzung in einen Mannschaftsdienstgrad Ausgangspunkt der Zumessungserwägungen. Der Soldat konnte nicht mehr in einem Vorgesetztendienstgrad verbleiben. Mangels Bedeutung und Gewicht der den Soldaten entlastenden Umstände ist die vom Truppendienstgericht ausgesprochene Herabsetzung des Soldaten in den Dienstgrad eines Kanoniers letztlich nicht zu beanstanden. Dem Soldaten standen keine durchgreifenden Milderungsgründe zur Seite. Auch sein dienstliches Leistungsbild sowie die Tatsache, dass er nicht einschlägig vorbelastet ist, ließen es angesichts der Schwere der Verfehlungen nicht für geboten erscheinen, von einer Degradierung in den untersten Mannschaftsdienstgrad abzusehen.

VIII. Kameradschaft
Griff in die Gemeinschaftskasse

Soldat greift in die Gemeinschaftskasse – im Dienstgrad herabgestuft
BVerwG, Urt. v. 10.9.2009 – 2 WD 28.08

> **Anmerkung und Hinweise für die Praxis**
>
> Der vom BVerwG entschiedene Fall betrifft den Zugriff auf eine Kameradenkasse und unterscheidet sich nach seinem Sachverhalt von der Fallvariante eines Kameradendiebstahls. Vorliegend handelt es sich hinsichtlich der Maßnahmebemessung um einen mittelschweren („durchschnittlichen") Fall mit der Folge, dass es bei der Dienstgradherabsetzung um einen Dienstgrad, d.h. zum Unteroffizier d.R., verbleiben konnte. Dagegen gelangte das BVerwG in einen anderen Fall („Kameradendiebstähle in drei Fällen" BVerw.G, Urt. v. 23.9.2008 – 2 WD 18.07) bei der Gesamtwürdigung zutreffend zu der Auffassung, dass wegen des höheren Schweregrades des Dienstvergehens eine Dienstgradherabsetzung bis in einen Mannschaftsdienstgrad unerlässlich sei. Aus der jüngeren Rechtsprechung, siehe BVerwG, Urt. v. 12.7.2018 – 2 WD 1.18.

1. Sachverhalt

Der frühere Soldat, Stabsunteroffizier der Reserve, hat als noch aktiver Soldat eine Gemeinschaftskasse (Staffelkasse), deren stellvertretende Verwaltung er innehatte, aus dem Spind des für die Verwaltung der Gemeinschaftskasse zuständigen Kameraden entwendet, um das Geld für sich zu behalten. Die Staffelkasse hatte zum Entwendungszeitpunkt einen Bargeldbestand von 732,80 Euro. Die leere Geldkassette wurde später bei einem unangekündigten Stubendurchgang in der offenen Sporttasche des früheren Soldaten aufgefunden. Durch rechtskräftiges Urteil des Amtsgerichts wurde der frühere Soldat wegen Diebstahls gemäß § 242 Abs. 1 StGB zu einer Geldstrafe von 60 Tagessätzen zu je 30 Euro verurteilt. Der der Verurteilung zugrunde liegende Sachverhalt war Gegenstand des vorliegenden Disziplinarverfahrens. Das Truppendienstgericht hat gegen den Soldaten wegen eines Dienstvergehens gemäß § 23 Abs. 1 SG (vorsätzliche Verstöße gegen die Kameradschaftspflicht, § 12 SG, und die Pflicht zu achtungs- und vertrauenswürdigem Verhalten, § 17 Abs. 2 Satz 1 Halbs. 2 SG) ein Beförderungsverbot für die Dauer von vier Jahren verhängt. Gegen dieses Urteil hat die Wehrdisziplinaranwaltschaft eine auf die Maßnahme beschränkte Berufung eingelegt. Der 2. WD-Senat des Bundesverwaltungsgerichts hat das Urteil des Truppendienstgerichts im Ausspruch über die Disziplinarmaßnahme geändert und den früheren Soldaten in den Dienstgrad eines Unteroffiziers der Reserve herabgesetzt.

2. Maßnahmebemessung

Das Truppendienstgericht ist, wie das BVerwG betont, zu Recht davon ausgegangen, dass der dienstliche wie außerdienstliche Zugriff auf Eigentum und Vermögen von Kameraden oder Kameradengemeinschaften nach ständiger Rechtsprechung (siehe BVerwG, Urt. v. 23.9.2008 – 2 WD 18.07) ein so schwerwiegendes Dienstvergehen darstellt, dass grundsätzlich die Dienstgradherabsetzung – gegebenenfalls bis in einen Mannschaftsdienstgrad – Ausgangspunkt der Zumessungserwägungen ist. Erheblich ins Gewicht fällt ein solches Fehlverhalten bei einem Soldaten in Vorgesetztenstellung. Dem früheren Soldaten ist anzulasten, dass er als stellvertretender Kassenwart für den Inhalt der „Gemeinschaftskasse", die der Finanzierung geselliger Anlässe diente, mitverantwortlich war und er den gesamten Kasseninhalt – immerhin 732,80 Euro – für sich behalten hat. Die von der Disziplinarrechtsprechung bei sogenannten Zugriffsdelikten angenommene Bagatellgrenze von etwa 50 Euro ist weit überschritten. Die Auswirkungen des Dienstvergehens belasten den früheren Soldaten ebenfalls. Durch den Diebstahl war den Angehörigen der Staffel ein Vermögensschaden in Höhe von 732,80 Euro entstanden, der vom früheren Soldaten, der seine Täterschaft bestreitet, nicht ausgeglichen worden ist. Für die Personalplanung und -führung hatte sein Fehlverhalten aber keine negativen Auswirkungen mehr. Als der Tatverdacht auf ihn fiel, befand er sich aufgrund einer Kommandierung auf einem EDV-Weiterbildungslehrgang und anschließend im Berufsförderungsdienst. Milderungsgründe in den Umständen der Tat, die die Schuld des früheren Soldaten mindern könnten, waren nicht erkennbar. Ausreichende Anhaltspunkte dafür, dass die Voraussetzungen eines solchen Milderungsgrundes im Tatzeitraum vorgelegen haben, sind nicht ersichtlich. Dies gilt insbesondere für ein mögliches Handeln in einer wirtschaftlichen Notlage. Zwar war der frühere Soldat nach eigenen Angaben vor dem Truppendienstgericht – in der Berufungshauptverhandlung ist er nicht erschienen – mit 29 000 Euro Darlehensschulden und ca. 700 Euro festen, laufenden Kosten im Monat relativ hoch verschuldet. Nach seinen eigenen Angaben war seine damalige finanzielle Situation jedoch „nicht besonders schlecht". Er macht deshalb ein Handeln in wirtschaftlicher Notlage selbst nicht geltend. Dies ist insoweit folgerichtig, als er weiter bestreitet, den Diebstahl begangen zu haben. Unabhängig davon wäre bei Vorliegen einer wirtschaftlichen Notlage jedenfalls nicht ersichtlich, dass diese unverschuldet war. Ebenfalls ohne Erfolg hat sich der frühere Soldat durch seinen Verteidiger in der Hauptverhandlung vor dem Senat auf den Milderungsgrund eines „Augenblicksversagens" berufen. Eine solche unbedachte, im Grunde persönlichkeitsfremde Augenblickstat liegt schon deshalb nicht vor, da der frühere Soldat sehr überlegt und planvoll vorgegangen ist. Entgegen der Auffassung der Vorinstanz kommt dem früheren Soldaten auch nicht der Tatmilderungsgrund einer unzureichenden Kontrolle bzw. Dienstaufsicht des damaligen Disziplinarvorgesetzten über die Führung der Staffelkasse zugute. Der durch den Diebstahl entstandene Vermögensschaden in Höhe von 732,80 Euro wäre allerdings geringer ausgefallen, wenn alle damals für die Staffelkasse Verantwortlichen die geltenden Vorschriften beachtet hätten. Gemäß Abschnitt B Ziff. 15 Abs. 1 des neugefassten Erlasses zur „Durchführung von Geldsammlungen sowie Einrichtung von Gemeinschaftskassen und anderen Kassen im Bereich der Bundeswehr" vom 27. März 1987 (VMBl. S. 167 ff.) darf die Gemeinschaftskasse nur bis zu 200 DM (bzw. 100 Euro) Bargeld enthalten. Darüber hinausgehende Bestände sind auf das Giro- oder Sparkonto eines Geldinstituts einzuzahlen. Gemäß Abschnitt B Ziff. 14 des Erlasses hätte sich der Disziplinarvorgesetzte um eine ordnungsgemäße Führung und Kontrolle der Gemeinschaftskasse kümmern müssen. Gleichwohl kann sich der frühere Soldat nicht mit Erfolg auf ein mögliches Mitverschulden seines Disziplinarvorgesetzten wegen fehlender oder ungenügender Kontrollmaßnahmen berufen.

Dieser Milderungsgrund kommt einem Soldaten nur dann zugute, wenn er der Dienstaufsicht bedarf, z.B. in einer Überforderungssituation, die ein hilfreiches Eingreifen des Vorgesetzten erforderlich macht. Ein solcher Fall lag hier aber nicht vor. Der frühere Soldat wusste auch ohne weitere Kontrollmaßnahmen, dass er das Vermögen der Kameraden zu achten hatte, insbesondere keinen Diebstahl begehen durfte. Bei der konkreten Bemessung der Disziplinarmaßnahme ging der 2. WD-Senat von einem mittleren („durchschnittlichen") Fall der schuldhaften Pflichtverletzung aus, der keine hinreichenden Anhaltspunkte für eine Modifizierung der zu verhängenden Disziplinarmaßnahme nach „oben" oder nach „unten" bietet, sodass es bei der Regelmaßnahme der Dienstgradherabsetzung, hier um einen Dienstgrad, verbleibt. Zwar hat der frühere Soldat in seiner Vorgesetztenstellung als Stabsunteroffizier gegenüber seinen Staffelkameraden einmalig vorsätzlich schwer versagt und dadurch zugleich einen Diebstahl mit einem noch offenen Schaden von 732,80 Euro begangen, ohne dass ihm durchgreifende Tatmilderungsgründe zur Seite stehen. Das Dienstvergehen erfolgte jedoch gegen Ende der letztlich achtjährigen Dienstzeit des früheren Soldaten. Dieser begann kurz darauf mit seinem Berufsförderungsdienst, sodass ihm keine Möglichkeit der Nachbewährung blieb. Das Dienstvergehen hatte hier auch nur geringe Auswirkungen auf die Personalplanung und -führung sowie auf den Dienstbetrieb. Sowohl aus general- wie spezialpräventiven Erwägungen war wegen der Schwere der Verfehlung eine Dienstgradherabsetzung um einen Dienstgrad erforderlich, aber auch ausreichend.

VIII. Kameradschaft

Einbruch in die Kameradenehe

Der „Einbruch" in die Kameradenehe ist keine überholte Vorstellung
BVerwG, Urt. v. 1.7.1992 – 2 WD 14.92, BVerwG, Urt. v. 16.4.2002 – 2 WD 43.01

Anmerkung und Hinweise für die Praxis

1. Das Eindringen eines Soldaten in die Ehe eines Kameraden erfüllt regelmäßig den Tatbestand eines Dienstvergehens (§ 23 Abs. 1 SG) und hat auch unter Berücksichtigung einer Wandlung der gesellschaftlichen Anschauungen und moralischen Grundsätze nach wie vor erhebliches disziplinarisches Gewicht. Dies muss in gleicher Weise für den Einbruch in eine gefestigte Partnerschaft gelten. Das BVerwG hat in seiner gefestigten Rechtsprechung bei der Ahndung einer eheschädigenden Beziehung eines Soldaten zu einer Kameradenfrau regelmäßig eine laufbahnhemmende Maßnahme zum Ausgangspunkt seiner Zumessungserwägungen genommen.

2. Beginnt ein Soldat ein Verhältnis mit der Frau eines Kameraden erst, nachdem dieser eindeutig zum Ausdruck gebracht hat, dass er seine Ehe als gescheitert betrachtet und an ihr nicht mehr festhalten will, verstößt er nicht gegen die Kameradschaftspflicht.

Wie einem der jüngeren Jahresberichte des Wehrbeauftragten des Deutschen Bundestages zu entnehmen ist, wenden sich zunehmend Soldatinnen und Soldaten bzw. deren Partner an den Wehrbeauftragten und beklagen, dass ein Kamerad oder eine Kameradin in ihre Ehe bzw. in eine gefestigte Partnerschaft eingebrochen ist. Das BVerwG wertete den Einbruch eines Soldaten in die Ehe eines Kameraden als Dienstvergehen, wie der nachfolgend dargestellte Fall (2 WD 43.01) zeigt.

1. Sachverhalt

Der Soldat hatte in seiner eigenen Einheit mit einer verheirateten Untergebenen, deren Ehemann ebenfalls in einem Untergebenenverhältnis zu dem Soldaten stand, sexuelle Beziehungen aufgenommen, die er zuvor aktiv mit angebahnt hatte. Über mehrere Monate hinweg hatte er sich auf eine intime Beziehung mit der Soldatin eingelassen. Die Initiative zur Aufnahme des Verhältnisses mit dem Soldaten ging zwar von der Soldatin aus, indem sie immer wieder den Soldaten aufsuchte, Kontakt zu ihm aufnahm, ihm Komplimente im menschlichen Bereich machte und erklärte, sie fühle sich nicht glücklich in ihrer Ehe. Ihre Annäherungsversuche waren schließlich mit schriftlichen und mündlichen Liebeserklärungen verbunden. Der Soldat widersetzte sich jedoch der Anbahnung des Verhältnisses nicht und ließ die Beziehung Schritt für Schritt intimer werden, ohne dem irgendwelchen Widerstand entgegenzusetzen.

2. Entscheidungsgründe des BVerwG

Das BVerwG verurteilte den Soldaten, einen Oberstleutnant, der zwischenzeitlich aus dem aktiven Dienst ausgeschieden war, wegen eines Dienstvergehens zu einer Kürzung seines Ruhegehalts um ein Zehntel für die Dauer von drei Jahren.

a) Rechtliche Würdigung

Der Soldat hat gegen seine dienstlichen Pflichten verstoßen, die Rechte des Kameraden zu achten (§ 12 Satz 2 SG), als Disziplinarvorgesetzter für seine Untergebenen zu sorgen (§ 10 Abs. 3 SG) sowie mit seinem Verhalten der Achtung und dem Vertrauen gerecht zu werden, die sein Dienst als Soldat erfordert (§ 17 Abs. 2 Satz 1 SG). Zum Verstoß gegen die Kameradschaftspflicht stellt das BVerwG fest, ein Soldat, der sexuelle oder sonstige ehewidrige Beziehungen zu der Ehefrau eines Kameraden unterhalte, lasse es an der gebotenen Achtung der ehelichen Lebensgemeinschaft seines Kameraden mangeln (vgl. auch § 1353

Abs. 1 BGB). Zwischen den Ehegatten bestand damals nach wie vor eine häusliche Gemeinschaft. Eine Trennung der Ehegatten lag nicht vor, und der Ehemann hielt an seiner Ehe fest. Auch die Soldatin wohnte weiterhin in der ehelichen Wohnung und führte mit ihrem Ehemann einen gemeinsamen Haushalt. Die Ehe war (noch) nicht i. S. d. § 1353 Abs. 2 BGB gescheitert. Grundsätzliche Ausführungen des BVerwG zum „Einbruch" eines Soldaten in eine Kameradenehe finden sich bereits in der Entscheidung des 2. WD-Senats v. 1.7.1992 (2 WD 14.92), die nachstehend auszugsweise wiedergegeben werden: „Da die Einsatz- und Funktionsfähigkeit der Truppe nicht zuletzt von ihrem inneren Zusammenhalt abhängen, der im Wesentlichen auf Kameradschaft (§ 12 Satz 1 SG) beruht, ist auch die Begründung einer ehewidrigen Beziehung zu einer Kameradenfrau durchaus geeignet, das gegenseitige Vertrauen und die Bereitschaft der Soldaten, füreinander einzustehen, nachhaltig in Frage zu stellen. Dieses Vertrauen kann kaum schwerer erschüttert werden als durch den Einbruch in die Ehe eines Kameraden und die darin liegende Missachtung seiner Würde, seiner Ehre und seiner Rechte auf Schutz seiner privaten Lebenssphäre. Verheiratete Soldaten müssen sich nämlich bei unvermeidlichen, dienstlich bedingten Abwesenheiten, wie Dienst als Offizier vom Wachdienst, Teilnahme an Übungen, Lehrgängen, Manövern oder Einsätzen, darauf verlassen können, dass ihre Ehe von den Kameraden respektiert wird. Kaum ein anderes Verhalten zum Nachteil des Kameraden ist stärker geeignet, Spannungen, Unruhen und Misstrauen nicht nur zwischen den Beteiligten, sondern auch in der Truppe allgemein auszulösen und damit den Zusammenhalt der Soldaten untereinander zu stören. Über die Pflicht, die soldatische Kameradschaft zu wahren, kann auch die Kameradenfrau nicht verfügen… Selbst wenn der betroffene Kamerad durch eigenes Verhalten dazu beigetragen hat, dass sich seine Ehefrau von ihm abgewandt und einem Dritten zugewandt hat, verliert er nicht seine schutzwürdigen Rechte als Kamerad; dies wäre erst dann der Fall, wenn er eindeutig zum Ausdruck bringt, dass er an der Fortsetzung der Ehe generell nicht mehr festhalten will oder bereit ist, sich damit abzufinden, dass sich seine Ehefrau einem bestimmten Kameraden in eheschädigender oder ehezerstörender Weise zuwendet…"

b) Maßnahmebemessung

Unter Berücksichtigung aller be- und entlastender Gesichtspunkte war der Senat der Auffassung, dass im vorliegenden Fall (2 WD 43.01) von einer Dienstgradherabsetzung des Soldaten abgesehen werden konnte. Als erforderliche und angemessene Maßregelung hielt das BVerwG – auch aus generalpräventiven Gründen – eine Verkürzung des Ruhegehalts (§ 64 WDO) um ein Zehntel für die Dauer von drei Jahren für geboten. Der Senat hebt zunächst hervor, dass eine ehewidrige Beziehung zu der Ehefrau eines Kameraden stets erhebliches disziplinares Gewicht habe. Dies gelte erst recht, wenn ein nach § 10 Abs. 1 SG zu vorbildlicher Haltung und Pflichterfüllung verpflichteter Soldat in Vorgesetztenstellung auf solche Weise versage. Bei der Ahndung eines solchen Dienstvergehens sei regelmäßig eine laufbahnhemmende Maßnahme zum Ausgangspunkt der Zumessungserwägungen zu nehmen. Das BVerwG hat jedoch in seiner bisherigen Rechtsprechung mildernd berücksichtigt, wenn sich die Ehefrau eines Kameraden aus Enttäuschung über die Entwicklung ihrer Ehe bewusst einem Soldaten zugewandt und ihrerseits offensichtlich zielgerichtet darauf hingewirkt hattet, dass es zum wiederholten Austausch von Zärtlichkeiten kam, die über ein rein freundschaftliches Ausmaß hinausgingen. Der vorliegende Fall gab dem BVerwG Anlass zur Klarstellung, dass in den Fällen, in denen die Initiative zur Anbahnung eines ehewidrigen Verhältnisses von der Ehefrau des Kameraden ausgeht, dies in der Regel auch Auswirkungen auf die Art der Disziplinarmaßnahme hat. Dies war hier der Fall, da zugunsten des Soldaten mildernd berücksichtigt wurde, dass die Soldatin ihn zunehmend „anhimmelte", schließlich ihm immer öfter mündliche und schriftliche Liebesbekundungen zukommen ließ, sodass er den Eindruck gewinnen konnte, dass die Ehe der Eheleute am Ende war.

VIII. Kameradschaft

Finanzielle Vorteile

Soldat verschafft sich als Geschäftsführer einer Offizierheimgesellschaft (OHG) finanzielle Vorteile
BVerwG, Urt. v. 27.9.2012 – 2 WD 22.11

> **Anmerkung und Hinweise für die Praxis**
>
> Das BVerwG bestätigt seine Rechtsprechung, dass beim vorsätzlichen Zugriff auf Eigentum oder Vermögen von Kameraden oder Kameradengemeinschaften – „Griff in die Kameradenkasse" – Ausgangspunkt der Zumessungserwägungen grundsätzlich eine Degradierung ist (vgl. BVerwG, Urt. v. 23.9.2008 – 2 WD 18.07, BVerwG, Urt. v. 10.9.2009 – 2 WD 28.08 und BVerwG, Urt. v. 8.3.2011 – 2 WD 15.09). Je nach Erforderlichkeit und – gemäß § 62 Abs. 1 WDO – Zulässigkeit dieser Disziplinarmaßnahme kommt eine Herabstufung um einen oder mehrere Dienstgrade, gegebenenfalls bis in einen Mannschaftsdienstgrad, in Betracht. Diesen Ausgangspunkt der Zumessungserwägungen hält der 2. WD-Senat, wie der vorliegende Fall zeigt, auch für die Fälle des Zugriffs auf die Gelder einer Kameradengemeinschaft aus der Position des Geschäftsführers einer OHG für geboten.

1. Sachverhalt

Dem Soldaten, einem Oberleutnant, oblag als Geschäftsführer einer OHG die Organisation des Betriebes dieser OHG. Die Mitglieder der OHG konnten ihren Konsum im Offizierheim bargeldlos begleichen und zwar dergestalt, dass ein elektronisch geführtes Buchungssystem „G" zur Abrechnung genutzt wurde. Dem Soldaten, als Geschäftsführer der OHG, war das Programm so vertraut, dass er die Möglichkeit hatte und auch nutzte, für sich und seine persönliche Kennnummer eine eigene, persönliche Kalkulationsebene einzurichten, anhand derer er für von ihm konsumierte Speisen und Getränke einen geringeren Preis als bei den übrigen Mitgliedern in der OHG üblich bezahlte. Eine solche Kalkulationsebene war mit Zustimmung des OHG-Vorstandes lediglich für die diensttuenden Ordonnanzen eingerichtet worden, um diesen die Gelegenheit zu ermöglichen, zu verbilligten Preisen zu essen und zu trinken. Dem Geschäftsführer war jedoch eine solche persönliche, verbilligte Kalkulationsebene zu keinem Zeitpunkt vom OHG-Vorstand zugebilligt worden. Der Soldat war auch aufgrund der vertieften Kenntnisse über das Programm in der Lage, auf seine persönliche Mitgliedsnummer angefallene Buchungen nachträglich in zurückliegende Monate zurückzubuchen, um so zu erreichen, dass diese Buchungen bei der aktuellen Monatsabrechnung keine Berücksichtigung fanden. Dies tat er auch. Des Weiteren bestand für ihn die Möglichkeit, auf das Programm dergestalt zuzugreifen, dass er auf seine persönliche Mitgliedsnummer durchgeführte Buchungen sämtlich oder auch teilweise löschen konnte. Dies hat er mehrfach getan. Durch die vom Soldaten vorgenommenen Löschungen wurden ihm seitens der OHG 1.125,42 Euro zu wenig vom Konto abgebucht und durch die Rückbuchung ein Betrag in Höhe von 73,26 Euro. Insgesamt hat der Soldat der OHG A. daher einen Schaden in Höhe von 1.198,68 Euro verursacht.

Das Truppendienstgericht hat den Soldaten wegen eines Dienstvergehens nach § 23 Abs. 1 i. V. m. §§ 12 (Verletzung der Kameradschaftspflicht), 17 Abs. 2 Satz 1 SG (Verletzung der Pflicht zu achtungs- und vertrauenswürdigem Verhalten im Dienst und innerhalb dienstlicher Anlagen) aus dem Dienstverhältnis entfernt. Der 2. WD-Senat des BVerwG hielt die – auf die Maßnahme beschränkte – Berufung des Oberleutnants für begründet und setzte ihn in den Dienstgrad eines Leutnants herab.

2. Entscheidung des BVerwG (Maßnahmebemessung)

a) Schweres Dienstvergehen

Im Hinblick auf Eigenart und Schwere (§ 38 Abs. 1 WDO) handelt es sich nach Auffassung des BVerwG um ein schweres Dienstvergehen. Der dienstliche wie außerdienstliche Zugriff auf Eigentum und Vermögen von Kameraden oder Kameradengemeinschaften („Griff in Kameradenkasse") stellt nach ständiger Rechtsprechung des Senats ein so schwerwiegendes Dienstvergehen dar, dass grundsätzlich die Dienstgradherabsetzung – gegebenenfalls bis in einen Mannschaftsdienstgrad – Ausgangspunkt der Zumessungserwägungen ist. Ein Eigentums- oder Vermögensdelikt zum Nachteil von Kameraden lässt nicht nur negative Rückschlüsse auf die Persönlichkeit des Soldaten zu und berührt die Möglichkeit seiner dienstlichen Verwendungen, sondern ist auch stets geeignet, das gegenseitige Vertrauen und die Bereitschaft, füreinander einzustehen, zu gefährden sowie die Kameradschaft und den militärischen Zusammenhalt, auf dem die Bundeswehr nach § 12 Satz 1 SG beruht, zu untergraben. Auch die Verletzung der Pflicht zu achtungs- und vertrauenswürdigem Verhalten (§ 17 Abs. 2 Satz 1 SG) wiegt schwer. Die Pflicht hat funktionalen Bezug zur Erfüllung des grundgesetzmäßigen Auftrages der Streitkräfte und zur Gewährleistung des militärischen Dienstbetriebs. Ein Soldat, insbesondere ein Vorgesetzter, bedarf der Achtung seiner Kameraden und Untergebenen sowie des Vertrauens seiner Vorgesetzten, um seine Aufgaben so zu erfüllen, dass der gesamte Ablauf des militärischen Dienstes gewährleistet ist. Eigenart und Schwere des Dienstvergehens werden hier des Weiteren dadurch bestimmt, dass der Soldat aufgrund seines Dienstgrades als Oberleutnant in einem Vorgesetztenverhältnis stand (§ 1 Abs. 3 Satz 1 und 2 SG i. V. m. § 4 Abs. 1 Nr. 1, Abs. 3 VorgV). Eigenart und Schwere des Dienstvergehens charakterisiert weiter, dass sich der Soldat durch verschiedene Manipulationsakte über mehr als ein Jahr lang wiederholt zu Lasten einer Kameradenkasse in erheblichem Umfang bereicherte und damit ein Vertrauen missbrauchte, das ihm durch die Übertragung der Aufgaben des Geschäftsführers erwiesen worden war.

b) Nachteilige Auswirkungen auf Dienstbetrieb

Das Dienstvergehen hatte nachteilige Auswirkungen für den Dienstbetrieb. Die Verfehlung ist im Kameradenkreis bekannt geworden. Das Offizierskorps am Standort in A. lehnte überwiegend die weitere Zusammenarbeit mit dem Soldaten ab. Das beeinträchtigt die Einsatzmöglichkeiten des Soldaten und damit die Personalführung. Erheblich ist auch der für die OHG und damit den Kameradenkreis entstandene Gesamtschaden in Höhe von ca. 1.200 Euro.

c) Finanzieller Eigennutz

Die Beweggründe des Soldaten sprachen gegen ihn. Er hatte aus finanziellem Eigennutz gehandelt.

d) Maß der Schuld

Das Maß der Schuld wurde durch das vorsätzliche Handeln des voll schuldfähigen Soldaten bestimmt. Milderungsgründe in den Umständen der Tat waren nicht erkennbar.

e) Dienstgradherabsetzung

Bei der Gesamtwürdigung aller Umstände hielt das BVerwG die Höchstmaßnahme noch nicht für verwirkt, sondern eine Dienstgradherabsetzung vom Oberleutnant zum Leutnant (s. § 62 Abs. 1 Satz 1 WDO) für erforderlich und auch – gerade noch – für ausreichend.

IX. Misshandlung

Eine „brutale" körperliche Misshandlung durch einen Soldaten rechtfertigt eine Dienstgradherabsetzung
BVerwG, Urt. v. 3.8.2016 – 2 WD 20.15

> **Anmerkung und Hinweise für die Praxis**
>
> Eigenart und Schwere des vorliegenden Dienstvergehens werden maßgeblich durch außerdienstliche Tätlichkeiten des Soldaten bestimmt. Bei Vorliegen einer brutalen körperlichen Misshandlung ist grundsätzlich eine Dienstgradherabsetzung angezeigt. Voraussetzung ist, dass die qualifizierenden Tatbestandsmerkmale einer Körperverletzung nach den §§ 224–227 StGB erfüllt oder – wie hier – die Tätlichkeiten in ihrer Intensität (z.B. wiederholte Körperverletzungen i. S. v. § 223 Abs. 1 StGB) einer qualifizierten, d.h. gefährlichen Körperverletzung vergleichbar sind.

Vorsätzliche Körperverletzung im Partnerschaftskonflikt

Dem 2. WD-Senat des BVerwG stellte sich im Rahmen außerdienstlich begangener vorsätzlicher Körperverletzungen durch einen Soldaten (u.a. aggressiv ausgetragener Partnerschaftskonflikt) die Frage, ob der Ausspruch einer Degradierung erforderlich und angemessen ist. In dem zu entscheidenden Fall gelangt das BVerwG zu einer Degradierung des Soldaten. Das BVerwG bejaht eine Degradierung „jedenfalls dann, wenn eine brutale körperliche Misshandlung vorliegt". Was hierunter zu verstehen ist, erläutert der 2. WD-Senat wie folgt: Sie (die Herabsetzung im Dienstgrad) ist anzunehmen, wenn die qualifizierenden Tatbestandsmerkmale nach den §§ 224–227 StGB erfüllt sind (BVerwG, Urt. v. 24.5.2012 – 2 WD 18.11) oder in der Verletzungshandlung in der Intensität der Schutzgutverletzung eine kriminelle Energie zum Ausdruck kommt, die mit derjenigen einer gefährlichen Körperverletzung vergleichbar ist und die wegen des Maßes an Disziplinlosigkeit in vergleichbarer Weise Zweifel an der Integrität eines Soldaten weckt (BVerwG, Urt. v. 4.7.2013 – 2 WD 21.12). Weiter führt das BVerwG in diesem Zusammenhang aus: Eine qualifizierte Körperverletzung im Sinne der §§ 224–227 StGB liegt hier nicht vor. Weder nach den festgestellten Verletzungsfolgen noch nach der Art der Tathandlungen kann von einer mit der gefährlichen Körperverletzung vergleichbaren kriminellen Energie gesprochen werden. Eine besonders brutale Begehensweise liegt insbesondere im wiederholten Einschlagen auf einem bereits am Boden Liegenden unter Tritten gegen den Kopfbereich (BVerwG, Urt. v. 4.7.2013 – 2 WD 21.12 – Rn. 44) oder in einem wuchtigen Tritt gegen die Brust der früheren Lebensgefährtin (BVerwG, Urt. v. 12.3.2015 – 2 WD 3.14 – juris Rn. 82). Die Feststellungen im Ausgangsfall sprechen zwar von einem „wuchtigen" Schleudern der Geschädigten aus dem Raum und von einem „heftigen" Stoß gegen den anderen Geschädigten. Dadurch wird jedoch nur plausibel erläutert, warum es jeweils zu dem Sturz des Geschädigten und den Verletzungen kam. Eine besonders brutale Vorgehensweise – etwa durch ein „Einprügeln" auf die Geschädigte mit starkem Gewalteinsatz – ist damit nicht festgestellt. Vielmehr zeichnen sich die in Rede stehenden Tathandlungen dadurch aus, dass der Soldat die Geschädigten von sich entfernen oder an weiteren Handlungen hindern wollte. Gleichwohl rechtfertigt die mehrfache Wiederholung von Körperverletzungen i. S. v. § 223 Abs. 1 StGB die Einschätzung, die Tätlichkeiten seien in ihrer Intensität einer qualifizierten Körperverletzung vergleichbar und eine Dienstgradherabsetzung grundsätzlich tat- und schuldangemessen.

X. Nebentätigkeit

Ausübung einer nicht genehmigten Nebentätigkeit
BVerwG, Urt. v. 8.5.2014 – 2 WD 10.13

> **Anmerkung und Hinweise für die Praxis**
>
> Mit der Nutzung von Dienstzeit und Dienstmaterial für private Zwecke im Rahmen der ungenehmigten Nebentätigkeit hat der Soldat vorsätzlich § 20 SG sowie die Pflichten zum treuen Dienen (§ 7 SG) und zu achtungs- und vertrauenswürdigem Verhalten im dienstlichen Bereich (§ 17 Abs. 2 Satz 1 SG) verletzt. Sinn und Zweck des § 20 SG ist, sicherzustellen, dass ein Soldat seine nach der Pflicht zum treuen Dienen geschuldete Arbeitskraft vollständig und ohne Konflikt mit dienstlichen Interessen dem Dienstherrn zur Verfügung stellt. Nach § 20 Abs. 1 Satz 2 SG sind auch bestimmte unentgeltliche Nebentätigkeiten genehmigungspflichtig, zu denen auch die freiberufliche Nebentätigkeit – wie hier die Wahrnehmung von Aufgaben eines Steuerberaters – zählt.

Das vorliegende – einheitliche – Dienstvergehen des Soldaten (§ 23 Abs. 1 SG) besteht aus mehreren Teilen. Ein Teil betrifft die ungenehmigte Nebentätigkeit.

1. Nach dem Ergebnis der Beweisaufnahme steht folgender Sachverhalt fest:

Der Soldat hat zwischen Februar und März 20... entsprechend seiner eigenen Einlassung und der Bekundung eines Kameraden, des Zeugen L., die Lohnsteuererklärung für das Jahr 20... für diesen Zeugen erstellt. Während seiner Dienstzeit hat der Soldat jedenfalls die ihm von dem Zeugen übergebenen Unterlagen durchgesehen, auf Vollständigkeit überprüft, sich hieraus ergebende Fragen in Rücksprache mit dem Zeugen L. geklärt und Anlagen zur Erklärung gefertigt. Außerdem hat er die fertige Erklärung als Worddokument auf dem dienstlichen Rechner geöffnet, auf Bitte des Zeugen L. eine Änderung vorgenommen und die Erklärung dann auf dem dienstlichen Drucker ausgedruckt. Der zeitliche Umfang dieser Arbeiten war nicht mehr zu klären, sodass nach dem Zweifelsgrundsatz davon auszugehen ist, dass er nur gering gewesen ist. Dass der Soldat **während des Dienstes** die Eingaben in das Programm vorbereitet, ein Konzept erstellt und Anlagen in der Form von Worddokumenten, für deren Erstellung das lizenzierte Programm nicht zwingend erforderlich ist, erarbeitet hat, stellt zur Überzeugung des Senats auf der Grundlage von Zeugenaussagen fest. Der Soldat hat von dem Zeugen L. für die Erstellung der Lohnsteuererklärung 15 Euro für die Kaffeekasse gefordert und erhalten. Der Soldat hat eingeräumt, dass er keine Nebentätigkeitsgenehmigung hatte und dass er um ihre Notwendigkeit wusste.

2. Rechtliche Würdigung

a) Genehmigungspflicht

Durch die zum Teil in dienstlichen Anlagen und während der Dienstzeit erfolgte Erstellung der Lohnsteuererklärung für den Zeugen L. und den Ausdruck der Erklärung auf dem dienstlichen Drucker hat er § 20 SG unter mehreren Teilaspekten verletzt: Die Nebentätigkeit darf nicht ausgeübt werden, solange die Genehmigung nicht vorliegt (§ 20 Abs. 1 SG). Sie darf grundsätzlich nicht innerhalb der Dienstzeit in Diensträumen ausgeübt werden (§ 20 Abs. 3 Satz 1 SG). Ohne zusätzliche Genehmigung und Entrichtung eines angemessenen Entgeltes darf auch Material des Dienstherrn – hier das Papier und die Tinte für die Ausdrucke sowie der Computer und die Drucktechnik – nicht genutzt werden (§ 20 Abs. 4 Satz 1 SG). Ein Soldat bedarf für seine Nebentätigkeit der vorherigen Genehmigung seines Disziplinarvorgesetzten (§ 20 Abs. 1 SG). Nebentätigkeit ist jede Tätigkeit innerhalb und außerhalb des öffentlichen Dienstes, die neben der

X. Nebentätigkeit
Nicht genehmigte Nebentätigkeit

Haupttätigkeit (Hauptverwendung) ausgeübt wird. Dazu gehören alle gewerblichen und anderweitigen wirtschaftlichen Betätigungen (BVerwG, Urt. v. 28.4.2004 – 2 WD 20.03 – S. 13), also auch die der Erzielung eines Gewinns für die Kaffeekasse dienende Erstellung der Steuererklärung für den Zeugen L. Dies ergibt sich nicht nur aus dem Wortlaut der Regelung, sondern auch aus ihrem Sinn und Zweck. Das Soldatenverhältnis als Dienstverhältnis wird charakterisiert durch die Dienstleistungspflicht des Soldaten. Aufgrund der Pflicht zum treuen Dienen (§ 7 SG) ist der Soldat gehalten, seine volle Arbeitskraft dem Dienstherrn zur Verfügung zu stellen. Sinn und Zweck des § 20 Abs. 1 SG liegen darin, in einem Genehmigungsverfahren vorab zu prüfen, ob die Inanspruchnahme durch die Nebentätigkeit nach ihrer Art und ihrem Umfang mit der ordnungsgemäßen Erfüllung der dienstlichen Pflichten des Soldaten im Einklang steht und ob ferner eine Interessenkollision mit den dienstlichen Pflichten des Soldaten auszuschließen ist. Demgemäß ist die Genehmigung zu versagen, wenn zu besorgen ist, dass durch die Nebentätigkeit dienstliche Interessen beeinträchtigt werden (§ 20 Abs. 2 SG). Eine der in § 20 Abs. 6 SG abschließend aufgeführten genehmigungsfreien Nebentätigkeiten liegt hier nicht vor. Nach § 20 Abs. 1 Satz 2 SG sind auch bestimmte unentgeltliche Nebentätigkeiten genehmigungspflichtig, zu denen auch die freiberufliche Nebentätigkeit – wie hier die Wahrnehmung von Aufgaben eines Steuerberaters – zählt. Hiernach kommt es für die Notwendigkeit einer Genehmigung nicht darauf an, ob der Soldat ein Entgelt gefordert hat. Im Übrigen ist aber die Forderung von 15 Euro für die Kaffeekasse auch nicht geeignet, die Entgeltlichkeit der Nebentätigkeit auszuschließen. Denn für die Frage der Entgeltlichkeit kommt es nicht darauf an, ob die Vergütung dem Soldaten oder einem Dritten – hier der Kameradengemeinschaft, die in die Kaffeekasse einzahlt – zufließt. Da der Soldat in Kenntnis der die Pflichtwidrigkeit begründenden tatsächlichen Umstände handelte, handelte er vorsätzlich.

b) Pflicht zum treuen Dienen

Durch das festgestellte Verhalten ist zugleich vorsätzlich § 7 SG verletzt. Die Pflicht zum treuen Dienen enthält auch die Pflicht, das Vermögen des Dienstherrn zu schützen, die durch die o.g. Nutzung dienstlichen Materials zu außerdienstlichen Zwecken verletzt ist. Die Pflicht zur gewissenhaften und ordnungsgemäßen Dienstleistung (vgl. BVerwG, Urt. v. 18.6.2003 – 2 WD 50.02 – S. 21) ist durch die Verwendung von Dienstzeit auf eine Nebentätigkeit verletzt.

c) Pflicht zu achtungs- und vertrauenswürdigem Verhalten

Der Soldat hat zudem vorsätzlich die Pflicht zu achtungs- und vertrauenswürdigem Verhalten im dienstlichen Bereich (§ 17 Abs. 2 Satz 1 SG) verletzt, da sein Verhalten geeignet war, sowohl das Vertrauen seiner Vorgesetzten als auch die Achtung bei Untergebenen erheblich zu beeinträchtigen. Ein Vorgesetzter, der unter Verstoß gegen gesetzliche Vorschriften eigennützig eine nicht genehmigte Nebentätigkeit ausübt, erschüttert seine persönliche und dienstliche Integrität (vgl. BVerwG, BVerwG, Urt. v. 18.6.2003 – 2 WD 50.02 – S. 21, BVerwG, Urt. v. 28.4.2004 – 2 WD 20.03 – S. 15 und BVerwG, Urt. v. 4.7.2013 – 2 WD 21.12 – Rn. 21).

XI. Politische Treuepflicht/Volksverhetzung

Aberkennung des Ruhegehalts wegen Verstoßes gegen die politische Treuepflicht (§ 8 SG) und die nachwirkende Verfassungstreuepflicht (§ 23 Abs. 2 Nr. 2 Alt. 1 SG)
BVerwG, Urt. v. 6.9.2012 – 2 WD 26.11

> **Anmerkung und Hinweise für die Praxis**
>
> 1. Ausgangspunkt der Zumessungserwägungen (Regelmaßnahme) ist bei einer vorsätzlichen Verletzung der politischen Treuepflicht (§ 8 SG) durch einen Soldaten mit Vorgesetztendienstgrad grundsätzlich die disziplinäre Höchstmaßnahme, während bei einem fahrlässigen Verstoß gegen diese Pflicht die Dienstgradherabsetzung Ausgangspunkt ist.
> 2. Ein vorsätzliches Verhalten, das nach § 23 Abs. 2 Nr. 2 Alt. 1 SG als Dienstvergehen gilt, wiegt in der Regel genauso schwer wie ein Verstoß gegen die politische Treuepflicht im aktiven Dienst. Ausgangspunkt der Zumessungserwägungen für die vorsätzliche Verletzung der Verfassungstreuepflicht durch einen Unteroffizier der Reserve ist daher die Verhängung der Höchstmaßnahme.

1. Sachverhalt

Das Truppendienstgericht hatte festgestellt, dass der frühere Soldat (Oberfeldwebel der Reserve) vor seinem Dienstzeitende in einen Landesvorstand der NPD gewählt worden war und für diese weitere herausgehobene Funktionen wahrgenommen hatte. Diese Funktionen habe er bis zum Dienstzeitende innegehabt. Die NPD sei im gesamten von den Vorwürfen erfassten Zeitraum von einer verfassungsfeindlichen Zielrichtung getragen. Damit habe er eine verfassungsfeindliche Partei aktiv unterstützt und gefördert und so seine Dienstpflicht aus § 8 SG verletzt. Dabei habe er die Verfassungsfeindlichkeit der NPD erkennen können und müssen und damit fahrlässig gehandelt. Nach seinem Dienstzeitende habe er seine Funktionärstätigkeit fortgesetzt und ausgeweitet. Dadurch habe er die NPD und ihre verfassungsfeindlichen Ziele aktiv gefördert und unterstützt und sich damit i. S. v. § 23 Abs. 2 Nr. 2 Alt. 1 SG objektiv gegen die freiheitlich demokratische Grundordnung betätigt. Dies sei anfangs fahrlässig, später aber bedingt vorsätzlich geschehen. Die Truppendienstkammer hat daher wegen eines Dienstvergehens (vor Dienstzeitende) und eines als Dienstvergehen geltenden Verhaltens (nach Dienstzeitende) eine Dienstgradherabsetzung verhängt.

Die Berufung der Wehrdisziplinaranwaltschaft war auf die Bemessung der Disziplinarmaßnahme beschränkt, der 2. WD-Senat hatte daher gemäß § 91 Abs. 1 Satz 1 WDO i. V. m. § 327 StPO die Tat- und Schuldfeststellungen sowie die disziplinarrechtliche Würdigung des Truppendienstgerichts seiner Entscheidung zugrunde zu legen und auf dieser Grundlage über die angemessene Disziplinarmaßnahme zu befinden. Die Berufung der Wehrdisziplinaranwaltschaft hatte Erfolg; dem früheren Soldaten wurde wegen eines Dienstvergehens und eines als Dienstvergehen geltenden Verhaltens das Ruhegehalt aberkannt (§ 58 Abs. 2 Nr. 4, § 67 Abs. 4 WDO).

2. Bemessung der Disziplinarmaßnahme durch das BVerwG

a) Eigenart und Schwere

Eigenart und Schwere des Dienstvergehens bestimmen sich nach dem Unrechtsgehalt der Verfehlungen, d.h. nach der Bedeutung der verletzten Dienstpflichten. Danach wiegt das Dienstvergehen sehr schwer.

XI. Politische Treuepflicht/Volksverhetzung Verstoß gegen Verfassungstreuepflicht

aa) Politische Treuepflicht

Dies gilt zunächst für die Verletzung des § 8 SG, der politischen Treuepflicht (während der aktiven Dienstzeit). § 8 SG lautet: „Der Soldat muss die freiheitliche demokratische Grundordnung i. S. d. Grundgesetzes anerkennen und durch sein gesamtes Verhalten für ihre Erhaltung eintreten".

Wer als Staatsdiener in einem besonderen Treueverhältnis zu diesem Staat steht und geschworen hat, Recht und Freiheit des deutschen Volkes tapfer zu verteidigen, so das BVerwG, zerstört die für eine Fortsetzung des Dienstverhältnisses unabdingbare Vertrauensgrundlage, wenn er vorsätzlich Bestrebungen unterstützt, die mit der freiheitlichen demokratischen Grundordnung der Bundesrepublik Deutschland nicht zu vereinbaren sind (BVerwG, Urt. v. 20.5.1983 – 2 WD 11.82 – BVerwGE 83, 136, 154). Die Bundeswehr als Organ der Exekutive der Bundesrepublik Deutschland kann erwarten und muss davon ausgehen, dass sich die Soldaten zu den rechtsstaatlichen Anforderungen der freiheitlichen demokratischen Grundordnung des Grundgesetzes, insbesondere zu den Grundrechten, bekennen und für ihre Verwirklichung einsetzen (BVerwG, Urt. v. 22.1.1997 – 2 WD 24.96 – BVerwGE 113, 58 = NZWehrr 1997, 161 und BVerwG, Urt. v. 20.10.1999 – 2 WD 9.99 – BVerwGE 111, 25, 27). Die politische Treuepflicht fordert von jedem Angehörigen des öffentlichen Dienstes, dass er nicht nur die Grundordnung des Staates anerkennt, sondern auch die Bereitschaft zeigt, sich zu der Idee des Staates, dem er dient, zu bekennen und aktiv für ihn einzutreten. Da diese Pflicht zu den absolut elementaren soldatischen Pflichten gehört, ist ihre Verletzung eine der schwersten denkbaren Pflichtwidrigkeiten (BVerwG, Urt. v. 7.11.2000 – 2 WD 18.00).

Dies gilt vor allem für Soldaten in Vorgesetzteneigenschaft, die in Haltung und Pflichterfüllung ein Beispiel zu geben haben (§ 10 Abs. 1 SG), also auch für den früheren Soldaten, der aufgrund seines Dienstgrades als Oberfeldwebel in einem Vorgesetztenverhältnis stand (§ 1 Abs. 3 Sätze 1 und 2 SG i. V. m. § 4 Abs. 1 Nr. 2, Abs. 3 VorgV). Soldaten in Vorgesetztenstellung obliegt eine höhere Verantwortung für die Wahrung dienstlicher Interessen. Wegen seiner herausgehobenen Stellung ist ein Vorgesetzter in besonderem Maße für die ordnungsgemäße Erfüllung seiner Dienstpflichten verantwortlich und unterliegt damit im Falle einer Pflichtverletzung einer verschärften Haftung, da Vorgesetzte in ihrer Haltung und Pflichterfüllung ein Beispiel geben sollen (§ 10 Abs. 1 SG).

bb) Verpflichtung über das Ende der Dienstzeit hinaus

Das BVerwG stellt weiterhin fest, dass vorstehende Erwägungen aber ebenso Geltung für das als Dienstvergehen geltende Verhalten nach § 23 Abs. 2 Nr. 2 Alt. 1 SG (für die Zeit nach dem Dienstzeitende) beanspruchen, jedenfalls wenn eine vorsätzliche Verletzung in Rede steht:

Der Gesetzgeber hat in § 23 Abs. 2 Nr. 2 Alt. 1 SG für Offiziere und Unteroffiziere die Betätigung gegen die freiheitliche demokratische Grundordnung dem Dienstvergehen gleichgestellt. Damit hat er aus dem für aktive Soldaten geltenden Pflichtenkreis des § 8 SG einen Teilbereich auch für die Zeit nach dem Dienstzeitende mit einer Sanktionsdrohung versehen. Diese richtet sich nur gegen den nach § 10 Abs. 1 SG besonders verpflichteten Personenkreis und betrifft auch nur aktive Handlungen, die in besonders intensiver Weise gegen die politische Treuepflicht verstoßen. Der Gesetzgeber greift mithin aus der Summe des Pflichtenkreises gemäß § 8 SG nur die besonders schwerwiegenden Pflichtverletzungen heraus und sanktioniert nur sie über das Dienstzeitende hinaus. Damit macht er deutlich, dass er der Erfüllung dieser Pflicht für den betroffenen Personenkreis auch über das Dienstzeitende hinaus hohe Bedeutung beimisst. Er trägt damit dem schützenswerten Interesse Rechnung, dass auch Reservisten für die Bundeswehr untragbar werden können, wenn sie elementare Pflichten verletzen und so die Grundlage des Vertrauens in ihre Integrität und Zuverlässigkeit als Grundlage ihrer Wiederverwendung schwer beeinträchtigen oder gar zerstören. Wer vorsätzlich durch aktives Tun Bestrebungen unterstützt, die sich gegen Kernelemente der Verfassungsordnung richten, die er als Soldat – und auch als Reservist im Falle einer Heranziehung zu

Dienstleistungen – zu verteidigen hätte, zerstört das hierfür erforderliche Vertrauen in ihn. Eine Verletzung auch der nachwirkenden Verfassungstreuepflicht durch einen Reservisten wiegt damit ebenfalls besonders schwer.

b) Ansehen der Bundeswehr in der Öffentlichkeit

Das BVerwG betont zudem, dass das Dienstvergehen nachteilige Auswirkungen für das Ansehen der Bundeswehr in der Öffentlichkeit hatte, weil der frühere Soldat auf seiner eigenen in der Berufungshauptverhandlung auszugsweise verlesenen Internetseite neben seiner parteipolitischen Betätigung und seiner Position innerhalb der Partei auch auf seinen Wehrdienst und den dort erreichten Dienstgrad hinwies. Damit werde er in der Öffentlichkeit als einflussreicher Funktionär der NPD und zugleich als Reserveunteroffizier wahrgenommen. Diese Kombination sei geeignet, das Vertrauen der Bevölkerung in die Streitkräfte zu gefährden, weil dieses Vertrauen darauf gründe, dass die Angehörigen der Streitkräfte ohne Einschränkungen auf dem Boden der Verfassungsordnung stehen, die sie nach außen verteidigen sollen. Diese Vertrauensgrundlage werde beschädigt, wenn in der Öffentlichkeit der Eindruck entstehe, es bestehe eine gerade von den Führungskräften der Bundeswehr ausgehende Affinität zwischen den Streitkräften und verfassungsfeindlichen Parteien.

Das BVerwG hebt darüber hinaus hervor, dass nach den bindenden Feststellungen des Truppendienstgerichts davon auszugehen ist, dass der frühere Soldat ab dem Jahre 2006 billigend in Kauf genommen hat, dass er sich als Funktionär einer verfassungsfeindlichen Partei betätigte. In diesem Zusammenhang führt das BVerwG aus: Dass eine derartige politische Betätigung nicht ohne Weiteres mit der nachwirkenden Verfassungstreuepflicht eines Unteroffiziers der Reserve vereinbar ist, ist eine Erkenntnis, die sich jedem früheren Unteroffizier, der wie der frühere Soldat weiß, dass er noch Anspruch auf eine Dienstzeitversorgung hat, Inhaber eines Dienstgrades ist und im Falle einer Wiederverwendung eine Vorgesetztenstellung innehat, aufdrängen muss. Denn dass hiermit fortbestehende Treuepflichten verbunden sind, liegt nahe. Ein Reservist befindet sich in einem besonderen Näheverhältnis zum Dienstherrn, das nachwirkende Dienstpflichten begründet. Dies ist für einen Unteroffizier der Reserve ebenso offensichtlich wie der Umstand, dass an ihn besondere Anforderungen gerade bezüglich der zentralen Pflicht zur Verfassungstreue zu stellen sind, weil er im Falle einer Wiederverwendung als Vorgesetzter eingesetzt würde. Damit liegt es auch nahe, zumindest während ohnehin laufender disziplinarischer Ermittlungen wegen Verstößen gegen die politische Treuepflicht, beim Dienstvorgesetzten letzte Unklarheiten über den Umfang der nachwirkenden Verfassungstreuepflicht durch Nachfrage aufzuklären. Wer dies – wie der frühere Soldat – unterlässt, verschließt sich bewusst der Erkenntnis über die Reichweite dieser Pflichten. Vor diesem Hintergrund wird die Erklärung des früheren Soldaten, er habe geglaubt, auch eine verfassungsfeindliche Partei aktiv als Funktionär in herausgehobener Stellung ohne disziplinarische Konsequenzen unterstützen zu dürfen, solange sie noch nicht durch das Bundesverfassungsgericht verboten sei, zur unbeachtlichen Schutzbehauptung, die eine Milderung der durch die vorsätzliche Dienstpflichtverletzung verwirkten Sanktion nicht rechtfertigt.

c) Aberkennung des Ruhgehalts

Bei der Gesamtwürdigung hielt der 2. WD-Senat des BVerwG im Hinblick auf die Bemessungskriterien des § 38 Abs. 1 WDO und die Zwecksetzung des Wehrdisziplinarrechts („Wiederherstellung und Sicherung der Integrität, des Ansehens und der Disziplin in der Bundeswehr") den Ausspruch einer – gemäß § 58 Abs. 2 Nr. 4 i. V. m. § 67 Abs. 4 WDO zulässigen – Aberkennung des Ruhegehalts (hier die Höchstmaßnahme) für erforderlich und angemessen.

XI. Politische Treuepflicht/Volksverhetzung

Rechtsextremistisches Verhalten: Die Verletzung der politischen Treuepflicht (§ 8 SG) ist eine der schwersten denkbaren Pflichtwidrigkeiten
BVerwG, Urt. v. 25.1.2000 – 2 WD 43.99, BVerwG, Urt. v. 7.11.2000 – 2 WD 18.00, BVerwG, Urt. v. 21.11.2000 – 2 WD 27.00, BVerwG, Urt. v. 28.2.2002 – 2 WD 35.01 und BVerwG, Urt. v. 22.10.2008 – 2 WD 1.08

> **Anmerkung und Hinweise für die Praxis**
>
> Die Beispielfälle zeigen, dass das BVerwG immer wieder Anlass hat(te), darauf hinzuweisen, dass die Bundeswehr rechtsextremistische Verhaltensweisen von Soldaten, gleich welchen Inhalts, nicht hinnehmen kann und darf. Die politische Treuepflicht (§ 8 SG) verlangt von jedem Soldaten die Bereitschaft, sich zu der Idee des Staates, dem er dient, zu bekennen und aktiv für ihn einzutreten. Soldaten, die durch rechtsextremistische Verhaltensweisen zumindest den Anschein der Nähe zum Nationalsozialismus erwecken, gefährden den Zusammenhalt in der Truppe und verletzen die politische Treuepflicht. Ausgangspunkt der Zumessungserwägungen ist bei solchen Dienstvergehen grundsätzlich die Entfernung aus dem Dienstverhältnis.

1. Überblick über Einzelfälle aus der Rechtsprechung

In dem Urt. v. 25.1.2000 ging es um das zweimalige Ausführen des Hitlergrußes und das zweimalige Rufen „Heil" eines Hauptfeldwebels bei einer Unteroffizierfeier sowie seine Sketche mit rechtsextremistischen Szenen, die in einer Videokamera festgehalten wurden. Das Truppendienstgericht (TDG) fand den Soldaten zwar eines Dienstvergehens schuldig, stellte das Verhalten ein, da allenfalls eine einfache Disziplinarmaßnahme in Betracht gekommen sei, die aber wegen Zeitablaufs nicht mehr habe verhängt werden dürfen. Auf die Berufung des Bundeswehrdisziplinaranwalts hat das BVerwG das Urteil des TDG aufgehoben und gegen den Soldaten ein Beförderungsverbot für die Dauer von zwölf Monaten verhängt. Das BVerwG führt u.a. aus, durch das zweimalige Ausführen des Hitlergrußes und das zweimalige „Sieg-Heil"-Rufen habe der Soldat nationalsozialistische Gesten und Äußerungen verwendet und damit zumindest den Eindruck erweckt, er stehe nicht auf dem Boden der freiheitlichen demokratischen Grundordnung i. S. d. Grundgesetzes und sei nicht bereit, jederzeit für sie einzutreten. Hitlergruß und „Heil"-Ruf seien Formen der Verehrung eines Regimes, das die Menschenwürde mit Füßen getreten und eine totalitäre Gewaltherrschaft errichtet habe. Begehe ein Soldat eine derartige Pflichtwidrigkeit, sei Ausgangspunkt der Zumessungserwägungen die Entfernung aus dem Dienstverhältnis. Der 2. WD-Senat ist nicht der Auffassung des TDG gefolgt, dass die Gruppendynamik nicht weggedacht werden dürfe, die sich unter Alkoholeinfluss besonders auswirke, und dass, wenn bei Unteroffizieren in heutiger Zeit einer der unter Alkoholeinfluss stehenden Beteiligten „Sieg" rufen würde, die meisten mit „Heil" antworten würden und nicht wüssten, warum. Zwar mag es sein, so das BVerwG, dass sich insbesondere jüngere Menschen in einer Gruppe und dazu noch nach dem Genuss von reichlich Alkohol anders, und zwar enthemmter, verhalten, als wenn sie allein seien. Das rechtfertige aber nicht rechtsradikale Verhaltensweisen, wie sie der Soldat an den Tag gelegt habe.

Dem Urteil vom 7.11.2000 lag das Posieren eines Oberfeldwebels auf Fotos vor NS-Symbolen in einer Dienststube zugrunde. Das TDG verurteilte den Soldaten, einen Oberfeldwebel, zur Herabsetzung in den Dienstgrad eines Feldwebels. Das BVerwG wies die Berufung des Soldaten zurück. Nicht zuletzt diese Fotos waren Gegenstand einer regen öffentlichen Diskussion, in der Vorurteile erneuert wurden, in der Bundeswehr gebe es rechtsextremistische Tendenzen und es werde nationalsozialistisches Gedankengut gepflegt. Dies führte schließlich zur Einsetzung eines parlamentarischen Untersuchungsausschusses im Deutschen Bundestag, in der auch die hier behandelten Vorfälle eingehend erörtert wurden (vgl. BT Drucks. 13/11005, S. 82).

| Rechtsextremistisches Verhalten | **XI. Politische Treuepflicht/Volksverhetzung** |

Gegenstand des Urteil vom 21.11.2000 ist das Foto eines Angehörigen der Waffen-SS im Dienstzimmer eines Oberleutnants und seine Sympathiebekundung für das NS-Regime und die Waffen-SS. Das TDG fand den Soldaten eines Dienstvergehens schuldig und verhängte gegen ihn einen strengen Verweis. Auf die Berufung des Wehrdisziplinaranwalts hat das BVerwG das Urteil des TDG aufgehoben und den Soldaten zu einem Beförderungsverbot für die Dauer von zwei Monaten verurteilt. Der 2. WD-Senat hebt hervor, dass bereits das Aufhängen des Fotos mit der Abbildung von „Panzer-Meyer" und dem erkennbaren Totenkopfsymbol der SS auf der Schirmmütze im Dienstzimmer des Soldaten von nicht unerheblicher disziplinarer Relevanz sei. Ein Soldat, der im Range eines Oberleutnants, dem zudem von seinen Vorgesetzten ein hohes Maß an Intelligenz bescheinigt werde, ein Foto eines hohen SS-Offiziers mit dem Symbol der Waffen-SS auf der Schirmmütze, dessen Vergangenheit und Einstellung in und nach der NS-Zeit ihm bekannt seien, in seinem Dienstzimmer aufhänge und damit öffentlich zugänglich mache, müsse sich bewusst sein, dass er damit den Eindruck erwecke, er identifiziere sich mit dieser Person und sehe sie gar als sein soldatisches Vorbild. Dieser Eindruck werde noch dadurch verstärkt, dass der Soldat mit seinen Äußerungen offene Sympathie mit der Waffen-SS und deren Handlungen im „Dritten Reich", speziell im Zweiten Weltkrieg, bekundet habe. Diese Einstellung sei aber nicht vereinbar mit den Anforderungen, die an einen Soldaten der Bundeswehr, zumal im Range eines Offiziers, zu stellen seien.

Das Urteil vom 28.2.2002 befasst sich mit dem Hitlergruß eines Oberfeldwebels während eines Auslandseinsatzes und demonstrativem Präsentieren nationalsozialistischer Symbole. Das TDG setzte den Soldaten in den Dienstgrad eines Stabsunteroffiziers herab. Das BVerwG wies die Berufung des Soldaten zurück. Es führt u.a. aus: Als besonders schwerwiegend im Hinblick auf die für die Bundeswehr und die Bundesrepublik Deutschland nachteiligen Auswirkungen des Dienstvergehens in der Öffentlichkeit sei der Umstand zu werten, dass das Verhalten des Soldaten sich während eines Auslandseinsatzes der Bundeswehr im Rahmen eines IFOR-Kontingents zugetragen habe. Ein Oberfeldwebel, der im Ausland als Kommandant eines Bundeswehrfahrzeuges bei der Konvoibegleitung den sogenannten Hitlergruß verwende und darüber hinaus vor einer Videokamera eines Kameraden stolz über seinen „Blutsbruder in der Heimat" äußere, der ihm einen Brief mit Haken- und Keltenkreuz geschickt habe, lasse ernsthafte Zweifel daran aufkommen, ob er verlässlich zu den Prinzipien von Menschenwürde, Freiheit und Rechtsstaatlichkeit stehe und bereit sei, diese Werte aktiv zu verteidigen. Solche Verhaltensweisen wirkten in schwerwiegender Weise dem Bestreben der Bundesrepublik Deutschland entgegen, im Ausland die Hypothek abzutragen, die aufgrund der nationalsozialistischen Verbrechen noch auf ihr laste.

2. Zusammenfassung mit Beispielen

Auch wenn vorliegend die Disziplinarmaßnahmen wegen des Vorliegens/Nichtvorliegens von Milderungsgründen in den Umständen der Tat und der Person der Soldaten unterschiedlich ausgefallen sind, so ist doch allen genannten Urteilen gemeinsam, dass der Verletzung der politischen Treuepflicht (§ 8 SG) erhebliche Bedeutung zukommt. Mit dieser Pflicht setzt sich das BVerwG in seinem Urt. v. 22.10.2008 – 2 WD 1.08 – intensiv auseinander und bringt sehr deutlich zum Ausdruck, zu welchem Verhalten der Gesetzgeber den Soldaten verpflichtet. Danach ergibt sich zusammenfassend Folgendes: Die Vorschrift verpflichtet jeden Soldaten, die durch Art. 79 Abs. 3 GG jeder Verfassungsänderung entzogenen „Grundsätze" der Art. 1 und 20 GG (vor allem: Bindung aller staatlichen Gewalt an die im Grundgesetz konkretisierten Grund- und Menschenrechte, Volkssouveränität, Mehrparteiensystem, Chancengleichheit für alle Parteien mit dem Recht auf verfassungsmäßige Bildung und Ausübung der Opposition, Gewaltenteilung, Verantwortlichkeit der Regierung gegenüber dem Parlament, Gesetzmäßigkeit von Regierung und Verwaltung, Unabhängigkeit der Gerichte) zu bejahen, sie als schützenswert anzuerkennen und aktiv für sie einzutreten. Mit dieser Pflicht hat der Gesetzgeber sicherstellen wollen, dass nur diejenigen Personen Soldaten und damit Angehörige der Streitkräfte werden und bleiben dürfen, die sich von allen Bestrebungen fernhalten, die die freiheitliche demokratische Grundordnung i. S. d. Grundgesetzes bekämpfen, und die darüber

XI. Politische Treuepflicht/Volksverhetzung

hinaus aktiv und aus Überzeugung für deren Erhaltung eintreten. Es sollte damit ausgeschlossen oder jedenfalls erschwert werden, dass die Streitkräfte zu einer Macht werden, die die freiheitliche demokratische Grundordnung gefährdet, oder dass sie gegen sie eingesetzt werden. Mit der in § 8 SG normierten soldatischen Kernpflicht ist insbesondere ein Verhalten unvereinbar, das objektiv geeignet oder gar darauf angelegt ist, die Ziele des verbrecherischen NS-Regimes zu verharmlosen sowie Kennzeichen, Symbole oder sonstige Bestandteile der NS-Ideologie (wieder) gesellschaftsfähig zu machen. Denn das NS-Regime, das zur Durchsetzung und Aufrechterhaltung seiner Diktatur die Menschenrechte systematisch missachtete und verletzte sowie zur Realisierung seiner Eroberungs-, Raub- und Ausrottungspläne mit Weltherrschaftsvisionen Angriffskriege entfesselte, in deren Verlauf Millionen Menschen Leben, Gesundheit sowie Hab und Gut verloren, ist mit der freiheitlichen demokratischen Grundordnung i. S. d. Grundgesetzes schlechthin unvereinbar. Dies gilt auch für die zentralen Bestandteile seiner Ideologie und politischen Zielvorstellungen sowie alle Bestrebungen, die objektiv oder subjektiv darauf angelegt sind, im Sinne der „nationalsozialistischen Sache" zu wirken. Dementsprechend hat der Senat in seiner gefestigten Rechtsprechung mehrfach entschieden, dass eine Verletzung der in § 8 SG normierten Pflicht nicht nur dann vorliegt, wenn ein Soldat Propagandamaterial einer verfassungswidrigen Organisation wie einer NSDAP-Auslandsorganisation verbreitet. Vielmehr ist dies auch dann der Fall, wenn ein Soldat das „Horst-Wessel-Lied" singt, wenn er NS-Gesten und -Äußerungen verwendet, indem er z.B. „Sieg Heil" ruft oder in der Öffentlichkeit den „Hitler-Gruß" ausführt, wenn er die Massenmorde an Menschen jüdischen Glaubens während des NS-Regimes ernsthaft in Zweifel zieht und den Angriff des Deutschen Reichs auf Polen leugnet, wenn er im Unterkunftsbereich vor der NS-Hakenkreuzfahne oder anderen NS-Symbolen posiert und sich fotografieren lässt, im Dienst Ausdrücke verwendet, die auf Sympathien zum NS-Regime und zur Waffen-SS schließen lassen, wenn er die Erschießung und Vergasung von in Deutschland lebenden „Nichtariern" und damit Gewalttaten im Sinne der NS-Ideologie propagiert oder wenn er einzelnen in Deutschland lebenden Bevölkerungsgruppen das Existenzrecht abspricht. Ruft ein Soldat durch sein dienstliches oder außerdienstliches Verhalten (z.B. durch die Verwendung menschenverachtender Formulierungen) eine Erinnerung an die Verbrechen und Ideologien des NS-Regimes wach oder gerät er sonst in den Verdacht, dass er das NS-Regime und dessen verbrecherische Ideologie und Politik rechtfertigt oder als Vorbild hinstellt, und hält er dies für unbegründet, ist er gehalten, glaubhaft diesem Eindruck aktiv entgegenzuwirken und unzweideutig darzutun, dass dieser Verdacht ungerechtfertigt ist. Nur dann erfüllt er seine Pflicht, durch sein gesamtes Verhalten für die Erhaltung der freiheitlichen demokratischen Grundordnung i. S. d. Grundgesetzes aktiv einzutreten.

Ausländerfeindliches Schriftstück | **XI. Politische Treuepflicht/Volksverhetzung**

Einbringen eines Schriftstückes mit ausländerfeindlichem Inhalt in den dienstlichen Bereich (sog. Schmähkritik)
BVerwG, Urt. v. 23.1.1997 – 2 WD 37.96

> **Anmerkung und Hinweise für die Praxis**
>
> Die Bundeswehr steht als Organ der Exekutive der Bundesrepublik Deutschland im Hinblick auf ausländerfeindliche Strömungen innerhalb der Streitkräfte im Blickpunkt der Öffentlichkeit (vgl. auch Jahresbericht des Wehrbeauftragten 2018 (60. Bericht) – Drucks. 19/7200 v. 29.1.2019, Ziff. 6). Ein Soldat, der ein ausländerfeindliches Schriftstück, das in der Herabsetzung einer Personengruppe besteht (Schmähung), in den dienstlichen Bereich einbringt, muss mit einer spürbaren disziplinaren Ahndung rechnen (hier: laufbahnhemmende Maßnahme), auch wenn ihm eine eigene – ausländerfeindliche – Meinungsäußerung nicht zweifelsfrei nachweisbar ist. Durch eine derartige Tat büßt der Soldat nämlich erheblich an Achtung, Vertrauenswürdigkeit und dienstlichem Ansehen ein.

1. Allgemeines

Der Soldat (Portepee-Unteroffizier) hat ein Schriftstück, das er von einem Bekannten erhalten hatte, mehreren Kameraden im Dienst zum Lesen gegeben. Das Schriftstück enthält nach seinem Wortlaut und Sinnzusammenhang polemische und verunglimpfende Äußerungen gegenüber einer bestimmten Personengruppe: Asylbewerber werden generell als „Asylbetrüger" angesprochen und, wie das BVerwG ausführt, durch Kumulierung negativer Eigenschaften in ihrer Menschenwürde abqualifiziert und verächtlich gemacht. Da die Diffamierung im Vordergrund stehe, stelle das Pamphlet eine Schmähkritik dar und fördere ausländerfeindliche Strömungen. Im Unterschied zum Urteil des TDG, das den Soldaten vom Vorwurf eines Dienstvergehens freigesprochen hat, sah der 2. WD-Senat des BVerwG – auf die Berufung des Wehrdisziplinaranwalts – in der Weitergabe des Schriftstückes einen Verstoß gegen § 17 Abs. 2 Satz 1 SG, sich im dienstlichen Bereich achtungs- und vertrauensgerecht zu verhalten und bejahte somit ein Dienstvergehen gemäß § 23 Abs. 1 SG, das nicht leicht wiege. Unter Abwägung aller be- und entlastenden Umstände war der Senat der Auffassung, dass ein Beförderungsverbot für die Dauer eines Jahres tat- und schuldangemessen sei.

2. Einzelheiten der Maßnahmebemessung/Begründung des Beförderungsverbots

Das Dienstvergehen wiegt nach seiner Eigenart und seinen Auswirkungen nicht leicht. Der 2. WD-Senat hat „gehässige und borniert Auslassungen" eines Soldaten, die „mit polemischen Stellungnahmen zur Ausländerfrage oder mit berechtigter Kritik an Erscheinungen in diesem Staat" nichts zu tun haben, als schwerwiegende Pflichtverletzung gewertet (vgl. BVerwG, Urt. v. 24.1.1984 – 2 WD 40.83 – NZWehrr 1984, 167 [168]) und unter Bezugnahme auf das Bundesverfassungsgericht (Urt. v. 23.10.1952 – 1 BvB 1/51 – BVerfGE 2, 1 [12 f.]) mehrfach darauf hingewiesen, dass die im Grundgesetz konkretisierten Menschenrechte bzw. die Würde des Menschen zu den grundlegenden Prinzipien der staatlichen Ordnung der Bundesrepublik Deutschland gehören (vgl. BVerwG, Urt. v. 24.1.1984 – 2 WD 40.83, BVerwG, Urt. v. 28.9.1990 – 2 WD 27.89 – BVerwGE 86, 321 [329], und BVerwG, Urt. v. 22.1.1997 – 2 WD 24.96). Das deutsche Volk bekennt sich in Art. 1 Abs. 2 GG zu den unverletzlichen und unveräußerlichen Menschenrechten als Grundlage jeder menschlichen Gemeinschaft, des Friedens und der Gerechtigkeit in der Welt. Nach Art. 1 Abs. 1 GG ist die Würde des Menschen unantastbar; sie zu achten und zu schützen, ist Verpflichtung aller staatlichen Gewalt. Die Bundeswehr als Organ der Exekutive der Bundesrepublik Deutschland muss davon ausgehen können, dass sich die Soldaten in besonderer Weise zu den Grundrechten bekennen und für ihre Verwirklichung einsetzen (vgl. Urt. v. 22.1.1997 – 2 WD 24.96). Durch die Einbringung des Schmähgedichts, in

XI. Politische Treuepflicht/Volksverhetzung — Ausländerfeindliches Schriftstück

welchem eine bestimmte Personengruppe in polemischer Weise abqualifiziert und verächtlich gemacht wird, in den dienstlichen Bereich und die Übergabe eines solchen Textes an Kameraden ohne sachlichen Grund und lediglich zum Lesen, ohne sich davon zu distanzieren, ist der Soldat den Anforderungen an die Wahrung des Grundrechtes der Menschenwürde nicht gerecht geworden, sodass als Ausgangspunkt der Zumessungserwägungen für die Einstufung des vorliegenden Dienstvergehens keinesfalls die niedrigste disziplinargerichtliche, sondern – auch aus generalpräventiven Gründen – im Regelfall eine laufbahnhemmende Maßnahme in Betracht kommt. Insbesondere ein Soldat in Vorgesetztenstellung, der nach § 10 Abs. 1 SG in seiner Haltung und Pflichterfüllung ein Beispiel zu geben hat, büßt durch eine derartige Tat erheblich an Achtung, Vertrauenswürdigkeit und dienstlichem Ansehen ein. Von einem Portepee-Unteroffizier muss jedenfalls erwartet werden, dass er weiß oder sich bewusst wird, dass die Bundeswehr als Organ der Exekutive der Bundesrepublik Deutschland im Hinblick auf ausländerfeindliche Strömungen innerhalb der Streitkräfte im Blickpunkt der Öffentlichkeit steht. Darüber hinaus hätte der Soldat bedenken müssen, dass er durch sein pflichtwidriges Verhalten den ernsthaften Bemühungen aller staatlichen Organe entgegenwirkt, der Verbreitung ausländerfeindlichen Gedankengutes vorzubeugen und sie gegebenenfalls zu unterbinden.

XII. Prozessuales

Fehlerhafte Sachverhaltsaufklärung
(Bundesverwaltungsgericht verweist zurück an das Truppendienstgericht)

> **Anmerkung und Hinweise für die Praxis**
>
> Hat die Truppendienstkammer eine Sachverhaltsaufklärung gar nicht erst begonnen, ist in aller Regel auch in Ansehung des Beschleunigungsgebotes des § 17 Abs. 1 WDO wegen Vorliegens eines schweren Mangels des Verfahrens eine Zurückverweisung durch das Berufungsgericht (2. WD-Senat) geboten. Nach der WDO ist es nicht Aufgabe des Berufungsgerichts, anstelle der dazu berufenen Truppendienstkammer notwendige gerichtliche Feststellungen zum entscheidungserheblichen Sachverhalt erstmals zu treffen. Ein angeschuldigter Soldat hat Anspruch darauf, dass bereits vor der Truppendienstkammer nach Maßgabe der prozessrechtlichen Vorschriften alle erforderlichen Maßnahmen zur hinreichenden Aufklärung der Sach- und Rechtslage ordnungsgemäß getroffen und die erhobenen Beweise nachvollziehbar gewürdigt werden und dass das Ergebnis der Beweiswürdigung in den Urteilsgründen niedergelegt wird.

Soldat wurde degradiert – Richter sahen jedoch Mängel in der Beweisführung – Beschl. v. 13.1.2009 – 2 WD 5.08. Das Truppendienstgericht setzte den Soldaten, einen Stabsunteroffizier, wegen eines Dienstvergehens in den Dienstgrad eines Hauptgefreiten herab. Auf die Berufung des Soldaten hat der 2. WD-Senat in der Sache selbst nicht entschieden, was relativ selten vorkommt, sondern das angefochtene Urteil der Truppendienstkammer aufgehoben und die Sache an eine andere Kammer des Truppendienstgerichts zur nochmaligen Verhandlung und Entscheidung zurückverwiesen, weil ein schwererer Mangel des Verfahrens vorliegt und weitere Aufklärungen erforderlich sind (§ 120 Abs. 1 Nr. 2 WDO). Der 2. WD-Senat stellte schwerwiegende Mängel der Beweiswürdigung und damit der Sachverhaltsaufklärung durch die Truppendienstkammer fest.

1. Rüge der Verteidigung

Wie dem Beschluss des 2. WD-Senats zu entnehmen ist, hat die Verteidigung mit dem Berufungsschriftsatz gerügt, dass das Truppendienstgericht im angefochtenen Urteil – obwohl der Soldat die gegen ihn erhobenen Vorwürfe substantiiert bestritten habe – keine Veranlassung gesehen habe, „sich mit den Aussagen der Zeugen einerseits, andererseits mit der Schilderung des Soldaten im Einzelnen auseinanderzusetzen". Lapidar werde im Urteil lediglich festgestellt, die Einlassungen des Soldaten seien „von der Kammer als reine Schutzbehauptung gewertet worden"; zu den Aussagen der Zeugen werde „lediglich mitgeteilt, dass sie der Kammer deshalb glaubwürdig erschienen seien, weil sie nicht von Belastungseifer gekennzeichnet gewesen seien".

2. Vorwurf der Verteidigung ist begründet

Dieser Vorwurf der Verteidigung ist begründet. Denn die tatsächlichen Feststellungen im angefochtenen Urteil erschöpfen sich in der Tat im Wesentlichen in der Mitteilung, die Truppendienstkammer habe „den im verfügenden Teil der Anschuldigungsschrift vorgeworfenen Sachverhalt festgestellt" und sei „zusätzlich ... zu folgenden Feststellungen" gelangt, die dann auf den Seiten 4 (letzter Absatz) bis 8 (erster Absatz) mitgeteilt werden, ohne dass dargelegt oder sonst hinreichend erkennbar wird, worauf diese beruhen. Am Ende dieses Abschnitts des angefochtenen Urteils wird lediglich angegeben, die Kammer habe „die Einlassungen des Soldaten, die die Darstellungen der Zeugen definitiv bestreiten", als „reine Schutzbehauptung" gewertet. Worauf diese Schlussfolgerung gestützt ist, wird im Unklaren gelassen. Dies

XII. Prozessuales
Fehlerhafte Sachverhaltsaufklärung

gilt auch für die zweite in diesem Absatz angeführte Erwägung, wonach der Truppendienstkammer „die Aussage (?) der Zeugen" „auch deswegen glaubwürdig" erschien(en), „weil sie (?) von keinerlei Belastungseifer gekennzeichnet waren". Es bleibt nicht nur unklar, ob damit das Ergebnis der Prüfung der Glaubhaftigkeit der Aussagen einzelner oder aller Zeugen gemeint ist oder ob auf deren persönliche Glaubwürdigkeit („keinerlei Belastungseifer") abgestellt wird. Vor allem aber fehlt es erkennbar an einer hinreichenden Auseinandersetzung mit den auf die einzelnen Anschuldigungspunkte bezogenen Einlassungen des Angeschuldigten einerseits und den Aussagen der hierzu vernommenen Zeugen sowie den sonstigen Beweismitteln andererseits. Die bloße formelhafte Mitteilung, das Gericht werte die Einlassungen des Angeschuldigten als „Schutzbehauptung", lässt nicht erkennen, aufgrund welcher Umstände und wie das Gericht zu dieser Schlussfolgerung gelangt ist. Zudem fehlt es an jeder Zuordnung der Einzelaussagen der von der Truppendienstkammer vernommenen Zeugen zu den für die einzelnen Anschuldigungspunkte relevanten Beweisthemen und an einer näheren Würdigung der Umstände, die aus der Sicht des Gerichts für die inhaltliche Richtigkeit dieser Zeugenbekundungen und gegen die Einlassungen des Angeschuldigten sprechen. Die Sachverhaltsfeststellungen sind damit grob fehlerhaft und unzureichend. In einem solchen Fall ist davon auszugehen, dass der Verfahrens- und Aufklärungsmangel das Ergebnis der Beweiswürdigung und die Sachverhaltsfeststellung beeinflusst haben kann und damit auch entscheidungserheblich war. Diese schwerwiegenden Mängel der Beweiswürdigung und damit der Sachverhaltsaufklärung durch die Truppendienstkammer werden auch nicht dadurch geheilt, dass die Wehrdisziplinaranwaltschaft in ihrer dem Bundeswehrdisziplinaranwalt zur Berufungsschrift vorgelegten internen Stellungnahme, die dem Senat durch den Bundeswehrdisziplinaranwalt zur Kenntnis gebracht worden ist, aus ihrer Kenntnis des Ablaufs der erstinstanzlichen Beweisaufnahme die Zeugenaussagen und die Beweislage näher gewürdigt hat. Denn diese Stellungnahme der Wehrdisziplinaranwaltschaft vermag die erforderliche gerichtliche Beweiswürdigung und die auf dieser Grundlage zu treffenden hinreichenden Tatsachenfeststellungen der Truppendienstkammer nicht zu ersetzen. Dies führt zur Aufhebung des angefochtenen Urteils der Truppendienstkammer und zur Zurückverweisung der Sache an eine andere Kammer des Truppendienstgerichts.

| Unschuldsvermutung | XII. Prozessuales |

Im Zweifel für den Angeschuldigten – wann „In dubio pro reo" und die Unschuldsvermutung gelten
BVerwG, Urt. v. 4.9.2009 – 2 WD 17.08

> **Anmerkung und Hinweise für die Praxis**
>
> Dem angeschuldigten Soldaten konnte das vorgeworfene Verhalten nicht mit der erforderlichen hinreichenden Gewissheit nachgewiesen werden. Es verblieben – für den 2. WD-Senat des BVerwG – Restzweifel, die sich nach dem Zweifelssatz („in dubio pro reo") zugunsten des Soldaten auswirkten.
>
> Die Unschuldsvermutung (Art. 6 Abs. 2 der Europäischen Menschenrechtskonvention – EMRK –) findet auch im gerichtlichen Disziplinarverfahren Anwendung. Zur Überführung eines Angeschuldigten ist zwar keine „mathematische" Gewissheit erforderlich, die erforderliche subjektive Überzeugung des Tatsachengerichts/Tatrichters muss aber auf einer objektiv tragfähigen Tatsachenbasis beruhen. Der Beweis muss mit lückenlosen, nachvollziehbaren logischen Argumenten geführt sein. Allein damit wird die Unschuldsvermutung widerlegt.

Das Urteil trifft nicht nur wichtige Feststellungen zum Umfang der Wahrheitspflicht in dienstlichen Angelegenheiten gemäß § 13 Abs. 1 SG, sondern befasst sich auch mit der Frage, welche Umstände vorliegen müssen, damit der Senat die erforderliche hinreichende Gewissheit gewonnen hat, dass ein Soldat das ihm zur Last gelegte Verhalten tatsächlich begangen hat und wie sich evtl. verbleibende Unklarheiten auswirken.

1. Sachverhalt

Dem Soldaten wurde u.a. vorgeworfen, an den in der Anschuldigungsschrift datumsmäßig bezeichneten Tagen dem Dienst ferngeblieben zu sein und dass ihm für diese Fehltage weder Urlaub noch Dienstzeitausgleich gewährt worden war.

Nach Durchführung der Berufungshauptverhandlung konnte dem Soldaten das Vorliegen einer entsprechenden schuldhaften Pflichtverletzung nicht nachgewiesen werden.

2. Erforderliche persönliche Gewissheit des Tatsachengerichts/Tatrichters

Ob dem Soldaten für die bezeichneten Tage – wie er vorträgt – Urlaub bzw. Dienstzeitausgleich genehmigt worden war oder – wie ihm vorgeworfen wird – nicht gewährt worden ist, hat der Senat nicht mehr mit der erforderlichen Gewissheit feststellen können. Der Soldat war daher von den gegen ihn erhobenen Vorwürfen freizustellen. Nach der im Wehrdisziplinarrecht gemäß § 91 Abs. 1 WDO entsprechend anwendbaren Vorschrift des § 261 StPO (Freie Beweiswürdigung), setzt die freie, aus dem Inbegriff der Verhandlung geschöpfte Überzeugung des Tatrichters in subjektiver Hinsicht die für die Überführung des Angeschuldigten erforderliche volle persönliche Gewissheit des Tatrichters voraus. Nach der gesetzlichen Regelung ist es allein Aufgabe des Tatrichters, ohne Bindung an feste gesetzliche Beweisregeln und nur nach seinem Gewissen verantwortlich zu prüfen und zu entscheiden, ob er die an sich möglichen Zweifel überwinden und sich von einem bestimmten Sachverhalt überzeugen kann oder nicht. Die für die Überführung eines Angeschuldigten erforderliche (volle) persönliche Gewissheit des Tatrichters erfordert ein nach der Lebenserfahrung ausreichendes Maß an Sicherheit, das vernünftige und nicht bloß auf denktheoretische Möglichkeiten gestützte Zweifel nicht mehr aufkommen lässt (vgl. BVerwG, Beschl. v. 13.1.2009 – 2 WD 5.08 – NVwZ-RR 2009, 522 = juris Rn. 16 m.w.N.; BGH, Urt. v. 8.1.1988 – 2 StR 551/87 – NStZ 1988, 236, 237; Meyer-Goßner/Schmitt, StPO, 61. Aufl. 2018, § 261 Rn. 2 m.w.N.).

Einer bestreitenden Einlassung des Angeschuldigten sowie seinem Prozessverhalten kommen dabei besondere Bedeutung zu. Solange die entlastende Einlassung des Angeschuldigten empirisch gesehen wahr sein

XII. Prozessuales — Unschuldsvermutung

und diese nicht mit zwingenden Gründen überzeugend widerlegt werden kann, fehlt es an der für eine Verurteilung erforderlichen tragfähigen objektiven Tatsachengrundlage, aus der allein die zur hinreichenden Überzeugung erforderliche persönliche Gewissheit des Tatrichters folgen darf. Steht Aussage gegen Aussage und hängt die Entscheidung allein davon ab, welchen Angaben das Gericht folgt, sind besonders strenge Anforderungen an die Beweiswürdigung zu stellen. In einem solchen Fall müssen, damit es nicht zu einer Verurteilung aufgrund einer subjektiven Fehlbeurteilung der Zeugenaussagen kommt, alle Umstände, denen eine indizielle Bedeutung für die Schuld oder Unschuld des Angeschuldigten zukommen kann, in die Beweiswürdigung eingestellt und in den Urteilsgründen niedergelegt werden (vgl. dazu u.a. BGH, Urt. v. 3.2.1993 – 2 StR 531/92 – StV 1994, 526 m.w.N. und Beschl. v. 6.3.2002 – 5 StR 501/01 – NStZ-RR 2002, 174 f. m.w.N.; BVerwG, Urt. v. 3.7.2003 – 1 WD 3.03 und Beschl. v. 13.1.2009 – 2 WD 5.08). Um die Beweiswürdigung nachvollziehbar zu machen, muss dabei dargelegt werden, in welchem Umfang und aus welchem Grund nach der Überzeugung des Gerichts die Aussage des Zeugen und nicht die Einlassung der Angeschuldigten glaubhaft ist und warum das Gericht die Glaubwürdigkeit des Zeugen bejaht, diejenige des Angeschuldigten aber verneint. Hat der Angeschuldigte mit Tatsachen belegte, nicht eindeutig unerhebliche Bedenken gegen einen Beweis oder den Wert eines Beweismittels vorgebracht, so muss sich das Gericht auch damit auseinandersetzen. Selbst wenn einzelne Indizien jeweils für sich genommen noch keine vernünftigen Zweifel an der Richtigkeit einer den Angeschuldigten belastenden Aussage aufkommen lassen, so kann jedoch eine Häufung solcher Indizien bei einer Gesamtbetrachtung zu solchen Zweifeln führen (vgl. BVerwG, Urt. v. 3.7.2003 – 1 WD 3.03 m.w.N.). Letzteres war vorliegend hinsichtlich des angeschuldigten Verhaltens der Fall (dazu nachfolgend).

3. Der Zweifelssatz „in dubio pro reo"/Keine Widerlegung der Unschuldsvermutung

Der 2. WD-Senat führt aus, dass hinsichtlich des dem Soldaten zur Last gelegten Fehlverhaltens zwar viele Umstände dafür sprechen, dass es sich bei seinen die Tatvorwürfe bestreitenden Einlassungen um Schutzbehauptungen handelt. In wesentlichen Teilaspekten verbleiben jedoch nach Ausschöpfung aller zur Verfügung stehenden Beweismittel Restzweifel, die der Senat im Rahmen der erforderlichen Gesamtbetrachtung nicht hat überwinden können und die sich deshalb nach dem Zweifelssatz („In dubio pro reo" = „Im Zweifel für den Angeschuldigten") im Ergebnis zugunsten des Soldaten auswirken. Im disziplinargerichtlichen Verfahren ist es – ebenso wie im Strafverfahren – im Hinblick auf die verfassungsrechtlich (vgl. BVerfG, Beschl. v. 29.5.1990 – 2 BvR 254/88, 2 BvR 1343/88 – BVerfGE 82, 106, 114 f. = NJW 1990, 2741 m.w.N.) und durch Art. 6 Abs. 2 EMRK gewährleistete Unschuldsvermutung nicht Sache des Angeschuldigten, den Nachweis für seine Unschuld zu erbringen. Die Unschuldsvermutung findet nach der ständigen Rechtsprechung des Bundesverwaltungsgerichts auch im gerichtlichen Disziplinarverfahren Anwendung (vgl. für das Beamtendisziplinarrecht BVerwG, Urt. v. 24.11.1999 – 1 D 68.98 – BVerwGE 111, 43, 44 f.; für das Wehrdisziplinarrecht vgl. u.a. BVerwG, Urt. v. 3.7.2003 – 1 WD 3.03 und Beschl. v. 13.1.2009 – 2 WD 5.08 Rn. 17 m.w.N.). Denn sie schützt den Angeschuldigten vor Nachteilen, die Schuldspruch oder Strafe gleichkommen, denen aber kein rechtsstaatliches und prozessordnungsgemäßes Verfahren zur Schuldfeststellung und Strafbemessung vorausgegangen ist (vgl. BVerfG, Beschl. v. 26.3.1987 – 2 BvR 589/79 u.a. – BVerfGE 74, 358, 371 und Beschl. v. 29.5.1990 – 2 BvR 254/88, 2 BvR 1343/88). Für den Fall eines Schuldspruchs muss dem Angeschuldigten mit der erforderlichen hinreichenden Gewissheit nachgewiesen werden, dass er das ihm vorgeworfene Fehlverhalten tatsächlich an den Tag gelegt bzw. begangen hat. Bei der danach gebotenen Gesamtwürdigung der verfügbaren und in die Berufungshauptverhandlung eingeführten Beweismittel hat der Senat nach alledem nicht die hinreichende Gewissheit gewinnen können, dass dem Soldaten für die von der Anschuldigung erfassten Fehltage zweifelsfrei weder Urlaub noch Dienstzeitausgleich genehmigt worden war. Diese verbliebenen Unklarheiten gehen im vorliegenden gerichtlichen Disziplinarverfahren nicht zu Lasten des Soldaten, sondern führen dazu, dass er nach dem Zweifelssatz („in dubio pro reo") von den insoweit gegen ihn erhobenen Vorwürfen freizustellen ist.

Fehlerhafte Anwendung des Grundsatzes „Im Zweifel für den Angeschuldigten"
BVerwG, Beschl. v. 8.12.2009 – 2 WD 36.09

> **Anmerkung und Hinweise für die Praxis**
>
> 1. Gegenstand des vorliegenden Verfahrens ist eine nicht ordnungsgemäße Anwendung des Grundsatzes „Im Zweifel für den Angeklagten (Angeschuldigten)".
>
> 2. Eine ordnungsgemäße Anwendung des Grundsatzes setzt voraus, dass das Gericht zuvor alle ihm zur Verfügung stehenden entscheidungserheblichen Beweismittel ausgeschöpft hat. Ein solcher Fall war hier nicht gegeben. Die Truppendienstkammer hat den dem Tatvorwurf zugrunde liegenden entscheidungserheblichen Sachverhalt nicht im erforderlichen Umfang ausgeklärt und ist auch nicht den Anforderungen an eine umfassende, objektivierbare und logisch nachvollziehbare Beweiswürdigung gerecht geworden.

1. Sachverhalt

Das Truppendienstgericht hat den Soldaten, einen Stabsunteroffizier, durch Urteil vom Vorwurf, ein Dienstvergehen begangen zu haben, freigesprochen. Folgenden Sachverhalt hatte das Gericht im Wesentlichen festgestellt:

Am Abend des 29.6.2008 hatten sich auf dem ...platz ca. 80 000 Besucher eingefunden, um dort im Rahmen einer öffentlichen Übertragung, einem sogenannten „Public Viewing" das Fußballländerspiel zwischen Deutschland und Spanien anlässlich der Fußballeuropameisterschaft 2008 verfolgen zu können. Unter den Besuchern waren der Soldat sowie die Zeugin W., welche sich in Begleitung ihrer Freundin Frau M. befand. Im Verlauf des Abends war der Soldat in den Besitz der Handtasche der Frau M. gelangt. Wie dies geschehen war, konnte das Truppendienstgericht im Rahmen der Hauptverhandlung nicht mit der erforderlichen Sicherheit feststellen. Entweder habe, so das Gericht, der Soldat, wie angeschuldigt, die am Boden liegende Handtasche, die das der Frau M. gehörende Mobiltelefon enthielt, an sich genommen oder aber, so jedenfalls die Einlassung des Soldaten, habe die später Geschädigte M. ihm die Tasche für die Dauer eines Toilettenganges anvertraut. Da insoweit bestehende Zweifel nicht ausgeräumt werden könnten, sei zugunsten des Soldaten davon auszugehen, dass ihm die Tasche übergeben und somit weder eine Wegnahme noch eine Zueignungsabsicht feststellbar seien. Das Bundesverwaltungsgericht hat das Urteil des Truppendienstgerichts aufgehoben und die Sache zur nochmaligen Verhandlung und Entscheidung an eine andere Kammer des Truppendienstgerichts zurückverwiesen. Das gegen den Soldaten eingeleitete sachgleiche Strafverfahren wegen Diebstahls wurde von der Staatsanwaltschaft gemäß § 153 a Abs. 1 StPO endgültig eingestellt, nachdem der Soldat den ihm auferlegten Geldbetrag in Höhe von 400 Euro zugunsten der Staatskasse gezahlt hatte. Im Ermittlungsverfahren waren neben dem beschuldigten Soldaten die Freundin der Geschädigten, W., sowie eine weitere Freundin, We., als Zeugen polizeilich vernommen worden.

2. Entscheidung des Bundesverwaltungsgerichts

Das Truppendienstgericht hat den Freispruch des Soldaten letztlich auf das Prinzip „in dubio pro reo" gestützt. Diese Beweiswürdigung des Truppendienstgerichts stellt, wie das BVerwG ausführt, einen schweren Verfahrensmangel dar; denn sie beruht auf einer fehlerhaften Anwendung des Grundsatzes „Im Zweifel für den Angeschuldigten". Das BVerwG betont zunächst, dass aus Art. 6 Abs. 2 EMRK und dem Rechtsstaatsprinzip (Art. 20 Abs. 3 GG) der Grundsatz der Unschuldsvermutung folge, der auch im gerichtlichen Disziplinarverfahren gelte. Danach ist jeder Soldat (oder Beamte) bis zum verfahrensmäßigen Abschluss eines Disziplinarverfahrens grundsätzlich als unschuldig anzusehen. Diese Unschuldsvermutung verlangt,

XII. Prozessuales — Fehlerhaftes „Im Zweifel für den Angeschuldigten"

dass dem Beschuldigten eine schuldhafte Verletzung seiner Dienstpflichten nachgewiesen werden muss. Der aus dem Rechtsstaatsprinzip und der Unschuldsvermutung abgeleitete und auch im Disziplinarrecht geltende Grundsatz „Im Zweifel für den Angeklagten" besagt, dass Zweifel im tatsächlichen Bereich bei der Anwendung materiellen Disziplinarrechts, die trotz Ausschöpfung aller Beweismittel (vgl. insoweit die gerichtliche Aufklärungspflicht gemäß § 106 Abs. 1 WDO) nicht behoben werden können, nur zugunsten des Beschuldigten berücksichtigt werden dürfen. Eine ordnungsgemäße Anwendung des Grundsatzes setzt danach voraus, dass das Gericht zuvor alle ihm zur Verfügung stehenden entscheidungserheblichen Beweismittel ausgeschöpft hat. Das war hier nicht der Fall. Das Truppendienstgericht durfte nicht auf einer Vernehmung der Geschädigten Frau M. als Zeugin verzichten, zumal diese offensichtlich auch im Strafverfahren nicht vernommen worden war; in der Strafakte befindet sich jedenfalls keine protokollierte Zeugenaussage der Geschädigten. Ihre Aussage war nach den Urteilsgründen der Truppendienstkammer entscheidungserheblich. Die Geschädigte hätte gefragt werden müssen, ob sie ihre Handtasche dem Soldaten freiwillig vorübergehend anvertraut hatte oder nicht. Zwar war die Geschädigte als Zeugin zur Hauptverhandlung vor dem Truppendienstgericht geladen, war jedoch wegen angeblicher Hinderungsgründe zum Termin nicht erschienen, sodass die Hauptverhandlung ohne sie durchgeführt wurde. Unter diesen Umständen hätte der Kammervorsitzende entweder eine Terminverlegung oder eine rechtzeitige kommissarische Vernehmung der Zeugin durch einen beauftragten oder ersuchten Richter (vgl. dazu § 157 GVG, §§ 63, 70 Abs. 3 StPO i. V. m. § 91 Abs. 1 WDO) anordnen müssen. Beides hat er verfahrensfehlerhaft unterlassen. Im Übrigen wäre zur weiteren Sachaufklärung auch geboten gewesen, die Tatzeugin W. zur Hauptverhandlung zu laden; auch dies ist unterblieben. Dem Protokoll über die Hauptverhandlung lässt sich auch nicht entnehmen, dass die Aussagen der Zeugin vom 28. Juli 2008 im Strafverfahren durch Verlesung in das Verfahren eingeführt worden wäre. Ungeachtet der unvollständigen Sachaufklärung und schon aus diesem Grund mangelhaften Beweiswürdigung ist letztere auch deshalb zu beanstanden, weil sich das Truppendienstgericht nicht mit allen von ihm festgestellten entscheidungserheblichen (Belastungs-)Tatsachen auseinandergesetzt hat; diese sind daher auch nicht im erforderlichen Umfang in das Beweisergebnis eingeflossen. Dies gilt zunächst für den Umstand, dass der Soldat im sachgleichen Strafverfahren wegen Diebstahls nicht freigesprochen worden war. Von der Erhebung der öffentlichen Klage war vielmehr gemäß § 153a Abs. 1 StPO abgesehen worden, nachdem der Soldat 400 Euro zugunsten der Staatskasse gezahlt hatte. Voraussetzung für eine Entscheidung nach § 153a StPO war, dass die Staatsanwaltschaft von der Verwirklichung des Straftatbestandes und damit auch von einer – wenn auch geringen – Schuld des Soldaten ausging (vgl. § 153 a Abs. 1 Satz 1 StPO). Die strafrechtliche Behandlung des Falles könnte immerhin ein Indiz für eine „Täterschaft" des Soldaten sein. Auf diesen Umstand ist das Truppendienstgericht im Rahmen seiner Beweiswürdigung mit keinem Wort eingegangen. Schließlich hat sich die Truppendienstkammer in den Entscheidungsgründen ihres Urteils auch nicht mit den den Soldaten belastenden Aussagen der in der Hauptverhandlung angehörten Zeugin We. auseinandergesetzt. Die Zeugin hat u.a. ausgesagt, die Geschädigte, Frau M., habe nach ihrer Rückkehr von ihr, der Zeugin, die Rückgabe der Tasche verlangt, auf die sie habe aufpassen sollen. Diese Zeugenaussage spricht gegen die Behauptung des Soldaten, die Geschädigte habe ihm die Tasche vorübergehend zur Verwahrung anvertraut. Diese schwerwiegenden Mängel der Sachaufklärung und Beweiswürdigung führten zur Aufhebung des Urteils des Truppendienstgerichts und zur Zurückverweisung der Sache an eine andere Kammer des Truppendienstgerichts (§ 120 Abs. 1 Nr. 2 WDO).

Freispruch nach Notwehr XII. Prozessuales

Soldat handelte in Notwehr – Freispruch nicht nur nach dem Grundsatz „in dubio pro reo"
BVerwG, Urt. v. 14.2.2013 – 2 WD 27.11

> **Anmerkung und Hinweise für die Praxis**
>
> Sowohl das TDG als auch das BVerwG haben den Soldaten im Ergebnis freigesprochen. Allerdings unterscheiden sich die Begründungen beider Gerichte. Während das TDG letztlich eine Notwehrsituation des Soldaten nicht ausschließen konnte und ihn deshalb lediglich nach dem Grundsatz „in dubio pro reo" (im Zweifel für den Angeschuldigten) freigesprochen hat, war das BVerwG von der Notwehrsituation des Soldaten überzeugt.
>
> Zur Überzeugung des BVerwG stand nämlich fest, dass die vom Soldaten begangene Körperverletzung tatsächlich der Abwehr eines gegenwärtigen und rechtswidrigen Angriffs durch den Zeugen B. gedient hat. Zur Erlangung dieser nach § 123 Satz 3, § 91 Abs. 1 Satz 1 WDO i. V. m. § 261 StPO erforderlichen Gewissheit reicht nach Auffassung des BVerwG ein nach der Lebenserfahrung ausreichendes Maß an Sicherheit aus, das vernünftige Zweifel nicht (mehr) aufkommen lässt.

1. Sachverhalt

Die Wehrdisziplinaranwaltschaft hatte dem Soldaten, einem Leutnant, mit Anschuldigungsschrift vom … als schuldhafte Verletzung seiner Pflichten zur Last gelegt: „Am .. .. 2009 versetzte er zwischen 03:00 Uhr und 04:00 Uhr dem B. in dem Lokal … in A., bewusst und gewollt ohne rechtfertigenden Grund mit einem Glas einen Schlag in das Gesicht, wodurch dieser mehrere Schnittverletzungen an der Stirn, der Nasenwurzel und der Wange erlitt, was sichtbare Vernarbungen an der rechten Stirnhälfte und der Nasenwurzel zur Folge hatte."

Das Truppendienstgericht hat den Soldaten mit Urteil vom … unter Zugrundelegung des Grundsatzes „in dubio pro reo" freigesprochen und im Wesentlichen ausgeführt: Der unwiderlegten Darstellung des Soldaten zufolge habe der Zeuge B., unmittelbar bevor ihm der Schlag durch den Soldaten verabreicht worden sei, den Soldaten derart attackiert, dass für den Soldaten die Gefahr einer weiteren Tätlichkeit nicht auszuschließen gewesen sei und er sich des Angriffs des Zeugen B. erwehrt habe. Ausgehend von der nicht widerlegten Darstellung des Soldaten sei sein Handeln deshalb durch Notwehr gerechtfertigt, insbesondere der Schlag mit einem Glas auch nicht unverhältnismäßig gewesen. Die Wehrdisziplinaranwaltschaft hat gegen das Urteil unbeschränkt Berufung eingelegt und beantragt, den Soldaten zu einer gerichtlichen Disziplinarmaßnahme zu verurteilen. Im Rahmen der Berufungshauptverhandlung hat sie ihr Einverständnis damit erklärt, das Verfahren unter Feststellung eines Dienstvergehens einzustellen. Zur Begründung trägt sie im Wesentlichen vor, selbst wenn sich der Sachverhalt wie vom Truppendienstgericht angenommen zugetragen habe, würden nicht die Voraussetzungen des Notwehrtatbestandes vorliegen; jedenfalls habe der Soldat dann einen Notwehrexzess begangen. Das BVerwG hielt die Berufung der Wehrdisziplinaranwaltschaft für unbegründet.

2. Entscheidung des BVerwG

a) Kein Dienstvergehen

Das BVerwG stellt zunächst fest, dass der Soldat kein Dienstvergehen nach § 23 Abs. 1 SG begangen habe. Der angeschuldigte vorsätzliche Verstoß gegen die Pflicht zu treuem Dienen gemäß § 7 SG liege nicht vor. Die vom Soldaten begangene gefährliche Körperverletzung sei durch Notwehr gerechtfertigt gewesen, sodass der Soldat mit seinem Verhalten nicht die Loyalität zur Rechtsordnung habe vermissen lassen, deren

XII. Prozessuales

Freispruch nach Notwehr

Wahrung § 7 SG verlange. Mangels eines Dienstvergehens habe sich somit die Einstellung des Verfahrens nach § 108 Abs. 3 Satz 2 WDO verboten, zumal der berufliche Werdegang des Soldaten, der durch die unterbliebene Beförderung ohnehin bereits nachteilig beeinflusst worden sei, dadurch weiterhin mit einem unberechtigten Makel behaftet gewesen wäre. Sodann führt das BVerwG aus, zur Überzeugung des Senats stehe ebenfalls fest, dass die vom Soldaten vorsätzlich begangene gefährliche Körperverletzung (§ 224 Abs. 1 Nr. 2 StGB) der Abwehr eines gegenwärtigen und rechtswidrigen Angriffs durch den Zeugen B. gedient habe. Anders als das Truppendienstgericht sei der Senat vom Vorliegen eines gegenwärtigen Angriffs überzeugt und gehe von ihm nicht nur nach dem Grundsatz „in dubio pro reo" (im Zweifel für den Angeschuldigten) aus.

b) Notwehr

Auf der Grundlage der vom Senat getroffenen tatsächlichen Feststellungen befand sich der Soldat zum Zeitpunkt der angeschuldigten Handlung in einer Notwehrsituation nach § 32 Abs. 1 StGB, die der Senat im Einzelnen wie folgt begründet:

aa) Objektive Notwehrsituation

Angesichts des Vorverhaltens des Zeugen B., dessen körperlichen Nähe und der beleidigenden Äußerung musste der Soldat von einem erneut unmittelbar bevorstehenden tätlichen und rechtswidrigen Angriff desselben auf seine körperliche Unversehrtheit ausgehen. Dem Vorliegen einer objektiven Notwehrsituation steht auch nicht entgegen, dass der Senat nicht angenommen hat, der Zeuge B. habe den Soldaten bereits an den Pullover gegriffen und an sich herangezogen. Ein Angriff bleibt gegenwärtig i. S. d. § 32 Abs. 2 StGB, solange die Gefahr einer Rechtsgutverletzung oder deren Vertiefung andauert und noch abgewendet werden kann; er dauert namentlich auch dann fort, wenn – wie vorliegend – die Wiederholung einer Verletzungs- oder Angriffshandlung unmittelbar zu befürchten ist (vgl. OLG Koblenz, Urt. v. 17.1.2011 – 2 Ss 234/10 – juris Rn. 15).

bb) Erforderliches Maß

Der Soldat hat das zur Abwendung des Angriffs erforderliche Maß (§ 32 Abs. 2 StGB) nicht überschritten und insbesondere keinen Notwehrexzess (gemäß § 33 StGB) dadurch begangen, dass er die Abwehrhandlung mit einem – wie sich bestätigte – verletzungsträchtigen Bierglas in der Hand vollzog.

Eine in einer objektiven Notwehrlage verübte Tat ist nach § 32 Abs. 2 StGB gerechtfertigt, wenn sie zu einer sofortigen und endgültigen Abwehr des Angriffs führt und es sich bei ihr um das mildeste Abwehrmittel handelt, das dem Angegriffenen in der konkreten Situation zur Verfügung steht. Ob dies der Fall ist, muss auf der Grundlage einer objektiven Ex-ante Betrachtung entschieden werden. Dabei kommt es auf die tatsächlichen Verhältnisse im Zeitpunkt der Verteidigungshandlung an. Auf weniger gefährliche Verteidigungsmittel muss der Angegriffene nur dann zurückgreifen, wenn deren Abwehrwirkung unter den gegebenen Umständen unzweifelhaft ist und genügend Zeit zur Abschätzung der Lage zur Verfügung steht (BGH, Urt. v. 27.9.2012 – 4 StR 197/12 – juris Rn. 8, m.w.N.). Weitere Einschränkungen hinsichtlich der Wahl des Abwehrmittels bestehen dann, wenn der Angegriffene den Angriff durch ein rechtswidriges Verhalten im Vorfeld mindestens leichtfertig provoziert hat (BGH, Urt. v. 27.9.2012 – 4 StR 197/12 Rn. 15). Die konkrete Situation, in der sich der Soldat befand, schloss es aus, sowohl das Bierglas zuvor abzustellen als auch in eine – wie vom Verteidiger des Soldaten betont – Zeit beanspruchende Abwägung darüber einzutreten, welches mildere, indes gleichermaßen wirksame Abwehrmittel ihm noch zur Verfügung stand (BGH, Urt. v. 9.8.2005 – 1 StR 99/05 – juris Rn. 18). Folge dessen wäre die Erhöhung des Risikos gewesen, dass die Abwehrhandlung fehlschlägt; dieses Risiko einzugehen mutet die Rechtsordnung dem rechtswidrig

Angegriffenen nicht zu (BGH, Urt. v. 27.9.2012 – 4 StR 197/12 Rn. 8). Der Soldat hatte den Zeugen B. zuvor auch nicht provoziert. Nach den glaubhaften Aussagen des Zeugen F. und H. hat der Soldat vielmehr versucht, den Provokationen des Zeugen B. auszuweichen. Dafür spricht namentlich, dass nicht bereits der Stoß in das Mobiliar durch den Zeugen B. den Soldaten veranlasst hat, zurückzuschlagen.

cc) Rechtswidriger Angriff

Die Handlung des Soldaten war auch von der Absicht getragen, einen rechtswidrigen Angriff des Zeugen B. abzuwehren (OLG Koblenz, Urt. v. 17.1.2011 – 2 Ss 234/10 Rn. 17).

XII. Prozessuales

Milderungsgründe bei Dauer des Disziplinarverfahrens

Gericht sieht keine Milderungsgründe in der Dauer des Disziplinarverfahrens
BVerwG, Urt. v. 10.10.2013 – 2 WD 23.12

> **Anmerkung und Hinweise für die Praxis**
>
> Gegenstand des gerichtlichen Disziplinarverfahrens ist zwar eine im Mai 2009 begangene Pflichtverletzung des Soldaten, das BVerwG legt jedoch im Einzelnen nachvollziehbar die Gründe dar, die dazu geführt haben, dass das Verfahren erst mit dem Urteil vom 10.10.2013 seinen Abschluss fand. Das Gericht verneint daher zutreffend eine überlange Verfahrensdauer, die sich maßnahmemildernd hätte aus-wirken können. Im Übrigen käme eine Verfahrenseinstellung allenfalls bei einem außergewöhnlich großen Ausmaß an Verfahrensverzögerung und damit verbundenen besonders schweren Belastungen des Soldaten in Betracht (vgl. BVerwG v. 6.9.2012 – 2 WD 26.11); eine solche Fallgestaltung war vorliegend nicht gegeben.
>
> Nach neuester Rechtsprechung des BVerwG, Urt. v. 15.12.2017 – 2 WD 1.17 kann eine überlange Verfahrensdauer den Übergang zu einer milderen Disziplinarmaßnahmeart bewirken. Für die Bestimmung der Verfahrensdauer eines Disziplinarverfahrens ist wegen des § 91 Abs. 1 Satz 3 Halbs. 2 WDO die Einreichung der Anschuldigungsschrift beim Truppendienstgericht maßgeblich (s. auch BVerwG, Urt. v. 12.7.2018 – 2 WD 1.18).

Das Urteil geht u.a. auf die Frage ein, ob eine unangemessen lange Dauer des Disziplinarverfahrens vorliegt, die in der Rechtsprechung des 2. WD-Senats des BVerwG einen Milderungsgrund bei der Maßnahmebemessung begründen kann. Im Folgenden werden die wesentlichen Gesichtspunkte des Gerichts im Zusammenhang wiedergegeben: „Anders als von der Verteidigung im Schlussantrag angenommen, begründet auch die Dauer des disziplinargerichtlichen Verfahrens keinen Milderungsgrund, der die erstinstanzliche Disziplinarmaßnahme unverhältnismäßig werden lässt oder gar zur Verfahrenseinstellung zwingt... Über die am 9. Februar 2011 beim Truppendienstgericht eingegangene Anschuldigung hat das Gericht am 9. Februar 2012, mithin nach einem Jahr, entschieden. Dass das disziplinargerichtliche Verfahren damit nicht seinen Abschluss fand, beruht auf der allein vom Soldaten am 15. Mai 2012 eingelegten Berufung, die unbeschränkt erfolgte, sich wegen der bereits vor der Ladung am 19. Juni 2013 einsetzenden Vorbereitung einer umfassenden Beweiserhebung unter Einholung prozessual bedeutsamer Stellungnahmen der Beteiligten – unter anderem zur Verlesung erstinstanzlicher Aussagen verhinderter Zeugen sowie zur Frage einer Zurückverweisung – verfahrensaufwändig gestaltete und zudem erfolglos blieb. Die sich daraus ergebende Verfahrensdauer über zwei Instanzen von zwei Jahren und acht Monaten ist damit nicht überlang. Einer weiteren Verzögerung des Verfahrens, die dazu unter Umständen hätte führen können, ist der Senat dadurch begegnet, dass er von einer Zurückverweisung abgesehen hat. Das Verfahren ist auch dann nicht als unangemessen lang anzusehen, wenn – trotz der Regelung des § 91 Abs. 1 Satz 3 Halbs. 2 WDO – mit einbezogen wird, dass die Einleitungsverfügung dem Soldaten am 13. September 2010 zugestellt wurde und sie eine im Mai 2009 begangene Pflichtverletzung zum Gegenstand hat. Bereits im vorgerichtlichen Ermittlungsverfahren bedurfte die Sachverhaltsaufklärung der Vernehmung zahlreicher Zeugen. Außer Acht bleiben kann ferner nicht, dass auch auf Bitten des Verteidigers des Soldaten im November 2009 das Schlussgehör zunächst auf Januar 2010 terminiert worden war und dieser Termin wiederum auf dessen Antrag (vom 21. Dezember 2009) auf den 23. Februar 2010 verlegt wurde."

Unangemessen lange Verfahrensdauer ist bei der Maßnahmebemessung mildernd zu berücksichtigen
BVerwG, Urt. v. 19.5.2016 – 2 WD 13.15

Anmerkung und Hinweise für die Praxis

1. Soweit das BVerwG in seinem eher abstrakten Teil der Begründung die Höchstmaßnahme bei der unangemessen langen Verfahrensdauer ausblendet, obgleich bei Art. 6 EMRK gerade die Schwere der angedrohten Sanktion für den Soldaten eine entscheidende Rolle spielt (vgl. Widmaier/Kilian, Zur Bedeutung der Europäischen Menschenrechtskonvention für öffentlich Bedienstete und Soldaten, NZWehrr 2010, 235, 239), wird dies der Bedeutung des Art. 6 EMRK und der hierzu ergangenen autonomen Interpretation durch den EGMR nicht gerecht. Der Schutzbereich des Art. 6 EMRK kann nicht nur teilweise angewandt werden!

2. Zuzustimmen ist dem 2. WD-Senat des BVerwG darin, dass die Verfahrensverzögerung durch das TDG – dort wurde das Verfahren fast vier Jahre nicht weiter gefördert – als „eine unangemessene Verlängerung des Verfahrens um einen mehrjährigen Zeitraum" zu werten ist: Die Anschuldigungsschrift ist dem Soldaten bereits am 21. Dezember 2010 zugestellt worden, aber erst Mitte Oktober 2014 fand beim TDG die Hauptverhandlung statt. Es leuchtet ohne Weiteres ein, dass dieser Umstand maßnahmemildernd zu berücksichtigen ist. Der Soldat wurde daher trotz der Schwere seines Dienstvergehens lediglich um einen Dienstgrad herabgesetzt.

---

1. Verfahren vor dem Truppendienstgericht (TDG)

Im vorliegenden Fall spielte vor dem TDG wie auch später in der Berufungshauptverhandlung vor dem BVerwG die Frage einer überlangen Verfahrensdauer und deren disziplinarrechtliche Bewertung eine erhebliche Rolle. Daher wird in der nachfolgenden Besprechung der Entscheidung des 2. WD-Senats ausschließlich auf den Aspekt der langen Verfahrensdauer und ihrer Auswirkungen auf die Bemessung der Disziplinarmaßnahme näher eingegangen. Gegenstand des Dienstvergehens war das Anlegen von Schwarzbeständen von Manövermunition und pyrotechnischer Munition in nicht unerheblicher Menge und das Einlagern in nach den Sicherheitsbestimmungen dafür nicht geeigneten Diensträumen. Das TDG hat den früheren Soldaten, einen Oberstabsfeldwebel a.D., durch Urteil vom 16. Oktober 2014 in den Dienstgrad eines Stabsfeldwebels a.D. herabgesetzt. Die Anschuldigungsschrift wurde dem früheren Soldaten bereits am 21. Dezember 2010 zugestellt. Das TDG betonte, das schwerwiegende Dienstvergehen mache eine Dienstgradherabsetzung notwendig. Zwar sei an sich eine Degradierung um zwei Stufen verwirkt gewesen; davon sei jedoch mit Rücksicht auf die lange Verfahrensdauer und wegen weiterer mildernder Umstände abzusehen. Gegen das Urteil legten sowohl der frühere Soldat wie auch die Wehrdisziplinaranwaltschaft eine auf die Maßnahmebemessung beschränkte Berufung ein. Während der Soldat das Urteil für zu hart hielt, begründete die Wehrdisziplinaranwaltschaft ihre Berufung im Wesentlichen damit, das Urteil sei zu milde. Das BVerwG stellte fest, dass weder, wie vom früheren Soldaten beantragt, von der Art der Disziplinarmaßnahme noch, wie vom Bundeswehrdisziplinaranwalt beantragt, von dem Ausmaß der Degradierung abzuweichen sei, sodass beide Berufungen zurückzuweisen seien.

2. Entscheidungsgründe des BVerwG

a) Kein Verfahrenshindernis aufgrund der langen Verfahrensdauer

Das BVerwG setzt sich zunächst mit der Frage auseinander, ob sich in dem zu entscheidenden Fall aus der Verfahrensdauer sogar ein Verfahrenshindernis ergibt, verneint diese Frage aber mit folgender Begründung: Aus der Verfahrensdauer kann sich, steht wie hier nicht die Höchstmaßnahme in Rede, in Ausnahmefällen

XII. Prozessuales

Unangemessen lange Verfahrensdauer

ein Verfahrenshindernis ergeben (BVerwG, Urt. v. 6.9.2012 – 2 WD 26.11 – juris Rn. 40). In Fällen extremer Überlänge kann wegen eines von Verfassungs wegen anzunehmenden Verfahrenshindernisses eine Einstellung in Betracht kommen, wenn unter Berücksichtigung des bisherigen und des noch zu erwartenden Verfahrensverlaufs, des noch im Raum stehenden Vorwurfs und gegebenenfalls besonders persönlicher Umstände des Beschuldigten dessen weitere Belastung mit dem Verfahren selbst unter der Voraussetzung, dass sich die Tatvorwürfe später bestätigen, nicht mehr verhältnismäßig wäre (vgl. BVerfG, Beschl. v. 4.9.2009 – 2 BvR 1089/09 – juris Rn. 6 für das Strafverfahren, und BGH, Urt. v. 7.12.2009 – StbSt (R) 2/09 – NJW 2010, 1155, 1156=juris Rn. 15 für das berufsrechtliche Verfahren gegen Steuerberater). An derartig extremen Belastungen fehlt es hier aber auch unter Berücksichtigung der aus den noch darzulegenden Gründen unangemessen langen Dauer des Disziplinarverfahrens. Zwar liegen zwischen der Einleitung des gerichtlichen Disziplinarverfahrens im Oktober 2010 und der Berufungshauptverhandlung mehr als fünf Jahre und sieben Monate. Die hiermit für den früheren Soldaten verbundenen Belastungen wurden aber zumindest zum Teil dadurch kompensiert, dass ihm über einen längeren Zeitraum als bei einer dem Beschleunigungsgrundsatz entsprechenden Verfahrensdauer die höheren Besoldungs- und Versorgungsbezüge gezahlt wurden, als ihm nach der tat- und schuldangemessenen Dienstgradherabsetzung zustehen. Im Hinblick darauf erreichen die Belastungen der hohen Verfahrensdauer noch keinen Grad an Zuspitzung, der eine Einstellung im Lichte des Verhältnismäßigkeitsgrundsatzes geboten erscheinen lässt.

b) Überlange Verfahrensdauer im konkreten Fall ist aber maßnahmemildernd einzubeziehen (s. auch BVerwG, Urt. v. 20.5.2010 – 2 WD 12.09 unter der Rubrik „Vermögensdelikte")

Das BVerwG legt anschließend dar, dass die Dauer des konkreten Disziplinarverfahrens infolge der Verzögerung beim TDG als „unangemessen" lang zu werten und daher maßnahmemildernd in die Abwägung einzubeziehen ist. Hierzu das BVerwG: Eine überlange Verfahrensdauer, die einen Verstoß gegen die Gewährleistung einer Verhandlung innerhalb angemessener Frist durch Art. 6 EMRK darstellt, begründet einen Milderungsgrund bei solchen Disziplinarmaßnahmen, die wie die Dienstgradherabsetzung der Pflichtenmahnung dienen. Denn das Verfahren als solches wirkt bereits belastend und ist deshalb mit pflichtenmahnenden Nachteilen verbunden, die nach dem Verhältnismäßigkeitsgrundsatz das Sanktionsbedürfnis mindern können. Ob die Dauer eines konkreten Verfahrens noch angemessen ist, ist unter Berücksichtigung der Umstände des Falls und folgender Kriterien zu beurteilen: die Schwierigkeit des Falls, das Verhalten des Betroffenen und das der zuständigen Behörden und Gerichte sowie die Bedeutung des Rechtsstreits für den Betroffenen (EGMR, Urt. v. 16.7.2009 – 8453/04 – NVwZ 2010, 1015, 1017 m.w.N.; BVerwG, Urt. v. 6.9.2012 – 2 WD 26.11 – juris Rn. 36). Hier ist eine Einzelfallprüfung erforderlich. Bei der Verfahrensgestaltung kommt dem Gericht ein Gestaltungsspielraum zu. Verfahrenslaufzeiten, die durch die Verfahrensführung des Gerichts bedingt sind, führen nur zu einer unangemessenen Verfahrensdauer, wenn sie – auch bei Berücksichtigung des gerichtlichen Gestaltungsspielraums – sachlich nicht mehr zu rechtfertigen sind. Nachdem im März 2009 konkrete Hinweise auf Pflichtverletzungen des früheren Soldaten bekannt wurden, ist durch Vorgesetzte und die Wehrdisziplinaranwaltschaft in diesem Verfahren kontinuierlich und ohne nicht durch Sachgründe gerechtfertigte Verzögerungen ermittelt worden. Es sind truppendienstgerichtliche Durchsuchungs- und Beschlagnahmebeschlüsse beantragt und umgesetzt, zahlreiches aufgefundenes Wehrmaterial gesichtet, erfasst und überprüft, Zeugen angehört und auch der frühere Soldat selbst mehrfach vernommen worden. Die Ermittlungen wurden auch dadurch verlängert, dass der frühere Soldat wegen des Aufenthaltes in der Fachklinik nach dem Alkoholentzug nicht durchgehend uneingeschränkt für Vernehmungen zur Verfügung stand. Die Ermittlungen erstreckten sich auch auf seine Alkoholerkrankung. Dem früheren Soldaten musste rechtliches Gehör zu Ermittlungsergebnissen gewährt werden. Anfang Dezember 2010 wurde die Anschuldigungsschrift an das Truppendienstgericht übersandt. Beim Truppendienstgericht konnte das Verfahren dann allerdings nach der Zustellung der

Anschuldigungsschrift und dem Eingang einer Stellungnahme des früheren Soldaten fast vier Jahre lang nicht weiter gefördert werden. Erst Mitte Oktober 2014 war dort eine Hauptverhandlung möglich. Dies mag der gerichtsbekannt hohen Belastungen der Truppendienstgerichte geschuldet sein und ist dann dem Vorsitzenden der Kammer nicht vorwerfbar. Hierin begründete Verfahrensverzögerungen sind allerdings dem Staat zuzurechnen und rechtfertigen es nicht, einen Soldaten länger als nötig den Belastungen eines gerichtlichen Disziplinarverfahrens auszusetzen. Das Disziplinarverfahren hatte schon deswegen für alle Beteiligten hohe Bedeutung, weil ein schweres Dienstvergehen und eine gravierende Maßnahme mit Auswirkungen auf das Amt des Soldaten in Rede stand. Auch wenn man berücksichtigt, dass die Vorbereitung einer Hauptverhandlung einen nicht unerheblichen Aufwand mit sich bringt, wäre dieser in einem „mehrmonatigen Gestaltungszeitraum" (vgl. BVerwG, Urt. v. 11.7.2013 – 5 C 23.12 D – BVerwGE 147, 146 Rn. 53 f.) zu bewältigen gewesen. Danach hätten der Anspruch auf eine Erledigung des Verfahrens in angemessener Zeit und das Beschleunigungsgebot aus § 17 Abs. 1 WDO eine Terminierung geboten. Hier war aber erst Mitte Oktober 2014 die abschließende Verhandlung möglich. Mithin steht hier eine unangemessene Verlängerung des Verfahrens um einen mehrjährigen Zeitraum in Rede. In Abwägung der erschwerenden Aspekte mit den mildernden unter Einbeziehung der überlangen Verfahrensdauer ist die Herabsetzung um einen Dienstgrad tat- und schuldangemessen.

XII. Prozessuales
Überlastung der Truppendienstkammer

Überlange Verfahrensdauer infolge Überlastung der Truppendienstkammer
BVerwG, Urt. v. 12.5.2016 – 2 WD 16.15

> **Anmerkung und Hinweise für die Praxis**
>
> Vorliegend, so das BVerwG, stand eine unangemessene Verzögerung des truppendienstgerichtlichen Verfahrens um über ein Jahr in Rede. Richtigerweise muss man sagen, um weit über einem Jahr, wenn man sich die Daten genau ansieht. Einreichung der Anschuldigungsschrift beim TDG: März 2013; Ende Mai 2013 war das Verfahren entscheidungsreif, aber erst Mitte April 2015 wurde die Verhandlung vor dem TDG durchgeführt. Diesen Umstand hat das BVerwG hier im Ergebnis zu Recht in der Weise berücksichtigt, dass es den Soldaten, der seine Stellung als Materialbewirtschaftungsfeldwebel missbraucht hatte, entgegen dem Urteil des TDG nicht um drei, sondern um zwei Dienstgrade, nämlich vom Oberfeldwebel zum Stabsunteroffizier, degradiert hat.

Überlanges Verfahren als Milderungsgrund

Das Bundesverwaltungsgericht hatte sich in einem weiteren Verfahren mit der Frage zu befassen, ob eine überlange Verfahrensdauer einen Milderungsgrund bei der Bemessung einer Disziplinarmaßnahme begründet. Die Anschuldigungsschrift wurde beim Truppendienstgericht im März 2013 eingereicht, Stellungnahmen zur Anschuldigung konnten bis Mai 2013 ausgetauscht werden, und die Truppendienstkammer hat dann mit Urteil vom 13. April 2015 den Soldaten, einen Oberfeldwebel, wegen eines Dienstvergehens in den Dienstgrad eines Unteroffiziers herabgesetzt. Das BVerwG hielt in Abwägung sämtlicher Aspekte des Dienstvergehens unter Einbeziehung der überlangen Verfahrensdauer die Herabsetzung des Soldaten in den Dienstgrad eines Stabsunteroffiziers der Besoldungsgruppe A7 für ausreichend, aber auch geboten.

Das BVerwG stellt zur Verfahrensdauer im Wesentlichen fest: Maßnahmemildernd ist die Verfahrensdauer einzustellen. Eine überlange Verfahrensdauer, die einen Verstoß gegen die Gewährleistung einer Verhandlung innerhalb angemessener Frist durch Art. 6 EMRK darstellt, begründet einen Milderungsgrund bei solchen Disziplinarmaßnahmen, die wie die Dienstgradherabsetzung der Pflichtenmahnung dienen. Ob die Dauer eines konkreten Verfahrens noch angemessen ist, ist unter Berücksichtigung der Umstände des Falls und folgender Kriterien zu beurteilen: die Schwierigkeit des Falls, das Verhalten des Betroffenen und das der zuständigen Behörden und Gerichte sowie die Bedeutung des Rechtsstreits für den Betroffenen (EGMR, Urt. v. 16.7.2009 – 8453/04 – NVwZ 2010, 1015, 1017 m.w.N., BVerwG, Urt. v. 6.9.2012 – 2 WD 26.11 – Rn. 36). Hier ist eine Einzelfallprüfung erforderlich und es ist nicht auf feste Zeitvorgaben oder abstrakte Orientierungs- bzw. Anhaltswerte abzustellen, unabhängig davon, ob diese auf eigener Annahme oder statistisch ermittelten durchschnittlichen Verfahrenslaufzeiten beruhen. Im Zusammenhang mit der Verfahrensführung durch das Gericht ist bei der Prüfung einer Verletzung von Art. 6 EMRK zu berücksichtigen, dass die Verfahrensdauer in einem Spannungsverhältnis zur richterlichen Unabhängigkeit (§ 97 Abs. 1 GG) und zum rechtsstaatlichen Gebot steht, eine inhaltlich richtige, an Recht und Gesetz orientierte Entscheidung zu treffen. Bei der Verfahrensgestaltung kommt dem Gericht ein Gestaltungsspielraum zu. Verfahrenslaufzeiten, die durch die Verfahrensführung des Gerichts bedingt sind, führen nur zu einer unangemessenen Verfahrensdauer, wenn sie – auch bei Berücksichtigung des gerichtlichen Gestaltungsspielraums – sachlich nicht mehr zu rechtfertigen sind. Es kann offenbleiben, ob die Verfahrensdauer eines Disziplinarverfahrens ab der förmlichen Einleitung zu berücksichtigen ist (so EGMR, Urt. v. 16.7.2009 – 8453/04 – NVwZ 2010, 1015 LS), mithin hier ab April 2012 oder – wegen der Regelung des § 91 Abs. 1 Satz 3 Halbs. 2 WDO – erst ab Einreichung der Anschuldigungsschrift beim Truppendienstgericht. Die Wehrdisziplinaranwaltschaft hat das Verfahren kontinuierlich betrieben und während der Zeit bis zur Einreichung der Anschuldigungsschrift beim Truppendienstgericht im März 2013 keine Verzögerungen verursacht, die nicht durch Ermittlungen veranlasst waren. Beim Truppendienstgericht konnte das Verfahren nach dem Austausch von Stellungnahmen zur Anschuldigung bis Mai 2013 wegen der dem Senat bekannten Belastung der Kammer durch hohe Eingangszahlen und ein aufwendiges Großverfahren fast zwei Jahre lang nicht weiter gefördert werden. Dieser Umstand ist dem Vorsitzenden der Kammer nicht vorwerfbar, hierin begründete Verfahrensverzögerungen sind allerdings dem Staat zuzurechnen und rechtfertigen es nicht, einen Soldaten länger als nötig den Belastungen eines gerichtlichen Disziplinarverfahrens auszusetzen. Das Disziplinarverfahren hatte schon deswegen für alle Beteiligten hohe Bedeutung, weil ein schweres Dienstvergehen und eine gravierende Maßnahme mit Auswirkungen auf das Amt des Soldaten in Rede stand. Hier war das Verfahren Ende Mai 2013 vorbehaltlich des Ergebnisses der Beweisaufnahme in der Hauptverhandlung entscheidungsreif. Auch wenn man berücksichtigt, dass die Vorbereitung einer Hauptverhandlung einen nicht unerheblichen Aufwand mit sich bringt, wäre dieser in einem „mehrmonatigen Gestaltungszeitraum" zu bewältigen gewesen. Danach hätten der Anspruch auf eine Erledigung des Verfahrens in angemessener Zeit und das Beschleunigungsgebot aus § 17 Abs. 1 WDO eine Terminierung geboten. Aber erst Mitte April 2015 wurde die abschließende Verhandlung durchgeführt. Mithin steht hier eine unangemessene Verlängerung des Verfahrens um über ein Jahr in Rede.

XII. Prozessuales

Verwirkte Höchstmaßnahme

Ist die Höchstmaßnahme verwirkt, kann sich die Dauer des gerichtlichen Disziplinarverfahrens nicht (mehr) maßnahmemildernd auswirken
BVerwG, Urt. v. 6.9.2012 – 2 WD 26.11

> **Anmerkung und Hinweise für die Praxis**
>
> Ist die Verhängung der Höchstmaßnahme geboten, so ist nach der Rechtsprechung des 2. WD-Senats des BVerwG dem Soldaten die Dauer des gerichtlichen Disziplinarverfahrens nicht maßnahmemildernd zugutezuhalten. In dieser Entscheidung geht es auch um die Frage, wenn eine Einstellung des Verfahrens bei einer Verfahrensverzögerung in Betracht kommt.

1. Rechtsfolgen einer unangemessen langen Verfahrensdauer

Das BVerwG befasst sich in dem vorgenannten Urteil u.a. mit der für die Praxis wichtigen Frage evtl. Rechtsfolgen einer unangemessen langen Dauer des Disziplinarverfahrens.

2. Maßgebliche Gründe

Den Gründen des Urteils ist zu entnehmen, dass das BVerwG eine Einstellung des gerichtlichen Disziplinarverfahrens wegen nicht mehr genügender Anforderungen an Art. 6 Abs. 1 Satz 1 EMRK jedenfalls dann ablehnt, wenn die Verhängung der Höchstmaßnahme gegen den Soldaten geboten ist (Art. 6 Abs. 1 Satz 1 der Europäischen Menschenrechtskonvention [EMRK] lautet: „Jede Person hat ein Recht darauf, dass über Streitigkeiten in Bezug auf ihre zivilrechtlichen Ansprüche und Verpflichtungen oder über eine gegen sie erhobene strafrechtliche Anklage von einem unabhängigen und unparteiischen, auf Gesetz beruhenden Gericht … innerhalb angemessener Frist verhandelt wird"). Die in diesem Zusammenhang maßgeblichen Gründe des Urteils werden nachfolgend in einer Art Zusammenfassung wiedergegeben:

aa) Anwendungsbereich

Das Wehrdisziplinarverfahren steht nicht außerhalb des Anwendungsbereiches von Art. 6 Abs. 1 EMRK (so bereits EGMR, Urt. v. 8.6.1976 – Engel u.a. – EuGRZ 1976, 221, 232). Die EMRK gilt in der deutschen Rechtsordnung im Range eines Bundesgesetzes und ist bei der Interpretation des nationalen Rechts – auch der Grundrechte und rechtsstaatlichen Garantien – zu berücksichtigen (BVerfG, Beschl. v. 14.10.2004 – 2 BVR 1481/04 – BVerfGE 111, 307, 315 f. und juris Rn. 30). Selbst wenn ein auf die Verhängung der Höchstmaßnahme gerichtetes Disziplinarverfahren keine Entscheidung über eine strafrechtliche Anklage darstellt, gilt dort Art. 6 EMRK jedenfalls unter seinem zivilrechtlichen Aspekt und gibt Betroffenen einen Anspruch darauf, dass über die Streitigkeiten innerhalb angemessener Frist verhandelt wird (EGMR, Urt. v. 16.7.2009 – 8453/04 (Bayer/Deutschland) – NVwZ 2010, 1015, 1016).

bb) Umstände des Falles

Ob die Dauer eines konkreten Verfahrens noch angemessen ist, ist unter Berücksichtigung der Umstände des Falles und folgender Kriterien zu beurteilen: die Schwierigkeit des Falles, das Verhalten des Betroffenen und das der zuständigen Behörden und Gerichte sowie die Bedeutung des Rechtsstreits für den Betroffenen (EGMR, Urt. v. 16.7.2009 – 8453/04 – NVwZ 2010, 1015, 1017 m.w.N.).

cc) Keine Einstellung des Verfahrens

Dass die Anforderungen des Art. 6 Abs. 1 EMRK vorliegend nicht gewahrt wurden, verlangt aber keine Einstellung des Verfahrens.

Eine Einstellung entsprechend § 108 Abs. 3 Satz 2 WDO kann geboten sein, wenn wegen eines Dienstvergehens eine pflichtenmahnende Disziplinarmaßnahme im Raum steht. Denn bei solchen Maßnahmen bildet eine unangemessen lange Verfahrensdauer einen Milderungsgrund (vgl. BVerwG Urt. v. 17.6.2003 – 2 WD 2.02 – NZWehrr 2004, 83 ff. und juris Rn. 18, BVerwG, Urt. v. 26.9.2006 – 2 WD 2.06 – BVerwGE 127, 1, 32, BVerwG, Urt. v. 13.3.2008 –2 WD 6.07 – juris Rn. 116, BVerwG, Urt. v. 22.10.2008 – 2 WD 1.08 – juris Rn. 122 und BVerwG, Urt. v. 4.5.2011 – 2 WD 2.10). In extrem gelagerten Fällen kann wegen eines von Verfassung wegen anzunehmenden Verfahrenshindernisses eine Einstellung in Betracht kommen, wenn unter Berücksichtigung des bisherigen und des noch zu erwartenden Verfahrensverlaufs, des noch im Raum stehenden Vorwurfs und gegebenenfalls besonderer persönlicher Umstände des Beschuldigten dessen weitere Belastung mit dem Verfahren selbst unter der Voraussetzung, dass sich die Tatvorwürfe später bestätigen, nicht mehr verhältnismäßig wäre (BVerfG, Beschl. v. 4.9.2009 – 2 BvR 1089/09 – juris Rn. 6 für das Strafverfahren). Eine Verfahrenseinstellung kommt jedenfalls bei einem außergewöhnlich großen Ausmaß an Verfahrensverzögerung und damit verbundenen besonders schweren Belastungen des Beschuldigten in Betracht (vgl. BGH, Urt. v. 7.12.2009 – StbSt (R) 2/09 – NJW 2010, 1155, 1156 = juris Rn. 15 für das berufsrechtliche Verfahren gegen Steuerberater).

§ 198 GVG, der wegen § 91 Abs. 1 WDO auch für das Wehrdisziplinarverfahren Anwendung finde, sehe für Verletzungen des Art. 6 Abs. 1 EMRK grundsätzlich lediglich einen Schadensersatzanspruch als Ausgleich vor. Ob diese Sicht des 2. WD-Senats allerdings ausnahmslos auch vom EGMR mitgetragen würde, mag man bezweifeln (Einzelfall!), denn im vorliegenden Fall lag, wie der Senat selbst einräumt, noch keine extreme Überschreitung einer angemessenen Verfahrensdauer und damit auch noch keine besonders schwere Belastung für den Soldaten vor.

Anders ist dies aber, so das BVerwG, wenn – wie hier – die Verhängung der Höchstmaßnahme geboten ist. Diese hat keinen pflichtenmahnenden Charakter. Sie zieht vielmehr die Konsequenz aus dem Verlust des Vertrauens des Dienstherrn in die Integrität und Zuverlässigkeit des Soldaten und dem Entfallen der Grundlage für die Fortsetzung des gegenseitigen Dienst- und Treueverhältnisses. Der Zweck der Verhängung der Höchstmaßnahme kann nicht nur eine besonders intensiv wirkende Belastung durch das Verfahren als solches erreicht werden. Ihre Verhängung kann daher auch nicht neben der pflichtenmahnenden Wirkung des Verfahrens unverhältnismäßig sein. Hinzu kommt noch, dass hier weder die Überschreitung der im Lichte des Art. 6 Abs. 1 EMRK angemessenen Verfahrensdauer extrem hoch ist noch damit besonders schwere Belastungen für den früheren Soldaten, der bis Ende September 2006 Übergangsgebührnisse bezogen und das Ende seiner Dienstzeit ohnehin erreicht hatte, verbunden sind.

XII. Prozessuales

Bestellung eines Pflichtverteidigers

Zur Bestellung eines Pflichtverteidigers im disziplinargerichtlichen Verfahren
BVerwG, Beschl. v. 21.12.2011 – 2 WD 26.10

> **Anmerkung und Hinweise für die Praxis**
>
> 1. Die Bestellung eines Pflichtverteidigers war deshalb geboten, weil im Hinblick auf die Anschuldigungsschrift die Verhängung der Höchstmaßnahme im Raume stand. Ob die Mitwirkung eines Verteidigers geboten ist, beurteilt sich nach der Schwierigkeit der Rechts- und Sachlage. Von einer hinreichenden Schwierigkeit der Rechts- und Sachlage ist insbesondere dann auszugehen, wenn die Verhängung der Höchstmaßnahme wahrscheinlich ist (vgl. Dau/Schütz, WDO 7. Aufl. 2017, § 90 Rn. 13).
>
> 2. Ein schwerer Mangel des gerichtlichen Verfahrens i. S. d. § 120 Abs. 1 Nr. 2 WDO lag daher im vorliegenden Fall darin, dass das TDG dem Soldaten, der nicht durch einen Wahlverteidiger vertreten war, entgegen § 90 Abs. 1 Satz 2 WDO keinen Pflichtverteidiger bestellt hat.

1. Sachverhalt

Das Truppendienstgericht hat den im truppendienstgerichtlichen Verfahren nicht anwaltlich vertretenen, früheren Soldaten, einen Stabsunteroffizier der Reserve, wegen eines Dienstvergehens in den Dienstgrad eines Obergefreiten der Reserve herabgesetzt. In tatsächlicher Hinsicht hat das Truppendienstgericht festgestellt, dass der Soldat den ihm mit Bescheid des Kreiswehrersatzamtes ... – Berufsförderungsdienst – genehmigten Bildungsmaßnahmen mit dem Bildungsziel „Staatlich geprüfter Techniker" wiederholt mit erheblichem Umfang an Fehlzeiten unentschuldigt ferngeblieben ist und sich für diese Zeiträume auch nicht zum Truppendienst gemeldet habe. Das Truppendienstgericht hat das Fehlverhalten des damals noch aktiven Soldaten rechtlich als vorsätzlich begangenes Dienstvergehen (§ 23 Abs. 1 SG) in der Form mehrerer Verletzungen der Pflicht zum treuen Dienen (§ 7 SG) und der innerdienstlichen Wohlverhaltenspflicht (§ 17 Abs. 2 Satz 1 SG) gewürdigt.

Gegen dieses Urteil hat die Wehrdisziplinaranwaltschaft zuungunsten des früheren Soldaten Berufung eingelegt. Sie wendet sich im Einzelnen gegen die Annahme von Milderungsgründen durch das Truppendienstgericht, die ein Absehen von der Verhängung der Höchstmaßnahme erlauben würden.

2. Entscheidung des Bundesverwaltungsgerichts

Das BVerwG hat die Sache zur nochmaligen Verhandlung und Entscheidung an eine andere Kammer des Truppendienstgerichts zurückverwiesen. Es sah zu Recht einen schweren Mangel des gerichtlichen Verfahrens i.S. des § 120 Abs. 1 Nr. 2 WDO bereits darin, dass das Truppendienstgericht dem früheren Soldaten, der im gerichtlichen Disziplinarverfahren einschließlich der Hauptverhandlung nicht durch einen Wahlverteidiger vertreten war, entgegen § 90 Abs. 1 Satz 2 WDO keinen Pflichtverteidiger bestellt hat und dies für den Ausgang des Verfahrens erheblich sein kann (vgl. hierzu BVerwG, Urt. v. 7.11.2007 – 2 WD 1.07 – BVerwGE 130, 12, 14 Rn. 16 m.w.N.). Die Bestellung eines Pflichtverteidigers war schon deshalb geboten, weil im Hinblick auf die Anschuldigungsschrift die Verhängung der Höchstmaßnahme im Raume stand. Nach § 90 Abs. 1 Satz 2 WDO bestellt der Vorsitzende der Truppendienstkammer dem Soldaten, der noch keinen Verteidiger gewählt hat, auf Antrag oder von Amts wegen einen Verteidiger, wenn die Mitwirkung eines solchen geboten erscheint. Ob die Mitwirkung eines Verteidigers geboten ist, beurteilt sich nach der Schwierigkeit der Rechts- und Sachlage (Urt. v. 7.11.2007 – 2 WD 1.07 – BVerwGE 130, 12, 14 Rn. 17 m.w.N.). Von einer hinreichenden Schwierigkeit der Rechts- und Sachlage ist insbesondere dann auszugehen, wenn die Verhängung der Höchstmaßnahme wahrscheinlich ist (vgl. Dau/Schütz, WDO, 7 Aufl. 2017, § 90 Rn. 13).

Die Verhängung der Höchstmaßnahme war hier in Anbetracht der vom Truppendienstgericht zutreffend im Rahmen seiner Bemessungsentscheidung herangezogenen höchstrichterlichen Rechtsprechung zu den disziplinarrechtlichen Folgen eines eigenmächtigen Fernbleibens von der Truppe bzw. einer unterbliebenen Rückmeldung zum Truppendienst beim Fernbleiben von einer genehmigten und mit einer Freistellung vom Truppendienst verbundenen Bildungsmaßnahme bereits mit Einreichung der Anschuldigungsschrift beim Truppendienstgericht hinreichend wahrscheinlich. Denn der Umfang der Fehlzeiten, die Wiederholungen des Fehlverhaltens, die rechtliche Würdigung und Ahndung durch das Strafgericht und die besonderen Umstände des nach der Anschuldigungsschrift vorgeworfenen Fehlverhaltens sprechen nachdrücklich für die Schwere des Dienstvergehens. Angesichts dieser Vorwürfe war im Falle entsprechender tatsächlicher Feststellungen durch das Truppendienstgericht davon auszugehen, dass nur bei Vorliegen gewichtiger Milderungsgründe von der Verhängung der Höchstmaßnahme abgesehen werden konnte. Das Vorliegen gewichtiger Milderungsgründe lag nach den dem Truppendienstgericht vorgelegten Akten zumindest nicht auf der Hand. Damit stand bereits mit Zugang der Anschuldigungsschrift beim Truppendienstgericht die Verhängung der Höchstmaßnahme als Disziplinarmaßnahme mit besonderer Tragweite im Raum. Dass das Truppendienstgericht die Höchstmaßnahme nicht verhängt hat, ändert nichts daran, dass es im gerichtlichen Verfahren geboten war, dem früheren Soldaten zur Wahrung seiner Rechte frühzeitig anwaltliche Unterstützung beizuordnen. Denn das Gericht kann nicht davon ausgehen, dass die von ihm angenommenen Milderungsgründe bei einer zuungunsten des früheren Soldaten durch die Wehrdisziplinaranwaltschaft eingelegten Berufung auf jeden Fall standhalten, und muss dem früheren Soldaten daher durch rechtskundigen Beistand die Möglichkeit geben, auf die Berücksichtigung zu seinen Gunsten sprechender, zusätzlicher Gesichtspunkte hinzuwirken.

Die unterbliebene Bestellung eines Pflichtverteidigers konnte für den Ausgang des Verfahrens auch erheblich sein. Es ist nämlich nicht auszuschließen, dass ein zu Beginn des erstinstanzlichen Verfahrens bestellter Verteidiger den juristisch nicht vorgebildeten, früheren Soldaten zu für die Schuldfeststellungen oder die Maßnahmebemessung erheblichem, ergänzendem Vortrag motiviert oder er Einfluss auf den Vortrag des früheren Soldaten zum Vorliegen der Prozessvoraussetzungen genommen hätte. Ein Verteidiger hätte des Weiteren auch auf eine Berufung des früheren Soldaten hinwirken und damit eine Überprüfung der erstinstanzlichen Entscheidung durch das BVerwG in vollem Umfang ermöglichen können.

XII. Prozessuales
Unterbleiben der Pflichtverteidigerbestellung

Unterbleiben der Pflichtverteidigerbestellung, obwohl die Verhängung der disziplinaren Höchstmaßnahme im Raume stand, war rechtens
BVerwG, Urt. v. 5.5.2015 – 2 WD 6.14

> **Anmerkung und Hinweise für die Praxis**
>
> Die Mitwirkung eines Verteidigers ist nicht allein deshalb geboten, weil nach den angeschuldigten Pflichtverletzungen die Aberkennung des Dienstgrades als Höchstmaßnahme Ausgangspunkt der Zumessungserwägungen ist. Dem früheren Soldaten drohte nicht der Verlust seiner aktuellen wirtschaftlichen Existenzgrundlage. Ein weitergehendes wirtschaftliches Interesse des früheren Soldaten an der Erhaltung eines Reservedienstgrades war nicht ersichtlich.

1. Ausgangssituation

Der frühere Soldat, ein Obermaat der Reserve, beging ein schweres Dienstvergehen (vorsätzlicher Zugriff auf ihm anvertrautes Material des Dienstherrn, wobei nach der ständigen Rechtsprechung des BVerwG die Höchstmaßnahme den Ausgangspunkt der Zumessungserwägungen bildet). Als Reservist gemäß § 1 Nr. 1 ResG fällt der frühere Soldat zwar in den Anwendungsbereich von § 1 Abs. 2 WDO, gilt aber nicht gemäß § 1 Abs. 3 Satz 2 WDO als Soldat im Ruhestand, weil er weder Anspruch auf Dienstzeitversorgung (§ 56 Abs. 3 SG) noch auf Berufsförderung hat. Damit sind gegen ihn die gerichtlichen Disziplinarmaßnahmen des § 58 Abs. 3 WDO (Dienstgradherabsetzung, Aberkennung des Dienstgrades), nicht aber die des § 58 Abs. 2 WDO zulässig. In dem gerichtlichen Disziplinarverfahren ging es u.a. um die Frage, ob das Truppendienstgericht (TDG) zu Recht von der Bestellung eines Pflichtverteidigers für den früheren Soldaten abgesehen hat, obwohl dem Soldaten die Höchstmaßnahme drohte. Das BVerwG bestätigte die Auffassung des TDG und hat zudem dem früheren Soldaten wegen eines Dienstvergehens den Dienstgrad aberkannt.

2. Entscheidung des BVerwG

Das BVerwG sah keinen Grund für eine Pflichtverteidigerbestellung und begründete dies im Wesentlichen wie folgt: Die Bestellung eines Verteidigers ist in aller Regel dann geboten, wenn nach den angeschuldigten Pflichtverletzungen die Höchstmaßnahme Ausgangspunkt der Zumessungserwägungen ist (BVerwG, Beschl. v. 21.12.2011 – 2 WD 26.10 – Rn. 20) oder zwar eine Dienstgradherabsetzung die Regelmaßnahme ist, aber erhebliche, zumindest zum Teil einschlägige Vorbelastungen hinzukommen, die einen endgültigen objektiven Vertrauensverlust nahelegen (vgl. BVerwG, Urt. v. 19.1.2012 – 2 WD 5.11). Der Verlust der wirtschaftlichen Existenzgrundlage stellt in der Regel eine so gravierende Folge für den Beschuldigten dar, dass ihm auch unter Berücksichtigung des Kostenrisikos juristischer Sachverstand zur effektivsten Wahrung seiner Rechte und Interessen beizuordnen ist. Dies ist typischerweise dann der Fall, wenn die Entfernung eines Berufssoldaten aus dem aktiven Dienst oder die Aberkennung des Ruhegehaltes eines früheren Berufssoldaten im Raum steht. Allerdings bedarf es einer differenzierten Betrachtung der jeweils konkret in Rede stehenden Form der Höchstmaßnahme. Das Drohen der Höchstmaßnahme löst nicht automatisch die Notwendigkeit der Beiordnung eines Pflichtverteidigers aus. Besteht die Höchstmaßnahme in der Aberkennung eines Dienstgrades, ohne dass der frühere Soldat dauernde Einkünfte oder sonstige Zahlungsansprüche gegen den Dienstherrn verliert, ist sein objektives Interesse am Verfahrensausgang deutlich geringer, weil es typischerweise an wirtschaftlichen Auswirkungen fehlt. Hier kann das Risiko, letztlich die Kosten der Pflichtverteidigung tragen zu müssen, höher bewertet werden und die Beiordnung eines Pflichtverteidigers unterbleiben. Die Mitwirkung eines Verteidigers ist daher nicht allein deshalb geboten, weil nach den angeschuldigten Pflichtverletzungen die Aberkennung des Dienstgrades Ausgangspunkt der Zumessungserwägungen ist. Hiernach war es vorliegend rechtlich nicht zu beanstanden, dem früheren

Soldaten keinen Pflichtverteidiger zu bestellen. Dass bei einem vorsätzlichen Zugriff auf einem Soldaten anvertrautes Material des Dienstherrn die Höchstmaßnahme den Ausgangspunkt der Zumessungserwägungen bildet, entspricht der ständigen Rechtsprechung des Senats (vgl. z.B. BVerwG, Urt. v. 25.6.2009 – 2 WD 7.08, BVerwG, Urt. v. 13.1.2011 – 2 WD 20.09 und BVerwG, Urt. v. 18.4.2013 – 2 WD 16.12). Da hier aber die Höchstmaßnahme in der Aberkennung des Dienstgrades besteht, droht dem früheren Soldaten nicht der Verlust seiner aktuellen wirtschaftlichen Existenzgrundlage. Ein weitergehendes wirtschaftliches oder ideelles Interesse des früheren Soldaten an der Erhaltung eines Reservedienstgrades war auch für die Vorinstanz weder ersichtlich noch vom früheren Soldaten gegenüber der Truppendienstkammer oder dem Senat geltend gemacht worden.

XII. Prozessuales

Fehlende Wahl-Verteidigung ist Voraussetzung für die Pflichtverteidigerbestellung durch das Wehrdienstgericht
BVerwG, Beschl. v. 5.10.2016 – 2 WDB 1.16

> **Anmerkung und Hinweise für die Praxis**
>
> Die Erklärung des Wahlverteidigers, das Mandat mit der Beiordnung als Pflichtverteidiger automatisch niederzulegen, ist unbeachtlich. Es handelt sich hier um eine bedingte Willenserklärung bzw. einen Vorbehalt, der § 90 Abs. 1 Satz 2 WDO widerspricht. Solange der Soldat dem Wahlverteidiger das Mandat nicht entzieht oder jener es nicht niederlegt, ist dieser weiterhin anwaltlich vertreten. Zudem berührt die Erklärung des Wahlverteidigers die dem Vorsitzenden des Wehrdienstgerichts nach § 91 Abs. 1 Satz 1 WDO i. V. m. § 142 Abs. 1 Satz 2 StPO zustehende Ermessensausübung, nicht den vom Soldaten bezeichneten Verteidiger bestellen zu müssen, wenn dem ein wichtiger Grund entgegensteht (vgl. den Beschl. des Bundesverfassungsgerichts v. 2.3.2006 – 2 BvQ 10/06).

1. Sachverhalt

Mit seiner am … beim Truppendienstgericht (TDG) eingelegten Beschwerde wendet sich der Soldat gegen den Beschluss des Vorsitzenden der … Kammer des TDG vom …, mit dem dieser seinen Antrag auf Bestellung eines Pflichtverteidigers zurückgewiesen hat. Nachdem der Vorsitzende den Soldaten zuvor darauf hingewiesen hatte, dass die Bestellung eines Pflichtverteidigers insbesondere wegen der ihm drohenden disziplinaren Höchstmaßnahme geboten sei, zeigte der vom Soldaten beauftragte Verteidiger seine Mandatierung an. Der Verteidiger beantragte, ihn dem Soldaten als Pflichtverteidiger beizuordnen. Zugleich erklärte er „bereits jetzt verbindlich, dass ich mit der Beiordnung als Pflichtverteidiger mein Wahlverteidigermandat automatisch niederlege". Der Vorsitzende hat die Zurückweisung des Antrags damit begründet, es könne dem Soldaten kein Pflichtverteidiger mehr bestellt werden, weil dieser bereits einen Wahlverteidiger beauftragt habe.

2. Entscheidung des BVerwG

Das BVerwG hält die Beschwerde des Soldaten für unbegründet und bestätigt die Auffassung des Vorsitzenden der Truppendienstkammer.

a) Bestellung des Verteidigers

Nach dem eindeutigen Wortlaut des § 90 Abs. 1 Satz 2 WDO bestellt der Vorsitzende der Truppendienstkammer einem Soldaten – auf Antrag oder von Amts wegen – dann einen Verteidiger, wenn dessen Mitwirkung geboten erscheint und der Soldat „noch keinen Verteidiger gewählt hat" (vgl. BVerwG, Beschl. v. 31.8.2005 – 2 WDB 4.05 – NZWehr 2006, 39, 40). Die fehlende (Wahl-)Verteidigung bildet mithin eine Voraussetzung für die Bestellung eines Pflichtverteidigers. Zwar ist es zuverlässig, einem Beschuldigten seinen bisherigen Wahlverteidiger als Pflichtverteidiger beizuordnen; erforderlich ist dafür jedoch, dass die Wahlverteidigung vor der Bestellung des bisherigen Wahlverteidigers zum Pflichtverteidiger endet. Die Wehrdisziplinarordnung verneint damit ein Bedürfnis für die Bestellung eines Pflichtverteidigers, solange eine anderweitige (Wahl-)Verteidigung besteht; zugleich bringt sie zum Ausdruck, dass sich Pflicht- und Wahlverteidigung ausschließen. Vor dem Hintergrund dieser gesetzlichen Wertung ist die angefochtene Entscheidung des Vorsitzenden der Truppendienstkammer nicht zu beanstanden, weil der Wahlverteidiger des Soldaten sein Mandat nach dem insoweit eindeutigen Inhalt seiner Erklärung noch nicht niedergelegt hatte.

b) Niederlegung des Wahlmandats

Eine andere rechtliche Bewertung folgt auch nicht daraus, dass der Verteidiger erklärt hat, sein Wahlmandat mit seiner Bestellung zum Pflichtverteidiger automatisch niederzulegen. Die Mitteilung des Verteidigers, die Niederlegung des Wahlverteidigermandats an seine Bestellung zum Pflichtverteidiger zu knüpfen, ist unwirksam. Die bedingt erklärte Niederlegung widerspricht § 90 Abs. 1 Satz 2 WDO. Für die Pflichtverteidigerbestellung besteht nämlich nur dann ein Bedürfnis, wenn der Soldat keinen Verteidiger hat, vorliegend verfügt er über einen Verteidiger, der zudem ausdrücklich erklärt hat, den Soldaten unabhängig von seiner Pflichtverteidigerbestellung weiterhin vertreten zu wollen. Dem Soldaten droht folglich nicht, wegen seiner sozialen oder finanziellen Situation keine den rechtsstaatlichen Erfordernissen entsprechende Vertretung zu erhalten (vgl. BVerwG, Beschl. v. 23.7.1981 – 2 WDB 26.80, NZWehrr 1982, 30, 31).

XII. Prozessuales

Frist für Urteile

Wehrdienstgerichtliche Urteile sind grundsätzlich binnen fünf Wochen nach Verkündung fertigzustellen
BVerwG, Beschl. v. 27.6.2013 – 2 WD 19.12

> **Anmerkung und Hinweise für die Praxis**
>
> Die Überschreitung der gemäß § 275 Abs. 1 StPO zu wahrenden Frist von fünf Wochen um fast sieben Wochen ist gravierend und dieser Gesetzesverstoß auch keiner Heilung im Berufungsverfahren vor dem BVerwG zugänglich. Im Raum stand darüber hinaus für den Soldaten mit der Entfernung aus dem Dienst die Höchstmaßnahme (§ 63 WDO), wodurch dessen Anspruch auf ein verfahrensfehlerfreies gerichtliches Disziplinarverfahren besondere Bedeutung erlangt. Sowohl der angeschuldigte Soldat wie auch die Wehrdisziplinaranwaltschaft haben Anspruch darauf, dass bereits im ersten Rechtszug vor dem TDG nach Maßgabe der prozessrechtlichen Vorschriften nicht nur alle erforderlichen Maßnahmen zur hinreichenden Aufklärung der Sach- und Rechtslage ordnungsgemäß getroffen und die erhobenen Beweise nachvollziehbar gewürdigt werden, sondern auch, dass das Ergebnis der Beweiswürdigung in den Urteilsgründen niedergelegt wird. Nur so werden die Beteiligten in die Lage versetzt, verantwortlich darüber zu befinden, ob Berufung eingelegt werden soll. Bei einer Überschreitung der Frist des § 275 Abs. 1 StPO ist letzteres angesichts des Zeitablaufs nicht mehr gewährleistet.

1. Sachverhalt

Der Soldat wurde aufgrund der mündlichen Verhandlung vom 07.12.2011 durch am selben Tag verkündetes Urteil des Truppendienstgerichts (TDG) wegen eines Dienstvergehens aus dem Dienstverhältnis entfernt. Das Urteil gelangte am 06.03.2012 zur Geschäftsstelle des TDG und wurde zu den Akten gebracht. Gegen das dem Soldaten am 09.03.2012 zugestellte Urteil hat er fristgerecht Berufung beim 2. WD-Senat des BVerwG eingelegt und beantragt, das Urteil aufzuheben und die Sache an eine andere Kammer des TDG zur nochmaligen Verhandlung und Entscheidung zurückzuverweisen. Zur Begründung trägt er im Wesentlichen vor, das Urteil sei erst am 06.03.2012 zur Geschäftsstelle des TDG gelangt, obwohl auch wehrdienstgerichtliche Urteile gemäß § 275 Abs.1 StPO innerhalb von fünf Wochen abzusetzen seien. Diese Frist sei am 11. Januar 2012 abgelaufen, das Urteil somit erst knapp sieben Wochen später zur Geschäftsstelle gelangt. Die besondere Gefahr, der § 275 Abs. 1 StPO begegnen wolle, habe sich auch realisiert, weil die Darstellung der für den Soldaten sprechenden positiven Aspekte im Urteil nicht einmal zweieinhalb Zeilen beanspruche (Hinweis: § 275 Abs. 1 StPO lautet: „Ist das Urteil mit den Gründen nicht bereits vollständig in das Protokoll aufgenommen worden, so ist es unverzüglich zu den Akten zu bringen. Dies muss spätestens fünf Wochen nach der Verkündung geschehen; diese Frist verlängert sich, wenn die Hauptverhandlung länger als drei Tage gedauert hat, um zwei Wochen, und wenn die Hauptverhandlung länger als zehn Tage gedauert hat, für jeden begonnenen Abschnitt von zehn Hauptverhandlungstagen um weitere zwei Wochen. Nach Ablauf der Frist dürfen die Urteilsgründe nicht mehr geändert werden. Die Frist darf nur überschritten werden, wenn und solange das Gericht durch einen im Einzelfall nicht voraussehbaren unabwendbaren Umstand an ihrer Einhaltung gehindert worden ist. Der Zeitpunkt des Eingangs und einer Änderung der Gründe ist von der Geschäftsstelle zu vermerken."

2. Entscheidung des BVerwG

Das BVerwG hat das Urt. des TDG v. 07.12.2011 aufgehoben und die Sache zur nochmaligen Verhandlung und Entscheidung an eine andere Kammer des TDG zurückverwiesen, da ein schwerer Verfahrensmangel i. S. d. § 120 Abs. 1 Nr. 2 Halbs. 2 Alt. 2 WDO vorliegt.

Aus den Gründen:

a) Verstoß gegen Frist

Das in der Sache des Soldaten am 7. Dezember 2011 verkündete Urteil des TDG gelangte am 6. März 2012 zu dessen Geschäftsstelle, sodass gegen den gemäß § 91 WDO entsprechend anwendbaren § 275 Abs. 1 Satz 2 Halbs. 1 StPO verstoßen wurde; er sieht vor, dass das mit Gründen versehene Urteil spätestens fünf Wochen nach seiner Verkündung zu den Akten zu bringen ist. Umstände gemäß § 275 Abs. 1 Satz 2 Halbs. 2 StPO, die den Lauf einer längeren Frist ausgelöst hätten, liegen nicht vor. Umstände i. S. d. § 275 Abs. 1 Satz 4 StPO, die ausnahmsweise ein Überschreiten der Frist zulassen würden, sind nicht ersichtlich. Obwohl der Verteidiger des Soldaten in der Berufungsschrift den Verstoß gegen § 275 Abs. 1 StPO ausdrücklich gerügt hat und dem Truppendienstrichter dies im Rahmen der nach § 117 WDO vorgenommenen Prüfung auch bekannt wurde, enthält die Akte keinen Hinweis des Truppendienstrichters auf Gründe i. S. d. § 275 Abs. 1 Satz 4 StPO.

b) Schwerer Verfahrensmangel

Der Verfahrensmangel ist schwer i. S. d. § 120 Abs. 1 Nr. 2 Halbs. 2 Alt. 2 WDO (BVerwG, Urt. v. 16.3.2004 – 2 WD 3.04 – BVerwGE 120, 193, 195 f.), weil gegen eine gesetzlich zwingende Regelung verstoßen wurde. Sie ist von der Erwägung getragen, dass ein so spät nach der Verkündung abgesetztes Urteil keine Gewähr mehr für eine Übereinstimmung seiner Gründe mit dem Ergebnis der Hauptverhandlung und der Beratung bietet (BVerwG, Urt. v. 31.3.1978 – 2 WD 50.77 – BVerwGE 63, 23, 24).

c) Zurückweisung an das Truppendienstgericht

Trotz des schweren Verfahrensmangels ist der Senat nicht gezwungen, das Urteil des TDG aufzuheben und die Sache an eine andere Kammer zurückzuverweisen (Urt. v. 16.3.2004 – 2 WD 3.04). Er hat vielmehr gemäß § 120 Abs. 1 WDO nach pflichtgemäßem Ermessen darüber zu entscheiden. Der Senat übt das Ermessen zugunsten einer Zurückverweisung an das TDG aus.

XII. Prozessuales

Überschreiten der Urteilsabsetzungsfrist

Überschreiten der Urteilsabsetzungsfrist durch den zur Urteilsabsetzung berufenen Richter führt zur Aufhebung des Urteils
BVerwG, Beschl. v. 28.8.2015 – 2 WD 9.15

> **Anmerkung und Hinweise für die Praxis**
>
> Nur ein schwerer Verfahrensmangel führt zur Aufhebung und Zurückweisung. Nach Auffassung des BVerwG liegt zu Recht ein schwerer Verfahrensmangel vor, weil in diesem Fall gegen eine gesetzlich zwingende Regelung (§ 275 Abs. 1 Satz 2 StPO i. V. m. § 91 WDO) verstoßen wurde. Diese ist von der Erwägung getragen, dass ein so spät nach der Verkündung abgesetztes Urteil – die Frist wurde hier, wie oben dargelegt, um 21 Tage überschritten – keine Gewähr mehr dafür bietet, dass die schriftlichen Urteilsgründe mit dem Ergebnis der Hauptverhandlung und Beratung übereinstimmen.

1. Sachverhalt

Der Soldat wurde mit Urteil der zuständigen Kammer des Truppendienstgerichts (TDG) vom 8.7.2014 wegen eines Dienstvergehens aus dem Dienstverhältnis entfernt. Vorangegangen waren dem Urteil zwölf Hauptverhandlungstage (14.1.20.., 15.1.20.., 5.2.20.., 25.2.20.., 18.3.20.., 7.4.20.., 28.4.20.., 15.5.20.., 26.5.20.., 16.6.20.., 7.7.20.., 8.7.20..). Das vollständige schriftliche Urteil gelangte erst am 30.9.20.. zur Geschäftsstelle der Truppendienstkammer. Unter dem 8.9.20.. ist vom Vorsitzenden Richter dieser Kammer vermerkt, dass er sich am 14.7.20.., 21.7.20.., 4. bis 19.8.20.. und am 22.8.20.. urlaubsbedingt nicht im Dienst befunden hat. Der Soldat hat gegen das ihm am 15.10.20.. zugestellte Urteil am 13.11.20.. Berufung einlegen lassen.

2. Entscheidung des BVerwG

Das BVerwG hat auf die Berufung des Soldaten das Urteil der Truppendienstkammer aufgehoben und die Sache zur nochmaligen Verhandlung und Entscheidung an eine andere Kammer des TDG zurückverwiesen, weil ein schwerer Mangel des Verfahrens vorliegt (§ 120 Abs. 1 Nr. 2 Alt. 2 WDO). Das BVerwG begründet seine Entscheidung im Wesentlichen wie folgt:

Das am 8. Juli 20.. verkündete Urteil gelangte am 30. September 20.. zur Geschäftsstelle der Truppendienstkammer, sodass gegen den gemäß § 91 WDO entsprechend anwendbaren § 275 Abs. 1 Satz 2 StPO verstoßen worden ist. Er sieht vor, dass das mit Gründen versehene Urteil spätestens fünf Wochen nach seiner Verkündung zu den Akten zu bringen ist (1. Halbsatz), wobei sich die Frist um zwei Wochen verlängert, wenn die Hauptverhandlung länger als drei Tage gedauert hat, und um weitere zwei Wochen für jeden begonnenen Abschnitt von zehn Hauptverhandlungstagen (2. Halbsatz; zur Fristberechnung: BGH, Beschl. v. 12.4.1988 – 5 StR 94/88, BGHSt 35, 259 f. – juris Rn. 3; Meyer-Goßner/Schmitt, StPO, 58. Aufl. 2015, § 275 Rn. 8). Da vorliegend an zwölf Tagen verhandelt wurde, folgt daraus eine Gesamtabsetzungsfrist von neun Wochen, sodass das Urteil spätestens am 9. September 20.. zu den Akten hätte gelangen müssen. Nachdem es auf der Geschäftsstelle jedoch erst am 30. September 20.. einging, wurde die Frist um 21 Tage, mithin um drei Wochen, überschritten.

Umstände i. S. d. § 275 Abs. 1 Satz 4 StPO, die ausnahmsweise ein Überschreiten der Frist zulassen würden, liegen nicht vor. Insbesondere war der Vorsitzende Richter in den neun Wochen nach der Urteilsverkündung nicht unvorhersehbar verhindert, z.B. arbeitsunfähig erkrankt (vgl. BVerwG, Urt. v. 10.10.2013 – 2 WD 23.12). Urlaubsbedingte Abwesenheiten des zur Urteilsabsetzung berufenen Richters sind wegen ihrer Planbarkeit voraussehbar und rechtfertigen die Fristüberschreitung daher nicht (vgl. OLG Koblenz, Beschl. v. 21.2.2007 – 2 Ss 46/07 – juris). Dies gilt vorliegend umso mehr, als der Vorsitzende Richter nach Verkündung des Urteils sich nicht durchgehend im Urlaub befand und ab dem 25. August 20.., somit gut zwei Wochen vor Ablauf der Urteilsabsetzungsfrist, wieder im Dienst war. Somit wäre es ihm unabhängig vom Urlaub möglich gewesen, das Urteil noch fristgerecht abzusetzen, zumal er allein zur Absetzung des Urteils berufen war (§ 111 Abs. 1 Alt. 1 WDO) und für ihn deshalb auch kein Abstimmungsbedarf mit anderen Mitgliedern des Spruchkörpers bestand. Der Verfahrensmangel ist schwer i. S. d. § 120 Abs. 1 Nr. 2 Halbs. 2 Alt. 2 WDO, weil gegen eine gesetzlich zwingende Regelung verstoßen wurde.

XII. Prozessuales

Verteidiger versäumt Rechtsmittelfrist – Antrag auf Wiedereinsetzung in den vorigen Stand erfolgreich
BVerwG, Beschl. v. 11.12.2013 – 2 WDB 7.13

> **Anmerkung und Hinweise für die Praxis**
>
> Hier hatte der frühere Soldat nach der anwaltlichen Versicherung seines Pflichtverteidigers rechtzeitig vor Fristablauf den Auftrag zur Einlegung der Berufung erteilt und dem Verteidiger auch das für die Fristberechnung maßgebliche Datum der Zustellung des schriftlichen Urteils an ihn zutreffend mitgeteilt. Der Verteidiger hatte die Einlegung der Berufung zugesagt. Vorliegend gab es keinen Anhaltspunkt dafür, dass der frühere Soldat hätte erkennen können, dass der Verteidiger würde bei der Überwachung der Fristeneintragungen durch seine Kanzlei den von ihm eingeräumten Fehler begehen und übersehen, dass sein Büro die Frist nicht von der allein maßgeblichen Zustellung an den früheren Soldaten ausgehend berechnen würde. Damit konnte der frühere Soldat darauf vertrauen, das Rechtsmittel werde rechtzeitig eingelegt.

1. Sachverhalt

Das Truppendienstgericht (TDG) setzte den früheren Soldaten mit Urteil vom ... in den Dienstgrad eines Stabsunteroffiziers der Reserve herab. Er informierte seinen Pflichtverteidiger, dass ihm das Urteil zugegangen sei und erteilte dem Verteidiger den Auftrag, gegen das Urteil Berufung beim 2. WD-Senat des BVerwG einzulegen; dies sagte ihm der Verteidiger auch zu. Gleichwohl hat das Büro des Verteidigers die Berufungsfrist nicht korrekt berechnet, was dem Verteidiger nicht aufgefallen ist, sodass die Berufung nicht innerhalb der gesetzlichen Frist eingelegt wurde. Den Antrag des Verteidigers auf Wiedereinsetzung in den vorigen Stand hielt der 2. WD-Senat für begründet.

2. Entscheidungsgründe des BVerwG

Das BVerwG erörtert zunächst die strafprozessuale Regelung und führt hierzu aus, nach § 91 Abs. 1 Satz 1 WDO i. V. m. § 44 StPO sei Wiedereinsetzung in den vorigen Stand demjenigen zu gewähren, der ohne Verschulden verhindert gewesen sei, eine Frist einzuhalten. Bei der Prüfung der Frage, ob den Angeschuldigten oder Beschuldigten an einer Fristversäumnis gemäß § 44 Abs. 1 Satz 1 StPO ein Verschulden treffe, sei es den Gerichten regelmäßig verwehrt, ihm die Versäumnisse seiner Verteidiger zuzurechnen (vgl. dazu BVerfG, Beschl. v. 20.4.1982 – 2 BvL 26/81 – BVerfGE 60, 253, 257, 299, 300; BVerfG, Beschl. v. 13.4.1994 – 2 BvR 2107/93 – NJW 1994, 1856 m.w.N.). Das gelte aber nur dann, wenn der Antragsteller nicht durch eigenes Verschulden zur Versäumung der Frist beigetragen habe (BGH, Beschl. v. 21.12.1972 – 1 StR 267/72 – BGHSt 25, 89, 92 f.). Sichere ein Verteidiger die Einlegung eines Rechtsmittels zu, dürfe ein Angeklagter auf die Erfüllung der Zusage vertrauen (vgl. BGH Beschl. v. 17.7.2003 – 3 StR 142/03 – juris). Sodann betont der Senat, zu einer Überwachung seines Verteidigers sei der frühere Soldat grundsätzlich nicht verpflichtet, solange nicht konkrete Anhaltspunkte dafür bestünden, dass der Verteidiger nicht zuverlässig arbeiten werde. Ein Soldat, zumal ein Nichtjurist, sei als Berufungsführer nicht verpflichtet, die korrekte Fristberechnung und ihre Einhaltung durch einen Rechtsanwalt zu kontrollieren. Vielmehr dürfe er davon ausgehen, dass ein Organ der Rechtspflege eine Zusage fristgerecht einhalte und ein Volljurist eine Fristberechnung auf der Grundlage vollständig und zutreffend übermittelter Daten richtig vornehme sowie das zur Fristwahrung Gebotene veranlasse.

Berufungsfrist beginnt mit Zustellung des Urteils an den Soldaten, nicht mit der Übersendung an den Verteidiger
BVerwG, Beschl. v. 11.4.2014 – 2 WDB 2.13

Anmerkung und Hinweise für die Praxis

Gegen ein Urteil des TDG ist die Berufung bis zum Ablauf eines Monats nach seiner Zustellung zulässig (§ 115 Abs. 1 Satz 1 WDO). Nach der ständigen Rechtsprechung des BVerwG kommt es für den Beginn der Berufungsfrist auf die Zustellung an den Soldaten, nicht auf die Übersendung an den Verteidiger an. Die Zustellung an den früheren Soldaten erfolgte hier am 14. Dezember 2012, sodass die Berufungsfrist am 14. Januar 2013 ablief.

1. Sachverhalt

Das Truppendienstgericht (TDG) erkannte dem früheren Soldaten mit Urteil vom 28. November 2012 wegen eines Dienstvergehens das Ruhegehalt ab. Die schriftlichen Urteilsgründe waren mit einer fehlerfreien Rechtsmittelbelehrung versehen und wurden dem früheren Soldaten ausweislich der Zustellungsurkunde am 14. Dezember 2012 durch Einlegung in den zu seiner Wohnung gehörenden Briefkasten zugestellt. Bei seinem Verteidiger sind sie nach dessen Angaben am 17. Dezember 2012 eingegangen. Mit einem am 16. Januar 2013 beim TDG eingegangenen Schreiben seines Verteidigers vom selben Tag legte der frühere Soldat eine auf das Disziplinarmaß beschränkte Berufung gegen das Urteil vom 28. November 2012 ein und begründete diese. Mit Beschluss vom 28. Februar 2013 verwarf der zuständige Kammervorsitzende des TDG die Berufung des früheren Soldaten als unzulässig. Die Berufung sei form-, jedoch nicht fristgerecht eingelegt worden, weil dem früheren Soldaten das Urteil des TDG ausweislich der dem Gericht vorliegenden Postzustellungsurkunde am 14. Dezember 2012 zugestellt worden sei. Die handschriftliche Berichtigung der Postzustellungsurkunde biete allein keinen hinreichenden Anlass, von einer Falschbeurkundung des Postbediensteten auszugehen und das urkundlich nachgewiesene Zustellungsdatum in Zweifel zu ziehen. Gegen den Beschluss vom 28. Februar 2013 richtet sich die Beschwerde des früheren Soldaten an das Bundesverwaltungsgericht (BVerwG), zu deren Begründung er vorträgt, dass der tatsächliche Zugang bei dem früheren Soldaten nicht hinreichend nachweisbar sei. Die nachträgliche Änderung werfe erhebliche Zweifel am tatsächlichen Zustellungsdatum auf. Da beim Verteidiger das angefochtene Urteil am 17. Dezember 2012 eingegangen sei, spreche alles dafür, dass es ebenfalls am 17. Dezember 2012 bei dem früheren Soldaten eingegangen sei.

2. Entscheidung des BVerwG

Das BVerwG hält die Beschwerde des früheren Soldaten nicht für begründet. Seine am 16. Januar 2013 beim TDG eingegangene Berufung gegen das Urteil vom 28. November 2012 war nämlich verfristet. Das BVerwB führt zur Begründung im Wesentlichen aus: Gemäß § 115 Abs. 1 Satz 1 WDO ist gegen ein Urteil des TDG die Berufung bis zum Ablauf eines Monats nach seiner Zustellung zulässig. Gemäß § 111 Abs. 2 WDO ist eine Ausfertigung des Urteils mit Gründen jeweils dem Soldaten und dem Wehrdisziplinaranwalt zuzustellen. Nach der ständigen Rechtsprechung kommt es deshalb für den Beginn der Berufungsfrist auf die Zustellung an den Soldaten, nicht auf die Übersendung an den Verteidiger an (vgl. BVerwG, Beschl. v. 14.11.1978 – 2 WD 33.77 – BVerwGE 63, 155 ff. und zuletzt BVerwG, Urt. v. 10.10.2013 – 2 WD 23.12 – Rn. 27 m.w.N.). Die Zustellung an den früheren Soldaten erfolgte hier am 14. Dezember 2012, sodass die Berufungsfrist am 14. Januar 2013 ablief. Die Zustellung an den früheren Soldaten erfolgte gemäß § 5 Abs. 1 Nr. 3 WDO i. V. m. §§ 166, 176, 178, 180 ZPO durch Einlegung in den zur Wohnung des früheren Soldaten gehörenden Briefkasten, weil eine Übergabe des Schriftstücks in der Wohnung nicht möglich war. Ausweislich der von dem Mitarbeiter der DPAG W. unterschriebenen Zustellungsurkunde ist die Zustellung an den früheren Soldaten am 14. Dezember 2012 erfolgt. Zwar ist in dem für das Datum vorgesehene Feld die ursprünglich eingetragene zweite Ziffer korrigiert worden. Die korrigierte Ziffer ist aber leserlich und gut als „4" erkennbar. Unter dem 28. Dezember 2012 ist die gesamte Eintragung „141212" durchgestrichen und handschriftlich „14.12.12" darüber gesetzt worden. Diese Änderung ist mit dem Vermerk „berichtigt/28.12.12" und der wiederholten Unterschrift des Zustellers versehen.

Zweifel am Datum der Zustellung, die hier zugunsten des früheren Soldaten gewertet werden könnten, bestehen damit nicht. Anhaltspunkte dafür, dass das Zustellungsdatum 14. Dezember 2012 nicht dem tatsächlichen Zustellungsdatum entspricht, sind nicht ersichtlich. Die Korrektur in der Zustellungsurkunde ist eindeutig und lässt keine Anhaltspunkte für Zweifel erkennen. Die Annahme des Verteidigers, da ihm das Urteil erst am 17. Dezember 2012 zugegangen sei, sei es auch dem früheren Soldaten erst am 17. Dezember 2012 zugegangen, entbehrt jeder Grundlage. Denn der 17. Dezember 2012 war ein Montag, sodass nicht auszuschließen ist, dass auch in der Kanzlei des Verteidigers die Entscheidung des TDG bereits am Wochenende und damit früher eingegangen war, aber noch nicht zur Kenntnis genommen wurde. Im Hinblick darauf, dass ausweislich der Akte des TDG die Entscheidung an den früheren Soldaten am 11. Dezember 2012 abgesandt wurde, spricht eine Zustellung am 14. Dezember 2012 auch nicht für einen ungewöhnlich zügigen und deshalb unwahrscheinlichen Postlauf.

XII. Prozessuales

Wiederaufnahme gerichtliches Disziplinarverfahren

Gericht verwirft Antrag auf Wiederaufnahme eines gerichtlichen Disziplinarverfahrens
BVerwG, Beschl. v. 29.10.2013 – 2 WDB 6.12

> **Anmerkung und Hinweise für die Praxis**
>
> Die Voraussetzungen des hier in Betracht kommenden Wiederaufnahmegrundes des § 129 Abs. 1 Nr. 3 WDO lagen nicht vor. Danach ist Voraussetzung für die Zulässigkeit eines Antrags auf Wiederaufnahme eines durch rechtskräftiges Urteil abgeschlossenen gerichtlichen Disziplinarverfahrens, dass das Urteil auf dem Inhalt einer unechten oder verfälschten Urkunde oder – hier nach Ansicht des Soldaten einschlägig – auf einem vorsätzlich oder fahrlässig falsch abgegebenen Zeugnis oder Gutachten beruht. Ein Urteil beruht nur dann auf dem falschen Beweismittel, wenn das Gericht sich für seine Entscheidung über die Tat-, Schuld- oder Zumessungsfrage mit diesem Beweismittel auseinandergesetzt und es verwertet hat. Das war vorliegend mit der vom Soldaten für falsch gehaltenen Aussage des Zeugen nicht der Fall.

1. Sachverhalt

Der Soldat, ein Stabsfeldwebel, wurde durch Urteil des Truppendienstgerichts (TDG) wegen eines Dienstvergehens (Vernichten des Antrags eines Oberfeldwebels auf Übernahme zum Berufssoldaten) zu einem Beförderungsverbot für die Dauer von fünfzehn Monaten verurteilt. Das Urteil wurde rechtskräftig. In dem gerichtlichen Disziplinarverfahren vor dem TDG hatte u.a. Leutnant A. als Zeuge ausgesagt. Einige Zeit später erstattete der Soldat gegen Leutnant A. Strafanzeige wegen falscher uneidlicher Aussage, Urkundenunterdrückung und Verleumdung und warf ihm vor, in der Hauptverhandlung vor dem TDG wahrheitswidrig bestritten zu haben, „Antragsunterlagen zu einem Antrag auf Übernahme zum Berufssoldaten bezüglich Oberfeldwebel Sch. erhalten" zu haben. Die Staatsanwaltschaft teilte dem Soldaten mit, dass sie das Ermittlungsverfahren gegen Herrn A. gemäß § 153 Abs. 1 StPO eingestellt habe. In der Einstellungsverfügung der Staatsanwaltschaft wurde in dem entsprechenden Formblatt u.a. handschriftlich vermerkt: „Wegen des langen Zeitablaufs sind gesicherte Erkenntnisse nicht mehr zu erwarten." Nunmehr beantragte der Soldat beim TDG gemäß § 131 Abs. 1 Nr. 1 i. V. m. § 129 Abs. 1 Nr. 3 WDO die Wiederaufnahme des gerichtlichen Disziplinarverfahrens. Zur Begründung führte er im Wesentlichen an, nach seiner Auffassung sei auch die Staatsanwaltschaft von einer uneidlichen Falschaussage des Zeugen A. ausgegangen. Das TDG hat den Wiederaufnahmeantrag als unzulässig verworfen. Weder sei der Zeuge A. wegen einer Falschaussage rechtskräftig verurteilt worden noch hätten andere Gründe als ein Mangel an Beweisen die Einleitung oder Durchführung des Strafverfahrens gehindert.

2. Entscheidung des Bundesverwaltungsgerichts

Das BVerwG hat entschieden, dass das TDG den Wiederaufnahmeantrag des Soldaten zu Recht als unzulässig verworfen hat. In den Gründen der Entscheidung wird im Wesentlichen ausgeführt:

Die Tatbestandsmerkmale des allein als Wiederaufnahmegrund in Betracht kommenden § 129 Abs. 1 Nr. 3 WDO liegen schon nicht vor. Danach ist Voraussetzung für die Zulässigkeit eines Antrags auf Wiederaufnahme eines durch rechtskräftiges Urteil abgeschlossenen gerichtlichen Disziplinarverfahrens, dass das Urteil auf dem Inhalt einer unechten oder verfälschten Urkunde oder – hier nach Ansicht des Soldaten einschlägig – auf einem vorsätzlich oder fahrlässig falsch abgegebenen Zeugnis oder Gutachten beruht. Ein Urteil beruht nur dann auf dem falschen Beweismittel, wenn das Gericht sich für seine Entscheidung über die Tat-, Schuld- oder Zumessungsfrage mit diesem Beweismittel auseinandergesetzt und es verwertet hat. Das ist mit der vom Soldaten für falsch gehaltenen Aussage des Zeugen A. nicht der Fall. Der Soldat

XII. Prozessuales
Wiederaufnahme gerichtliches Disziplinarverfahren

gehe davon aus, der damalige Leutnant A. habe als Zeuge ausgesagt, dass er zu keinem Zeitpunkt Antragsunterlagen zu einem Antrag auf Übernahme zum Berufssoldaten bezüglich Herrn Oberfeldwebel Sch. durch den Soldaten erhalten habe. Diese Aussage habe das TDG davon überzeugt, dass er, der Soldat, den formlosen Antrag des Oberfeldwebels Sch. vernichtet haben müsste. Dieser Vortrag gebe die Entscheidungsgründe des rechtskräftigen truppendienstgerichtlichen Urteils im Disziplinarverfahren gegen den Soldaten unzutreffend wieder. Die Frage, ob und welche Anträge oder Unterlagen der Zeuge A. erhalten hatte – was Gegenstand des vom Soldaten initiierten und von der Staatsanwaltschaft eingestellten Ermittlungsverfahrens war – habe in den Urteilsgründen keinen Niederschlag gefunden und für die Entscheidung der Truppendienstkammer offenkundig keine Rolle gespielt. Vielmehr habe das TDG die Aussage des Zeugen A. nur für die Feststellung verwendet, dass sich der Soldat bei diesem Zeugen als damaligen S 1-Offizier des Fernmeldebataillons erkundigt hatte, wie zu verfahren sei, wenn ein Soldat einen Antrag auf Übernahme in das Dienstverhältnis eines Berufssoldaten stelle und die Voraussetzungen nicht erfülle. Der Zeuge hätte ihn insoweit auf die Mitteilung der Stammdienststelle des Heeres hingewiesen.

Die Feststellung, dass der Soldat den Antrag des Oberfeldwebels Sch. vom ... vernichtet habe, habe das TDG auf die entsprechende Einlassung des Soldaten selbst sowie auf die Zeugenaussage des Oberfeldwebels Sch. gestützt, der zufolge der Soldat dem Oberfeldwebel Sch. mitgeteilt hatte, dass er den Antrag vernichtet habe. Der Soldat selbst hatte in seiner Vernehmung vor dem TDG mehrfach ausgesagt, dass er den ursprünglichen Antrag des Oberfeldwebels Sch. zerrissen, in den VS-Müll geworfen und dadurch vernichtet habe. Auf die Aussage des Zeugen A. habe das TDG bei der Feststellung, dass der Soldat seine Dienstpflichten verletzte, indem er den Antrag vernichtete, nicht abgestellt und sie in diesem Zusammenhang auch nicht verwertet.

Verbot gerichtlicher „Überraschungsentscheidungen"
BVerwG, Beschl. v. 7.8.2013 – 2 WNB 2.13

> **Anmerkung und Hinweise für die Praxis**
>
> Aus Art. 103 Abs. 1 GG folgt das Verbot gerichtlicher „Überraschungsentscheidungen". Die Beteiligten müssen die Gelegenheit erhalten, sich zu dem einer gerichtlichen Entscheidung zugrunde liegenden Sachverhalt vor Erlass der Entscheidung zu äußern. Hält das Gericht durch Mitteilung einer für einen Beteiligten günstigen Rechtsauffassung diesen erkennbar von ergänzendem Vortrag ab, verlangen die Gewährung rechtlichen Gehörs und ein faires Verfahren auch den Hinweis, dass an der mitgeteilten Rechtsauffassung nicht mehr festgehalten wird.

1. Beschwerde gegen Disziplinarmaßnahme

Der Disziplinarsache liegt eine Disziplinarmaßnahme durch den Disziplinarvorgesetzten zugrunde, die durch Beschluss des Truppendienstgerichtes (TDG) bestätigt wurde (Disziplinarbeschwerdeverfahren). Das TDG hat in seinem Beschluss die Rechtsbeschwerde zum BVerwG nicht zugelassen. Hiergegen richtet sich die (Nichtzulassungs-)Beschwerde des Soldaten an das BVerwG (Vgl. § 42 Satz 1 WDO i. V. m. § 22 b Abs. 1 Satz 1 WBO).

2. Begründete Beschwerde

Das BVerwG hielt die Beschwerde des Soldaten für begründet. Es hat den – die Disziplinarmaßnahme bestätigenden – Beschluss des TDG wegen eines Verfahrensmangels aufgehoben und die Sache zur anderweitigen Verhandlung und Entscheidung an das TDG zurückverwiesen. Das BVerwG führt zur Begründung im Wesentlichen aus:

a) Verletzung des rechtlichen Gehörs

Der Beschwerdeführer rüge vorrangig den Erlass einer Überraschungsentscheidung durch das TDG und damit die Verletzung rechtlichen Gehörs gemäß Art. 103 Abs. 1 GG. Das TDG habe in einem an den Kommandeur der ... der Luftwaffe adressierten, aber auch dem Verteidiger zur Kenntnis gegebenen Schreiben vom 1. November 2011 mitgeteilt, dass es auf der Grundlage des Schreibens des Leiters des ... der Bundeswehr vom 17. Oktober 2011 dahin tendiere, dass die Disziplinarmaßnahme aufgehoben werde. Obwohl der Verteidiger des Soldaten mit Schreiben vom 26. Dezember 2011 darauf mit dem Hinweis reagiert habe, er gehe zunächst davon aus, dass hier kein weiterer Vortrag erforderlich sei und das Gericht nach wie vor dazu tendiere, die D-Maßnahme aufzuheben, sowie um Mitteilung gebeten habe, falls das Gericht seine Meinung insoweit ändere, habe das TDG ohne Hinweis auf die geänderte Rechtsauffassung den Beschluss zu Lasten des Soldaten erlassen.

b) Gelegenheit, sich zum Sachverhalt zu äußern

Mit diesem Vorbringen macht der Beschwerdeführer, wie das BVerwG weiter ausführt, einen Verfahrensmangel i. S. d. § 22 a Abs. 2 Nr. 3 WBO geltend. Der Grundsatz des rechtlichen Gehörs verpflichtet das Gericht dazu, den Beteiligten Gelegenheit zur Äußerung zum Streitstoff zu geben und diese Äußerungen zu berücksichtigen, d. h., zur Kenntnis zu nehmen und bei der Entscheidungsfindung in Erwägung zu ziehen. Eng damit zusammen hängt das ebenfalls aus Art. 103 Abs. 1 GG folgende Verbot von „Überraschungsentscheidungen". Die Beteiligten müssen die Gelegenheit erhalten, sich zu dem einer gericht-

XII. Prozessuales
Verbot gerichtlicher „Überraschungsentscheidungen"

lichen Entscheidung zugrunde liegenden Sachverhalt vor Erlass der Entscheidung zu äußern. Eine dem verfassungsrechtlichen Anspruch genügende Gewährung rechtlichen Gehörs setzt voraus, dass die Verfahrensbeteiligten bei Anwendung der von ihnen zu verlangenden Sorgfalt zu erkennen vermögen, auf welchen Tatsachenvortrag es für die Entscheidung ankommen kann (vgl. BVerfG Beschl. v. 29.5.1991 – 1 BvR 1383/90 – BVerfGE 84, 188, 190; KammerBeschl. v. 20.9.2012 – BVerfG 1 BvR 1633/09 – juris Rn. 11). Nur ein Prozessbeteiligter, der bei Anwendung der von ihm zu verlangenden Sorgfalt zu erkennen vermag, welches nach der Auffassung des Gerichts die für die Entscheidung erheblichen rechtlichen und tatsächlichen Gesichtspunkte sind, kann im Sinne der Gewährleistung des rechtlichen Gehörs auf die gerichtliche Entscheidung und ihr Ergebnis Einfluss nehmen. Deshalb erwächst aus dem rechtlichen Gehör auch ein Anspruch der Verfahrensbeteiligten, nicht durch Unkenntnis in diesem Punkt an einer sachdienlichen Äußerung gehindert zu sein.

c) Abhalten von als entscheidungserheblich angesehenen Ausführungen

Hiergegen hat das TDG in dem angefochtenen Beschluss verstoßen, weil es mit Schreiben vom 1. November 2011, das dem Verteidiger des Soldaten am 13. Dezember 2011 zur Kenntnis übersandt wurde, mitgeteilt hat, dass es dahin tendiert, die Disziplinarmaßnahme aufzuheben. Das Gericht bezog sich damit auf eine von ihm eingeholte fachliche Stellungnahme des Leiters des ... der Bundeswehr vom 17. Oktober 2011. Der Verteidiger des Soldaten hatte aufgrund der vom Gericht angezeigten Tendenz seiner Entscheidung mit Schreiben vom 26. Dezember 2011 an das Truppendienstgericht ausdrücklich mitgeteilt, dass er „zunächst davon ausgehe, dass hier kein weiterer Vortrag erforderlich ist" und das Gericht nach wie vor dazu tendiere, die D-Maßnahme aufzuheben. Weiter heißt es in diesem Schriftsatz: „Sollte das Gericht seine Meinung insoweit ändern, bitte ich um Mitteilung." Damit hatte der Verteidiger deutlich gemacht, dass er, für den Fall, dass das Gericht nicht an seiner Tendenz festhalten möchte, weiteren Sach- oder Rechtsvortrag bringen werde. Sein Schreiben lässt erkennen, dass die Verteidigung durch den sich für sie abzeichnenden Erfolg der Beschwerde von weiteren gegebenenfalls als entscheidungserheblich angesehenen Ausführungen abgehalten wurde. In dieser Lage hätte es der Anspruch des Soldaten auf ein faires Verfahren erfordert, der Verteidigung im Vorfeld der anstehenden Kammerentscheidung mit zwei bislang nicht mit der Sache befassten ehrenamtlichen Richtern zu verdeutlichen, dass die Überlegungen vom 1. November 2011 das Beratungsergebnis nicht vorwegnehmen können und deshalb alle Tatsachen und Erwägungen vorgetragen werden sollten, die der Soldat bei der Kammerberatung möglicherweise noch berücksichtigt sehen will. Das Gericht hat aber, abweichend von seiner zunächst mitgeteilten Tendenz, die Disziplinarmaßnahme nicht aufgehoben, sondern die Beschwerde des Soldaten zurückgewiesen, ohne ihm insoweit vorher einen Hinweis zu geben. Deshalb konnte der Verteidiger nicht davon ausgehen, dass er seine weiteren Argumente dem Gericht hätte vortragen müssen.

XII. Prozessuales

Bindende strafgerichtliche Feststellungen

Die strafgerichtlichen Feststellungen sind für die Wehrdienstgerichte in der Regel bindend
BVerwG, Urt. v. 13.3.2014 – 2 WD 37.12

> **Anmerkung und Hinweise für die Praxis**
>
> Nach § 84 Abs. 1 Satz 1 WDO sind die tatsächlichen Feststellungen eines rechtskräftigen Urteils im Strafverfahren, auf denen die Entscheidung beruht, im gerichtlichen Disziplinarverfahren, das denselben Sachverhalt zum Gegenstand hat, für das Wehrdienstgericht bindend. Das BVerwG sah hier keinen Anlass, sich von dieser „Prozessregel" zu lösen und die Richtigkeit der strafgerichtlichen Feststellungen zu bezweifeln (siehe § 84 Abs. 1 Satz 2 WDO).

In dem vorliegenden gerichtlichen Disziplinarverfahren ging es um einen Soldaten, der durch Urteil eines Amtsgerichts wegen sachgleich begangenen Betrugs zu einer Geldstrafe verurteilt worden war. In dem Disziplinarverfahren zur Bemessung der Disziplinarmaßnahme stellte sich für das Truppendienstgericht bzw. den 2. WD-Senat des Bundesverwaltungsgerichts als Berufungsgericht u.a. die Frage der Lösung von dem strafgerichtlich festgestellten Sachverhalt des Amtsgerichts. Das Bundesverwaltungsgericht führt hierzu im Wesentlichen aus: Gemäß § 123 Satz 3 i. V. m. § 106 Abs. 1 WDO hat auch das Berufungsgericht im Falle einer uneingeschränkt eingelegten Berufung zur Erforschung der Wahrheit die Beweisaufnahme auf alle Tatsachen und Beweismittel zu erstrecken, die für die Entscheidung von Bedeutung sind. Diese Aufklärungspflicht wird jedoch durch die „Prozessregel" (BVerwG, Urt. v. 12.2.2003 – 2 WD 8.02 – BVerwGE 117, 371, 372 des § 84 Abs. 1 Satz 1 WDO eingeschränkt [vgl. BVerwG, Beschl. v. 15.3.2013 – 2 B 22.12 – NVwZ-RR 2013, 557, 558; zur Reichweite: BVerwG, Urt. v. 12.2.2003 – 2 WD 8.02 sowie BVerwG, Beschl. v. 27.32012 – 2 WD 16.11 – juris Rn. 19]). Danach sind die tatsächlichen Feststellungen eines rechtskräftigen Urteils im Strafverfahren im Disziplinarverfahren, das denselben Sachverhalt zum Gegenstand hat, für das Wehrdienstgericht grundsätzlich bindend. Dies gilt insbesondere auch für die strafgerichtliche Beweiswürdigung, selbst wenn die Wehrdienstgerichte aufgrund eigener Würdigung abweichende Feststellungen für möglich halten. Anderenfalls wäre die Vorschrift des § 84 Abs. 1 Satz 1 WDO auf Fälle beschränkt, in denen das Wehrdienstgericht der Beweiswürdigung des Strafgerichts ohnehin folgen würde. Dies wäre weder mit der normierten grundsätzlichen Bindung noch damit vereinbar, dass die Wehrdienstgerichte nach ihrer Zuständigkeit und Funktion keine Überprüfungsinstanz für Strafurteile sind (Urt. v. 12.2.2003 – 2 WD 8.02 – BVerwGE 373 bzw. 100 f.). Etwas anderes gilt gemäß § 84 Abs. 1 Satz 2 WDO jedoch dann, wenn die Richtigkeit der strafgerichtlichen Feststellungen zu bezweifeln ist. Die Lösung von den tatsächlichen Feststellungen eines sachgleichen rechtskräftigen strafgerichtlichen Urteils ist indes auf Fälle beschränkt, in denen das (Wehrdienst-)Gericht sonst gezwungen wäre, auf der Grundlage offenkundig unzureichender oder inzwischen als unzutreffend erkannter Feststellungen zu entscheiden. Für einen Lösungsbeschluss ausreichende Zweifel an der Richtigkeit der strafgerichtlichen Feststellungen bestehen dann, wenn die strafgerichtlichen Feststellungen in sich widersprüchlich oder sonst unschlüssig sind, im Widerspruch zu den Denkgesetzen oder allgemeinen Erfahrungssätzen stehen oder aus vergleichbar gewichtigen Gründen offenkundig unzureichend sind. Offenkundig unzureichend sind strafgerichtliche Feststellungen, wenn sie in einem entscheidungserheblichen Punkt unter offenkundiger Verletzung wesentlicher Verfahrensvorschriften zustande gekommen sind, wenn entscheidungserhebliche neue Beweismittel vorgelegt werden, die dem Strafgericht noch nicht zur Verfügung standen (vgl. Beschl. v. 15.3.2013 – 2 WD 8.02 – BVerwGE 558 m.w.N.), oder wenn die in dem strafgerichtlichen Urteil vorgenommene Beweiswürdigung nicht nachvollziehbar ist (BVerwG, Urt. v. 14.3.2007 – 2 WD 3.06 – BVerwGE 128, 189, 190 f.). Dabei kommt ein Lösungsbeschluss nur in Betracht, wenn sich die Zweifel an der Richtigkeit aus dem Urteil selbst oder i. V. m. dem Protokoll der Hauptverhandlung ergeben (vgl. BVerwG, Urt. v. 16.1.2014 – 2 WD 31.12 – Rn. 31 m.w.N.). Der für einen Lösungsbeschluss erforderliche Grad des Zweifels an der Richtigkeit der tatsächlichen Feststellungen bemisst sich dabei nach dem Gewicht der in Rede stehenden Disziplinarmaßnahme.

XII. Prozessuales — Bindende strafgerichtliche Feststellungen

Je gewichtiger sie ist, desto größer ist angesichts der Schutzbedürftigkeit des von ihr betroffenen Soldaten und der damit verbundenen Anforderungen an die Gewährleistung der inhaltlichen Richtigkeit der Entscheidung die gebotene disziplinargerichtliche Kontrolldichte (Urt. v. 12.2.2003 – 2 WD 8.02 – BVerwGE 373 bzw. 101).

XII. Prozessuales

Unentschuldigtes Ausbleiben als Zeuge vor Gericht
BVerwG, Beschl. v. 13.8.2014 – 2 WDB 6.13

> **Anmerkung und Hinweise für die Praxis**
>
> Im vorliegenden Fall fehlt es an einer ausreichenden Entschuldigung des Ausbleibens des Beschwerdeführers. Es liegt nicht im Ermessen des Zeugen, ob er einer gerichtlichen Ladung folgt oder nicht. Jeder Staatsbürger ist verpflichtet, vor Gericht als Zeuge zu erscheinen. Daher genügt eine Entschuldigung für das Ausbleiben eines Zeugen i. S. d. § 51 Abs. 2 StPO nur dann, wenn sie in überzeugender Weise Gründe darlegt, aus denen das Gericht entnehmen kann, dass die Belange des Zeugen in diesem Fall das Interesse der Rechtspflege unter Berücksichtigung der Bedeutung der Sache, der Belange anderer Verfahrensbeteiligter und des Beschleunigungsgrundsatzes überwiegen. Da der Beschwerdeführer auch nachträglich keine Entschuldigung i. S. d. § 51 Abs. 2 StPO vorlegen konnte, hatte er die Folgen seines Ausbleibens zu tragen: Auferlegung der Kosten und Aufrechterhaltung des Ordnungsgeldes.

1. Sachverhalt

Der Beschwerdeführer (Oberfeldwebel d.R.) war zur mündlichen Verhandlung in einer Disziplinarbeschwerdesache des Truppendienstgerichts (TDG) für den 28. Mai 2013 um 11 Uhr als Zeuge geladen worden. Die Ladung enthielt den Hinweis, dass, falls der Zeuge aus zwingenden Gründen zum Termin nicht erscheinen könne, er gebeten werde, dies unter Darlegung der Hinderungsgründe umgehend dem Gericht mitzuteilen. Sodann folgte unterstrichen: „Solange Sie keine gegenteilige Mitteilung erhalten, sind Sie weiterhin verpflichtet zu erscheinen." Des Weiteren wurde darauf hingewiesen, dass dem Zeugen im Falle seines unentschuldigten Nichterscheinens die durch das Ausblieben verursachten Kosten auferlegt werden und zugleich gegen ihn ein Ordnungsgeld festgesetzt wird. Mit Schreiben vom ..., das am 27. Mai 2013 beim TDG einging, gab der Beschwerdeführer davon Kenntnis, dass er zum genannten Termin nicht zur Verfügung stehe. Er befinde sich im Monat Juni bis einschließlich der ersten Woche des Monats Juli in der Prüfungsphase seines Studiums. Da er sich derzeit in der Vorbereitungsphase befinde und nach der Prüfung eine Zeit für die Nachbereitung benötige, hoffe er darauf, dass er nicht zum 28. Mai oder unmittelbar nach der Prüfung geladen werde. Eine Telefonnummer enthielt das Schreiben nicht. Da der Zeuge zur mündlichen Verhandlung am 28. Mai 2013 nicht erschien, verkündete der Vorsitzende der Truppendienstkammer in der Verhandlung einen Beschluss, mit dem dem Beschwerdeführer die durch sein Ausbleiben verursachten Kosten auferlegt und ein Ordnungsgeld in Höhe von 300 Euro, ersatzweise sechs Tage Ordnungshaft, festgesetzt wurden. Gegen diesen Beschluss legte der Beschwerdeführer Beschwerde beim TDG ein. Er habe sein Fernbleiben rechtzeitig in Form eines Briefes angekündigt. Da er keine Antwort erhalten habe, sei er davon ausgegangen, dass seine Anwesenheit nicht mehr erforderlich sei. Im Übrigen habe er am 28. Mai 2013 einen Termin für einen medizinischen Eingriff gehabt; ein Attest fordere er bei Bedarf bei dem entsprechenden Arzt an und reiche es nach. Auf die Aufforderung des TDG, für den behaupteten medizinischen Eingriff ein Attest vorzulegen, legte der Beschwerdeführer eine ärztliche Bescheinigung vom 29. Mai 2013 vor, derzufolge er am 28. Mai 2013 in der Praxis zur Behandlung war. Am 13. August 2013 beschloss das TDG den Ordnungsgeldbeschluss vom 28. Mai 2013 aufrechtzuerhalten. Gegen diesen Beschluss legte der Beschwerdeführer Beschwerde ein, über die das BVerwG zu entscheiden hatte. Von ihm sei lediglich ein Attest angefordert worden, er sei nicht verpflichtet, Details des ärztlichen Eingriffs anzugeben. Sein Studium und die damit verbundenen Prüfungen seien für ihn sehr wichtig und nicht verschiebbar.

XII. Prozessuales

2. Entscheidung des BVerwG

Das BVerwG hält die Beschwerde nicht für begründet. Der Beschluss des TDG vom 13. August 2013, den OrdnungsgeldBeschl. v. 28. Mai 2013 aufrechtzuerhalten, sei nicht zu beanstanden. Das BVerwG führt zur Begründung im Wesentlichen aus: Nach § 91 Abs. 1 Satz 1 WDO i. V. m. § 51 Abs. 1 Satz 1 StPO werden einem ordnungsgemäß geladenen Zeugen, der nicht erscheint, die durch das Ausbleiben verursachten Kosten auferlegt; zugleich wird gegen ihn nach § 51 Abs. 1 Satz 2 StPO ein Ordnungsgeld festgesetzt. Nach § 51 Abs. 2 Satz 1 StPO unterbleiben diese Maßnahmen, wenn das Ausbleiben des Zeugen rechtzeitig genügend entschuldigt wird. Erfolgt die Entschuldigung nicht rechtzeitig, so unterbleibt die Auferlegung eines Ordnungsgeldes nach § 51 Abs. 2 Satz 2 StPO nur dann, wenn glaubhaft gemacht wird, dass den Zeugen an der Verspätung der Entschuldigung kein Verschulden trifft. Nur wenn das Ausbleiben des Zeugen nachträglich genügend entschuldigt wird, werden die getroffenen Anordnungen gemäß § 51 Abs. 2 Satz 3 StPO unter den Voraussetzungen des Satzes 2 dieser Vorschrift aufgehoben. Hier fehlt es an einer ausreichenden Entschuldigung des Ausbleibens des Beschwerdeführers. In der ordnungsgemäßen Ladung war der Beschwerdeführer nicht nur darauf hingewiesen worden, dass er zwingende Gründe, die ihn hindern, zum Termin zu erscheinen, umgehend mitzuteilen habe, sondern ausdrücklich und unterstrichen auch darauf, dass er weiterhin verpflichtet sei zu erscheinen, solange er keine gegenteilige Mitteilung erhalte. In seinem Schreiben vom ..., das erst am 27. Mai 2013, d.h. einen Tag vor der mündlichen Verhandlung, bei Gericht eingegangen ist, legte der Beschwerdeführer schon keinen zwingenden Grund dar, der ihn gehindert hätte, den Termin wahrzunehmen. Denn es war aus dem Schreiben nicht ersichtlich, warum er in der Vorbereitungsphase einer mehrere Wochen währenden Prüfung nicht für einen Tag, konkret hier den 28. Mai 2013, als Zeuge vor Gericht zur Verfügung stehen könnte. Es ist ohne Weiteres zumutbar, die Prüfungsvorbereitung so zu planen, dass eine Unterbrechung für die Wahrnehmung eines Gerichtstermins den Prüfungserfolg nicht gefährdet. Für eine entsprechende Anpassung seines Lernplans bestand hier bei Zugang der Ladung auch ausreichend Zeit. Er war dementsprechend auch nicht vom Erscheinen entbunden worden, was ihm allerdings, da er keinerlei Vorsorge für eine kurzfristige Erreichbarkeit getroffen hatte, nicht mehr ausdrücklich mitgeteilt werden konnte. Die Geschäftsstelle des TDG hat sich intensiv bemüht, eine Telefonnummer des Zeugen zu ermitteln. Nachdem dies nicht gelungen war, hat sie ihm über Facebook eine Nachricht mit der Bitte um Rückruf gesandt. Der Beschwerdeführer hat darauf aber nicht reagiert. So musste er wissen, dass für ihn in Ermangelung einer gegenteiligen Mitteilung weiterhin die Verpflichtung zum Erscheinen am 28. Mai 2013 bestand. Insbesondere konnte der Zeuge auch nach den entsprechenden Hinweisen im Ladungsschreiben nicht davon ausgehen, dass eine schlichte Kenntnisgabe, dass er zum geladenen Termin nicht erscheinen werde, ausreicht, ihn zu entschuldigen. Er wäre vielmehr gehalten gewesen, sich seinerseits telefonisch beim Gericht zu erkundigen, ob seine Ankündigung des Fernbleibens als Entschuldigung ausreicht und ob er abgeladen worden ist. Der Beschwerdeführer hat auch nachträglich keine Entschuldigung vorgelegt, die diesen Voraussetzungen genügt. Denn sein nunmehr behaupteter medizinischer Eingriff vom 28. Mai 2013 entschuldigt sein Fernbleiben als Zeuge ebenfalls nicht. Die von ihm vorgelegte ärztliche Bescheinigung lässt nur erkennen, dass der Beschwerdeführer am 28. Mai 2013 in einer dermatologischen Praxis in Berlin zur Behandlung war. Zwar ist er nicht verpflichtet anzugeben, welchen ärztlichen Eingriff genauer durchführen ließ. Als Entschuldigung für sein Fernbleiben als Zeuge ist eine ärztliche Behandlung an dem für die Zeugenaussage festgesetzten Tag aber nur geeignet, wenn zugleich glaubhaft gemacht wird, dass die Behandlung aufgrund einer akuten Erkrankung unerwartet am 28. Mai 2013 erforderlich geworden war und den Beschwerdeführer daran gehindert hat, das Gericht zumindest telefonisch über die akute Reise- oder Vernehmungsunfähigkeit zu informieren. Anhaltspunkte dafür ergeben sich aus der ärztlichen Bescheinigung nicht. Die Wahrnehmung eines geplanten Arzttermins entschuldigt sein Fernbleiben nicht, denn er hätte einen solchen Termin verschieben können. Wäre dies nicht möglich gewesen, hätte er diesen Entschuldigungsgrund rechtzeitig glaubhaft machen müssen.

Einstellung des Disziplinarverfahrens mit Zustimmung des Wehrdisziplinaranwalts bei erwiesenem Dienstvergehen
BVerwG, Urt. v. 14.4.2011 – 2 WD 7.10

> **Anmerkung und Hinweise für die Praxis**
>
> Angesichts der nur fahrlässigen Schädigung des Dienstherrn, der Entsorgung weitgehend wertlosen Materials und der uneigennützigen Motive des unbescholtenen Soldaten hat das BVerwG das Verfahren gemäß § 108 Abs. 3 Satz 2 WDO – bei Feststellung eines Dienstvergehens – mit Zustimmung des Vertreters des Bundeswehrdisziplinaranwalts eingestellt und von der Verhängung einer Disziplinarmaßnahme abgesehen. Im Übrigen wäre es auch im Vergleich mit anderen fahrlässig begangenen und vom BVerwG geahndeten Dienstvergehen, bei denen Dienstverletzungen mit gravierenden finanziellen Schäden im Raum standen (vgl. BVerwG, Urt. v. 26.9.2006 – WD 2.06) unangemessen, das Fehlverhalten des Soldaten gleichwohl mit einer gerichtlichen Disziplinarmaßnahme zu ahnden.

1. Sachverhalt

Der Soldat, ein Oberfeldwebel, hat zwei schadhafte und weitgehend wertlose Monitore, die an sich ohnehin hätten entsorgt werden müssen und bei denen deshalb ein erheblich reduziertes Erhaltungsinteresse bestand, selbstständig außerhalb der Bundeswehr entsorgt. Das Truppendienstgericht stellte fest, dass der Soldat ein Dienstvergehen gemäß § 23 Abs. 1 SG begangen habe, da er fahrlässig gegen seine Pflichten zum treuen Dienen (§ 7 SG) und der Achtung und dem Vertrauen gerecht zu werden, die sein Dienst als Soldat erfordere (§ 17 Abs. 2 Satz 1 SG), verstoßen habe. Das Truppendienstgericht verhängte gegen den Soldaten ein Beförderungsverbot für die Dauer von drei Jahren und kürzte seine Dienstbezüge um ein Zwanzigstel für die Dauer von zwei Jahren. Auf die (maßnahmebeschränkte) Berufung des Soldaten hat der 2. WD-Senat des BVerwG das Disziplinarverfahren mit Zustimmung des Vertreters des Bundeswehrdisziplinaranwalts eingestellt; der Senat hielt es für unangebracht, wegen des als erwiesen anzusehenden Dienstvergehens noch eine Disziplinarmaßnahme zu verhängen.

2. Die maßgeblichen Gründe des BVerwG für die Einstellung des Verfahrens

Einleitend hebt der 2. WD-Senat hervor, dass das Verfahren gemäß § 108 Abs. 3 Satz 2 WDO mit Zustimmung des Vertreters des Bundeswehrdisziplinaranwalts einzustellen ist. In Ausübung des ihm zustehenden Ermessens hält es der Senat für unangebracht, wegen des durch das Truppendienstgericht festgestellten und deshalb als erwiesen anzusehenden Dienstvergehens noch eine Disziplinarmaßnahme zu verhängen.

a) Unrichtige Gewichtung der Schwere des Dienstvergehens

Soweit das Truppendienstgericht eine gerichtliche Disziplinarmaßnahme in Form eines mit einer Kürzung der Dienstbezüge einhergehenden Beförderungsverbots verhängte, beruht dies in erster Linie auf einer unrichtigen Gewichtung der Schwere des Dienstvergehens und zugleich des Maßes der Schuld als bedeutsame Parameter der Maßnahmebemessung (§ 123 Satz 3 WDO i. V. m. § 58 Abs. 7, § 38 Abs. 1 WDO). Den vom Truppendienstgericht für seine Entscheidung herangezogenen, wenn auch nicht zitierten Erwägungen des Senats zur Schwere und zur Ahndung von Zugriffsdelikten liegen offensichtlich Fallgestaltungen vorsätzlicher Begehung zugrunde. Vorliegend hat der Soldat nach den bindenden Feststellungen des Truppendienstgerichts jedoch fahrlässig gehandelt, sodass – auch angesichts der Schadenshöhe – nicht von einem Dienstvergehen mit „erheblichem Unrechtsgehalt" (so aber das Truppendienstgericht) gesprochen werden kann. Ausgangspunkt der Zumessungserwägungen bildet somit nicht eine Herabsetzung im

XII. Prozessuales
Einstellung Disziplinarverfahren bei Dienstvergehen

Dienstgrad. Jede pauschale Gleichstellung fahrlässig begangener Dienstvergehen mit vorsätzlich begangenen würde nicht Rechnung tragen, dass die Rechtsordnung in Bereichen, in denen Unrechtsfragen im Raum stehen, regelmäßig zwischen vorsätzlichem und fahrlässigem Handeln unterscheidet. Insbesondere das Strafgesetzbuch regelt in § 15 StGB, dass nur vorsätzliches Handeln mit Strafe bedroht ist, wenn nicht das Gesetz dies für fahrlässiges Handeln ausdrücklich vorsieht. Die fahrlässige Begehung reduziert zudem das Maß der Schuld des Soldaten erheblich, sodass ebenso wenig von einer „höchst verwerflichen Tat" (so das Truppendienstgericht) die Rede sein kann.

b) Ausgesprochen leichtes Dienstvergehen

Zudem liegen bei der konkreten Maßnahmebemessung, mit der den Besonderheiten des Einzelfalls Rechnung getragen wird, zahlreiche Umstände vor, die das Dienstvergehen als ausgesprochen leicht ausweisen.

Dazu gehört, dass es sich um schadhafte und weitgehend wertlose Monitore handelte, die an sich ohnehin hätten entsorgt werden müssen. Die finanziellen Folgen der Tat waren insoweit minimal. Der Soldat hat zudem nicht eigennützig gehandelt, sondern im Gegenteil – wie er glaubhaft versichert hat – mit der Vorstellung, seinem Dienstherrn etwas Gutes zu tun. Dem entsprach seine Bereitschaft, auf eigene Rechnung etwaige Entsorgungskosten tragen zu wollen, sodass auch nicht von einem niedrigen Beweggrund gesprochen werden kann.

Für die Rechtschaffenheit des bislang weder straf- noch disziplinarrechtlich in Erscheinung getretenen Soldaten spricht zudem nicht nur, dass er sich die ordnungsgemäße Entsorgung der Monitore quittieren ließ, sondern er bereits am nächsten Tag seinen Vorgesetzten sein Verhalten freiwillig gemeldet und damit Einsicht und Reue gezeigt hat. Nach alledem lagen nicht die geringsten Anzeichen für eine irgendwie geartete kriminelle Energie, sondern allenfalls für einen dienstlichen Übereifer vor, der sich aus der starken, in den dienstlichen Beurteilungen positiv hervorgehobenen Identifikation des Soldaten mit seinem Aufgabenbereich ableiten lässt und der zwar nicht zu rechtfertigen, aber doch nachvollziehbar ist.

Eine einfache Disziplinarmaßnahme (gemäß § 58 Abs. 5 WDO) zu verhängen, war ebenfalls nicht mehr angebracht. Dabei kann dahingestellt bleiben, ob dem bereits § 17 Abs. 2 WDO entgegengestanden hätte oder die Frist nach § 17 Abs. 5 WDO zunächst durch das Ermittlungsverfahren der Staatsanwaltschaft und dann durch die Einleitung des gerichtlichen Disziplinarverfahrens gehemmt war. Jedenfalls liegt das Dienstvergehen bereits über drei Jahre zurück und steht das Dienstzeitende des Soldaten in wenigen Tagen bevor, sodass weder ein spezial- noch ein generalpräventives Sanktionsinteresse erkennbar ist. Soweit der Soldat mit seinem Verhalten auch gegen Vorschriften des Dienstherrn verstoßen haben sollte, hat das Truppendienstgericht dies nicht verbindlich festgestellt. Dem Senat ist es deshalb versagt, daraus einen disziplinarischen Ahndungsbedarf abzuleiten.

Zweifel an Schuldfähigkeit ohne Sachverständigen XII. Prozessuales

Truppendienstgericht bezweifelt Schuldfähigkeit eines Soldaten, ohne Sachverständigen hinzuzuziehen
BVerwG, Beschl. v. 8.3.2012 – 2 WD 30.11

> **Anmerkung und Hinweise für die Praxis**
>
> Im vorliegenden Fall war die Sachverhaltsaufklärung unzulänglich. Die Truppendienstkammer hat weder die Tatsachen vollständig ermittelt, die Grundlage einer sachverständigen Bewertung medizinischer bzw. psychologischer Fachfragen sein können, noch einen geeigneten Sachverständigen hinzugezogen, mithin keine Grundlagen für eine Entscheidung über das Vorliegen der Voraussetzungen des § 20 StGB (Schuldunfähigkeit wegen seelischer Störungen) geschaffen. Da weitere Aufklärungen erforderlich sind (§ 120 Abs. 1 WDO), hat das BVerwG konsequenterweise das Urteil der Truppendienstkammer aufgehoben und die Sache zur nochmaligen Verhandlung und Entscheidung an eine andere Kammer des Truppendienstgerichts zurückverwiesen.

1. Sachverhalt

Das Truppendienstgericht sprach den Soldaten durch Urteil vom Vorwurf eines Dienstvergehens frei. Den Gründen ist u.a. zu entnehmen, die Truppendienstkammer habe aufgrund der Aussage des Leumundszeugen Hauptmann A. Zweifel an der Schuldfähigkeit des Soldaten nicht ausräumen können. Nach dem Grundsatz „in dubio pro reo" ging die Kammer davon aus, dass der Soldat bei den vorgeworfenen Taten nicht schuldfähig gewesen sei. Gegen das Urteil legte die Wehrdisziplinaranwaltschaft zuungunsten des Soldaten Berufung in vollem Umfang ein und führte in der Berufungsschrift aus, die Kammer habe ihre Aufklärungspflicht nach § 106 WDO nicht erfüllt, da sie zugunsten des Soldaten von seiner Schuldunfähigkeit ausgegangen sei, ohne ein medizinisches Sachverständigengutachten einzuholen.

2. Entscheidung des 2 WD-Senats des BVerwG

Das BVerwG stellte schwerwiegende Mängel der Sachaufklärung durch das TDG fest, die zur Aufhebung des angefochtenen Urteils und zur Zurückverweisung der Sache an eine andere Kammer des Truppendienstgerichts führten.

Der 2. WD-Senat sah sich veranlasst, darauf hinzuweisen, dass das Gericht seine Amtsermittlungspflicht namentlich dann verletzt, wenn es „im Zweifel für den beschuldigten Soldaten" entschieden hat, ohne zuvor alle ihm zur Verfügung stehenden entscheidungserheblichen Beweismittel ausgeschöpft zu haben (vgl. BVerwG, Beschl. v. 8.12.2009, 2 WD 36.09). So lag der Fall auch hier:

Die Truppendienstkammer hielt das Vorliegen einer krankhaften seelischen Störung i. S. d. § 20 StGB für hoch wahrscheinlich. Sie begründete diese Annahme im Wesentlichen mit eigenen Angaben des Soldaten in Vernehmungen durch seinen ehemaligen Disziplinarvorgesetzten Hauptmann A. Die Entscheidungsgründe referieren die vom Soldaten im Rahmen der Vernehmungen durch Hauptmann A. in den Raum gestellte Diagnose einer „Borderline-Krankheit". Hiernach liegt der Entscheidung, wie das BVerwG weiter ausführt, keine durch einen Mediziner oder Psychologen gesicherte Diagnose einer Borderline-Persönlichkeitsstörung zugrunde. Es ist nicht ersichtlich, dass die Kammer oder Hauptmann A. über die Sachkunde verfügen, die eine solche Diagnose ermöglichen würde. Anders als Hauptmann A. hatte die Kammer noch nicht einmal einen persönlichen Eindruck von dem Soldaten, der zur in seiner Abwesenheit gemäß § 104 Abs. 1 Nr. 3 WDO durchgeführten Hauptverhandlung nicht erschienen und dessen persönliches Erscheinen auch nicht angeordnet worden war. Hinzu kommt, dass das Krankheitsbild einer Borderline-Persönlichkeitsstörung für sich genommen über die Schuldfähigkeit keine Aussage zulässt (BGH, Urt. v. 12.6.2008 – 3 StR 154/08 – NStZ-RR 2008, 338 f. m.w.N.). Selbst wenn ein Fachkundiger diese Diagnose stellt, ist mithin

XII. Prozessuales — Zweifel an Schuldfähigkeit ohne Sachverständigen

dadurch allein nicht der Schluss auf die Schuldunfähigkeit zwingend. Das Gericht, das nicht über eigene Sachkunde verfügt, ist in aller Regel für die Diagnose einer psychischen Störung, ihren Schweregrad und ihre innere Beziehung zur Tat auf die Unterstützung eines Sachverständigen angewiesen (BGH 12.6.2008 – 3 StR 154/08). Hier hat die Truppendienstkammer aber keinen Sachverständigen hinzugezogen. Nicht aufgeklärt ist nicht nur, ob überhaupt eine psychische Erkrankung zu den in Rede stehenden Tatzeitpunkten vorlag, sondern auch, welchen Ausprägungsgrad die Störung hatte und ob sie auf die Einsichts- bzw. Steuerungsfähigkeit des Soldaten Einfluss gehabt hat.

BVerwG hebt Urteil des Truppendienstgerichts (TDG) auf und stellt das gerichtliche Disziplinarverfahren gegen den Soldaten ein
BVerwG, Urt. v. 17.1.2013 – 2 WD 25.11

> **Anmerkung und Hinweise für die Praxis**
>
> Trotz des erwiesenen Dienstvergehens hielt es das BVerwG aus den nachstehenden Gründen zu Recht nicht mehr für angebracht, eine Disziplinarmaßnahme zu verhängen. § 108 Abs. 3 Satz 2 WDO ermächtigt („kann") das Gericht, das gerichtliche Disziplinarverfahren auch dann einzustellen, wenn zwar nicht bereits zwingende Einstellungsgründe i. S. d. § 108 Abs. 3 Satz 1 WDO vorliegen (vgl. BVerwG, Urt. v. 27.1.2011 – 2 WD 39.09), ihm jedoch die Verhängung einer Disziplinarmaßnahme nicht mehr „angebracht" erscheint und auch die Wehrdisziplinaranwaltschaft sich dem nicht verschlossen hat. Der Begriff des „Angebrachtseins" eröffnet den Weg zu einer Opportunitätsentscheidung in Abwägung der Gründe in der Person des Soldaten, der Art und Weise des Dienstvergehens und seinen Auswirkungen mit den Interessen des Dienstherrn an der Aufrechterhaltung der Disziplin in den Streitkräften (vgl. Dau/Schütz WDO, Kommentar, 7. Auflage 2017, § 108 Rn. 10).

1. Sachverhalt

Das Truppendienstgericht (TDG) verhängte gegen den Soldaten, einen Hauptmann, wegen eines Dienstvergehens durch Urteil vom … ein Beförderungsverbot für die Dauer von vierundzwanzig Monaten. Die Bemessung der Disziplinarmaßnahme war im Wesentlichen von der Erwägung getragen, so das TDG, dass der Schwerpunkt der Verfehlung in der Erteilung eines rechtswidrigen Befehls liege. Dies stelle eine ernstzunehmende Verfehlung dar. Auch der Verstoß gegen die Fürsorgepflicht wiege nicht leicht, weil die Fürsorge zu den vornehmsten Pflichten eines Vorgesetzten gehöre. Die Beachtung der Kameradschaftspflicht sei nicht minder wichtig, da der Zusammenhalt in der Bundeswehr auf Kameradschaft beruhe. Erhebliche Bedeutung erlange bei der Bemessung der Disziplinarmaßnahme auch, dass der Soldat zum Zeitpunkt seiner Verfehlungen Kompaniechef und damit Disziplinarvorgesetzter gewesen sei. Auf die – unbeschränkte – Berufung des Soldaten hat der 2. WD-Senat des BVerwG das gerichtliche Disziplinarverfahren mit Zustimmung des Bundeswehrdisziplinaranwalts nach § 108 Abs. 3 Satz 2 WDO eingestellt. Zwar erbrachte das Disziplinarverfahren den Nachweis eines Dienstvergehens; die Verhängung einer Disziplinarmaßnahme hielt der Senat jedoch nicht mehr für angebracht.

2. Entscheidungsgründe des BVerwG

Der Senat ging bei dem Dienstvergehen von einem mittelschweren Fall aus, der mit einer laufbahnhemmenden Maßnahme noch angemessen geahndet werden könne. Fest stehe auch, dass sich der Soldat in einem ganz außerordentlichen Maße nachbewährt und in der Berufungshauptverhandlung Reue habe erkennen lassen. Im Unterschied zum Urteil des TDG war der Senat jedoch der Auffassung, dass die Pflichtenmahnung eines allenfalls im mittleren Bereich zu bemessenden Beförderungsverbotes hier schon durch die Belastung des Verfahrens als solchem, eine bereits entgangene Beförderung und ein schon eingetretenem faktischen Beförderungsverbot erreicht sei. Der Senat führt hierzu im Wesentlichen aus: Das Bild, das der Senat in der Berufungshauptverhandlung vom Soldaten gewonnen habe, entspreche dem fachärztlich von ihm gezeichneten. Das gerichtliche Disziplinarverfahren habe den Soldaten in seinem Selbstwertgefühl derart erschüttert, dass allein schon dieses Verfahren beim Soldaten eine derart starke disziplinarische Wirkung gezeigt habe, dass unter spezialpräventiven Gesichtspunkten kein Handlungsbedarf mehr bestehe. Dies gelte namentlich für die allein in Rede stehende Disziplinarmaßnahme eines Beförderungsverbots für die Dauer von zwei Jahren. Der Soldat sehe sich zudem seit Einleitung des gerichtlichen

XII. Prozessuales — Aufhebung Urteil des TDG und Einstellung Disziplinarverfahren

Disziplinarverfahrens im Juni 2010 einem faktischen Beförderungsverbot ausgesetzt. Da er bereits seit April 2010 formal alle Voraussetzungen für eine Beförderung zum Major erfülle, habe das Disziplinarverfahren als solches bereits Auswirkungen auf den dienstlichen Werdegang des Soldaten gezeigt (vgl. dazu BVerwG, Urt. v. 16.2.2012 – 2 WD 7.11). Der Zeitraum bis zum (nunmehr) rechtskräftigen Abschluss des gerichtlichen Disziplinarverfahrens reiche zudem mit gut zweieinhalb Jahren sechs Monate über den Zeitraum hinaus, den das Truppendienstgericht für angemessen erachtet habe. Hätte der Senat die erstinstanzliche Entscheidung bestätigt, würde der Soldat damit im Ergebnis einem Beförderungsverbot unterworfen worden sein, das über den gesetzlichen Höchstzeitraum von (gemäß § 60 Abs. 2 Satz 1 WDO) vier Jahren hinausreichte. Zwar ist der Zeitraum der faktischen Beförderungssperre vorliegend nicht durch ein erfolgloses Rechtsmittel der Wehrdisziplinaranwaltschaft, sondern ausschließlich vom Soldaten verlängert worden (vgl. dazu BVerwG, Urt. v. 13.9.2011 – 2 WD 15.10, BVerwG, Urt. v. 16.2.2012 – BVerwG 2 WD 7.11 – und BVerwG, Urt. v. 13.12.2012 – 2 WD 29.11); der Senat berücksichtigte jedoch insoweit zugunsten des Soldaten, dass die bereits für September 2012 anberaumte Berufungshauptverhandlung aus Gründen aufgehoben wurde, die in der Sphäre des Gerichts lagen. Da die Pflichtverletzungen bereits mehr als drei Jahre zurücklagen und sowohl durch die Versetzung des Soldaten als auch durch das gerichtliche Disziplinarverfahren deutlich geworden sei, dass der Dienstherr Pflichtverletzungen der vom Soldaten begangenen Art grundsätzlich nicht dulde, würden durch die Einstellung des Verfahrens auch generalpräventive Erwägungen nicht vernachlässigt (vgl. BVerwG, Urt. v. 2.4.2008 – 2 WD 13.07).

Sachverhaltslücken im Strafurteil muss das Truppendienstgericht durch eigene Ermittlungen füllen
BVerwG, Beschl. v. 27.3.2012 – 2 WD 16.11

> **Anmerkung und Hinweise für die Praxis**
>
> Weitere Aufklärungen i. S. d. § 120 Abs. 1 Nr. 2 WDO sind erforderlich, wenn es – wie vorliegend – in dem Urteil des Truppendienstgerichts an hinreichenden tatsächlichen Feststellungen fehlt, die für die Entscheidung erheblich sind. Die Truppendienstkammer hat gemäß § 106 Abs. 1 WDO zur Erforschung der Wahrheit die Beweisaufnahme von Amts wegen auf alle Tatsachen und Beweismittel zu erstrecken, die für die Entscheidung von Bedeutung sind. Dazu gehören auch Schuldausschließungsgründe sowie gegebenenfalls Umstände, die die Maßnahmebemessung des Dienstvergehens beeinflussen können.

Verfahrensfehler

Der 2. WD-Senat des Bundesverwaltungsgerichts sah einen schweren Verfahrensfehler und erheblichen Aufklärungsmangel i. S. d. § 120 Abs. 1 Nr. 2 WDO darin, dass die Truppendienstkammer angesichts fehlender tatsächlicher Feststellungen in einem rechtskräftigen Strafurteil keine Ergänzung der tatsächlichen Feststellungen des rechtskräftigen Strafurteils durch eigene Ermittlungen vorgenommen hat. Zuvor hatte im sachgleichen Strafverfahren das Strafgericht (Amtsgericht) den Soldaten wegen fahrlässigen Vollrausches (§ 323 a StGB) zu einer Geldstrafe verurteilt. Das in abgekürzter Form nach § 267 Abs. 4 StPO begründete Strafurteil verweist wegen des Sachverhalts lediglich auf die zugelassene Anklage.

Bindungswirkung

In der Begründung führt das BVerwG in dem hier relevanten Zusammenhang aus: Da die Bindungswirkung eines rechtskräftigen Strafurteils nach § 84 Abs. 1 Satz 1 WDO nur seine tatsächlichen Feststellungen betrifft, besteht keine Bindungswirkung, soweit das Strafurteil tatsächliche Feststellungen nicht enthält. Verweist das Strafurteil wegen des Sachverhalts (Tatsachen) nur auf die zugelassene Anklage (Anklagesatz), sind auch nur die dort angeführten Tatsachen von der Bindungswirkung umfasst. Der Gesetzgeber hat die Bindung der Wehrdienstgerichte an die tatsächlichen Feststellungen eines rechtskräftigen Urteils im sachgleichen Strafverfahren bestimmt, um vor allem im Interesse der Rechtssicherheit und des Vertrauensschutzes sicherzustellen, dass zu einem historischen Geschehensablauf nicht in verschiedenen gerichtlichen Verfahren rechtskräftig unterschiedliche Feststellungen getroffen werden (stRspr, vgl. BVerwG, grundlegend Beschl. v. 1.12.1987 – 2 WD 66.87 – BVerwGE 83, 373, 375 m.w.N. und zuletzt Beschl. v. 28.9.2011 – 2 WD 18.10). Damit setzt die Bindungswirkung des § 84 Abs. 1 Satz 1 WDO voraus, dass den schriftlichen Urteilsgründen eines rechtskräftigen Strafurteils eindeutig zu entnehmen ist, von welchem Geschehensablauf das Strafgericht für seine Entscheidung ausgegangen ist. Soweit unklar ist, von welchen konkreten Tatsachenfeststellungen das Strafgericht ausgeht, kann von davon abweichenden Feststellungen im Disziplinarverfahren nicht gesprochen werden. Lücken im Strafurteil kann und muss das Wehrdienstgericht durch eigene Ermittlungen füllen.

Ermittlungen des Truppendienstgerichts

So liegt der Fall auch hier: Durch die Bezugnahme auf den Anklagesatz enthält das Strafurteil Feststellungen zu Rauschtaten des Soldaten. Es fehlt aber vollständig an Feststellungen zur Tathandlung des Versetzens in den Rauschzustand und an tatsächlichen Feststellungen zum subjektiven Tatbestand bezüglich der Berauschung in der Anklageschrift. Daher hätte das Truppendienstgericht diese Teile des Geschehensablaufes eigenständig in vollem Umfang aufklären müssen. Da die Ermittlungen des Truppendienstgerichts zum Rauschzustand des Soldaten und zu seinen Rauschtaten unzureichend waren, hat das BVerwG die Sache zur nochmaligen Verhandlung und Entscheidung an eine andere Kammer des Truppendienstgerichts zurückverwiesen.

Einbehaltung von Dienstbezügen bei Einleitung des gerichtlichen Disziplinarverfahrens
BVerwG, Beschl. v. 4.12.2009 – 2 WDB 4.09

> **Anmerkung und Hinweise für die Praxis**
>
> 1. Nach § 126 Abs. 2 Satz 1 WDO kann die Einleitungsbehörde gleichzeitig mit der nach § 126 Abs. 1 WDO erfolgten vorläufigen Dienstenthebung oder später anordnen, dass dem Soldaten ein Teil, höchstens die Hälfte der jeweiligen Dienstbezüge einbehalten wird, wenn im gerichtlichen Disziplinarverfahren voraussichtlich auf Entfernung aus dem Dienstverhältnis erkannt werden wird.
> 2. Eine vom Gericht, hier vom Truppendienstgericht, unanfechtbar als rechtswidrig aufgehobene Anordnung i. S. d. nachstehend genannten Vorschriften darf von der Einleitungsbehörde nur dann erneut erlassen werden, wenn sich die Sach- oder Rechtslage inzwischen geändert hat, z.B. vom Gericht gerügte Mängel behoben worden sind oder neue die Einbehaltungsanordnung stützende Beweismittel vorliegen.
> 3. Soweit sich die Einleitungsbehörde für die Rechtmäßigkeit des Erlasses der erneuten Einbehaltungsanordnung darauf beruft, durch die Einlegung des Rechtsmittels der Wehrdisziplinaranwaltschaft sei eine neue Prozesslage entstanden, die zur Entfernung des Soldaten aus dem Dienstverhältnis führen werde, stellt dies keine neue Sach- oder Rechtslage dar, die die Bindungswirkung des unanfechtbaren Beschlusses des Truppendienstgerichts entfallen lässt.

1. Sachverhalt

Die Soldatin im Rang eines Feldwebels wendet sich mit ihrem Antrag gegen die Anordnung des Amtschefs ..., 50 Prozent ihrer Dienstbezüge vorläufig einzubehalten. In dem mit Verfügung des Amtschefs ... vom ... als zuständiger Einleitungsbehörde gegen die Soldatin eingeleiteten gerichtlichen Disziplinarverfahren ist diese mit Bescheid vom 12. März 2008 u.a. vorläufig des Dienstes enthoben worden; zugleich ordnete die Einleitungsbehörde an, dass 50 Prozent der Dienstbezüge einbehalten werden. Den Antrag der Soldatin, die Anordnung aufzuheben, wies die Einleitungsbehörde zurück. Im gerichtlichen Disziplinarverfahren hat das Truppendienstgericht mit Urteil vom 1. April 2009 die Soldatin wegen eines Dienstvergehens in den Dienstgrad eines Gefreiten herabgesetzt. Hiergegen haben die Soldatin unbeschränkt, die Wehrdisziplinaranwaltschaft „auf das Disziplinarmaß beschränkt", Berufung eingelegt. Mit Beschluss vom selben Tag hat das Truppendienstgericht auf den Antrag der Soldatin die von der Einleitungsbehörde am 12. März 2008 angeordnete und später aufrechterhaltene Einbehaltungsanordnung aufgehoben. Mit Bescheid vom 26. Juni 2009 hat der Amtschef ... erneut die Einbehaltung von 50 Prozent der Dienstbezüge der Soldatin angeordnet und zur Begründung im Wesentlichen ausgeführt, das Dienstvergehen sei so schwerwiegend, dass die von der Wehrdisziplinaranwaltschaft inzwischen zuungunsten der Soldatin eingelegte Berufung zu ihrer Entfernung aus dem Dienstverhältnis führen werde. Den dagegen gerichteten Aufhebungsantrag der Soldatin hat die Einleitungsbehörde durch Bescheid vom 13. August 2009 zurückgewiesen. Hiergegen hat die Soldatin beim 2. WD-Senat des BVerwG Antrag auf gerichtliche Entscheidung gestellt, mit dem sie die Aufhebung der Bescheide vom 26. Juni 2009 sowie vom 13. August 2009 begehrt. Neue Umstände, die aus anderen als dem Truppendienstgericht seinerzeit bekannten Gründen den Erlass einer Einbehaltungsanordnung rechtfertigten, lägen nicht vor. Der Umstand, dass beide Seiten gegen das erstinstanzliche Urteil Berufung eingelegt hätten, habe nicht zu einer Änderung der Sach- und Rechtslage geführt.

XII. Prozessuales
Einbehaltung von Dienstbezügen

2. Entscheidung des Bundesverwaltungsgerichts

Das Rechtsschutzbegehren der Soldatin hatte Erfolg. Das BVerwG hielt ihren Antrag für begründet. Der Amtschef ... habe als Einleitungsbehörde zu Unrecht durch Bescheid vom 26. Juni 2009 erneut die Einbehaltung von 50 Prozent der Dienstbezüge der Soldatin angeordnet und diese Entscheidung durch Bescheid vom 13. August 2009 aufrechterhalten; der unanfechtbare Beschluss des Truppendienstgerichts vom 1. April 2009 stehe dieser Anordnung entgegen.

Nachstehend werden die wesentlichen Gründe der Entscheidung wiedergegeben:

Nach § 126 Abs. 2 Satz 1 WDO kann die Einleitungsbehörde gleichzeitig mit der nach § 126 Abs. 1 WDO erfolgten vorläufigen Dienstenthebung oder später anordnen, dass dem Soldaten ein Teil, höchstens die Hälfte der jeweiligen Dienstbezüge einbehalten wird, wenn im gerichtlichen Disziplinarverfahren voraussichtlich auf Entfernung aus dem Dienstverhältnis erkannt werden wird. Eine solche Anordnung ist hier durch den Bescheid vom 26. Juni 2009 erneut verfügt worden. Allerdings hatte die Einleitungsbehörde bereits mit Bescheid vom 12. März 2008 die Einbehaltung von 50 Prozent der Dienstbezüge der Soldatin angeordnet. Diesen Bescheid hat das Truppendienstgericht jedoch hinsichtlich der Einbehaltungsanordnung gemäß § 126 Abs. 5 Satz 3 WDO durch Beschluss vom 1. April 2009 mit der Begründung aufgehoben, die dem Bescheid zugrunde liegende Prognoseentscheidung – Entfernung der Soldatin aus dem Dienstverhältnis – sei unzutreffend; es komme lediglich eine Zurückstufung in den Dienstgrad eines Gefreiten in Betracht. Gegen diesen mit einer ordnungsgemäßen Rechtsmittelbelehrung versehenen Beschluss hat die Einleitungsbehörde keine Beschwerde gemäß Abs. 1 der Vorschrift eingelegt. Der Beschluss vom 1. April 2009 ist damit insoweit gemäß § 125 Abs. 1 Satz 1 WDO (formell) rechtskräftig geworden. Unter diesen Umständen darf eine erneute Anordnung der Einbehaltung der Dienstbezüge nur bei Vorliegen besonderer Voraussetzungen ausgesprochen werden; solche waren hier nicht gegeben.

a) Zwar ist, wie das BVerwG ausführt, die Bindungswirkung eines formell rechtskräftigen, d.h. unanfechtbaren Beschlusses, der im Rahmen und auf der Grundlage des § 126 Abs. 1, 2 und 5 WDO erlassen worden ist, nur begrenzt, weil er – dem vorläufigen Charakter von Anordnungen nach § 126 Abs. 1 und 2 WDO entsprechend – materieller Rechtskraft nicht fähig ist. Ein formell rechtskräftiger Beschluss des Truppendienstgerichts bindet jedoch die Einleitungsbehörde in derselben Sache insofern, als sie bei unveränderter Sach- und Rechtslage, wie sie für das Gericht Grundlage seiner Entscheidung war, nicht zuungunsten des betroffenen Soldaten abweichen und Anordnungen insbesondere nach § 126 Abs. 1 oder 2 WDO treffen darf. Eine vom Gericht unanfechtbar als rechtswidrig aufgehobene Anordnung i. S. d. genannten Vorschriften darf von der Einleitungsbehörde nur dann erneut erlassen werden, wenn sich die Sach- oder Rechtslage inzwischen geändert hat.

b) Die Sach- und Rechtslage hat sich hier, wie das BVerwG weiter feststellt, nach Erlass des Beschlusses des Truppendienstgerichtes vom 1. April 2009 nicht insoweit entscheidungserheblich geändert, dass ein solcher Umstand die Einleitungsbehörde berechtigte, in Abweichung von dem formell rechtskräftigen Gerichtsbeschluss erneut die Einbehaltung von 50 Prozent der Dienstbezüge der Soldatin anzuordnen: Zunächst war nichts dafür ersichtlich und wurde auch nicht geltend gemacht, dass zwischenzeitlich zum Nachteil der Soldatin eine entscheidungserhebliche Änderung der Sachlage hinsichtlich des angeschuldigten Dienstvergehens oder der Persönlichkeit der Soldatin eingetreten war. Es waren weder neuen Tatsachen noch Beweismittel in Bezug auf den Tatvorwurf, das Persönlichkeitsbild der Soldatin oder ihre persönlichen bzw. wirtschaftlichen Verhältnisse bekannt geworden. Zudem hat die Wehrdisziplinaranwaltschaft lediglich eine auf die Disziplinarmaßnahme beschränkte Berufung eingelegt, d.h. die Tat- und Schuldfeststellungen des Truppendienstgerichts unbeanstandet gelassen. Auch in disziplinarrechtlicher Hinsicht war seit dem 1. April 2009 keine Änderung entscheidungserheblicher Umstände eingetreten, die unmittelbar zu einer anderen, vom Truppendienstgericht abweichenden Beurteilung des von ihm festgestellten Dienstvergehens hätte führen können. Soweit sich die Einleitungsbehörde für die Rechtmäßigkeit des Erlasses der erneuten Einbehaltungsanordnung darauf beruft, durch die Einlegung des Rechtsmittels der Wehrdisziplinaranwaltschaft sei eine neue Prozesslage entstanden, die zur Entfernung der Soldatin aus dem Dienstverhältnis führen werde, stellt dies keine neue Sach- oder Rechtslage dar, die die Bindungswirkung des unanfechtbaren Beschlusses des Truppendienstgerichts vom 1. April 2009 ohne Weiteres entfallen lässt. Die gegen das erstinstanzliche Urteil des Truppendienstgerichts eingelegten Berufungen haben lediglich zur Folge, dass die Entscheidung in der Hauptsache, nämlich die Degradierung der Soldatin, noch nicht rechtskräftig geworden und das gerichtliche Disziplinarverfahren weiter zu betreiben ist. Auch die Prognose der Einleitungsbehörde, die Soldatin werde vom Berufungsgericht voraussichtlich aus dem Dienstverhältnis entfernt werden, war nicht neu; sie wurde bereits im gerichtlichen Disziplinarverfahren erster Instanz vertreten. Das BVerwG betont schließlich zu Recht, dass mit der Einlegung der Berufung durch die Wehrdisziplinaranwaltschaft der Einleitungsbehörde auch kein zusätzliches, allein auf die zweite Instanz beschränktes Anordnungsrecht nach § 126 Abs. 2 WDO erwachsen ist. Alle Anordnungen nach dieser Vorschrift gelten für das gesamte gerichtliche Disziplinarverfahren gegen einen Soldaten.

XII. Prozessuales
Aussetzung eines bereits verhängten Disziplinararrestes

Bundesverwaltungsgericht setzt Vollstreckung eines bereits verhängten Disziplinararrestes aus
(Antrag auf Aussetzung mit Nichtzulassungsbeschwerde)
BVerwG, Beschl. v. 9.4.2010 – 2 WDS-VR1.10

> **Anmerkung und Hinweise für die Praxis**
>
> 1. Nach § 42 Nr. 2 Satz 1 WDO hemmt die Beschwerde die Vollstreckung einer Disziplinarmaßnahme, wenn der Soldat sie vor Beginn der Vollstreckung eingelegt hat (siehe Einzelheiten bei Dau/Schütz, WDO, 7. Aufl. 2017, § 42 Rn. 53 ff.).
>
> 2. Die nach § 42 Nr. 2 Satz 1 WDO eingetretene aufschiebende Wirkung besteht fort, wenn gegen einen Beschluss des TDG, der die Beschwerde gegen die Verhängung eines Disziplinararrestes zurückweist, Nichtzulassungsbeschwerde nach § 22b WBO eingelegt wird.

1. Sachverhalt

Der Kommandeur des ...bataillons ... verhängte gegen den Soldaten am 12. März 2010 einen Disziplinararrest von 21 Tagen. Die Beschwerde des Soldaten hat das Truppendienstgericht mit Beschluss vom 7. April 2010 zurückgewiesen und dabei die Rechtsbeschwerde nicht zugelassen. Dagegen hat der Verteidiger des Soldaten mit Schreiben vom 9. April 2010 Nichtzulassungsbeschwerde eingelegt und zugleich beantragt, die Vollstreckung der Disziplinarmaßnahme auszusetzen. Das Truppendienstgericht hat den Aussetzungsantrag zuständigkeitshalber dem 2.WD-Senat des Bundesverwaltungsgerichts zur Entscheidung vorgelegt. Der Disziplinarvorgesetzte hat zu dem Antrag Stellung genommen. Die Vollstreckung des Disziplinararrestes hatte ab 9. April 2010 begonnen.

2. Entscheidung des Bundesverwaltungsgerichts

a) Zuständigkeit

Das BVerwG bejahte zunächst seine Zuständigkeit. Zu Recht habe das Truppendienstgericht die Zuständigkeit des 2.WD-Senats für die Entscheidung über den Aussetzungsantrag angenommen. Für Entscheidungen über Aussetzung der Vollziehung oder den Erlass einer einstweiligen Anordnung ist generell das Gericht der Hauptsache zuständig (§ 42 Satz 1 WDO i. V. m. § 23a Abs. 2 WBO, § 80 Abs. 5 Satz 1, § 123 Abs. 2 Satz 1 VwGO). Gericht der Hauptsache ist ab Einlegung der Nichtzulassungsbeschwerde das Bundesverwaltungsgericht und zwar unabhängig davon, ob ihm die Beschwerde gegen die Nichtzulassung der Rechtsbeschwerde bereits vorliegt oder nicht. Das BVerwG führt im Rahmen der Zulässigkeit weiter aus, dass im Fall der bereits begonnenen Vollstreckung der Disziplinarmaßnahme (Disziplinararrest) der betroffene Soldat zur Gewährung effektiven Rechtsschutzes (Art. 19 Abs. 4 GG) die Aussetzung des Vollstreckung beantragen kann.

b) Aussetzung der Vollstreckung des Disziplinararrestes

Der 2.WD-Senat hielt den Aussetzungsantrag des Soldaten auch für begründet mit der Folge, dass die Vollstreckung des am 12. März 2010 durch den Kommandeur des ...bataillons ... verhängten Disziplinararrestes ausgesetzt wurde. Die wesentlichen Argumente für diese Entscheidung ergeben sich aus Folgendem: Die nach Auskunft des Disziplinarvorgesetzten am 9. April 2010 um zehn Uhr begonnene Vollstreckung des Disziplinararrestes war auf Antrag auszusetzen. Nach § 42 Nr. 2 Satz 1 WDO hemmt die Beschwerde die Vollstreckung einer Disziplinarmaßnahme, wenn der Soldat sie vor Beginn der Vollstreckung eingelegt hat. Diese Voraussetzungen liegen hier vor. Gegen den von dem Kommandeur des ...

Aussetzung eines bereits verhängten Disziplinararrestes — XII. Prozessuales

bataillons ... verhängten Disziplinararrest war gemäß § 42 Nr. 5 Satz 1 WDO die Beschwerde an das Truppendienstgericht gegeben. Da sie vor Beginn der Vollstreckung eingelegt wurde, hatte sie aufschiebende Wirkung. Generell endet die aufschiebende Wirkung erst mit der Unanfechtbarkeit der angegriffenen Maßnahme (BVerwG, Urt. v. 27.10.1987 – 1 C 19.85 – BVerwGE 78, 192, 209 f.=Buchholz 402.24 § 7 AuslG Nr. 27 S. 21 f.). Dies folgt aus dem Sinn und Zweck der aufschiebenden Wirkung, die im Interesse eines effektiven Rechtsschutzes verhindern soll, dass trotz Inanspruchnahme des gerichtlichen Rechtsschutzes vollendete Verhältnisse geschaffen werden. Im vorliegenden Fall war weiterhin von Bedeutung, dass nach § 22b Abs. 3 WBO die Einlegung der Nichtzulassungsbeschwerde die Rechtskraft des angefochtenen Beschlusses des Truppendienstgerichts hemmt. Das Beschwerdeverfahren gegen die Verhängung des Disziplinararrestes, dem – wie gesagt – nach § 42 Nr. 2 Satz 1 WDO aufschiebende Wirkung zukommt, weil die Beschwerde vor Beginn der Vollstreckung eingelegt wurde, ist daher noch nicht rechtskräftig beendet und damit diese Disziplinarmaßnahme nicht unanfechtbar geworden. Zwar hat der Gesetzgeber in § 42 Nr. 2 Satz 3 Alt. 2 WDO ausdrücklich geregelt, dass einer weiteren Beschwerde keine aufschiebende Wirkung zukommt. Bei der Nichtzulassungsbeschwerde nach § 22b WBO handelt es sich aber nicht um eine weitere Beschwerde im Sinne der genannten Vorschrift, sondern um ein neu geschaffenes Rechtsmittel gegen die Entscheidung des Truppendienstgerichts, die Rechtsbeschwerde nicht zuzulassen, das durch die Verweisung des § 42 Satz 1 WDO auch auf Beschlüsse des Truppendienstgerichts in Disziplinarbeschwerdeverfahren Anwendung findet.

XII. Prozessuales

Milderungsgründe in den Tatumständen
(Entwicklung der Rechtsprechung des 2. WD-Senats des Bundesverwaltungsgerichts)

> **Anmerkung und Hinweise für die Praxis**
>
> Die besonderen Umstände der Tatbegehung, die in der Rechtsprechung des 2. WD-Senats mildernd anerkannt werden, setzen das Vorliegen einer von außergewöhnlichen Besonderheiten gekennzeichneten Situation voraus, in der der Soldat das Dienstvergehen begangen hat; ein an normalen Maßstäben orientiertes Verhalten konnte nicht mehr erwartet und daher auch nicht vorausgesetzt werden. Der Prüfungsmaßstab ist nicht dahingehend zu verstehen, dass es sich um einen fest zementierten Katalog von Tatmilderungsgründen handelt. Die Entwicklung in der Rechtsprechung zeigt, dass der Katalog durchaus einer Erweiterung zugänglich ist, um im Interesse der Einzelfallgerechtigkeit in ganz bestimmten einzelfallbedingten Konstellationen entlastende Umstände im Rahmen des Zumessungskriteriums „Maß der Schuld" bei der Maßnahmebemessung hinreichend zu würdigen. Gründe der Rechtssicherheit und Verlässlichkeit der Disziplinargerichtsbarkeit stehen einer solchen Praxis nicht entgegen, denn der unbeschränkten Erweiterung von Tatmilderungsgründen sind schon dadurch Grenzen gesetzt, das der betroffene Soldat in einer außergewöhnlichen Ausnahmesituation versagt haben muss.

1. Einzelne Fallgruppen*

Milderungsgründe in den Umständen der Tat werden anerkannt, wenn die Situation, in der der Soldat versagt hat, von so außergewöhnlichen Besonderheiten gekennzeichnet war, dass ein an normalen Maßstäben orientiertes Verhalten nicht mehr erwartet und daher auch nicht vorausgesetzt werden konnte. Der Senat hat in seiner gefestigten Rechtsprechung im Wege der Rechtsfortbildung verschiedene Fallgruppen entwickelt. Solche außergewöhnliche Besonderheiten sind seit langem in folgenden Fällen anerkannt und bis heute gültig.

a) Handeln in einer ausweglos erscheinenden, unverschuldeten wirtschaftlichen Notlage, die auf andere Weise nicht zu beheben war

Lebte der Soldat im Tatzeitraum in angespannten finanziellen Verhältnissen, begründet dies allein noch keine unverschuldete wirtschaftliche Notlage. Der Milderungsgrund setzt eine Konfliktsituation voraus, in der der Soldat keinen anderen Ausweg als den Zugriff auf Vermögen des Dienstherrn sieht, um den Notbedarf der Familie zu decken, und ist daher nur auf zeitlich begrenztes Fehlverhalten anwendbar. Eine solche Situation liegt dann nicht mehr vor, wenn dies über einen längeren Zeitraum in dem Sinne geschieht, dass eine weitere Einkunftsquelle verwertet wird. Bei 23 Einzeltaten über etwa zwei Jahre kann man nicht mehr von zeitlich begrenztem Fehlverhalten sprechen. Eine ausweglose Situation des Soldaten liegt nicht vor, wenn er nicht den Versuch unternommen hat, sich wegen seiner Verschuldung in sachverständige Beratung oder auf den Weg einer geordneten Privatinsolvenz zu begeben. Auch fehlt es an einer ausweglosen Situation, wenn die von dem Soldaten angestrebte behördliche Schuldnerberatung zunächst zwar abgelehnt worden und er aufgrund der jahrelangen Auseinandersetzungen mit seinen Gläubigern zermürbt war, er aber die Möglichkeit hatte, sich gegebenenfalls unter Ausschöpfung von Prozesskostenhilfe fachkundigen Rechtsrat einzuholen und die Gläubiger auf die schuld- und zivilprozessrechtlichen Regelungen zum Schuldnerschutz zu verweisen. Nicht unverschuldet ist der Soldat in eine Schuldensituation geraten,

---

* Keine abschließende Aufzählung, siehe z.B. auch BVerwG, Urt. v. 18.4.2013 – 2 WD 16.12 unter XIX. „Verletzung dienstlicher Befugnisse" sowie BVerwG, Urt. v. 13.12.2012 – 2 WD 29.11 unter XX. „Vermögensdelikte"

wenn er durch eine Kombination von Immobilien- sowie Darlehensvergaben den Ausgangspunkt seiner finanziellen Misere gesetzt hat, obwohl deren Risikoträchtigkeit sich ihm als berufs- und lebenserfahrenem Mann hätte aufdrängen müssen.

b) Handeln unter schockartig ausgelöstem psychischem Zwang; psychische Ausnahmesituation

Eine schockartig ausgelöste psychische Zwangslage ist eine von außen auf den Soldaten einwirkende Zwangssituation, die dann nicht gegeben ist, wenn der Soldat seine Problemlage wesentlich mitverursacht und mitverschuldet hatte.

Ein schockartig ausgelöster psychischer Zwang liegt nicht vor, wenn der Soldat bei Begehung seiner fortgesetzten Veruntreuungen sich stets über den Inhalt seiner Handlungen im Klaren war. Den Tatmilderungsgrund der psychischen Ausnahmesituation hat der Senat in einem Fall anerkannt, in welchem sich eine familiäre „Drucksituation" offenkundig nachhaltig auf die Widerstandskraft eines Soldaten ausgewirkt hat, die für seine Fehlreaktion verantwortlich war. Wegen Häufung unterschiedlicher Belastungsfaktoren in physischer und psychischer Hinsicht wurde dem Soldaten der Tatmilderungsgrund zugebilligt. Die Pflichtverletzungen des Soldaten müssen aber Ausdruck eines Handelns in einer Ausnahmesituation sein, eine psychisch erhebliche Belastung im Tatzeitraum reicht nicht aus.

c) Unbedachte, im Grunde persönlichkeitsfremde Augenblickstat eines ansonsten tadelfreien und im Dienst bewährten Soldaten

Entscheidend ist insoweit, ob der Soldat das Dienstvergehen in einem Zustand begangen hat, in dem er die rechtlichen und tatsächlichen Folgen seines Verhaltens nicht bedacht hat, wozu ein gewisses Maß an Spontaneität, Kopflosigkeit oder Unüberlegtheit („Kurzschlussreaktion") gehört. Das kann auch dann der Fall sein, wenn der Betroffene, der sich erstmalig einer für ihn bisher unbekannten dienstlichen Situation gegenübersieht, überfordert ist.

Von Spontaneität, Kopflosigkeit oder Unüberlegtheit ist nicht mehr zu sprechen, wenn das Dienstvergehen sich als mehraktiges Verhalten darstellt, das immer wieder neue, wenn auch kurze Überlegungen erfordert.

Diese sogenannten klassischen Milderungsgründe in den Umständen der Tat sind in der Rechtsprechung fortentwickelt worden. Entgegen einer im Schrifttum geäußerten Auffassung ist darauf hinzuweisen, dass der Katalog nicht abschließend ist. Das BVerwG hat weitere einzelfallbedingte Konstellationen entlastender Umstände in der Tat zugelassen, wobei sich bis jetzt im Wesentlichen folgende Fallgruppen herausgebildet haben:

d) Handeln in einer körperlichen oder seelischen Ausnahmesituation

e) Freiwillige Offenbarung des Fehlverhaltens oder freiwillige Wiedergutmachung des Schadens vor Entdeckung der Tat

Freiwillig ist die Wiedergutmachung eines Schadens, wenn sie ohne äußeren oder inneren zwingenden Anlass erfolgt und wenn das Verhalten des Soldaten erkennbar von Einsicht oder Reue bestimmt ist, so dass deswegen das an sich zerstörte Vertrauen des Dienstherrn in die Zuverlässigkeit und Treuebereitschaft des Soldaten wiederhergestellt werden kann.

XII. Prozessuales
Milderungsgründe in den Tatumständen

In dem Verfahren 2 WD 9.95 erfüllte das Verhalten des Soldaten das Merkmal der Freiwilligkeit, weil sein Beweggrund der von Einsicht und Reue getragene Wille war, den Schaden gegenüber seinem Dienstherrn wieder gutzumachen. Dagegen verneinte der Senat in dem Verfahren 2 WD 1.95 das Vorliegen des Tatmilderungsgrundes, weil der Soldat seine Veruntreuung „aus Angst vor dem Knast" und deswegen offenbarte, weil er „mit der Angst vor Aufdeckung seiner Unterschlagungen nicht mehr leben konnte", sein Beweggrund mithin nicht von Einsicht und Reue getragen war. Auch in dem Verfahren 2 WD 33.1124 griff der Tatmilderungsgrund nicht ein; hier hatte der Soldat unter dem Druck vorliegender Beweise und damit nicht mehr freiwillig gehandelt, den Schaden konnte er aufgrund bereits bestandskräftiger Rückforderungsbescheide ebenfalls nicht mehr freiwillig wiedergutmachen. In dem Verfahren 2 WD 29.11 fehlte es ebenfalls an einer freiwilligen Wiedergutmachung des Schadens: Der Soldat hatte den von ihm aus einem Umschlag entnommenen Geldbetrag zwar noch am Tag des Zugriffs zurückgezahlt, dies aber erst getan, als ihm klar war, in eine Diebesfalle geraten zu sein. Damit fehlte die Freiwilligkeit. Auch in dem Verfahren 2 WD 22.11 lag der Tatmilderungsgrund nicht vor, weil der Soldat die Rückzahlung unter dem Druck des Verfahrens und damit nicht ohne äußeren oder inneren zwingenden Anlass geleistet hat.

f) Unverschuldete außergewöhnliche situationsbedingte Erschwernis bei der Erfüllung eines dienstlichen Auftrags

g) Dienstliche Überlastung

Eine dienstliche Überlastung kam dem Soldaten in dem Verfahren 2 WD 20.09 zugute. Aufgrund der damals unübersichtlichen teilweise desolaten Situation im Materialbewirtschaftungsbereich des Bataillons war der Soldat als überwiegend allein zuständiger Materialnachweisfeldwebel arbeitsmäßig überlastet.

h) Mitverschulden von Vorgesetzten, z.B. durch mangelnde Dienstaufsicht

Den Tatmilderungsgrund anerkannt hat der Senat z.B. in den Verfahren 2 WD 33.02 und 2 WD 13.03. In dem Verfahren 2 WD 33.02 war der Soldat u.a. durch entwürdigende Verhaltensweisen gegenüber seinen Untergebenen aufgefallen. Seinem Disziplinarvorgesetzten, der von einer einschlägigen disziplinaren Verfehlung des Soldaten wusste, waren einige der Vorfälle gemeldet worden; er hätte daher Anlass gehabt, unverzüglich im Rahmen seiner Dienstaufsicht selbst einzuschreiten, entsprechende Ermittlungen aufzunehmen und den Soldaten auf Mängel in der Ausbildung hinzuweisen. Bei rechtzeitigem und nachdrücklichem Einschreiten des Disziplinarvorgesetzten hätten die eingetretene Häufung und Eskalation vermieden werden können. In dem Verfahren 2 WD 13.03 hatte der Disziplinarvorgesetzte des Soldaten trotz der damals infolge hohen Patientenaufkommens ganz erheblichen beruflichen Dauerbelastung des Soldaten (Truppenarzt) und dessen in dieser Zeit offenkundig gewordenen Selbstüberforderung, die im Wesentlichen auf mangelnde gleichmäßige Verteilung ärztlicher Belastungen und ständiger Unterbesetzung des Standortsanitätszentrums mit Ärzten zurückzuführen war, keine Abhilfe geschaffen und auch keinen erkennbaren nachdrücklichen Versuch in dieser Richtung unternommen. Für ihn war ohne Weiteres ersichtlich, dass hier aufgrund der hohen Arbeitsbelastung, die der Soldat bewältigen musste, ein hilfreiches Eingreifen geboten war.

i) Alkoholkrankheit als sonstige außergewöhnliche Besonderheit

In dem Verfahren 2 WD 10.03 sind sonstige außergewöhnliche Besonderheiten erkennbar geworden, wonach ein an normalen Maßstäben orientiertes Verhalten des Soldaten im Tatzeitraum nach den Umständen des Einzelfalls nicht mehr erwartet und vorausgesetzt werden konnte, wodurch das Maß der Schuld des Soldaten am Dienstvergehen deutlich gemindert wurde. Die vom Senat getroffenen Feststellungen rechtfertigen die Annahme, dass der Soldat seit Jahren an einer schweren Alkoholkrankheit litt, die im Laufe der Zeit behandlungsbedürftig geworden war und die durch dienstlichen Stress im Tatzeitraum immer weiter verstärkt wurde. Durch die Alkoholkrankheit wurden die privaten und dienstlichen Freundschaften des Soldaten zerstört, im Grunde war er dienstlich und privat isoliert. Seine Alkoholerkrankung hatte gravierende Auswirkungen auf sein Fehlverhalten. Die Alkoholkrankheit wurde zunächst nicht behandelt und bestand auch noch im Tatzeitraum. Im dienstlichen Bereich erhielt er von niemandem Hilfestellung für die Einleitung einer umgehenden professionellen Therapie.

j) Zugriff auf geringwertige Objekte

Soweit ein Zugriff auf Vermögen des Dienstherrn in Rede steht, kann von einer an sich verwirkten (Höchst-)Maßnahme abgesehen werden, wenn der Vermögenswert gering ist und keine weiteren wichtigen öffentlichen oder privaten Interessen verletzt sind. Die „Bagatellgrenze" liegt bei ca. 50 Euro.

Bei einem Zugriff auf Eigentum oder Vermögen von Kameraden oder Kameradengemeinschaften ist der geringe Wert des Zugriffsobjekts ebenfalls mildernd zu berücksichtigen. Für die Erweiterung des Milderungsgrundes spricht, dass bei geringwertigen Dingen die Hemmschwelle zum Zugriff herabgesetzt ist, sodass nur geringere kriminelle Energie aufgewendet werden muss, um sie zu überwinden, und mit der Tat daher auch ein geringeres Unrechtsbewusstsein einhergeht. Da eine solche Tat geringere Charaktermängel offenbart, verlangt sie auch nach einer weniger weitgehenden Maßnahme zur Erreichung des pflichtenmahnenden Zwecks der Sanktion.

2. Abgrenzung zu anderen Milderungsgründen

Über die Tatmilderungsgründe hinaus haben weitere Milderungsgründe im Rahmen der Bemessung der Disziplinarmaßnahme Eingang in die Rechtsprechung gefunden, die hier lediglich beispielhaft genannt werden können. Hervorzuheben ist jedoch, dass im Unterschied zu anderen Milderungsgründen grundsätzlich nur das Vorliegen eines Tatmilderungsgrundes Einfluss auf die Art der Maßnahme hat (z.B. Beförderungsverbot statt Dienstgradherabsetzung), ein Tatmilderungsgrund sich also nicht bloß innerhalb der Maßnahme auswirken kann. Soweit der Senat die fahrlässige oder bedingt vorsätzliche Dienstpflichtverletzung bei der Ahndung des Dienstvergehens „tatmildernd" in Betracht zieht, betrifft dies die geringere Schuldform bei der Begehung und stellt keinen Tatmilderungsgrund dar. Von den Tatmilderungsgründen zu unterscheiden sind die Schuldausschließungs- und Schuldmilderungsgründe der §§ 20, 21 StGB oder ein entsprechend § 17 Satz 2 StGB die Disziplinarmaßnahme potenziell mildernder Verbotsirrtum. Unabhängig vom Vorliegen eines Tatmilderungsgrundes ist beispielsweise auch zu prüfen, ob eine überlange Verfahrensdauer, die einen Verstoß gegen die Gewährleistung einer Verhandlung innerhalb angemessener Frist durch Art. 6 Abs. 1 EMRK begründen kann, einen Milderungsgrund zur Folge hat. Keine Tatmilderungsgründe sind Milderungsgründe in der Person des Soldaten, wie etwa Reue und Einsicht in das Unrecht der Tat, eine Nachbewährung oder eine günstige Persönlichkeitsprognose, die sich nach der Rechtsprechung maßnahmemildernd auswirken können. Zu Milderungsgründen in der Dauer des Disziplinarverfahrens, siehe unter diesem Stichwort.

XII. Prozessuales
Fahrlässiges ärztliches Handeln bei Gutachten

Zur Bewertung fahrlässigen ärztlichen Handelns bei der Begutachtung und Dokumentation des Gesundheitszustandes eines Soldaten
BVerwG, Urt. v. 5.6.2014 – 2 WD 14.13

> **Anmerkung und Hinweise für die Praxis**
>
> Der 2. WD-Senat bewertete das ärztliche Fehlverhalten als eine fahrlässige, nicht aber grobfahrlässige, einmalige Schlechtleistung, die ohne nachteilige Folgen für den Dienstherrn oder Kameraden geblieben ist. Diese kann grundsätzlich angemessen mit einer einfachen Disziplinarmaßnahme geahndet werden. Der Verhängung einer einfachen Disziplinarmaßnahme stand hier aber § 17 Abs. 2 WDO entgegen, wonach eine einfache Disziplinarmaßnahme nicht mehr verhängt werden darf, wenn seit einem Dienstvergehen sechs Monate verstrichen sind.

1. Sachverhalt

Das Truppendienstgericht hat festgestellt, dass der frühere Soldat (Oberstabsarzt), der damals den Truppenarzt vertreten hatte, dem Zeugen Oberstabsarzt Dr. S. die gesundheitliche Eignung für die Übernahme in das Dienstverhältnis eines Berufssoldaten attestiert hat, obwohl er wegen in dessen Gesundheitsakte befindlicher Facharztbefunde wegen eines Hörschadens zu dem Begutachtungsergebnis „dienstfähig und verwendungsfähig mit erheblichen Einschränkungen für bestimmte Tätigkeiten" hätte kommen müssen. Der korrekte Befund hätte die Notwendigkeit einer Ausnahmegenehmigung ergeben, die allerdings erteilt worden wäre. Weiter hat es festgestellt, dass der frühere Soldat eine internen Anweisungen genügende militärärztliche Befragung des Zeugen nicht dokumentiert hatte. Hierbei habe der frühere Soldat das vorschriftenwidrige Unterbleiben einer vollständigen Dokumentation und das zutreffende Ergebnis einer sorgfältigen Untersuchung erkennen können und müssen. Das Truppendienstgericht bewertete dieses Verhalten als fahrlässige Verletzung der Pflichten aus § 7 und § 17 Abs. 2 Satz 1 SG und verhängte gegen den damals noch im aktiven Dienst befindlichen früheren Soldaten wegen eines Dienstvergehens eine Kürzung seiner Dienstbezüge um ein Zwanzigstel für die Dauer von zwölf Monaten. Gegen dieses Urteil hat der frühere Soldat eine auf die Maßnahmebemessung beschränkte Berufung eingelegt.

2. Entscheidung des BVerwG

Das BVerwG hat die durch das Truppendienstgericht ausgesprochene Kürzung der Dienstbezüge des früheren Soldaten aufgehoben und das Verfahren eingestellt (§ 123 Satz 3 i. V. m. § 108 Abs. 3 Satz 1 und § 17 Abs. 2 WDO). Zur Begründung hat der 2. WD-Senat im Wesentlichen ausgeführt:

a) Einfache Maßnahme

Bei der Gesamtwürdigung aller be- und entlastenden Umstände wäre im Hinblick auf die Bemessungskriterien des § 38 Abs. 1 WDO und die Zwecksetzung des Wehrdisziplinarrechts der Ausspruch einer einfachen Maßnahme aus dem Katalog nach § 58 Abs. 6, § 22 Abs. 1 WDO tat- und schuldangemessen gewesen. Da eine solche hier nach § 17 Abs. 2 WDO nicht mehr verhängt werden darf, ist das Verfahren nach § 108 Abs. 3 Satz 1 WDO einzustellen.

b) Bloße fahrlässige Schlechtleistung

Bezüglich des „Ausgangspunkts der Zumessungserwägungen" (Regelmaßnahme) stellt das BVerwG fest: Hier hat der frühere Soldat ein fehlerhaftes Arbeitsergebnis abgeliefert, weil er durch Nachlässigkeit

Verfahrensvorschriften außer Acht gelassen hat, die eine gründliche Prüfung und dadurch zuverlässige Ergebnisse sicherstellen sollen. Er hat damit vorwerfbar eine Schlechtleistung erbracht. Eine fahrlässige, nicht aber grob fahrlässige, einmalige Schlechtleistung, die ohne nachteilige Folgen für den Dienstherrn oder Kameraden geblieben ist, kann grundsätzlich angemessen mit einer einfachen Disziplinarmaßnahme geahndet werden. Auch ein zuverlässiger und fachlich kompetenter Soldat arbeitet nicht ununterbrochen fehlerlos. Müsste ein Soldat schon bei jeder nicht grob fahrlässig schlechten Erledigung einer Aufgabe mit der Einleitung eines gerichtlichen Disziplinarverfahrens rechnen, würde dies die Zügigkeit der Erledigung der Dienstgeschäfte, das Engagement, die Entschlussfreudigkeit und die Bereitschaft, auch unter engen zeitlichen Vorgaben situationsangepasst schnell zu reagieren, beeinträchtigen. Auch unter generalpräventiven Aspekten ist eine derart scharfe Sanktionsdrohung nicht geboten und im Lichte der effektiven wie effizienten Erfüllung der Aufgaben der Streitkräfte kontraproduktiv. Für eine mildere Sanktion sprechen auch folgende Umstände: Die Pflichtverletzung hatte keine strafrechtliche Relevanz, sie war nicht von Eigennutz geprägt und das Risiko, um dessentwillen ein sorgfältigeres Vorgehen im Interesse des Dienstherrn geboten gewesen wäre, hat sich nicht in einem Schaden verwirklicht. Fahrlässige Pflichtverletzungen sind grundsätzlich milder zu ahnden als vorsätzliche (vgl. BVerwG, Urt. v. 14.4.2011 – 2 WD 7.10 – juris Rn. 14 = NZWehrr 2012, 35). Anders läge der Fall allerdings bei grob fahrlässiger, erst recht (bedingt) vorsätzlichen Schlechtleistungen oder wiederholter, dauerhafter Nachlässigkeit in der Wahrnehmung der Aufgaben des eigenen Dienstpostens. In einem solchen Fall, wäre – erst recht, wenn der Dienstvergehen für Kameraden oder den Dienstherrn nachteilige Folgen hat – der Ausgangspunkt der Zumessungserwägungen in einer der Maßnahmen des gerichtlichen Disziplinarverfahrens zu sehen.

c) Modifizierung der Disziplinarmaßnahme

Der 2. WD-Senat sah keinen Anlass, die gegenüber dem Ausgangspunkt der Zumessungserwägungen zu verhängende Disziplinarmaßnahme nach „oben" bzw. nach „unten" zu modifizieren: Hier liegen keine Umstände von solcher Art und solchem Gewicht vor, dass von einer schweren Form der fahrlässigen Schlechtleistung auszugehen wäre, die angemessen nur mit einer der Maßnahmen des gerichtlichen Disziplinarverfahrens geahndet werden könnte. Vielmehr wäre zusätzlich mildernd den Umständen in der Person des früheren Soldaten Rechnung zu tragen. Es bedarf hier allerdings keiner Entscheidung, welche Maßnahme aus dem Katalog des § 22 Abs. 1 i. V. m. § 58 Abs. 6 WDO im Rahmen der Einzelfallbetrachtung angemessen ist. Einer Verhängung einer einfachen Disziplinarmaßnahme steht nämlich § 17 Abs. 2 WDO (Sechs-Monatsfrist) entgegen, weil die Hemmung nach § 17 Abs. 5 WDO durch die Einleitung des Verfahrens erst mit dem Wirksamwerden der Einleitungsverfügung durch Aushändigung an den Soldaten am 31. August 2011 eingetreten ist. Das Dienstvergehen ist aber bereits am 18. November 2010 begangen worden.

XII. Prozessuales

Degradierung zum Stuffz

Änderung der Rspr.: Degradierung zum Stuffz der höheren Besoldungsgruppe A7 zulässig
BVerwG, Urt. v. 24.4.2014 – 2 WD 39.12

> **Anmerkung und Hinweise für die Praxis**
>
> Einer Degradierung in den Dienstgrad eines Stabsunteroffiziers der Besoldungsgruppe A 7 steht nicht entgegen, dass diese Besoldungsgruppe Soldaten vorbehalten wäre, die sich durch besondere Leistungen und tadelfreie Führung besonders ausgezeichnet hätten (Änderung der Rechtsprechung: vgl. BVerwG, Urt. v. 24.5.2012 – 2 WD 18.11). Ist hiernach unter Berücksichtigung des Gewichts von Tat und Schuld die Herabsetzung in die höhere Besoldungsgruppe eines niedrigeren Dienstgrades geboten, widerspräche es dem Verhältnismäßigkeitsgrundsatz, stattdessen in die niedrigere Besoldungsgruppe des niedrigeren Dienstgrades zu degradieren.

Das Truppendienstgericht hat mit Urteil vom ... gegen den Soldaten, einen Feldwebel, wegen eines außerdienstlich begangenen Dienstvergehens (körperliche Misshandlung eines Menschen) ein Beförderungsverbot für die Dauer von 48 Monaten verhängt. Die Wehrdisziplinaranwaltschaft hat gegen dieses Urteil eine auf die Maßnahmebemessung beschränkte Berufung eingelegt und die Herabsetzung in den Dienstgrad eines Stabsunteroffiziers der Besoldungsgruppe A 6 beantragt. Das Bundesverwaltungsgericht hat den Soldaten in den Dienstgrad eines Stabsunteroffiziers der Besoldungsgruppe A 7 degradiert und hierzu u.a. Folgendes ausgeführt: Den im vorliegenden Fall gewichtigen, für den Soldaten sprechenden Aspekten in Gestalt der Nachbewährung, der Bereitschaft, an den Geschädigten freiwillig Schmerzensgeld zu zahlen, einer besonderen Auszeichnung bei konkretem Hintergrund (Gefechtsmedaille), des Persönlichkeitsfremden der Tat und der faktisch entgangenen Beförderung ist dadurch Rechnung zu tragen, dass der rechtliche Rahmen der bis in den Mannschaftsdienstgrad möglichen Dienstgradherabsetzung nicht ausgeschöpft wird. Sie führen dazu, dass die Herabsetzung im Dienstgrad zum einen auf einen Dienstgrad zu begrenzen ist und dem Soldaten zum anderen weiterhin die Besoldungsgruppe A 7 zuzuweisen ist. Soweit der Senat bislang den Rechtsstandpunkt bezogen hat, einen Unteroffizier mit Portepee in die Besoldungsgruppe A7 herabzusetzen verbiete sich, weil die Einweisung in diese Besoldungsgruppe Soldaten vorbehalten bleiben müsse, die sich wegen ihrer dienstlichen Leistungen und ihrer tadelfreien Führung besonders hervorgetan hätten, **hält er daran nicht fest**. Die dieser Rechtsansicht zugrunde liegende Tatsachengrundlage trägt nicht mehr, nachdem gerichtsbekannt geworden ist, dass Stabsunteroffiziere regelmäßig und ohne den Nachweis besonderer Leistungen in die Besoldungsgruppe A7 befördert werden. Weder § 62 Abs. 1 Satz 4 WDO noch § 62 Abs. 2 Satz 2 WDO schließen eine Degradierung zum Stabsunteroffizier der Besoldungsgruppe A 7 aus. Vielmehr war es Zweck der Einfügung von § 62 Abs. 2 Satz 4 WDO durch Artikel 1 des Zweiten Gesetzes zur Neuordnung des Wehrdisziplinarrechts und zur Änderung anderer Vorschriften (2. WehrDiszNOG) vom 16. August 2001 (BGBl I S. 2093), die bis dahin geltende gesetzliche Vorgabe einer zwingenden Herabsetzung in die niedrigere von zwei Besoldungsgruppen eines Dienstgrade aufzugeben und den Wehrdienstgerichten die durch die Umstände des Einzelfalles bestimmte Entscheidung darüber zu übertragen, in welche Besoldungsgruppe eines Dienstgrades der Soldat zurückzutreten habe. Für die Annahme eines Verbotes der Herabsetzung in die höhere von zwei Besoldungsgruppen eines Dienstgrades bietet das Gesetz deshalb keine Anhaltspunkte.

XIII. Schuldenmachen

Finanzielle Verbindlichkeiten (Schuldenmachen) gegenüber dienstgradniedrigeren Soldaten sowie Griff in die Kameradenkasse
BVerwG, Urt. v. 8.3.2011 – 2 WD 15.09

> **Anmerkung und Hinweise für die Praxis**
>
> 1. Ausgangspunkt der Zumessungserwägungen (Regelmaßnahme) bei der Veruntreuung von Kameradengeldern bildet eine Herabsetzung im Dienstgrad. Das BVerwG hat vorliegend den Zugriff auf die Kameradenkasse jedoch lediglich als leichteren Fall eingestuft (Beförderungsverbot).
> 2. Bei Verfehlungen in Form des Schuldenmachens nimmt das BVerwG im Allgemeinen ein Beförderungsverbot zum Ausgangspunkt der Zumessungserwägungen. Anders im vorliegenden Fall: Wegen der Schwere der disziplinaren Verfehlung – Darlehensschulden gegenüber dienstgradniedrigeren und zum Teil sogar fachlich unmittelbar unterstellten Soldaten – war Ausgangspunkt eine Herabsetzung im Dienstgrad.
> 3. Bei einer Gesamtbetrachtung beider Fehlverhaltensweisen (Schuldenmachen/Griff in die Kameradenkasse) hat das BVerwG zwar von einer Entfernung aus dem Dienstverhältnis abgesehen, aber wegen des Gewichts der disziplinarischen Verfehlung eine Herabsetzung bis in den untersten gesetzlich zulässigen Dienstgrad (Leutnant) vorgenommen.

1. Sachverhalt

Der Soldat, ein Haupt[...] [s]einer Funktion als Heimoffizier auf das Vermögen einer OHG zugegriffen – Veruntre[uung von ...]geldern –, um die BFD-Ausbildung eines Kameraden vorzufinanzieren (ASP1). Es ha[ndelte sich um einen] Betrag von insgesamt 2800 Euro, der später wieder an die Kasinokasse zurückfloss. Da[rüber hinaus hat er mehr]ere dienstgradniedrigere Soldaten seiner Einheit, die ihm teilweise fachlich unters[tellt waren, um Darlehen] (ASP2). Den Rückzahlungsverpflichtungen kam er nicht nach. Durch rechtskräftigen [Strafbefehl ist der S]oldat im Hinblick auf das unter ASP1 beschriebene Verhalten wegen Untreue und im Hinbli[ck auf das] unter ASP2 beschriebene Verhalten wegen Betruges in sieben Fällen verurteilt worden. Das Truppendienstgericht hat den Soldaten in den Dienstgrad eines Leutnants herabgesetzt. Der 2. WD-Senat des BVerwG hat die – auf die Maßnahme beschränkte – Berufung der Wehrdisziplinaranwaltschaft gegen das Urteil des Truppendienstgerichtes zurückgewiesen; sie beantragte, den Soldaten aus dem Dienstverhältnis zu entfernen.

2. Maßnahmebemessung durch das BVerwG

Das BVerwG begründet seine Entscheidung, den Soldaten nicht aus dem Dienstverhältnis zu entfernen, sondern es bei der Degradierung zum Leutnant zu belassen, im Wesentlichen wie folgt:

a) Äußerst schweres Dienstvergehen

Eigenart und Schwere des Dienstvergehens bestimmen sich nach dem Unrechtsgehalt der Verfehlung. Danach wiegt das Dienstvergehen des Soldaten äußerst schwer. Dies begründet sich vor allem damit, dass der Soldat mit Ausnahme eines Darlehens alle anderen Darlehen von ihm dienstrangmäßig unterstellten Soldaten in betrügerischer und damit strafrechtlich relevanter Art und Weise erhalten hat. Er hat das Vertrauen der Soldaten in seine Integrität darüber hinaus sowohl mehrfach als auch über Jahre hinweg

XIII. Schuldenmachen
Schuldenmachen sowie Griff in die Kameradenkasse

ausgenutzt. Dabei hat er eine Kameradin in eine wirtschaftlich existenzgefährdende Lage gebracht, wobei der Senat zu seinen Gunsten annimmt, dass ihm dieser Umstand seinerzeit unbekannt gewesen ist. Die gegen ihn verhängte Freiheitsstrafe (auf Bewährung) gibt zudem Aufschluss darüber, in welchem Ausmaß der Soldat nicht nur gegen die Kameradschafts- und Fürsorgepflicht, sondern auch gegen die Pflicht verstoßen hat, der Achtung und dem Vertrauen gerecht zu werden, die sein Dienst als Soldat auch der Allgemeinheit gegenüber erfordert. Zugunsten des Soldaten ist allerdings davon auszugehen, dass er den geschädigten Kameraden gegenüber nicht seinen höheren Dienstgrad zur Geltung gebracht oder gar – wie von der Wehrdisziplinaranwaltschaft behauptet – skrupellos ausgenutzt hat. Der Soldat hat in der Berufungshauptverhandlung vielmehr glaubhaft dargelegt, dass deren Bereitschaft zur Darlehenvergabe auf die – jedenfalls seinerzeit – bestehende menschliche Wertschätzung für ihn beruhte.

Der darüber hinaus erfolgte Zugriff auf das Vermögen der OHG und damit der Kameraden verleiht dem Dienstvergehen zusätzliches Gewicht, zumal es ebenfalls – in einer für den Senat allerdings nicht bindenden Weise – strafrechtlich als Untreue qualifiziert worden und vom Truppendienstgericht in einer für den Senat bindenden Weise als Verstoß auch gegen die Wahrheitspflicht angesehen worden ist. Da das Truppendienstgericht nicht die Feststellung getroffen hat, dass das Geld dem Soldaten anvertraut gewesen war, konnte der Senat einen solchen erschwerenden Umstand allerdings nicht zugrunde legen.

Eigenart und Schwere des Dienstvergehens werden zusätzlich dadurch bestimmt, dass der Soldat als Hauptmann eine herausgehobene Vorgesetztenstellung innehatte (§ 10 Abs. 1 SG).

b) Nachteilige Auswirkungen

Das Dienstvergehen hatte auch erhebliche nachteilige Auswirkungen. Dies betraf namentlich die Personalplanung und -führung, auch wenn der Soldat trotz des Dienstvergehens weiterhin seine bisherige Sicherheitseinstufung behielt. Er war wegen des Dienstvergehens vorübergehend seines Dienstes enthoben worden und auch anschließend in seiner bisherigen Einheit nicht mehr tragbar. Die Soldatin G. schließlich musste heimatnah versetzt werden, weil sie durch die unterlassene Rückzahlung des dem Soldaten gewährten Darlehens finanziell derart in Bedrängnis geraten war, dass es ihr nicht mehr möglich war, die bisherigen berufsbedingten Fahrtkosten zu tragen. Hinzu trat die allgemeine Unruhe, die in der Truppe entstand, nachdem sich die Vielzahl der vom Soldaten betrogenen Personen herausstellte.

c) Degradierung ausreichend

Bei der Gesamtwürdigung aller Umstände ist nach Auffassung des Senats die Herabsetzung in den Dienstgrad eines Leutnants erforderlich, aber auch ausreichend. Eine Entfernung aus dem Dienstverhältnis wäre unverhältnismäßig.

Soweit es hier um die Verfehlungen in Form des Schuldenmachens geht (ASP2), hat der Senat allerdings betont, Vorgänge dieser Art könnten sich nach ihren Modalitäten sowie ihrer kriminellen Intensität, nach der Schuld des Täters sowie den Folgen der Tat erheblich voneinander unterscheiden. Er hat für die Ahndung auch deshalb keinen einheitlichen Ausgangspunkt der Zumessungserwägungen gesetzt, weil es in subjektiver Hinsicht entscheidend darauf ankommt, welche Hemmschwelle der Täter bei seinem Fehlverhalten zu überwinden hatte. Im Allgemeinen hat der Senat in derartigen Fällen jedoch eine laufbahnhemmende Maßnahme in Form eines Beförderungsverbots zum Ausgangspunkt der Zumessungserwägungen genommen, um den Soldaten nachhaltig auf seine Pflichtwidrigkeit hinzuweisen und zu pflichtgemäßem Verhalten zu veranlassen. Im vorliegenden Fall liegen jedoch gewichtige Erschwernisgründe vor. Denn der Soldat ist nicht nur über einen langen Zeitraum in mehrfach strafrechtlich relevanter Weise Verbindlichkeiten bei Dritten eingegangen, sondern dies gegenüber dienstgradniedrigeren und zum Teil sogar fachlich unmittelbar unterstellten Soldaten (ASP2). Dass wirtschaftliche Verflechtungen dieser Art zumindest geeignet sind, sein dienstliches Verhalten und seine Befehlsgebung durch dienstfremde Erwägungen zu beeinflussen, ist offensichtlich, zumal das Fehlverhalten – wie dargelegt – zusätzlich konkrete Auswirkungen auf die Personalplanung hatte. Vor diesem Hintergrund würde mit einem Beförderungsverbot der Schwere der disziplinarischen Verfehlung nicht Rechnung getragen. Ausgangspunkt der Zumessungserwägung bildet deshalb eine Herabsetzung im Dienstgrad. Eine Herabsetzung im Dienstgrad bildet nach der Rechtsprechung des Senats auch den Ausgangspunkt der Zumessungserwägungen bei der Veruntreuung von Kameradengeldern, wie er vom Truppendienstgericht hinsichtlich des ASP1 festgelegt worden ist. Insgesamt sah der 2. WD-Senat im vorliegenden konkreten Einzelfall lediglich hinsichtlich des unter ASP1 beschriebenen Fehlverhaltens (Griff in die Kameradenkasse) Umstände, die es rechtfertigten, von einem leichteren Fall auszugehen, bei dem dem disziplinarischen Unrecht noch mit einem Beförderungsverbot ausreichend Rechnung getragen werde. Denn der Soldat habe das Geld von vornherein nur vorübergehend und zudem zugunsten eines anderen in finanzielle Bedrängnis geratenen Kameraden der Kasinokasse entzogen, sodass die Handlung nicht materiellegoistisch, sondern letztlich von einer kameradschaftlichen Gesinnung geprägt gewesen sei. Die in den Beurteilungen in besonderer Weise herausgestellte „soziale Kompetenz" des Soldaten sei danach auch der Impuls für den Griff in die Kameradenkasse gewesen, in die das nach dem „unbürokratischem" Verständnis des Soldaten lediglich „entliehene" Geld wieder zurückfließen sollte und später tatsächlich auch wieder zurückfloss.

Abschließend führt der 2. WD-Senat zur Maßnahmebemessung aus, die im Hinblick auf den ASP2 erforderliche Herabsetzung im Dienstgrad sowie das im Hinblick auf den ASP1 erforderliche Beförderungsverbot verlangten auch nicht bei ihrer Gesamtbetrachtung eine Entfernung aus dem Dienst. Soweit es das unter ASP2 beschriebene Fehlverhalten betreffe, sei seiner Vielzahl und seiner strafrechtlichen Relevanz bereits dadurch Rechnung getragen worden, dass von einer regelmäßig nur laufbahnhemmenden Disziplinarmaßnahme zu einer Herabsetzung im Dienstgrad übergegangen wurde; auch zusammen mit dem unter ASP1 beschriebenen Fehlverhalten sei das Vertrauensverhältnis zwischen Dienstherrn und Soldaten noch nicht endgültig zerstört worden.

XIV. Sittlichkeit

Besitz kinderpornographischer Bilddateien – Disziplinarrechtliche Ahndung
BVerwG, Urt. v. 6.12.2007 – 2 WD 25.06

> **Anmerkung und Hinweise für die Praxis**
>
> Der Besitz kinderpornographischen Bildmaterials stellt nicht nur eine schwerwiegende Straftat, sondern auch ein schweres Dienstvergehen dar, für welches die Dienstgradherabsetzung den Ausgangspunkt der Zumessungserwägungen bildet.
>
> Die Bestrafung wegen der Straftat schließt ein Disziplinarverfahren wegen Begehung eines Dienstvergehens nicht aus. Straf- und Disziplinarverfahren haben unterschiedliche Zwecke und Funktionen.
>
> Entgegen einer unter Soldaten verbreiteten Ansicht stellt es keinen mildernden Umstand dar, wenn es sich um ein rein außerdienstliches Fehlverhalten handelt, welches sich ausschließlich in der Privatsphäre des Soldaten abspielte. Bei einem militärischen Vorgesetzten muss auch im außerdienstlichen Bereich uneingeschränkt gewährleistet sein, dass er kriminelles Unrecht unterlässt.

In der Rechtsprechung des 2. WD-Senats des Bundesverwaltungsgerichts ist in den Fällen des Besitzes und der Besitzverschaffung kinderpornographischer Bilddateien durch Soldaten eine gefestigte Rechtsprechung zu erkennen. Der 2. WD-Senat folgte im vorliegenden Fall nicht dem Antrag des Soldaten, das disziplinargerichtliche Verfahren unter Feststellung eines Dienstvergehens einzustellen, sondern bestätigte das Urteil des Truppendienstgerichtes, welches den Soldaten, einem Oberleutnant, in den Dienstgrad eines Leutnants herabsetzte. In dem vor Einleitung des gerichtlichen Disziplinarverfahrens durchgeführten Strafverfahren wurde gegen den Soldaten sachgleich eine Geldstrafe von 70 Tagessätzen zu je 70 Euro verhängt.

1. Zur disziplinaren Einstufung von Fehlverhalten, das den Besitz kinderpornographischer Bilddateien zum Gegenstand hat

Der Senat hat im Hinblick auf die Schwere und disziplinare Einstufung von Fehlverhalten, das u.a. den Besitz kinderpornographischer Dateien zum Gegenstand hat, zum Ausgangspunkt der Zumessungserwägungen eine sogenannte „reinigende", d.h. äußerlich wahrnehmbare, Maßnahme genommen (stRspr des Senats). Hieran hält der Senat fest. Das hier zu beurteilende Fehlverhalten betrifft den Besitz kinderpornographischer Bilddateien. Der Gesetzgeber hat die Besitzverschaffung und den Besitz kinderpornographischer Darstellungen in § 184 Abs. 5 StGB a.F. bzw. § 184b Abs. 4 StGB n.F. unter Strafe gestellt, um das Schaffen und Aufrechterhalten eines „Marktes" mit kinderpornographischen Darstellungen schon im Ansatz zu verhindern. Er hat den „Konsumenten" von Kinderpornographie damit den Kampf angesagt und sein Unwerturteil über den Besitz kinderpornographischer Darstellungen ausgedrückt. Wenn auch die Anschauungen über geschlechtsbezogene Handlungen und deren Darstellungen in den letzten Jahrzehnten freizügiger geworden sind, geht Kinderpornographie eindeutig über die vom Grundgesetz gezogenen Grenzen hinaus. Kinderpornographische Darstellungen machen die kindlichen „Darsteller" zum bloßen Objekt geschlechtlicher Begierde oder Erregung und verstoßen gegen die unantastbare Menschenwürde gemäß Art. 1 Abs. 1 Satz 1 GG. Der darin liegende sexuelle Missbrauch eines Kindes oder Jugendlichen ist in hohem Maße persönlichkeits- und sozialschädlich, greift in die sittliche Entwicklung eines jungen Menschen ein und gefährdet die harmonische Entwicklung seiner Gesamtpersönlichkeit sowie seine Einordnung in die Gemeinschaft, da das Kind wegen seiner fehlenden bzw. noch nicht hinreichenden Reife intellektuell und gefühlsmäßig das Erlebte in der Regel gar nicht oder nur schwer verarbeiten kann.

2. Auswirkungen des Dienstvergehens

Das Dienstvergehen hatte ganz erhebliche Auswirkungen. Es führte zu schwerwiegenden Verletzungen der Menschenwürde und des allgemeinen Persönlichkeitsrechts der in den Bildern dargestellten Kinder. Die Besitzverschaffung und der Besitz kinderpornographischer Bilder durch den Soldaten trug nicht nur mittelbar dazu bei, dass Kinder durch die Existenz eines entsprechenden Marktes sexuell missbraucht werden. Damit wurde auch in das Persönlichkeitsrecht der betroffenen abgebildeten Kinder nach Art. 1 Abs. 1 i. V. m. Art. 2 Abs. 1 GG eingegriffen, ohne dass sich diese dagegen wirksam wehren konnten. Das Grundrecht des allgemeinen Persönlichkeitsrechts schützt gerade die Intimsphäre und die engere persönliche Lebenssphäre (BVerfG, Beschl. v. 3.6.1980 – 1 BvR 185/77 – BVerfGE 54, 148, 153 und Beschl. v. 13.5.1986 – 1 BvR 1542/84 – BVerfGE 72, 155, 170). Es schützt ferner die Befugnis des Einzelnen, grundsätzlich selbst zu entscheiden, wann und innerhalb welcher Grenzen seine personenbezogenen Daten und persönlichen Lebenssachverhalte offenbart werden sollen (BVerfG, Beschl. v. 14.9.1989 – 2 BvR 1062/87 – BVerfGE 80, 367, 373). Durch sein Verhalten hat der Soldat zu diesen schwerwiegenden Rechtsverletzungen aktiv beigetragen, wobei erschwerend zu berücksichtigen ist, dass es sich um eine sehr hohe Anzahl von Bildern kinderpornographischen Inhalts handelte und der Soldat sich zudem das Bildmaterial jeweils zielgerichtet beschafft hat. Zu Lasten des Soldaten fällt auch die negative Auswirkung seines Dienstvergehens für die Personalplanung ins Gewicht, da von einer weiterführenden Verwendung Abstand genommen wurde. Auch das Bekanntwerden der Verfehlungen des Soldaten bei der Polizei und den sonstigen mit der Strafverfolgung und Durchführung des Strafverfahrens befassten Organen ist zu Lasten des Soldaten zu berücksichtigen, da der Vorfall nicht nur den Soldaten, sondern auch die Einheit, in der er seinen Dienst versah, und deren Angehörige in ein schlechtes Licht rückte.

3. Maß der Schuld

Das Maß der Schuld als Richtlinie für die Bemessung der Disziplinarmaßnahme bestimmt sich vorliegend nach der vorsätzlichen Verhaltensweise des Soldaten. Entgegen der Auffassung des Truppendienstgerichtes stellt es keinen schuld- oder sonst mildernden Umstand dar, dass es sich „um ein rein außerdienstliches Fehlverhalten handelte".

Als weiterer Erschwerungsgrund fällt hier die Stellung des Soldaten als Offizier ins Gewicht. Vor diesem Hintergrund hat er erheblich versagt.

Von ihm konnte und musste erwartet werden, dass er bei der Wahrung der Rechtsordnung, insbesondere der Persönlichkeitsrechte von Kindern, in erster Linie selbst mit gutem Beispiel voranging.

4. Gesamtwürdigung

Bei der gebotenen Gesamtwürdigung aller be- und entlastenden Umstände hält der Senat im Hinblick auf die Eigenart und Schwere des Dienstvergehens, seine Auswirkungen, das Maß der Schuld und auch aus generalpräventiven Erwägungen sowie aus Gründen der Gleichbehandlung eine Herabsetzung des Soldaten in den Dienstgrad eines Leutnants für unerlässlich. Strafrechtliche Verfehlungen der vorliegenden Art und Schwere könnten – auch wenn sie im außerdienstlichen Bereich erfolgten – bei Soldaten der Bundeswehr keinesfalls hingenommen werden.

Die Milderungsgründe in der Person des Soldaten seien hinreichend gewürdigt durch die Verkürzung der Wiederbeförderungsfrist auf zwei Jahre (§ 62 Abs. 3 Satz 3 WDO).

XIV. Sittlichkeit

Sexuelle Nötigung im außerdienstlichen Bereich

Zum Disziplinarmaß bei sexueller Nötigung im außerdienstlichen Bereich
BVerwG, Urt. v. 27.7.2010 – 2 WD 5.09

> **Anmerkung und Hinweise für die Praxis**
>
> Ein Soldat, der sich der sexuellen Nötigung eines Jugendlichen strafbar macht, ist für die Bundeswehr im Grundsatz untragbar geworden. Nach der Rspr. des 2. WD-Senats des BVerwG ist daher die disziplinare Höchstmaßnahme die Regelmaßnahme (Ausgangspunkt der Zumessungserwägungen). Im vorliegenden Fall sprachen allerdings etliche mildernde Umstände für den Soldaten (u.a. minder schwerer Fall; Alkoholerkrankung), sodass es der Senat bei einer empfindlichen Dienstgradherabsetzung bewenden ließ.

Der Soldat, ein Stabsoffizier, hatte sich wegen eines minder schweren Falles der sexuellen Nötigung gegenüber einer Jugendlichen in Tateinheit mit der Verbreitung pornografischer Schriften strafbar gemacht (§ 177 Abs. 5, § 184 StGB) und war deshalb vom Amtsgericht zu einer auf Bewährung ausgesetzten Freiheitsstrafe von neun Monaten verurteilt worden. In dem anschließenden gerichtlichen Disziplinarverfahren bewertete das Truppendienstgericht (TDG) das strafbare Verhalten des Soldaten als vorsätzlichen Verstoß gegen die Pflicht, sich auch außerhalb dienstlicher Unterkünfte und Anlagen so zu verhalten, dass er die Achtung und das Vertrauen, die seine dienstliche Stellung erfordere, nicht ernsthaft beeinträchtige (§ 17 Abs. 2 Satz 2 SG). Das vorsätzlich begangene Dienstvergehen des zum Tatzeitpunkt alkoholisierten Soldaten wiege nicht leicht. Das TDG verhängte gegen den Soldaten ein Beförderungsverbot auf die Dauer von vier Jahren sowie die Kürzung der Dienstbezüge um ein Zwanzigstel für die Dauer von achtzehn Monaten. Die Wehrdisziplinaranwaltschaft (WDA) hat gegen dieses Urteil eine auf die Bemessung der Disziplinarmaßnahme beschränkte Berufung eingelegt und beantragt, eine nach außen sichtbare Disziplinarmaßnahme zu verhängen; geboten sei eine Herabsetzung des Soldaten, eines Oberstleutnants, in den Dienstgrad eines Hauptmanns. Der 2. WD-Senat des Bundesverwaltungsgerichts (BVerwG) hat das Urteil des TDG im Ausspruch über die Disziplinarmaßnahme geändert und den Soldaten in den Dienstgrad eines Hauptmanns (Besoldungsgruppe A11) herabgesetzt.

Maßgebliche Kriterien der Entscheidung des BVerwG

Das BVerwG stellt zunächst fest, dass das TDG bei der Bemessung der Disziplinarmaßnahme die Schwere des Dienstvergehens nicht in der gebotenen Weise beachtet habe. Nach Eigenart und Schwere des Dienstvergehens wiege der Verstoß gegen § 17 Abs. 2 Satz 2 SG außerordentlich schwer. In diesem Zusammenhang führt das BVerwG aus, die sexuelle Nötigung einer Jugendlichen sei in hohem Maße persönlichkeits- und sozialschädlich. Denn der Täter greife damit in die sittliche Entwicklung eines jungen Menschen ein und gefährde die harmonische Entwicklung seiner Gesamtpersönlichkeit sowie seine Einordnung in die Gemeinschaft, weil ein Jugendlicher wegen seiner fehlenden bzw. noch nicht hinreichenden Reife intellektuell und gefühlsmäßig das Erlebte in der Regel gar nicht oder nur schwer verarbeiten könne. Zugleich benutze der Täter die Person eine Jugendlichen als „Mittel" zur Befriedigung seines Geschlechtstriebes und verletze dadurch dessen durch Art. 1 Abs. 1 GG geschützte unantastbare Menschenwürde. Sexueller Missbrauch eines Jugendlichen schädige regelmäßig das Ansehen des Täters schwerwiegend. Das BVerwG hebt weiter hervor, dass die strafbare, rechts- und sittenwidrige Nötigung eines Jugendlichen durch einen Soldaten, der als Teil der staatlichen Gewalt die Würde des Menschen zu achten und zu schützen habe (Art. 1 Abs. 1 Satz 2 GG), auch im dienstlichen Bereich aus der Sicht eines vorurteilsfreien und besonnenen Betrachters eine nachhaltige Ansehensschädigung zur Folge hat. Denn dadurch werde das Vertrauen, das der Dienstherr in die Selbstbeherrschung, Zuverlässigkeit und moralische Integrität des Soldaten setze, von Grund auf erschüttert. Wer als Soldat in dieser Weise versage, beweise damit erhebliche Persönlichkeitsmängel. Erschwerend kommt im vorliegenden Fall die Verantwortung des Soldaten als Stabsoffizier hinzu. Der Soldat, der als Vorgesetzter nach § 10 Abs. 1 SG zu vorbildlicher Haltung und Pflichterfüllung aufgerufen war, hat durch seinen gewichtigen Pflichtenverstoß ein außerordentlich schlechtes Beispiel an Verantwortungsbewusstsein und Selbstbeherrschung auf sexuellem Gebiet gegeben.

Das Dienstvergehen hatte allerdings keine erheblichen nachteiligen Auswirkungen. Dass beim Opfer nachhaltige und dauerhafte Schädigungen psychischer Art eingetreten sind, war weder geltend gemacht worden noch sonst ersichtlich. Das Amtsgericht hat eine dauerhafte seelische Beeinträchtigung dezidiert verneint. Auch im Hinblick auf die Personalplanung und -führung zog das Dienstvergehen keine nachteiligen Folgen nach sich. Die Beweggründe des Soldaten waren, so das BVerwG, rein sexueller Natur und daher verwerflich. Das Maß der Schuld wird vor allem dadurch bestimmt, dass der Soldat vorsätzlich gehandelt hat. Zur Überzeugung des BVerwG stand allerdings fest, dass er zum Zeitpunkt des Dienstvergehens in seiner Schuldfähigkeit nicht nach § 21 StGB eingeschränkt war. Anders als vom TDG angenommen, lag auch keine Augenblickstat vor, die schuldmildernd zu berücksichtigen gewesen wäre. Das Dienstvergehen stellte sich vorliegend als mehraktiges Verhalten des Soldaten dar, das immer wieder neue, wenn auch kurze Überlegungen erforderte und deshalb gerade nicht von Kopflosigkeit und Unüberlegtheit geprägt war. Gleichwohl wurde hier nach Auffassung des BVerwG das Maß der Schuld durch außergewöhnliche Umstände, unter denen das Dienstvergehen geschah, gemildert. Zur Überzeugung des Gerichts stand nämlich fest, dass der Soldat ohne die erhebliche Alkoholisierung das Dienstvergehen nicht begangen hätte. Der Alkoholisierung des Soldaten und deren enthemmende Wirkung zum Zeitpunkt des Dienstvergehens hat der 2. WD-Senat trotz des Fehlens einer erheblich verminderten Schuldfähigkeit Bedeutung beigemessen, weil der Soldat an einer Alkoholerkrankung litt. Im Hinblick auf den Ausgangspunkt der Zumessungserwägungen (Regelmaßnahme) bei sexueller Nötigung eines Jugendlichen entspricht es der Rechtsprechung des 2. WD-Senats, dass der Soldat für die Bundeswehr im Grundsatz untragbar geworden ist (vgl. BVerwG, Urt. v. 18.7.2001 – 2 WD 51.00). Die Verhängung der disziplinarischen Höchstmaßnahme ist nämlich dann geboten, wenn der Soldat durch ein schweres Dienstvergehen das in ihn gesetzte Vertrauen seines Dienstherrn endgültig verloren hat, sodass diesem bei objektiver Betrachtung eine Fortsetzung des Dienstverhältnisses nicht mehr zugemutet werden kann. Ob das Vertrauen in die Zuverlässigkeit und persönliche Integrität des betroffenen Soldaten erschüttert oder gar zerstört ist, ist allein nach einem objektiven Maßstab nach der Sach- und Rechtslage im Zeitpunkt der wehrdienstgerichtlichen Entscheidung zu beurteilen. Nur in minder schweren Fällen oder bei Vorliegen besonderer Milderungsgründe kann der Soldat somit in seinem Dienstverhältnis verbleiben. Der 2. WD-Senat bejahte im Ausgangsfall bei der Frage der konkret zu verhängenden Disziplinarmaßnahme eine Milderung gegenüber der Regelmaßnahme und begründete dies im Wesentlichen wie folgt: Ausweislich des strafgerichtlichen Urteils habe der Soldat einen minder schweren Fall der sexuellen Nötigung nach § 177 Abs. 5 StGB begangen. Darüber hinaus sei er weder zuvor noch später strafrechtlich in Erscheinung getreten. Von der Entlassung aus dem Dienstverhältnis hat der Senat letztlich deshalb abgesehen, weil keine belastenden Umstände hinzugetreten waren. „Vielmehr ist mildernd zu berücksichtigen, dass der Soldat trotz der bis in die Gegenwart andauernden Belastungssituation seine dienstlichen Leistungen gesteigert hat und er zum Tatzeitpunkt alkoholbedingt enthemmt war, ohne dass ihm dies als schuldhaftes Verhalten entgegengehalten werden kann. Nach alledem war eine Dienstgradherabsetzung nach §§ 58 Abs. 1 Nr. 4, 62 Abs. 1 WDO auszusprechen, die angesichts der objektiven Schwere des Dienstvergehens und zweier verwirklichter Straftatbestände allerdings empfindlich ausfallen musste. Innerhalb des Rahmens einer grundsätzlich zulässigen Dienstgradherabsetzung bis zum Leutnant (§ 62 Abs. 1 Satz 1 WDO) war die Herabsetzung des Soldaten in den Dienstgrad eines Hauptmanns (Besoldungsgruppe A 11) die tat- und schuldangemessene Disziplinarmaßnahme."

XIV. Sittlichkeit

Sexuelle Belästigung gegenüber einer untergebenen Soldatin

Disziplinare Ahndung von sexueller Belästigung gegenüber einer untergebenen Soldatin
BVerwG, Urt. v. 10.10.2013 – 2 WD 23.12

> **Anmerkung und Hinweise für die Praxis**
>
> 1. Bei sexueller Belästigung, wie sie hier vom BVerwG festgestellt wurde, ist „Ausgangspunkt der Zumessungserwägungen" regelmäßig die Herabsetzung im Dienstgrad. Angesichts des zugunsten des Soldaten wirkenden Verschlechterungsverbots konnte dahingestellt bleiben, ob gewichtige Umstände vorlagen, die den Übergang zur milderen Maßnahmeart (Beförderungsverbot) gerechtfertigt haben. Jedenfalls bestand keine Veranlassung, zusätzlich zum Übergang zur milderen Disziplinarmaßnahmeart bei der erstinstanzlich festgesetzten Dauer des Beförderungsverbots (drei Jahre) eine weitere Reduzierung vorzunehmen.
>
> 2. Soweit das TDG zugunsten des Soldaten gewertet hat, dass der sexuelle Übergriff nicht von Gewalt begleitet gewesen sei, verkennt es, dass es sich dabei lediglich um das Fehlen eines schulderschwerenden Umstandes handelt und der Tatbestand der sexuellen Belästigung nicht zwingend Gewalttätigkeit voraussetzt.

1. Sachverhalt

Der Soldat, Hauptmann und Kompaniechef, wurde durch Urteil des Truppendienstgerichts (TDG) wegen sexueller Belästigung einer untergebenen Soldatin zu einem Beförderungsverbot für die Dauer von drei Jahren verurteilt. Die in vollem Umfang eingelegte Berufung des Soldaten hat der 2. WD-Senat das BVerwG zurückgewiesen. Das BVerwG war an das Verschlechterungsverbot gebunden, weil lediglich der Soldat das Rechtsmittel eingelegt hatte. Zur Prüfung für das BVerwG stand deshalb lediglich die Frage, ob das erstinstanzlich verhängte Beförderungsverbot eine zu schwere Disziplinarmaßnahme darstellte. Dies verneinte das BVerwG und bestätigte das Beförderungsverbot.

2. Entscheidung des BVerwG

a) In tatsächlicher Hinsicht stand zur Überzeugung des Senats als Ergebnis der Beweisaufnahme fest:

Der Soldat betrat am ... 2009 nach 22:00 Uhr und vor 0:00 Uhr unaufgefordert in stark alkoholisiertem Zustand die Stube der – zum ... 2012 aus dem Dienst ausgeschiedenen – Zeugin Stabsunteroffizier d.R. D. (Zeugin) in der ... in ..., und versuchte zweimal wissentlich und willentlich, sie gegen ihren für ihn erkennbaren Willen an sich heranzuziehen und zu küssen. Nachdem die Zeugin zurückgewichen war und Ablehnung signalisiert hatte, verließ er sogleich deren Stube.

b) Rechtliche Würdigung

Durch sein Verhalten hat der Soldat gemäß § 7 Abs. 2 des Gesetzes über die Gleichbehandlung der Soldatinnen und Soldaten (Soldatinnen- und Soldaten-Gleichbehandlungsgesetz) seine dienstlichen Pflichten vorsätzlich verletzt. Zu ihnen gehört danach auch, eine sexuelle Belästigung nach § 3 Abs. 4 Soldatinnen und Soldaten-Gleichbehandlungsgesetz zu unterlassen. Durch den zweifachen und von der Zeugin Stabsunteroffizier d.R. D. unerwünschten Versuch, sie an sich heranzuziehen und zu küssen, hat er vorsätzlich eine sexuell bestimmte Handlung begangen, die sie in ihrer Würde verletzte.

Einher geht damit ein vorsätzlicher Verstoß gegen die Kameradschaftspflicht nach § 12 Satz 2 SG, der alle Soldaten verpflichtet, die Würde, die Ehre und die Rechte von Kameraden zu achten. Mit dem Recht auf sexuelle Selbstbestimmung sind Übergriffe der vom Soldaten getätigten Art unvereinbar. Daraus folgt zugleich, dass der Soldat, der sowohl aufgrund seiner Dienststellung (nach § 1 Abs. 1 der Vorgesetztenverordnung – VorgV –) als auch aufgrund seines Dienstgrades (nach § 4 Abs. 1 Nr. 2 VorgV) Vorgesetzter war, ebenfalls vorsätzlich gegen die Pflicht nach § 10 Abs. 3 SG verstoßen hat, für seine Untergebenen zu sorgen. Mit der Verletzung dieser Pflichten verbindet sich ferner ein vorsätzlicher Verstoß gegen die Verpflichtung nach § 17 Abs. 2 Satz 1 SG, sich innerhalb dienstlicher Unterkünfte und Anlagen so zu verhalten, dass ein Soldat der Achtung und dem Vertrauen gerecht wird, die seine dienstliche Stellung erfordert. Dabei kommt es nicht darauf an, ob eine Beeinträchtigung der Achtungs- und Vertrauenswürdigkeit tatsächlich eingetreten ist, sondern nur darauf, ob das festgestellte Verhalten dazu geeignet war.

c) Maßnahmebemessung

aa) Schweres Dienstvergehen

Nach Eigenart und Schwere wiegt das Dienstvergehen, das in der sexuellen Belästigung einer Untergebenen besteht, schwer, zumal es sich in körperlichen Übergriffen ausdrückte. Der Dienstherr selbst hat durch die damalige ZDv 14/3 den Schutz des verfassungsrechtlich garantierten sexuellen Selbstbestimmungsrechts namentlich im Verhältnis zwischen Vorgesetzten und Untergebenen in einer für jeden Vorgesetzten unmissverständlichen Deutlichkeit betont. Darüber hinaus befand sich der Soldat als Kompaniechef in einem exponierten Vorgesetztenverhältnis (§ 10 Abs. 1 SG).

bb) Massive nachteilige Auswirkungen

Das Dienstvergehen zeitigte auch massiv nachteilige Auswirkungen. Die festgestellte Pflichtverletzung zog die Ablösung des Soldaten vom seinerzeitigen Dienstposten nach sich. Insbesondere der frühere Disziplinarvorgesetzte, Oberstleutnant A., hat in der Sache übereinstimmend mit dem Zeugen Oberstabsfeldwebel B. ausgesagt, es sei nach dem Vorfall in der Kompanie kein geregelter Dienstbetrieb mehr möglich, „der Kessel sei am Kochen" gewesen. Er habe den Soldaten aus dem Feuer nehmen müssen, damit die Kompanie zur Ruhe kommen könne. Massive Auswirkungen hatte diese Pflichtverletzung schließlich bei der Untergebenen D., die noch Tage nach dem Übergriff emotional aufgewühlt war und sich anschließend außerstande sah, mit dem Soldaten zusammenzuarbeiten.

cc) Vorsätzliche Pflichtverletzung

Das Maß der Schuld wird vor allem dadurch bestimmt, dass der Soldat die Pflichtverletzung vorsätzlich begangen hat. Dass die festgestellte Alkoholisierung auf den Soldaten enthemmend gewirkt haben mag, wirkt sich nicht zu dessen Gunsten aus, weil keine Hinweise darauf vorliegen, dass er sich nicht vorwerfbar in diesen Zustand versetzt hat. Auch sonstige Milderungsgründe in den Umständen der Tat liegen nicht vor. Die Annahme einer persönlichkeitsfremden Augenblickstat eines ansonsten tadelfreien und im Dienst bewährten Soldaten verbietet sich schon deshalb, weil mit dem wiederholten Versuch, die Zeugin D. an sich heranzuziehen und sie zu küssen, nicht von einer Augenblickstat ausgegangen werden kann!

dd) Hervorragende Leistungen

Hinsichtlich der Zumessungskriterien Persönlichkeit und bisherige Führung, sind dem Soldaten seine teilweise sehr guten Leistungen zugutezuhalten. Hinzu treten die ihm erteilte Förmliche Anerkennung, vier

XIV. Sittlichkeit
Sexuelle Belästigung gegenüber einer untergebenen Soldatin

Leistungsprämien sowie die Verleihung des Ehrenkreuzes der Bundeswehr in Gold für eine hervorragende Einzeltat.

ee) Eigennützige sexuelle Motive

Die Beweggründe des Soldaten sprechen nicht für ihn, da er aus sexuellen Motiven, mithin eigennützig gehandelt hat.

ff) Beförderungsverbot

Bei der Gesamtwürdigung aller be- und entlastenden Umstände gelangte das BVerwG im Hinblick auf die Bemessungskriterien des § 38 Abs. 1 WDO und die Zwecksetzung des Wehrdisziplinarrechts zu der Auffassung, dass das vom TDG verhängte und gemäß § 58 Abs. 1 Nr. 2 i. V. m. § 60 WDO zulässige Beförderungsverbot keine unangemessen hohe Disziplinarmaßnahme ist.

Sexuelle Belästigung von Rekrutinnen durch Vorgesetzten im Dienst: Dienstgradherabsetzung
BVerwG, Urt. v. 23.6.2016 – 2 WD 21.15

> **Anmerkung und Hinweise für die Praxis**
>
> Bei sexuellen Belästigungen von Untergebenen durch Vorgesetzte im Dienst bildet eine Dienstgradherabsetzung den Ausgangspunkt der Zumessungserwägungen für die zu verhängende Disziplinarmaßnahme. Vorliegend ergibt sich das besondere Gewicht des Dienstvergehens vor allem daraus, dass sich die beiden Rekrutinnen erst seit wenigen Tagen im Dienst der Bundeswehr befanden, somit besonders schutzbedürftig waren, und der Soldat als Gruppenführer ihr Ausbilder war. Nur die guten Leistungen des Soldaten, seine Nachbewährung und sein nunmehr vom BVerwG gestelltes korrektes Verhalten Soldatinnen gegenüber rechtfertigten es, die Herabsetzung auf einen Dienstgrad zu beschränken.

1. Sachverhalt

Der Soldat, ein Oberfeldwebel, war als Gruppenführer eingesetzt. Am ... begann ein neuer Durchlauf von Rekrutinnen und Rekruten in der allgemeinen Grundausbildung. Die Kompaniechefin, Frau Hauptmann A., hatte festgelegt, dass die Zug- und Gruppenführer von den neu eingetroffenen Rekrutinnen und Rekruten Lebensläufe anfordern. Der Soldat nahm die Lebensläufe der Rekrutinnen B. und C. zum Anlass, persönliche Gespräche mit ihnen zu führen. Am Vormittag des ... bestellte er die Rekrutin B. in sein Dienstzimmer. Sie erzählte ihm von ihren Bedenken hinsichtlich ihrer körperlichen Leistungsfähigkeit. Der Soldat meinte, sie solle sich darüber keine Gedanken machen. Während des Gesprächs erklärte er ihr, wie hübsch sie doch sei und dass er sie am liebsten küssen wolle. Er begann ihre Wange mit der Hand zu streicheln und fragte, ob er sie küssen dürfe. Sie verneinte dies und konnte einen offenbar beabsichtigten Kuss durch den Soldaten durch Abwenden des Kopfes vereiteln. Der Soldat umarmte sie dann und ließ erst von ihr ab, nachdem sie klar geäußert hatte, er solle nun aufhören. Die Rekrutin B. war wegen des Verhaltens des Soldaten so sehr geschockt, dass sie die Bundeswehr wieder verließ. Die Rekrutin C. bestellte der Soldat am ... gegen 22.00 Uhr auf sein Dienstzimmer, weil er mit ihr über ihre Angaben im persönlichen Lebenslauf sprechen wolle. Während des Gesprächs rückte er näher an die Rekrutin und setzte sich schließlich neben sie auf das Sofa, nachdem er ihr ein Bier angeboten und Komplimente gemacht hatte, wie hübsch sie sei. Plötzlich beugte er sich zur Rekrutin C. herüber und küsste sie auf den Mund. Diese war überrascht und geschockt, sprang dann auf und erklärte, dass sie sofort gehen werde. Danach verließ sie das Dienstzimmer des Soldaten. Das Truppendienstgericht (TDG) verhängte gegen den Soldaten wegen des Dienstvergehens ein Beförderungsverbot von 40 Monaten. Das BVerwG hat auf die Berufung der Wehrdisziplinaranwaltschaft das Urteil des TDG im Ausspruch über die Disziplinarmaßnahme geändert und den Soldaten in den Dienstgrad eines Feldwebels herabgesetzt.

2. Entscheidungsgründe des BVerwG

Das BVerwG führt zur Begründung der Dienstgradherabsetzung im Wesentlichen aus:

a) Hohes Gewicht des Verstoßes

Durch die vom TDG bindend festgestellte sexuelle Belästigung untergebener Soldatinnen i. S. v. § 7 Abs. 2 i. V. mit § 3 Abs. 4 SoldGG (Soldatinnen- und Soldatengleichbehandlungsgesetz) hat der Soldat die Verpflichtung zur Wahrung der Intimsphäre von Kameraden missachtet. Das hohe Gewicht dieses Verstoßes ergibt sich schon daraus, dass der Gesetzgeber dieses Verhalten ausdrücklich untersagt und selbst zur

Dienstpflichtverletzung erklärt. Hinzu tritt der Verstoß gegen die Fürsorgepflicht nach § 10 Abs. 3 SG. Der Verstoß gegen die Fürsorgepflicht erlangt zusätzlich besonderes Gewicht dadurch, dass sich die Rekrutinnen B. und C. erst seit wenigen Tagen im Dienst der Bundeswehr befanden und der Soldat als Gruppenführer ihr Ausbilder war. Die Rekrutinnen verfügten weder über Erfahrungen mit den Schutzmechanismen gegen Übergriffe von Vorgesetzten noch über ein hinreichendes Selbstbewusstsein zur Durchsetzung ihrer Rechte. Mit den Möglichkeiten, sich gegen Fehlverhalten von Vorgesetzten zur Wehr zu setzen (Meldung, Wehrbeschwerde, etc.), waren sie noch nicht vertraut und durch die Sorge über etwaige nachteilige Folgen einer Meldung eingeschüchtert. Der weitere Verstoß gegen die Kameradschaftspflicht nach § 12 Satz 2 SG ist nicht minder bedeutsam, denn der Zusammenhalt der Bundeswehr beruht wesentlich auf Kameradschaft. Auch die Verletzung der nach § 17 Abs. 2 Satz 1 Alt. 2 SG bestehenden Wohlverhaltenspflicht wiegt schwer. Dies gilt gleichermaßen für den unter Verstoß gegen § 10 Abs. 4 SG erteilten Befehl zu nichtdienstlichen Zwecken, weil damit eine zentrale Dienstpflicht eines Vorgesetzten in Rede steht. Der Verstoß gegen soldatische Pflichten erfolgte zudem nicht vereinzelt, sondern mehrfach und dies nach einem vergleichbaren Begehungsmuster sowohl hinsichtlich der Tatausführung als auch hinsichtlich der Motivlage.

b) Dienstgradherabsetzung

Bei der Gesamtwürdigung aller be- und entlastenden Umstände trägt der erstinstanzliche Ausspruch lediglich eines Beförderungsverbots den Bemessungskriterien des § 38 Abs. 1 WDO nicht angemessen Rechnung. Bei sexuellen Belästigungen von Untergebenen durch Vorgesetzte im Dienst, wie sie vorliegend durch das TDG festgestellt worden sind, bildet eine Dienstgradherabsetzung den Ausgangspunkt der Zumessungserwägungen. Die sexuelle Belästigung der Rekrutinnen durch den Soldaten bewegt sich hier, wie das BVerwG ausführt, vom Spektrum möglicher Belästigungsformen her im mittleren Bereich. Der Soldat hat sich nicht auf verbale Übergriffe beschränkt, sondern die Rekrutinnen körperlich bedrängt und dies zusätzlich in intimer Weise dadurch, dass er sie gegen ihren Willen küsste bzw. zu küssen versuchte. Wie die Vorinstanz selbst bindend für den Senat und zutreffend feststellt, stellt das Verhalten des Soldaten eine sexuelle Belästigung dar. Jede sexuelle Belästigung ist eine besonders gravierende Form der groben Distanzlosigkeit. Die Qualifizierung als grobe Distanzlosigkeit rechtfertigt daher nicht schon die Aufnahme eines minderschweren Falls, zumal wenn wie hier körperliche Übergriffe Teil der Pflichtverletzung sind. Auch die Nachbewährung des Soldaten verlangt nicht, vom Ausgangspunkt der Zumessungserwägungen abzuweichen. Die Herabsetzung in den Dienstgrad eines Feldwebels ist auch deshalb geboten, weil der Soldat nicht nur Vorgesetzter, sondern auch Ausbilder von Rekrutinnen war, die sich erst seit wenigen Tagen im Dienst der Bundeswehr befanden und somit besonders schutzbedürftig waren. Zudem war sein Verhalten auch mitursächlich für die Entscheidung der Rekrutin B., aus der Bundeswehr wieder auszuscheiden. Sein Verhalten war damit in besonderer Weise geeignet, das Außenbild der Bundeswehr zu beschädigen und potenzielle Bewerber für den Dienst in der Bundeswehr in einer dem Interesse seines Dienstherrn eklatant zuwiderlaufenden Weise abzuschrecken.

Nach Dienstzeit kinderpornografische Dateien verbreitet – Reservistendienstgrad aberkannt
BVerwG, Urt. v. 6.10.2010 – 2 WD 35.09

> **Anmerkung und Hinweise für die Praxis**
>
> 1. Im vorliegenden Fall handelt es sich um ein Fehlverhalten, das nach Ausscheiden aus dem Wehrdienst begangen wurde und das unter den Voraussetzungen des § 23 Abs. 2 Nr. 2, 2. Alt. SG („unwürdiges Verhalten") als Dienstvergehen gilt. Das „unwürdige Verhalten" muss zu der Pflichtverletzung nach § 17 Abs. 3 SG hinzukommen. Das BVerwG legt im Einzelnen dar, was unter einem „unwürdigen Verhalten" zu verstehen ist. „Wiederverwendung als Vorgesetzter" gemäß § 23 Abs. 2 Nr. 2, 2. Alt. SG bedeutet, wie in § 17 Abs. 3 SG, die Verwendung im bisherigen (letzten) Dienstgrad.
> 2. Bei einem Fehlverhalten, das sich auf den Besitz kinderpornographischer Dateien/Schriften beschränkt, ist Ausgangspunkt der Zumessungserwägungen eine Herabsetzung im Dienstgrad. Tritt jedoch, wie hier, das Verschaffen solcher Dateien/Schriften i.S. des § 184 b Abs. 2 StGB hinzu, ist regelmäßig die Höchstmaßnahme zu verhängen.
> 3. Von einem minderschweren Fall konnte vorliegend wegen der Vielzahl und des langen Zeitraums, über den der frühere Soldat entsprechende Dateien versandt hat, nicht gesprochen werden.

1. Sachverhalt

Der frühere Soldat war im Jahre 1990 aus dem aktiven Dienst im Dienstgrad eines Stabsunteroffiziers aus der Bundeswehr ausgeschieden. In der Folgezeit absolvierte er zahlreiche Wehrübungen und wurde zuletzt im Jahre 2004 zum Major der Reserve befördert. Das Truppendienstgericht hat ihm mit Urteil vom 7.9.2009 den Dienstgrad des Majors d. R. aberkannt, weil er in den Jahren 2004 und 2005 u.a. eine größere Zahl von Dateien mit kinderpornographischen Inhalten auf seinem Computer gespeichert und darüber hinaus in einer Vielzahl von Fällen über seinen Internetzugang mithilfe seines PCs kinderpornographische Bilder an andere Internetteilnehmer übermittelt hatte. Das gegen den früheren Soldaten durch die Staatsanwaltschaft geführte sachgleiche Strafverfahren wurde im Jahre 2006 nach Zahlung eines Geldbetrages in Höhe von 1500 Euro gemäß § 153a Abs. 1 StPO eingestellt. Der 2. WD-Senat des BVerwG hat die Berufung des früheren Soldaten gegen das Urteil des TDG zurückgewiesen und die Aberkennung des Dienstgrades Majors d.R. bestätigt.

2. Entscheidung des BVerwG

Nach § 23 Abs. 2 Nr. 2, 2. Alternative SG gilt es als Dienstvergehen, wenn ein Offizier oder Unteroffizier nach seinem Ausscheiden aus dem Wehrdienst durch unwürdiges Verhalten nicht der Achtung und dem Vertrauen gerecht wird, die für seine Wiederverwendung als Vorgesetzter erforderlich sind. Das „unwürdige Verhalten" muss zu dem Pflichtverstoß nach § 17 Abs. 3 SG hinzutreten, um eine Handlungsweise als Dienstvergehen einstufen zu können. Das BVerwG stellt in dem zur Entscheidung vorgelegten Fall fest, der frühere Soldat habe ein Verhalten an den Tag gelegt, das gemäß § 17 Abs. 3 i. V. m. § 23 Abs. 2 Nr. 2, 2. Alternative SG als Dienstvergehen gelte. Nachstehend werden die wesentlichen Gründe, die zu dieser Einschätzung des BVerwG führen, wiedergegeben.

XIV. Sittlichkeit
Verbreitung kinderpornografischer Dateien

a) Berufung in ein Wehrdienstverhältnis

Ein Verstoß gegen § 17 Abs. 3 SG setzt, wie der 2. WD-Senat betont, voraus, dass der frühere Soldat nach den für seine Wiederverwendung maßgeblichen Rechtsvorschriften erneut in ein Wehrdienstverhältnis berufen werden könnte. Denn anderenfalls käme eine Wiederverwendung, auf die die Vorschrift abstellt, nicht mehr in Betracht. Zweifel dieser Art bestanden nicht.

b) Für Bundeswehr untragbar

Darüber hinaus verlangt § 17 Abs. 3 SG eine Verletzung der Pflicht, der Achtung und dem Vertrauen gerecht zu werden, die für eine Wiederverwendung des ausgeschiedenen Soldaten in seinem Dienstgrad erforderlich sind. Bei der Beurteilung dessen kommt es darauf an, ob dieses Verhalten objektiv geeignet ist, ihn für eine Wiederverwendung in seinem letzten Dienstgrad zu disqualifizieren. Dabei ist zu prüfen, ob bei einem entsprechenden Verhalten eines aktiven Offiziers oder Unteroffiziers nach Eigenart und Schwere der Tat Ausgangspunkt der Zumessungserwägungen eine Dienstgradherabsetzung wäre; nicht maßgeblich ist, ob auch im konkreten Fall eine Dienstgradherabsetzung geboten ist (BVerwG, Urt. v. 25.9.2008 – 2 WD 19.07). Diese Voraussetzung ist erfüllt, weil Ausgangspunkt der Zumessungserwägungen bei den Pflichtverletzungen des früheren Soldaten, wenn er sie im aktiven Dienst begangen hätte, nicht nur eine Herabsetzung im Dienstgrad, sondern eine Entfernung aus dem Dienstverhältnis ist. Er hat nämlich nicht nur kinderpornographische Dateien besessen, sondern sie auch anderen verschafft.

Anders als vom TDG ausgeführt, können der Besitz und das Verbreiten kinderpornographischer Schriften/Dateien nicht deshalb als „Milderungsgründe" innerhalb der Kategorie des sexuellen Missbrauchs von Kindern oder der Nötigung von Jugendlichen angesehen werden, weil es an einem unmittelbaren Missbrauch von Kindern fehlt. Der Senat hat vielmehr Dienstvergehen kinderpornographischer Art selbstständig neben Dienstvergehen gestellt, die den unmittelbaren sexuellen Missbrauch von Kindern oder die sexuelle Nötigung von Jugendlichen zum Inhalt haben, und auf der Grundlage dessen den Ausgangspunkt der Zumessungserwägungen gesondert bestimmt. Danach ist Ausgangspunkt der Zumessungserwägungen beim unmittelbaren sexuellen Missbrauch von Kindern oder der Nötigung von Jugendlichen durch Soldaten regelmäßig die Entfernung aus dem Dienstverhältnis (BVerwG, Urt. v. 27.7.2010 – 2 WD 5.09). Stehen Dienstvergehen kinderpornographischen Inhalts im Raum, ist bei einem Fehlverhalten, das sich auf den Besitz kinderpornographischer Dateien beschränkt, Ausgangspunkt der Zumessungserwägungen eine Herabsetzung im Dienstgrad. Tritt jedoch wie vorliegend der Fall des Verschaffens solcher Dateien/Schriften i. S. d. § 184 b Abs. 2 StGB hinzu, wird das Fehlverhalten so gravierend, dass der Soldat im Allgemeinen für die Bundeswehr untragbar wird und er nur in minderschweren Fällen oder bei Vorliegen besonderer Milderungsgründe im Dienstverhältnis verbleiben kann (vgl. BVerwG, Urt. v. 23.9.2010 – 2 WD 41.09 – m.w.N.). Nach Maßgabe dessen liegt ein Fehlverhalten des früheren Soldaten vor, das jedenfalls bei abstrakter Betrachtung eine Wiederverwendung in seinem bisherigen Dienstgrad als Major (d.R.) ausschließt.

c) Unwürdiges Verhalten

Das Verhalten stellt sich zudem als unwürdig i. S. d. § 23 Abs. 2 Nr. 2, 2. Alternative SG dar, sodass es als Dienstvergehen anzusehen ist. Unter einem „unwürdigen Verhalten" i. S. d. § 23 Abs. 2 Nr. 2, 2. Alternative SG ist ein aus den gesamten Umständen sich herleitendes Fehlverhalten von besonderer Intensität zu verstehen. Darunter fällt zumindest ein Sichhinwegsetzen über die unter Soldaten und von der Gemeinschaft anerkannten Mindestanforderungen an eine auf Anstand, Sitte und Ehre bedachte Verhaltensweise eines Reservisten mit Vorgesetztenrang. Ob und in welchem Grade die Handlungsweise des früheren Soldaten sich als schuldhafte Verletzung eines von der Rechtsordnung allgemein geschützten, für alle gewährleisteten

Rechtsgutes erweist und als eine Störung der öffentlichen Ordnung und des allgemeinen Rechtsfriedens erscheint, ist dabei unerheblich. Als Disziplinartatbestand zielt auch § 23 Abs. 2 Nr. 2, 2. Alternative SG allein darauf ab, einen geordneten und integren Dienstbetrieb aufrechtzuerhalten und zu sichern, indem er die Möglichkeit schafft, ein Korps von achtungs- und vertrauenswürdigen Reserveoffizieren und -unteroffizieren zu erhalten, die zur Wiederverwendung in einem ihrer militärischen Vorbildung und ihrem militärischen Rang entsprechenden Dienstgrad geeignet sind, oder umgekehrt, untragbar gewordene Vorgesetzte ihrer Vorgesetztenstellung ganz oder teilweise zu entkleiden (BVerwG, Urt. v. 17.5.1990 – 2 WD 21.89 – 86, 288, 290 f.). In diesem Sinne war das strafrechtlich sanktionierte Verhalten des früheren Soldaten offensichtlich nicht nur als bloßer Verstoß gegen „gute Manieren", sondern als unwürdig zu bewerten.

d) Kriminelles Unrecht

Im Rahmen der Maßnahmebemessung hat das BVerwG insbesondere im Hinblick auf die Eigenart und Schwere des Dienstvergehens (vgl. § 58 Abs. 7 i. V. m. § 38 Abs. 1 WDO) ausgeführt, der Verstoß des früheren Soldaten gegen die Pflicht des § 17 Abs. 3 SG wiege schwer, zumal er mit seinem Fehlverhalten auch kriminelles Unrecht begangen habe. Der Gesetzgeber habe die Besitzverschaffung und den Besitz kinderpornographischer Darstellungen in § 184 b Abs. 2 und 4 StGB unter Strafe gestellt, um das Schaffen und Aufrechterhalten eines „Marktes" mit kinderpornographischen Darstellungen schon im Ansatz zu verhindern. Bei der konkreten Bemessung der Disziplinarmaßnahme hielt der Senat die vom TDG verhängte Maßnahme für richtig. Der 2. WD-Senat hebt in diesem Zusammenhang hervor, es entspreche seiner Rechtsprechung, dass Ausgangspunkt der Zumessungserwägungen (Regelmaßnahme) bei Dienstvergehen dieser Art bei einem Berufssoldaten oder Soldaten auf Zeit die Entfernung aus dem Dienstverhältnis ist. Bei einem Soldaten der Reserve entspricht dies der Aberkennung des Dienstgrades (§ 58 Abs. 3 Nr. 2 WDO). Für eine Modifizierung der regelmäßig zu verhängenden Disziplinarmaßnahme sah der Senat hier keinen Anlass.

XV. Straßenverkehrsdelikte

Fahren ohne Fahrerlaubnis durch einen Soldaten – Maßnahmebemessung des BVerwG
BVerwG, Urt. v. 19.1.2012 – 2 WD 5.11

> **Anmerkung und Hinweise für die Praxis**
>
> Nach der Rechtsprechung des 2. WD-Senats des BVerwG ist beim Fahren ohne Fahrerlaubnis während des Dienstes Ausgangspunkt der Zumessungserwägungen eine Herabsetzung im Dienstgrad jedenfalls dann, wenn dies unter Inanspruchnahme von Dienstfahrzeugen erfolgte und nicht vereinzelt geschah.

Entzug der Fahrerlaubnis

Im vorliegenden Fall besaß der Soldat keine Fahrerlaubnis mehr, nachdem sie ihm wegen einer außerdienstlichen fahrlässigen Trunkenheitsfahrt entzogen worden war und er nach Ablauf der Sperre kein Eignungsgutachten für eine erneute Erteilung vorgelegt hatte. Ihm war der Dienstführerschein der Bundeswehr abgenommen und gleichzeitig der Befehl erteilt worden, keine Dienstfahrzeuge mehr zu führen. Gleichwohl führte er über einen längeren Zeitraum mehrere Fahrten mit Dienstfahrzeugen durch.

Grundlegende Aussagen

Der 2. WD-Senat des BVerwG hat zwar in der Sache selbst nicht entschieden – und daher u.a. auch nicht zur Frage eines evtl. Mitverschuldens von Vorgesetzten wegen pflichtwidrig unterbliebener Kontrollmaßnahmen Stellung bezogen –, sondern die Sache zur nochmaligen Verhandlung und Entscheidung an das Truppendienstgericht zurückverwiesen, weil im Übrigen ein hier nicht zu erörternder schwerer Mangel des gerichtlichen Verfahrens vorlag. Jedoch hat der Senat sich veranlasst gesehen, zum Tatkomplex „Fahren ohne Fahrerlaubnis" einige grundlegende Aussagen zur Bemessung der zu verhängenden Disziplinarmaßnahme (Ausgangspunkt der Zumessungserwägungen) zu machen und hierbei wie folgt auf seine Rechtsprechung verwiesen:

Dienstgradherabsetzung nicht geboten

Bei einer – lediglich – erstmaligen und – zudem – nur außerdienstlichen Straftat in Gestalt eines Fahrens ohne Fahrerlaubnis ist eine Dienstgradherabsetzung in aller Regel nicht geboten. Zwar stellt das Fahren ohne Fahrerlaubnis für sich allein die dienstliche Zuverlässigkeit eines Vorgesetzten infrage, weil die Nichtbeachtung verkehrsrechtlicher Vorschriften, die zum Schutze der Allgemeinheit erlassen sind, zwangsläufig Rückschlüsse auf eine mangelnde charakterliche Qualifikation zulassen. Ein Vorgesetzter, der verpflichtet ist, in Haltung und Pflichterfüllung ein Beispiel zu geben, zieht dadurch sein Verantwortungsbewusstsein und seine Autorität erheblich in Zweifel, auch wenn es sich um außerdienstliches Fehlverhalten handelt. Als angemessene gerichtliche Disziplinarmaßnahme kommt dafür eine Kürzung der Dienstbezüge oder ein Beförderungsverbot in Betracht. Allerdings hat der Senat in seinem Urteil vom 11.3.1999 (BVerwG 2 WD 29.98) auch hervorgehoben, dass er bei einem Fahren ohne Fahrerlaubnis die Herabsetzung eines Unteroffiziers in den Dienstgrad eines Hauptgefreiten als angemessene Disziplinarmaßnahme angesehen habe, weil dieser unmittelbar nach Entzug der Fahrerlaubnis wegen Fahrens unter Alkoholeinfluss mehrfach, nämlich achtmal, und davon zweimal während des Dienstes unerlaubt gefahren sei (BVerwG, Urt. v. 25.9.2008 – 2 WD 19.07). Daraus ergibt sich hinreichend deutlich, dass nach der Rechtsprechung des Senats ein Fahren ohne Fahrerlaubnis zu einem Sprung hinsichtlich der Maßnahmeart regelmäßig jedenfalls dann führt, wenn es – wie vorliegend – in dienstlichem Zusammenhang steht, mit Dienstfahrzeugen erfolgt und nicht vereinzelt geschieht.

XVI. Unerlaubtes Fernbleiben

Unerlaubtes Fernbleiben vom Dienst – Unterlassene Kontrollmaßnahmen im Rahmen der Dienstaufsicht
BVerwG, Urt. v. 5.8.2008 – 2 WD 14.07

> **Anmerkung und Hinweise für die Praxis**
>
> Der 2. WD-Senat erkennt in ständiger Rechtsprechung bei kürzerer, eigenmächtiger Abwesenheit regelmäßig auf die Dienstgradherabsetzung, u.U. bis in einen Mannschaftsdienstgrad, sowie bei Fahnenflucht, länger dauernder oder wiederholter eigenmächtiger Abwesenheit regelmäßig auf Entfernung aus dem Dienstverhältnis. Das Unterlassen der Rückkehr zur Truppe nach Abbruch oder Unterbrechung einer Fachausbildung im Rahmen des Berufsförderungsdienstes beurteilt der Senat milder.
>
> Im vorliegenden Fall hat der 2. WD-Senat die vom Truppendienstgericht verhängte Degradierung in den Dienstgrad eines Hauptgefreiten d.R. im Ergebnis bestätigt, wobei der Senat tatmildernd berücksichtigt hat, dass eine ausreichende Dienstaufsicht seitens des Disziplinarvorgesetzten nicht stattgefunden hat. Allerdings brauchte der Senat nicht zu entscheiden, ob hier eine weitergehende Degradierung, z.B. in den Dienstgrad eines Matrosen, in Betracht gekommen wäre, weil es sich ausschließlich um eine Berufung des Soldaten handelte (Verschlechterungsverbot!).

Der Soldat, ein Oberbootsmann der Reserve, hatte die Möglichkeit, vor Ablauf seiner Dienstzeit an einer Maßnahme des Berufsförderungsdienstes teilzunehmen. Der ihm erteilte Bewilligungsbescheid enthielt ausdrücklich den Hinweis, dass im Falle des Nichtantritts der Maßnahme der zuständigen Dienststelle unverzüglich Mitteilung gemacht werden müsse. Nachdem der Soldat bei seiner Einheit einen Abschiedsempfang gegeben hatte, nahm er danach weder seinen Dienst bei der Truppe wieder auf, noch machte er seiner Dienststelle Mitteilung davon, dass er die berufsfördernde Maßnahme nicht antreten werde. Der Soldat hielt sich für über acht Monate überwiegend in seiner Privatwohnung auf. Der Disziplinarvorgesetzte ging davon aus, der Soldat absolviere eine Ausbildung im Rahmen des Berufsförderungsdienstes; er nahm anfangs an, der notwendige Freistellungsbescheid werde alsbald eintreffen, das Ausbleiben des Bescheides blieb dann aber in der Einheit unbeachtet. Das Truppendienstgericht setzte den Soldaten in den Dienstgrad eines Hauptgefreiten der Reserve herab. Der 2. Wehrdienstsenat des Bundesverwaltungsgerichts beanstandete diese Maßnahme nicht.

Bei der Maßnahmebemessung ließ sich der 2. WD-Senat von folgenden Erwägungen leiten:

1. Eigenmächtiges Fernbleiben

Der Senat hat in ständiger Rechtsprechung, was die Einstufung des Dienstvergehens eines unerlaubten, eigenmächtigen Fernbleibens eines Soldaten von der Truppe angeht, bei kürzerer eigenmächtiger Abwesenheit regelmäßig auf die Dienstgradherabsetzung, unter Umständen bis in einen Mannschaftsdienstgrad, sowie bei Fahnenflucht, länger dauernder oder wiederholter eigenmächtiger Abwesenheit regelmäßig auf Entfernung aus dem Dienstverhältnis erkannt.

Der Senat hat zwar das Unterlassen der Rückkehr zur Truppe nach Abbruch oder Unterbrechung einer Fachausbildung im Rahmen des Berufsförderungsdienstes stets milder beurteilt als die eigenmächtige Abwesenheit eines aktiven Soldaten, weil derjenige, der an einer Fachausbildung teilnimmt, nicht mehr der Disziplin der Truppe unterliegt und sich in der Regel schon in etwa als „Zivilist" fühlt, sodass er eine weit geringere Hemmschwelle zu überwinden hat als ein aktiver Soldat.

Ein solcher, milder zu beurteilender Fall liegt hier jedoch nicht vor. Der frühere Soldat hatte von seinem Rechtsanspruch auf Berufsförderung keinen Gebrauch gemacht. Den Besuch einer Bundeswehr-Fachschule

XVI. Unerlaubtes Fernbleiben
Unterlassene Kontrollmaßnahmen

hatte er abgelehnt. Zur Absolvierung einer Fachausbildung kam es nicht, da er das Angebot zum Abschluss eines Ausbildungsvertrages nicht angenommen hatte. Aus diesem Grunde erging auch kein Freistellungsbescheid, sodass er von Anfang an weiter verpflichtet war, Dienst in der Truppe zu leisten. Dem kam er aber nicht nach, sondern blieb einfach zu Hause. Wer sich als Soldat von vornherein der militärischen Dienstleistung entzieht und anstelle der möglichen Teilnahme an einer Maßnahme des Berufsförderungsdienstes unter fortwährendem Erhalt seiner Dienstbezüge zu Hause privaten Interessen nachgeht, verletzt seine Dienstleistungspflicht in gleicher Weise wie ein aktiver Soldat im Falle der Fahnenflucht oder der unerlaubten, eigenmächtigen Abwesenheit vom Dienst.

2. Inanspruchnahme von Gehaltszahlungen

Die Auswirkungen des Fehlverhaltens des früheren Soldaten sind dadurch gekennzeichnet, dass er trotz seiner Nichtteilnahme an einer Maßnahme des Berufsförderungsdienstes und ohne sich stattdessen bei seiner Einheit zu melden, weiterhin Gehaltszahlungen seines Dienstherrn – ohne jede Gegenleistung – in Anspruch genommen und damit in dieser Form aus eigenem Entschluss öffentliche Mittel gleichsam zweckentfremdet hat.

3. Vorsatz

Für das Maß der Schuld fällt die bewusste und gewollte, d.h. vorsätzliche Begehensweise des früheren Soldaten entscheidend ins Gewicht. Milderungsgründe in den Umständen der Tat, die die Schuld des früheren Soldaten mildern könnten, sind nicht erkennbar. Allerdings musste sich zugunsten des früheren Soldaten tatmildernd auswirken, dass eine ausreichende Dienstaufsicht seitens seines damaligen Disziplinarvorgesetzten nicht stattgefunden hat. Mangelnde Dienstaufsicht als Ursache einer dienstlichen Verfehlung kann bei der Bemessung der Disziplinarmaßnahme unter besonderen Voraussetzungen mildernd berücksichtigt werden. Wenn etwa Kontrollmaßnahmen durch Vorgesetzte aufgrund besonderer Umstände unerlässlich waren und pflichtwidrig unterlassen worden sind, kann dem Soldaten eine Milderung der Eigenverantwortung zugebilligt werden.

Ein solcher Fall ist hier gegeben. In der Staffel war in Bezug auf den früheren Soldaten weder eine Kommandierung noch ein Freistellungsbescheid eingegangen. Schon aufgrund der vagen Aussagen des früheren Soldaten zu seiner zukünftigen Tätigkeit, seines Abschiedsfrühstücks sowie der in der Einheit kursierenden Gerüchte, er habe einen Ausbildungsvertrag, lagen besondere Umstände vor, die dienstaufsichtliche Kontrollmaßnahmen in der Staffel erforderlich machten. Man sei in der Staffel gutgläubig gewesen, so die Aussagen des ehemaligen Disziplinarvorgesetzten und des Personalbearbeiters, und habe dem „gestandenen Portepee-Unteroffizier" vertraut. Häufig dauere es vom Beginn der Berufsförderungsmaßnahme an noch bis zu etwa vier Wochen, bis der Freistellungsbescheid bei der Einheit eintreffe. Da hier aber die Voraussetzungen für den Erlass eines solchen Freistellungsbescheids zu keinem Zeitpunkt vorlagen, konnte ein solcher Bescheid nie ergehen. Dieser Umstand blieb dem Disziplinarvorgesetzten und dem Personalbearbeiter nur deshalb verborgen, weil diese es ab Ende September 2003 pflichtwidrig unterlassen hatten, die Personalakte des früheren Soldaten auf Wiedervorlage zu legen und dann spätestens Ende Oktober 2003 durch Anmahnung des Freistellungsbescheids die Personalangelegenheit weiter zu verfolgen. Allerspätestens Anfang November 2003 hätte dem Disziplinarvorgesetzten dann klar sein müssen, dass der frühere Soldat dem Dienst unerlaubt fernbleibt.

4. Schwere des Dienstvergehens

Das Gewicht des Dienstvergehens wird geprägt durch das achteinhalbmonatige, d.h. sehr lange dauernde, vorsätzlich unerlaubte Fernbleiben vom Dienst. Danach ist hier die Verhängung der Höchstmaßnahme

Ausgangspunkt der Zumessungserwägungen. Bei der gebotenen objektiven Betrachtung führt ein so schwerwiegendes Dienstvergehen, wie im vorliegenden Fall, grundsätzlich zum endgültigen Vertrauensverlust, sodass hier an sich die disziplinarische Höchstmaßnahme verwirkt wäre.

Gleichwohl hat das Truppendienstgericht, so der 2. WD-Senat, im Ergebnis zu Recht nur eine Dienstgradherabsetzung ausgesprochen. Denn den früheren Soldaten entlastet nicht unerheblich die unterlassenen Kontrollmaßnahmen im Rahmen der Dienstaufsicht; sie waren jedenfalls für die lange Dauer seiner eigenmächtigen Abwesenheit mitursächlich. Bei rechtzeitiger Wiedervorlage der Personalakte des früheren Soldaten in der Staffel wäre das dienstpflichtwidrige Verhalten dem Disziplinarvorgesetzten spätestens Anfang November 2003, d.h. nach etwa fünf Wochen, aufgefallen. Anstelle des Fernbleibenszeitraums von achteinhalb Monaten wäre der frühere Soldat „nur" etwa fünf Wochen unerlaubt dem Dienst ferngeblieben. Dies rechtfertigt es, nach Auffassung des 2. WD-Senats vom Ausspruch der Höchstmaßnahme abzusehen und auf eine Dienstgradherabsetzung zu erkennen. Nach alledem hat der 2. WD-Senat die vom Truppendienstgericht ausgesprochene Herabsetzung des früheren Soldaten in den Dienstgrad eines Hauptgefreiten der Reserve nicht beanstandet.

XVI. Unerlaubtes Fernbleiben

Fernbleiben im Rahmen der Berufsförderung

Fernbleiben von der Ausbildung im Rahmen der Berufsförderung am Ende der Dienstzeit
BVerwG, Urt. v. 26.4.2012 – 2 WD 6.11

> **Anmerkung und Hinweise für die Praxis**
>
> Da dienstliche Nachteile, die der Truppe dadurch entstehen, dass ein Soldat im Rahmen oder nach seiner Fachausbildung nicht zur Truppe zurückkehrt, in der Regel geringer sind als diejenigen, die für die Truppe durch das eigenmächtige Fernbleiben eines in der aktiven Dienstleistung in der militärischen Einheit stehenden Soldaten ausgelöst werden können, lässt es das BVerwG im Hinblick auf das Zumessungskriterium der „Auswirkungen" des Dienstvergehens grundsätzlich in solchen Fällen gegenüber dem Fernbleiben aktiver Soldaten bei der nächst niedrigeren Maßnahmeart bewenden. Dass im vorliegenden Fall die Dienstpflichten während eines Zeitraums der Freistellung vom Truppendienst zur Teilnahme an einer Berufsförderungsmaßnahme am Ende der Dienstzeit verletzt wurden, rechtfertige hiernach, bei der Bemessung der Maßnahme von einer Dienstgradherabsetzung i. S. v. § 58 Abs. 2 Nr. 3 WDO auszugehen.

1. Sachverhalt

Das Truppendienstgericht gelangte zu der Feststellung, dass der frühere Soldat, ein Oberfeldwebel der Reserve, zwischen dem 20. und dem 30. April 2009 ohne Entschuldigung einer Berufsförderungsmaßnahme ferngeblieben war und in Kenntnis einer entsprechenden Pflicht die Rückmeldung zum Truppendienst unterlassen hatte. Der Soldat habe hierdurch vorsätzlich die Pflichten zum treuen Dienen nach § 7 SG und zu achtungs- und vertrauenswürdigem Verhalten im Dienst nach § 17 Abs. 2 Satz 1 SG verletzt und damit ein Dienstvergehen begangen. Die Truppendienstkammer setzte den Soldaten in den Dienstgrad eines Stabsunteroffiziers der Reserve herab. Gegen dieses Urteil hat der Soldat eine auf die Disziplinarmaßnahme beschränkte Berufung eingelegt. Das BVerwG hat das Urteil der Truppendienstkammer im Ausspruch über die Disziplinarmaßnahme geändert und den Soldaten lediglich in den Dienstgrad eines Feldwebels der Reserve herabgesetzt, die Dienstgradherabsetzung also auf eine Stufe beschränkt.

2. Entscheidungsgründe des BVerwG (Maßnahmebemessung)

Für Fälle des vorsätzlichen eigenmächtigen Fernbleibens eines Soldaten von der Truppe ist wie das BVerwG ausführt, bei kürzerer unerlaubter Abwesenheit Ausgangspunkt der Zumessungserwägungen grundsätzlich eine Dienstgradherabsetzung, gegebenenfalls bis in den Mannschaftsdienstgrad; bei länger dauernder, wiederholter eigenmächtiger Abwesenheit oder Fahnenflucht ist das Dienstvergehen so schwerwiegend, dass es regelmäßig die Entfernung aus dem Dienstverhältnis oder den Ausspruch der sonst gebotenen Höchstmaßnahme indiziert. Jedenfalls dann, wenn ein Soldat – wie hier – elf Tage dem Truppendienst fernbleibt, ist von einer länger dauernden Abwesenheit auszugehen, bei der Ausgangspunkt der Zumessungserwägungen grundsätzlich die Höchstmaßnahme ist. Die besondere Schwere der Verletzung der Kernpflichten folgt aus der gesetzlichen Wertung, dass nach § 15 Abs. 1 WStG (Wehrstrafgesetz) bereits ab einer eigenmächtigen Abwesenheit von mehr als drei vollen Kalendertagen ein Straftatbestand verwirklicht ist, der mit einer Freiheitsstrafe von bis zu drei Jahren geahndet werden kann. Die zeitliche Grenze für das Eingreifen des § 15 Abs. 1 WStG ist bei elf Tagen Abwesenheit damit deutlich überschritten.

Der Ausgangspunkt der Zumessungserwägungen wird aber dadurch verändert, dass das Dienstvergehen in Zusammenhang mit einer Maßnahme der Berufsförderung am Ende der Dienstzeit steht (zur Abgrenzung der Berufsförderungsmaßnahme am Dienstzeitende von der ZAW-Maßnahme vgl. BVerwG, Urt. v. 4.5.2011 – 2 WD 2.10). Ein Fernbleiben von der Ausbildung im Rahmen der Berufsförderung am Ende der

Dienstzeit ist grundsätzlich als weniger schwerwiegender Verstoß zu bewerten. Dass im konkreten Fall die Dienstpflichten während eines Zeitraums der Freistellung vom Truppendienst zur Teilnahme an einer Berufsförderungsmaßnahme am Ende der Dienstzeit verletzt wurden, rechtfertigt hiernach, bei der Bemessung der Maßnahme von einer Dienstgradherabsetzung auszugehen. Ein Übergehen zu einer milderen Maßnahmeart als der Dienstgradherabsetzung hielt das BVerwG nicht für geboten. Die Beschränkung der Dienstgradherabsetzung im Umfang auf eine Stufe war aber ausreichend. Wegen der für den früheren Soldaten sprechenden Aspekte konnte ihm ein Vorgesetztendienstgrad und die Stellung eines Unteroffiziers mit Portepee belassen werden. Hierbei fiel u.a. ins Gewicht, dass sich die Verfehlung angesichts des zuvor gezeigten Engagements des früheren Soldaten für seine Dienstpflichten als einmaliges Ereignis darstellt, das für seine Persönlichkeit nicht typisch ist. Die dienstlichen Leistungen sprachen ebenso für ihn wie seine glaubhaft bekundete Unrechtseinsicht und sein Geständnis.

XVI. Unerlaubtes Fernbleiben — Aberkennung des Ruhegehalts

Aberkennung des Ruhegehalts bei eigenmächtigem Fernbleiben eines Soldaten von der Truppe
BVerwG, Urt. v. 4.12.2014 – 2 WD 23.13

> **Anmerkung und Hinweise für die Praxis**
>
> Nach ständiger Rechtsprechung des 2. WD-Senats des BVerwG ist Ausgangspunkt der Zumessungserwägungen für Fälle des vorsätzlichen eigenmächtigen Fernbleibens eines Soldaten von der Truppe bei kürzerer unerlaubter Abwesenheit grundsätzlich eine Dienstgradherabsetzung, ggf. bis in den Mannschaftsdienstgrad; bei länger dauernder oder wiederholter eigenmächtiger Abwesenheit regelmäßig die Höchstmaßnahme. Zwar führt das Vorliegen des Milderungsgrundes des Handelns des Soldaten in einer psychischen Ausnahmesituation regelmäßig dazu, von der Regelmaßnahme, hier der Höchstmaßnahme, abzuweichen. Obwohl das BVerwG diesen Tatmilderungsgrund zugunsten des früheren Soldaten ausführlich und zutreffend begründet, hat es den mildernden Aspekten im Ergebnis kein ausreichendes Gewicht beigemessen, um von der Aberkennung des Ruhegehalts abzusehen. Eine mildere Entscheidung des Senats wäre vertretbar gewesen.

1. Sachverhalt

Der frühere Soldat, ein Hauptfeldwebel, hat sich nicht, wie befohlen, am 7. Februar 2011 um 7 Uhr bei seiner Einheit ... in A., ..., gemeldet, sondern ist ihr bis zum 11. Februar 2011 unerlaubt ferngeblieben. Am 9. Mai 2011 meldete er sich nicht, wie befohlen, um 7 Uhr bei seiner Einheit, sondern blieb ihr bis zum 16. Mai 2011 unerlaubt fern. Schließlich trat er auch nicht am 24. Januar 2012 den Dienst, wie befohlen, an, sondern kehrte erst am 28. Januar 2012 wieder zurück. Ferner hat er seinen Dienst bei seiner Einheit nicht, wie befohlen, am 4. Oktober 2010 um 7 Uhr angetreten, sondern ist bis zum 7. Oktober 2010 unerlaubt ferngeblieben.

2. Entscheidung des BVerwG

Der 2. WD-Senat des Bundesverwaltungsgerichts hat dem zwischenzeitlich aus dem Dienst ausgeschiedenen früheren Soldaten, der als früherer Berufssoldat Soldat im Ruhestand ist, das Ruhegehalt aberkannt (§ 58 Abs. 2 Nr. 4 WDO i. V. m. § 65 WDO), weil er aus dem Dienst zu entfernen wäre, falls er sich noch im Dienst befände, § 65 Abs. 1 Satz 2 WDO. Der Senat begründet seine Entscheidung im Wesentlichen wie folgt:

a) Rechtliche Würdigung

Der frühere Soldat hat mit seinem Verhalten Pflichtverletzungen und damit ein Dienstgradvergehen nach § 23 Abs. 1 SG begangen. Indem er es wissentlich und willentlich unterließ, Dienst zu leisten, verletzte er vorsätzlich die Kernpflicht zum treuen Dienen als Pflicht zur Dienstleistung (§ 7 SG). Diese Pflicht ist auch unter dem Aspekt der Loyalität zur Rechtsordnung von ihm vorsätzlich verletzt, weil er durch das vorsätzliche Fernbleiben eine Wehrstraftat nach § 15 Abs. 1 WStG begangen hat. Jeder Verstoß eines Soldaten gegen eine gesetzliche Dienstpflicht, die dem § 17 SG vorangestellt ist, begründet zugleich einen Verstoß gegen § 17 Abs. 2 Satz 1 SG, wenn dem festgestellten Verhalten unabhängig von anderen Pflichtverstößen die Eignung zur Ansehensminderung innewohnt. Diese Voraussetzung ist von dem früheren Soldaten durch den strafrechtlich relevanten Verstoß gegen die zentrale Dienstleistungspflicht ebenfalls vorsätzlich erfüllt worden.

b) Bemessung der Disziplinarmaßnahme (§ 38 Abs. 1 WDO)

aa) Schweres Dienstvergehen

Nach Eigenart und Schwere wiegt das Dienstvergehen äußerst schwer. Die Pflicht zum treuen Dienen (§ 7 SG) gehört zu den zentralen Pflichten eines Soldaten, deren Verletzung von erheblicher Bedeutung ist. Der besondere Unrechtsgehalt des Dienstvergehens folgt auch daraus, dass der frühere Soldat nicht nur gegen seine soldatische Pflicht zur Dienstleistung, sondern auch gegen seine Pflicht zur Loyalität gegenüber der Rechtsordnung, vor allem zur Beachtung der Strafgesetze, in erheblichem Umfang verstoßen und kriminelles Unrecht i. S. v. § 15 Abs. 1 WStG begangen hat. Ein Soldat, der der Truppe unerlaubt fernbleibt, versagt im Kernbereich seiner Dienstpflichten. Die Bundeswehr kann die ihr obliegenden Aufgaben nur dann hinreichend erfüllen, wenn nicht nur das innere Gefüge der Streitkräfte so gestaltet ist, dass sie ihren militärischen Aufgaben gewachsen ist, sondern auch ihre Angehörigen im erforderlichen Maße jederzeit präsent und einsatzbereit sind. Hinzu tritt schließlich der vorsätzliche Verstoß gegen § 17 Abs. 2 Satz 1 SG. Eigenart und Schwere des Dienstvergehens werden des Weiteren dadurch bestimmt, dass der frühere Soldat aufgrund seines Dienstgrades als Hauptfeldwebel in einem Vorgesetztenverhältnis stand (§ 1 Abs. 3 Satz 1 und 2 SG i. V. m. § 4 Abs. 1 Nr. 2, Abs. 3 VorgV). Soldaten in Vorgesetztenstellung obliegt eine höhere Verantwortung für die Wahrnehmung dienstlicher Interessen. Als die Schwere des Dienstvergehens erhöhend ist ferner mit einzubeziehen, dass der frühere Soldat vier Pflichtverletzungen begangen hat, die überwiegend auch strafgerichtlich geahndet worden sind. Die Schwere des Dienstvergehens erhöht zudem ganz beträchtlich, dass der frühere Soldat selbst nach Einleitung des disziplinargerichtlichen Verfahrens wiederum einschlägig disziplinarisch in Erscheinung getreten ist.

bb) Nachteilige Auswirkungen

Das Dienstvergehen hatte erhebliche nachteilige Auswirkungen für den Dienstbetrieb. Das Fehlverhalten ist nach der Aussage des Leumundszeugen Major S. in der Einheit bekannt geworden. Darüber hinaus hatte es negative Auswirkungen auf die Personalführung, weil der frühere Soldat seit ... bis zu seinem Ausscheiden aus dem Wehrdienst vorläufig des Dienstes enthoben und ihm verboten worden war, Uniform zu tragen.

cc) Eigennützige Motive

Die Beweggründe des früheren Soldaten sind zwar einerseits eigennützig gewesen, weil er nach den Aussagen in der Berufungshauptverhandlung seine privaten Interessen höher bewertet hat als die dienstlichen Erfordernisse; andererseits ist jedoch mit in den Blick zu nehmen, dass jedenfalls auch die Pflege seiner Ehefrau und die Unterstützung seines Sohnes bei der Suche nach einem Ausbildungsplatz Motive dafür waren, dem Dienst fernzubleiben.

dd) Maß der Schuld

Das Maß der Schuld des früheren Soldaten wird durch sein durchgehend vorsätzliches Handeln bestimmt. Seine Alkoholisierung führt nicht zu einer verminderten Schuldfähigkeit entsprechend § 21 StGB (wird vom Senat näher ausgeführt). Erfolgreich beruft er sich jedoch auf das Vorliegen einer seelischen Ausnahmesituation. Er befand sich über einen langen Zeitraum in einem psychischen Ausnahmezustand. Dieser folgte aus der Kumulation zahlreicher belastender Lebensumstände, die den früheren Soldaten angesichts seiner Persönlichkeit überfordert haben. Der Eindruck, den der Senat von dem früheren Soldaten in der Berufungshauptverhandlung gewonnen hat, bestätigt dies ebenso wie die Beschreibung im Ärztlichen Entlassungsbericht der Klinik B. Zu den belastenden Lebensumständen zählten neben der beruflich bedingten

XVI. Unerlaubtes Fernbleiben — Aberkennung des Ruhegehalts

Pendelsituation zunächst die mehrjährige Erkrankung seiner 2013 mit 49 Jahren verstorbenen Ehefrau, deren Pflege zwar in der Woche durch den jüngsten Sohn, am Wochenende jedoch durch den früheren Soldaten erfolgte. Der frühere Soldat hat in der Berufungshauptverhandlung glaubhaft geschildert, dass seine Ehefrau nicht mehr in der Lage war, die Wohnung zu verlassen oder den Haushalt zu versorgen, dass sie nur noch auf dem Sofa gelegen und ärztliche Hilfe abgelehnt habe. Der Senat kann nachvollziehen, dass der frühere Soldat mit dieser Situation emotional wie in der praktischen Bewältigung völlig überfordert war und sich auch schämte, Hilfe von außen in Anspruch zu nehmen. Des Weiteren bestanden Belastungen durch die gut zwei Jahre andauernden Bemühungen des früheren Soldaten, für seinen Sohn eine Lehrstelle zu finden.

ee) Hohe Leistungen

Im Hinblick auf die Zumessungskriterien „Persönlichkeit" und „bisherige Führung" sprechen für den früheren Soldaten nicht – wie vom Truppendienstgericht angenommen – gleichbleibend hohe Leistungen.

ff) Aberkennung des Ruhegehalts

Nach einer Gesamtwürdigung aller be- und entlastenden Umstände hält der 2. WD-Senat des BVerwG die Aberkennung des Ruhegehalts für erforderlich. Für Fälle des vorsätzlichen eigenmächtigen Fernbleibens eines Soldaten von der Truppe ist aus spezial- und generalpräventiven Gründen bei kürzerer unerlaubter Abwesenheit Ausgangspunkt der Zumessungserwägungen grundsätzlich eine Dienstgradherabsetzung, gegebenenfalls bis in den Mannschaftsdienstgrad; bei länger dauernder oder wiederholter eigenmächtiger Abwesenheit sowie bei Fahnenflucht ist das Dienstvergehen so schwerwiegend, dass es regelmäßig die Entfernung aus dem Dienstverhältnis oder den Ausspruch der sonst gebotenen Höchstmaßnahme – wie vorliegend die Aberkennung des Ruhegehalts – indiziert. Letzteres ist der Fall, weil der frühere Soldat dem Dienst vorsätzlich und wiederholt unerlaubt ferngeblieben ist.

XVI. Unerlaubtes Fernbleiben

Eigenmächtiges Fernbleiben von der Truppe über acht Tage – Degradierung um zwei Dienstgrade zum Oberstabsgefreiten
BVerwG, Urt. v. 12.2.2015 – 2 WD 2.14

> **Anmerkung und Hinweise für die Praxis**
> Das TDG war der Auffassung, die Dienstgrade des Oberstabsgefreiten und Stabsgefreiten müssten tadelfreien, besonders bewährten Mannschaftsdienstgraden vorbehalten bleiben, sodass der Soldat in den Dienstgrad eines Hauptgefreiten herabzusetzen sei. Anders das BVerwG: Kann nach dem Gewicht von Tat und Schuld die Herabsetzung auf zwei Dienstgrade beschränkt werden und ist daher die Herabsetzung in einen Spitzendienstgrad der Mannschaften geboten, widerspräche es dem Verhältnismäßigkeitsgrundsatz, stattdessen in einen niedrigeren Mannschaftsdienstgrad zu degradieren. Der aus dem Rechtsstaatsprinzip abzuleitende und auch für das Disziplinarrecht geltende Verhältnismäßigkeitsgrundsatz verbietet die Verhängung einer schwereren Disziplinarmaßnahme als die nach den Bemessungsfaktoren des § 38 Abs. 1 WDO gebotenen Maßnahme.

1. Entscheidung des Truppendienstgerichts (TDG)

Das TDG hat festgestellt, dass der Soldat, ein Stabsunteroffizier, wissentlich und willentlich entgegen dem Befehl eines Tagesdienstplans vom 4. Juli 2011 bis zum 11. Juli 2011 dem militärischen Dienst ferngeblieben ist. Außerdem habe er in einer Vernehmung nach Hinweis auf seine Wahrheitspflicht bewusst wahrheitswidrig angegeben, er habe sich am 4. Juli 2011 beim Truppenarzt krankgemeldet, sei zum Zahnarzt überwiesen und durch diesen bis zum 8. Juli 2011 krankgeschrieben worden. Dies hat das TDG als vorsätzliche Verletzung der Pflicht zum treuen Dienen (§ 7 SG), der Gehorsamspflicht (§ 11 Abs. 1 Satz 1 SG), der Wahrheitspflicht (§ 13 Abs. 1 SG) und der Wohlverhaltenspflicht (§ 17 Abs. 2 Satz 1 2. Alt. SG) gewürdigt und den Soldaten in den Dienstgrad eines Hauptgefreiten herabgesetzt.

2. Entscheidung des BVerwG – Maßnahmeänderung zugunsten des Soldaten: Degradierung vom Stabsunteroffizier zum Oberstabsgefreiten

Bei der Gesamtwürdigung aller be- und entlastenden Umstände hält der 2. WD-Senat im Hinblick auf die Bemessungskriterien des § 38 Abs. 1 WDO eine Dienstgradherabsetzung um zwei Dienstgrade für erforderlich und angemessen. Zum „Ausgangspunkt der Zumessungserwägungen" (Regelmaßnahme) führt das BVerwG aus: Das TDG gehe mit Recht davon aus, dass der Schwerpunkt des Fehlverhaltens im Fernbleiben vom Dienst über den Zeitraum von acht Tagen liege. Bei einem eigenmächtigen Fernbleiben über acht Tage ist nach Auffassung des BVerwG die Dienstgradherabsetzung Ausgangspunkt der Zumessungserwägungen. Ein Fernbleiben über acht Tage sei jedenfalls noch nicht als länger dauernd zu werten, sodass eine Entfernung aus dem Dienstverhältnis als Ausgangspunkt der Zumessungserwägungen noch nicht in Betracht käme. Denn ein Fernbleiben über einen Zeitraum, der über den regulären Urlaubsanspruch ohne Weiteres abgedeckt werden könnte, so das BVerwG, dokumentiere in aller Regel bei objektiver Betrachtung noch keine Abkehr vom Dienstherrn, weil dies eine Zeitspanne sei, nach der ein Soldat typischerweise wieder zurückkomme. Im konkreten Einzelfall verneinte das BVerwG das Vorliegen von Umständen, die die Möglichkeit einer Milderung oder die Notwendigkeit einer Verschärfung gegenüber der Regelmaßnahme eröffnen. Daher ist hier die Verhängung einer der Art nach anderen Maßnahme als eine Dienstgradherabsetzung nicht geboten: Zu der den Ausgangspunkt der Zumessungserwägungen bestimmenden Verletzung der zentralen Dienstleistungspflicht aus § 7 SG treten mit der Gehorsamspflichtverletzung und der Wahrheitspflichtverletzung weitere gewichtige Verletzungen soldatischer Kernpflichten hinzu. Diese schließen trotz der angeführten Milderungsgründe in der Person des Soldaten eine Milderung der

Maßnahmeart aus. Wegen der Milderungsgründe ist es aber auch nicht erforderlich, im Hinblick auf die weiteren Pflichtverletzungen die Höchstmaßnahme in Betracht zu ziehen. Hier verlangen die erschwerenden Umstände, namentlich die bei der Bestimmung des Ausgangspunktes der Zumessungserwägungen noch nicht berücksichtigten Verletzungen der Wahrheits- und der Gehorsamspflicht, zwar eine Herabsetzung um mehr als einen Dienstgrad, sodass dem Soldaten eine Vorgesetztendienstgrad nicht mehr belassen werden kann. Die für ihn sprechenden, mildernden Umstände, insbesondere die freiwillige Offenbarung der unwahren Angaben wie die in seiner Person und den Tatumständen liegenden Aspekte, wiegen das Gewicht der erschwerenden Umstände aber soweit auf, dass die Herabsetzung auf zwei Dienstgrade beschränkt werden kann. Ist eine Herabsetzung in einem Mannschaftsdienstgrad tat- und schuldangemessen, sind die Dienstgrade des Stabs- und Oberstabsgefreiten nicht von der Betrachtung ausgenommen. Soweit der Senat in der Vergangenheit eine andere Auffassung vertreten hat (vgl. BVerwG, Urt. v. 27.6.1995 – 2 WD 3.95 – BVerwGE 103, 246, 248), hält er hieran nicht fest (vgl. bereits BVerwG, Urt. v. 24.4.2014 – 2 WD 39.12).

XVI. Unerlaubtes Fernbleiben

Fernbleiben vom Dienst über fast sechs Wochen – Keine Fortsetzung des Dienstverhältnisses
BVerwG, Urt. v. 11.6.2015 – 2 WD 12.14

> **Anmerkung und Hinweise für die Praxis**
>
> Dass im vorliegenden Fall die Entfernung aus dem Dienstverhältnis geboten war, liegt auf der Hand. Milderungsgründe in den Umständen der Tat, die die Schuld des Soldaten hätten mindern können, lagen nicht vor (z.B. ein Mitverschulden von Vorgesetzten in Form einer mangelhaften Dienstaufsicht oder etwa ein Versagen des Soldaten in einer seelischen Ausnahmesituation). Darüber hinaus hat der Soldat wissentlich und willentlich Falschangaben gemacht, mit denen er jeweils die Aufdeckung seines Fehlverhaltens – der eigenmächtigen Abwesenheit vom Dienst – verhindern wollte. Das BVerwG stellt daher zu Recht fest, dass hier bei einem Fernbleiben des Soldaten über einen Zeitraum von fast sechs Wochen dem Dienstherrn die Fortsetzung des Dienstverhältnisses unzumutbar ist.

1. Sachverhalt

Der Soldat, ein Oberfeldwebel, ist ab November 2013 für 41 Tage nicht an seinem Dienstort erschienen, obwohl er weder erkrankt war, Urlaub oder eine anderweitige Erlaubnis zum Fernbleiben hatte. Das Bestehen der Pflicht, zum Dienst zu erscheinen, war ihm dabei bekannt. Zur Verschleierung seiner Abwesenheit machte er u.a. gegenüber dem Dezernatsleiter und dem Kompaniefeldwebel unwahre Angaben über gesundheitliche Beeinträchtigungen. Das Truppendienstgericht (TDG) entfernte den Soldaten wegen eines Dienstvergehens aus dem Dienstverhältnis.

2. Entscheidung des BVerwG

Das BVerwG bestätigte das Urteil des TDG und begründete seine Entscheidung im Wesentlichen wie folgt:

a) Rechtliche Würdigung

Der Soldat habe durch das unerlaubte Fernbleiben von seiner Dienststelle seine Pflicht zum treuen Dienen (§ 7 SG) und durch die wahrheitswidrigen Angaben die Wahrheitspflicht (§ 13 SG) verletzt. Alle Pflichtverletzungen verletzten zudem die Wohlverhaltenspflicht aus § 17 Abs. 2 Satz 1 2. Abt. SG. Der Soldat habe vorsätzlich gehandelt und somit ein Dienstvergehen gemäß § 23 Abs. 1 SG begangen.

b) Maßnahmebemessung

aa) Schweres Dienstvergehen

Das Dienstvergehen wiege nach seiner Eigenart und Schwere (vgl. § 58 Abs. 7 i. V. m. § 38 Abs. 1 WDO) außerordentlich schwer. Das Schwergewicht der Verfehlung liege in der Verletzung der Pflicht zum treuen Dienen (§ 7 SG). Der besondere Unrechtsgehalt des Dienstvergehens folgt daraus, dass der Soldat nicht nur gegen seine soldatische Pflicht zur Dienstleistung, sondern auch gegen seine Pflicht zur Loyalität gegenüber der Rechtsordnung, vor allem der Beachtung der Strafgesetze, in erheblichem Umfang verstoßen und kriminelles Unrecht i. S. v. § 15 Abs. 1 WStG begangen hat. Ein Soldat, der der Truppe unerlaubt fernbleibt, versagt im Kernbereich seiner Dienstpflichten. Eigenart und Schwere des Dienstvergehens sind auch durch die Verletzungen der dienstlichen Wahrheitspflicht (§ 13 Abs. 1 SG) gekennzeichnet (vgl. dazu insb. BVerwG, Urt. v. 31.5.2011 – 2 WD 4.10). Ein Soldat, der gegenüber Vorgesetzten und Dienststellen der

XVI. Unerlaubtes Fernbleiben

Bundeswehr in dienstlichen Angelegenheiten unwahre Erklärungen abgibt, büßt hierdurch allgemein seine Glaubwürdigkeit ein. Auch die Verletzung der Pflicht zu achtungs- und vertrauenswürdigem Verhalten (§ 17 Abs. 2 Satz 1 SG) wiegt schwer. Die Pflicht zur Wahrung von Achtung und Vertrauen ist kein Selbstzweck, sondern hat funktionalen Bezug zur Erfüllung des grundgesetzmäßigen Auftrages der Streitkräfte und zur Gewährleistung des militärischen Dienstbetriebs. Eigenart und Schwere des Dienstvergehens werden hier des Weiteren dadurch bestimmt, dass der Soldat aufgrund seines Dienstgrades als Oberfeldwebel in einem Vorgesetztenverhältnis stand (§ 1 Abs. 3 Sätze 1 und 2 SG i. V. m. § 4 Abs. 1 Nr. 2, Abs. 3 VorgV).

bb) Nachteilige Auswirkungen

Das Dienstvergehen hatte nachteilige Auswirkungen für den Dienstbetrieb, weil dem Dienstherrn über den Zeitraum des Fernbleibens des Soldaten dessen Dienstleistung trotz der Fortzahlung der Bezüge nicht zur Verfügung stand.

cc) Beweggründe

Die Beweggründe des Soldaten sprechen nicht für ihn…wird ausgeführt.

dd) Maß der Schuld

Das Maß der Schuld des uneingeschränkt schuldfähigen Soldaten wird vor allem dadurch bestimmt, dass er vorsätzlich gehandelt hat. Milderungsgründe in den Umständen der Tat, die die Schuld des Soldaten mindern könnten, liegen nicht vor.

ee) Ordentliche und gute Leistungen

Im Hinblick auf die Zumessungskriterien „Persönlichkeit" und „bisherige Führung" sind dem Soldaten seine vor dem Fehlverhalten ordentlichen Leistungen und auch die guten Leistungen nach dem Vorfall zugutezuhalten.

ff) Entfernung aus dem Dienstverhältnis

Bei der Gesamtwürdigung aller be- und entlastenden Umstände hält der 2. WD-Senat im Hinblick auf die Bemessungskriterien des § 38 Abs. 1 WDO und die Zwecksetzung des Wehrdisziplinarrechts die Entfernung aus dem Dienstverhältnis gemäß § 58 Abs. 1 Nr. 5 WDO für tat- und schuldangemessen. Denn angesichts des Gewichts der Pflichtverletzung ist dem Dienstherrn die Fortsetzung des Dienstverhältnisses nicht mehr zumutbar. Für Fälle des (vorsätzlichen) eigenmächtigen Fernbleibens eines Soldaten von der Truppe ist bei länger dauernder eigenmächtiger Abwesenheit nach der Rechtsprechung des Senats Ausgangspunkt der Zumessungserwägungen regelmäßig die Entfernung aus dem Dienstverhältnis oder der Ausspruch der sonst gebotenen Höchstmaßnahme. Von einer Entfernung aus dem Dienstverhältnis als Ausgangspunkt der Zumessungserwägungen (Regelmaßnahme) auszugehen, setzt voraus, dass durch das Dienstvergehen regelmäßig die Vertrauensgrundlage zwischen dem Dienstherrn und dem Soldaten unheilbar zerstört ist und dem Dienstherrn deshalb die Fortsetzung des Dienstverhältnisses grundsätzlich nicht mehr zugemutet werden kann. Dies hat der Senat im vorliegenden Fall bejaht. Wer über einen Zeitraum von fast sechs Wochen dem Dienst fernbleibt, so das BVerwG, indiziert damit eine innere Abkehr vom Dienstherrn, die diesem die Fortsetzung des Dienstverhältnisses in aller Regel unzumutbar macht. Umstände, deren Art und Gewicht ein Abgehen von der Regelmaßnahme erlauben würden, waren für den Senat nicht ersichtlich, zumal erschwerend auch noch die Verletzungen der Wahrheitspflicht als Teil des einheitlichen Dienstvergehens zu berücksichtigen sind. Gegen den vollständigen Vertrauensverlust spricht auch nicht der Umstand, dass der Soldat während des Ermittlungsverfahrens und des Verfahrens vor der Vorinstanz nicht vorläufig des Dienstes enthoben oder nicht deswegen wegversetzt worden ist (BVerwG, Urt. v. 21. Mai 2014 – 2 WD 7.13).

XVI. Unerlaubtes Fernbleiben — Schweres Dienstvergehen und Aberkennung des Ruhegehaltes

Leutnant beging schweres Dienstvergehen – Ruhegehalt aberkannt
BVerwG, Urt. v. 16.12.2010 – 2 WD 43.09

Anmerkung und Hinweise für die Praxis

1. Das vom Truppendienstgericht gegen den früheren Soldaten verhängte Beförderungsverbot und die Kürzung der Dienstbezüge wurden dem Unrechtsgehalt des Dienstvergehens nicht gerecht. Es ist nicht zu beanstanden, dass das BVerwG dem früheren Soldaten die Übergangsgebührnisse, die gemäß § 1 Abs. 3, § 67 Abs. 4 WDO als Ruhegehalt anzusehen sind, aberkannt hat (§ 58 Abs. 2 Satz 1 Nr. 4 WDO). Dass der Soldat während des Berufungsverfahrens vor dem BVerwG aus dem Dienstverhältnis ausgeschieden ist, stand der Fortsetzung des gerichtlichen Verfahrens nicht entgegen (§ 82 Abs. 1 WDO).

2. Das BVerwG stellt – entgegen der Auffassung des Truppendienstgerichts – klar: Der Umstand, dass der frühere Soldat erst relativ spät vorläufig des Dienstes enthoben wurde, spricht nicht gegen den vollständigen Vertrauensverlust. Nach der ständigen Rechtsprechung des BVerwG hängt die Beantwortung der Frage nach der erforderlichen fortbestehenden Vertrauenswürdigkeit eines Soldaten nicht entscheidend von den Erwägungen und Entscheidungen der jeweiligen Einleitungsbehörde oder der Einschätzung der unmittelbaren Vorgesetzten ab. Ob das Vertrauen in die Zuverlässigkeit und persönliche Integrität des betroffenen Soldaten erschüttert oder gar zerstört ist, ist „nach einem objektiven Maßstab, also aus der Perspektive eines objektiv und vorurteilsfrei den Sachverhalt betrachtenden Dritten zu prüfen und zu bewerten". Kritisch ist allerdings anzumerken, dass diese Sichtweise einem Außenstehenden nicht immer ganz einfach zu vermitteln ist.

1. Sachverhalt

Der (frühere) Soldat war nach Ablauf seines Verpflichtungszeitraumes zum 30. Juni 2010 aus dem Dienst ausgeschieden und erhielt Übergangsgebührnisse. Zuletzt wurde er im Jahre 2005 zum Leutnant befördert. Im Jahre 2006 kam es zu mehreren schuldhaft (teils fahrlässig/teils vorsätzlich) begangenen dienstlichen Verfehlungen (Inanspruchnahme dienstlichen Materials der Bundeswehr zu privaten Zwecken; erniedrigende Behandlung eines Untergebenen; Verfehlungen im Wachdienst als OvWa; unerlaubtes Fernbleiben vom Dienst). Das Truppendienstgericht verhängte gegen den früheren Soldaten wegen eines Dienstvergehens ein Beförderungsverbot von vier Jahren verbunden mit einer Kürzung seiner jeweiligen Dienstbezüge um ein Fünftel für die Dauer von 30 Monaten. Der 2. WD-Senat des BVerwG hob das Urteil des Truppendienstgerichts auf und entschied – auf die Berufung der Wehrdisziplinaranwaltschaft –, dass dem früheren Soldaten das Ruhegehalt aberkannt wird, § 58 Abs. 2 Satz 1 Nr. 4 i. V. m. § 65, § 67 Abs. 4 WDO.

2. Entscheidungsgründe des BVerwG (Maßnahmebemessung)

Hinsichtlich der Bemessung der Disziplinarmaßnahme ist wegen des Gebots der Gleichbehandlung vergleichbarer Fälle zunächst eine Regelmaßnahme für die in Rede stehende Fallgruppe als „Ausgangspunkt der Zumessungserwägungen" zu bestimmen. Dabei entspricht es der Rechtsprechung des Senats, dass im – unter Anschuldigungspunkt ... beschriebenen – Fall der vorsätzlichen Inanspruchnahme von Personal oder dienstlichen Materials der Bundeswehr zu privaten Zwecken Ausgangspunkt der Zumessungserwägungen je nach Gewicht des Dienstvergehens eine Kürzung der Dienstbezüge und/oder ein Beförderungsverbot, in schweren Fällen eine Herabsetzung um einen oder mehrere Dienstgrade ist. Eine Herabsetzung im Dienstgrad, in schweren Fällen jedoch auch eine Entfernung aus dem Dienst, ist ferner Ausgangspunkt der Zumessungserwägungen dann, wenn – wie unter Anschuldigungspunkt ... dargestellt – eine vorsätzlich erniedrigende Behandlung von Untergebenen vorliegt (BVerwG, Urt. v. 13.3.2008 – 2 WD 6.07; ehrverletzende und entwürdigende Äußerungen eines Soldaten werden disziplinarrechtlich einer entsprechenden Behandlung gleichgesetzt). Die – unter Anschuldigungspunkte … – festgestellten vorsätzlichen Verstöße gegen die Gehorsams- und/oder Wahrheitspflicht standen zudem im Zusammenhang mit zentralen Verpflichtungen des Wachdienstes, bei dem die Sorgfaltsanforderungen angesichts des Schutzgutes besonders hoch sein müssen und Zuwiderhandlungen ebenfalls einer nachdrücklichen Sanktionierung bedürfen. Das – unter Anschuldigungspunkt … beschriebene – unerlaubte fahrlässige Fernbleiben vom Dienst verlangt bei isolierter Betrachtung im Ausgangspunkt der Zumessungserwägung zwar noch keine nach außen sichtbare, dafür jedoch eine spürbare disziplinarische Pflichtenmahnung. Im Hinblick auf die konkrete Bemessung im vorliegenden Fall würde nach Auffassung des BVerwG mit einer Herabsetzung im Dienstgrad der Schwere der dienstlichen Verfehlungen nicht ausreichend Rechnung getragen. Es entspricht ständiger Rechtsprechung des Senats, dass für die „Eigenart und Schwere des Dienstvergehens" auch von Bedeutung ist, ob der Soldat einmalig oder wiederholt versagt hat oder in einem besonders wichtigen Pflichtenbereich (BVerwG, Urt. v. 10.2.2010 – 2 WD 9.09). Nach Maßgabe dessen ist das in den (früheren) Soldaten gesetzte Vertrauen des Dienstherrn so schwerwiegend und nachhaltig zerstört, dass diesem eine Fortsetzung des Dienstverhältnisses nicht mehr zugemutet werden könnte, wenn sich der Soldat noch im aktiven Dienst befände. Eine Herabsetzung im Dienstgrad wäre nicht ausreichend. Die dienstlichen Verfehlungen des früheren Soldaten sind, wie das BVerwG betont, zahlreich und überwiegend vorsätzlich begangen. Teilweise sind sie von strafrechtlichem Gewicht und betreffen zentrale Bereiche des soldatischen Lebens, insbesondere mehrfach Verfehlungen im Wachdienst. Die Auswirkungen waren auch erheblich. Insbesondere die äußerst moderat formulierte Sonderbeurteilung bestätigt, dass bereits vor dem Ausscheiden des früheren Soldaten aus dem Dienst kein Vertrauen mehr in seine Zuverlässigkeit sowie Vertrauenswürdigkeit bestand und sein Verwendungsspektrum weitgehend eingeschränkt war. Anders als vom Truppendienstgericht angenommen, spricht gegen den vollständigen Vertrauensverlust auch nicht der Umstand, dass der frühere Soldat erst seit dem 30. Mai 2008 vorläufig des Dienstes enthoben worden ist. Ob das Vertrauen in die Zuverlässigkeit und persönliche Integrität des betroffenen Soldaten erschüttert oder gar zerstört ist, ist nach einem objektiven Maßstab, also aus der Perspektive eines objektiv und vorurteilsfrei den Sachverhalt betrachtenden Dritten zu prüfen und zu bewerten (BVerwG, Urt. v. 28.4.2005 – 2 WD 25.04).

XVII. Ungehorsam

Zur Maßnahmebemessung bei Ungehorsam eines Soldaten im Auslandseinsatz
BVerwG, Urt. v. 22.8.2007 – 2 WD 27.06

> **Anmerkung und Hinweise für die Praxis**
>
> Das BVerwG hat in mehreren Entscheidungen die Verletzung der Gehorsamspflicht je nach Schwere des Verstoßes z.B. mit einer Gehaltskürzung (Kürzung der Dienstbezüge), einem Beförderungsverbot oder einer Dienstgradherabsetzung geahndet.
>
> Vorliegend handelte es sich um einen schweren Fall, der nach Ansicht des BVerwG – entgegen der Entscheidung des Truppendienstgerichts – eine Herabsetzung um zumindest einen Dienstgrad erfordert hätte. Aufgrund des Verschlechterungsverbotes (§ 123 Satz 3 WDO i. V. m. § 331 Abs. 1 StPO) war es dem BVerwG jedoch versagt, die von der Truppendienstkammer verhängte Disziplinarmaßnahme zu verschärfen.

Der Soldat, ein Oberfeldarzt, war zum Operationshauptquartier einer EU-Militäroperation im Ausland kommandiert worden. Er begab sich während einer in das Einsatzgebiet unternommenen Dienstreise entgegen den in der Dienstreiseanordnung getroffenen Festlegungen und geographischen Begrenzungen ohne vorherige Genehmigung durch seinen truppendienstlich zuständigen deutschen Vorgesetzten in ein anderes Land, um dort im Zusammenwirken mit Soldaten anderer an der EU-Militäroperation beteiligter Staaten Sanitätseinrichtungen zu besichtigen. Das Truppendienstgericht verhängte gegen den Soldaten wegen eines Dienstvergehens ein Beförderungsverbot für die Dauer von zwei Jahren i. V. m. der Kürzung seiner jeweiligen Dienstbezüge um ein Zehntel für die Dauer eines Jahres. Die Berufung der Soldaten wurde durch das Bundesverwaltungsgericht zurückgewiesen. Der 2. WD-Senat wertete das vorsätzliche Fehlverhalten des Soldaten als schwerwiegendes Dienstvergehen, wobei der Senat dem Ungehorsam des Soldaten (Verstoß gegen § 11 Abs. 1 SG) zentrale Bedeutung beigemessen hat.

1. Befehlscharakter der Dienstreiseanordnung

Der 2. WD-Senat stellte fest, dass die vom Soldaten geäußerten Zweifel an dem Befehlscharakter der Dienstreiseanordnung und der ergänzenden diesbezüglichen Erklärungen seines Disziplinarvorgesetzten nicht durchgreifen. Ein „Befehl" liegt dann vor, wenn einem militärischen Untergebenen durch einen militärischen Vorgesetzten (oder durch den Inhaber der Befehls- und Kommandogewalt (Art. 65a GG) oder im Verhinderungsfall durch dessen Vertreter im Amt) schriftlich, mündlich oder in anderer Weise eine Anweisung zu einem bestimmten Tun oder Unterlassen mit Gehorsamsanspruch erteilt wird (vgl. zur stRspr. des Senats zum Inhalt des Befehlsbegriffs nach § 11 Abs. 1 SG i. V. m. § 2 Nr. 2 WStG u.a. BVerwG, Urt. v. 21.6.2005 – 2 WD 12.04 – BVerwGE 127, 302 = NJW 2006, 77, 80 = EuGRZ 2006, 636, 646 und BVerwG, Urt. v. 26.9.2006 – 2 WD 2.06 – BVerwGE 127, 1). Dabei ist nicht erforderlich, dass vom Anwesenden der Ausdruck „Befehl" verwendet wird (BVerwG, Urt. v. 3.7.2007 – 2 WD 12.06). Maßgebend ist – wie auch bei anderen Erklärungen im Rechtsverkehr – der Erklärungsgehalt nach dem Empfängerhorizont eines objektiven Betrachters (sogenannter objektivierter Empfängerhorizont gemäß §§ 133, 157 BGB analog). Die Dienstreiseanordnung, i. V. m. den ergänzenden Erklärungen des militärischen Vorgesetzten des Soldaten, war in diesem Sinne nach dem objektivierten Empfängerhorizont eine Anweisung zu einem bestimmten Verhalten, nämlich die Dienstreise nur nach E. zu dem darin angegebenen Zweck durchzuführen. Sie legte den Zeitpunkt, den Zweck und die näheren Modalitäten der Dienstreise fest. Nur aufgrund ihres Ergehens durfte sich der Soldat während seiner Dienstzeit nach E. begeben. Nach ihrem objektiven Erklärungsgehalt, der gegenüber dem Soldaten durch die mündlichen Erläuterungen und Belehrungen durch den

Disziplinarvorgesetzten vor der Abreise nach E. noch verdeutlicht wurde, schloss sie für den Soldaten insbesondere aus, sich während der Dienstreise in einen anderen Staat zu begeben. Auch die der Dienstreiseanordnung zugrunde liegende Entscheidung der Leitung des Bundesministeriums der Verteidigung war dem Soldaten durch seinen Disziplinarvorgesetzten vermittelt worden und ihm bekannt.

2. Maßnahmebemessung

Bei der gebotenen Gesamtwürdigung des Fehlverhaltens des Soldaten ist nach Auffassung des Senats davon auszugehen, dass der Senat in der Vergangenheit die Verletzung der Gehorsamspflicht – je nach Schwere des Verstoßes – mit einer Gehaltskürzung (BVerwG, Urt. v. 4.7.2001 – 2 WD 52.00 = NZWehrr 2002, 76), einem Beförderungsverbot (vgl. u.a. BVerwG, Urt. v. 3.8.1994 – 2 WD 18.94 = NZWehrr 1995, 211) oder auch einer Dienstgradherabsetzung (BVerwG, Urt. v. 14.11.1991 – 2 WD 12.91 – BVerwGE 93, 196 und BVerwG, Urt. v. 2.7.2003 – BVerwG 2 WD 42.02 = NZWehrr 2004, 34) geahndet hat. Bei dem vorliegenden Dienstvergehen ging das BVerwG von einem schwerwiegenden Fall aus. Das ergibt sich vor allem aus der Eigenart und Schwere des Dienstvergehens und der vorsätzlichen Begehungsweise. Ein solches Fehlverhalten erfordert regelmäßig eine von außen wahrnehmbare Maßnahme, also zumindest eine Herabsetzung im Dienstgrad. Dafür sprechen sowohl spezial- als auch generalpräventive Gründe. Ein Sanitätsoffizier, der sich bei einem militärischen Auslandseinsatz in Kenntnis eines ihm hinsichtlich seines zu erfüllenden Auftrages und des Einsatzgebietes durch den zuständigen Disziplinarvorgesetzten erteilten Befehls und der diesem zugrundeliegenden ausdrücklichen Entscheidung der Leitung des Bundesministeriums der Verteidigung darüber vorsätzlich hinwegsetzt, stellt in gravierender Weise seine Eignung als Offizier, vor allem für Auslandseinsätze, infrage.

Lässt er zudem – wie der Soldat – auch nachfolgend eine hinreichende Einsicht in sein Fehlverhalten nicht erkennen, so bedarf er einer nachdrücklichen Pflichtenmahnung. Denn er bietet keine hinreichende Gewähr für eine künftige Beachtung seiner dienstlichen Pflichten in ähnlichen Einsatz- und Gefahrensituationen. Ein Beförderungsverbot i. V. m. einer Kürzung der Dienstbezüge reicht als angemessene Disziplinarmaßnahme in einem solchen Falle regelmäßig nicht aus. Denn dadurch wird der Schwere des Dienstvergehens nicht hinreichend Rechnung getragen. Eine Herabsetzung im Dienstgrad macht dagegen sowohl für den betreffenden Offizier als auch für sein berufliches Umfeld deutlich, dass ein solches schwerwiegendes Fehlverhalten keinesfalls hingenommen werden kann und gravierende Folgen für seine dienstliche Stellung und seine weitere berufliche Zukunft nach sich zieht. Von einer Dienstgradherabsetzung hätte nur dann abgesehen werden können, wenn es sich um einen atypischen Fall gehandelt hätte, der das Gewicht des Dienstvergehens in einem milderen Licht erscheinen ließe. Das ist hier jedoch nicht der Fall. Insbesondere liegen keine Milderungsgründe in den Umständen der Tat vor. Die festgestellten Milderungsgründe in der Person des Soldaten rechtfertigen es nicht, von einer Dienstgradherabsetzung abzusehen, sondern allenfalls diese in ihrem Ausmaß zu beschränken.

XIX. Unwahre dienstliche Erklärung

Die Wahrheitspflicht in dienstlichen Angelegenheiten (§ 13 Abs. 1 SG) erstreckt sich auch auf die „Stempeluhr"

BVerwG, Urt. v. 4.9.2009 – 2 WD 17.08

> **Anmerkung und Hinweise für die Praxis**
>
> Das BVerwG stellt klar, dass Kommunikationsformen und Informationsübermittlungen, die von Soldaten über elektronische Medien erfolgen, von der Anwendbarkeit des § 13 Abs. 1 SG nicht ausgenommen sind.

1. Sachverhalt

In dem vom BVerwG entschiedenen Fall gab der Soldat für einen bestimmten Tag in ein elektronisches Zeiterfassungssystem über die entsprechende Eingabetaste „Fehlzeit Urlaub" ein, obwohl ihm für diesen Tag weder Urlaub genehmigt worden war noch er diesen auch nur beantragt hatte. Die Eingabe des Soldaten wurde durch einen entsprechenden Computerausdruck zweifelsfrei belegt.

2. Urteilsgründe

Ein Verstoß gegen die Wahrheitspflicht in dienstlichen Angelegenheiten (§ 13 Abs. 1 SG) liegt, wie das BVerwG ausführt, insbesondere vor bei unwahren mündlichen Angaben gegenüber Vorgesetzten sowie bei Eintragungen in amtlichen Unterlagen, die urkundlichen Charakter haben. Dazu gehören nicht nur u.a. Taucherdienstbücher (vgl. dazu BVerwG, Urt. v. 26.6.1991 – 2 WD 30.90 – BVerwGE 93, 115, 118), Schießkladden (vgl. dazu Scherer/Alff/Poretschkin/Lucks, SG, 10. Aufl. 2018, § 13 Rn. 5) und ähnliche schriftliche Unterlagen, sondern auch elektronische Zeiterfassungssysteme, die im dienstlichen Bereich Verwendung finden. Das Tatbestandsmerkmal „sagen" umfasst jede Mitteilung, Meldung, Informationsübermittlung oder Angabe durch einen Soldaten in dienstlichen Angelegenheiten, d.h. alle mit dem Dienst zusammenhängenden Vorgänge, die den Bereich der Bundeswehr als Teil der Exekutive betreffen oder berühren. Es ist nicht auf mündliche Äußerungen oder bestimmte Übermittlungsformen oder -medien begrenzt, sondern schließt nach seinem Sinngehalt und nach dem Regelungszweck der Vorschrift (vgl. dazu u.a. BVerwG, Urt. v. 27.1.1983 – 2 WD 25.82 – BVerwGE 76, 54, 59, BVerwG, Urt. v. 18.6.2003 – 2 WD 50.02, BVerwG, Urt. v. 18.9.2003 – 2 WD 3.03 – BVerwGE 119, 76 und BVerwG, Urt. v. 13.2.2008 – 2 WD 5.07) auch Kommunikationsformen und Informationsübermittlungen ein, die von Soldaten über elektronische Medien erfolgen, sofern dies in dienstlichen Angelegenheiten geschieht oder solche betrifft. „Wahr" ist eine Meldung, eine Äußerung oder eine Angabe dann, wenn der vorgetragene oder eingegebene Sachverhalt mit der Wirklichkeit übereinstimmt. Dies gilt auch für eine Eingabe in ein elektronisches Zeiterfassungssystem.

Falsche dienstliche Erklärungen   **XIX. Unwahre dienstliche Erklärung**

Abgabe falscher dienstlicher Erklärungen, um berufliche Karriere nicht zu gefährden
BVerwG, Urt. v. 31.5.2011 – 2 WD 4.10

Anmerkung und Hinweise für die Praxis

1. Ein Vorgesetzter, der gegenüber seinen Vorgesetzten oder Dienststellen der Bundeswehr unwahre Erklärungen abgegeben hat, disqualifiziert sich in seinem Status und hat deshalb grundsätzlich eine Dienstgradherabsetzung verwirkt; hat er sich durch die unwahren Angaben eine ungerechtfertigte berufliche oder finanzielle Besserstellung erschleichen wollen, ist Ausgangspunkt der Zumessungserwägungen die Verhängung der Höchstmaßnahme.

2. Im vorliegenden Fall war die Höchstmaßnahme Ausgangspunkt der Zumessungserwägungen (Erschleichen einer ungerechtfertigten beruflichen Besserstellung!). Allerdings war hier der Ausspruch einer Disziplinarmaßnahme unterhalb der Aberkennung des Dienstgrades schon aus Rechtsgründen – das Verschlechterungsverbot war zu beachten – vorzunehmen. Da dem Oberstleutnant d.R. aber keine durchgreifenden Milderungs- oder Entlastungsgründe zur Seite standen, musste es bei seiner Degradierung zum Hauptmann d.R. verbleiben.

1. Sachverhalt

Der frühere Soldat, Oberstleutnant der Reserve, hat als noch aktiver Soldat im Dienstgrad eines Oberstleutnants unwahre dienstliche Erklärungen und gefälschte Unterlagen abgegeben, um seine Karrierechancen zu fördern und um sein Ziel, Bataillonskommandeur zu werden, zu erreichen. Das Truppendienstgericht hat den früheren Soldaten in den Dienstgrad eines Hauptmanns der Reserve herabgesetzt. Es hat das festgestellte Verhalten als vorsätzlichen Verstoß gegen die Pflicht, in dienstlichen Angelegenheiten die Wahrheit zu sagen (§ 13 Abs. 1 SG) sowie als vorsätzlichen Verstoß gegen die Pflicht zu achtungs- und vertrauenswürdigem Verhalten (§ 17 Abs. 2 Satz 1 SG) gewertet. Darüber hinaus hat es eine vorsätzliche Verletzung der Pflicht zum treuen Dienen (§ 7 SG) angenommen, weil der frühere Soldat durch die Vorlage eines verfälschten Bescheides zur Aufnahme in seine Personalakten eine Straftat in einer Liegenschaft der Bundeswehr begangen habe. Die festgestellten Pflichtverletzungen stellten ein schwerwiegendes Dienstvergehen dar (§ 23 Abs. 1 SG). Der 2. WD-Senat hat die auf die Maßnahmebemessung beschränkte Berufung des früheren Soldaten, der beantragt hatte, eine Degradierung zum Major d.R. oder eine noch mildere Disziplinarmaßnahme auszusprechen, zurückgewiesen.

2. Maßnahmebemessung durch das BVerwG

Bezüglich einzelner Bemessungskriterien (§ 58 Abs. 7 i. V. m. § 38 Abs. 1 WDO) führt das BVerwG im Wesentlichen Folgendes aus:

a) Schwerwiegende Pflichtverletzung

Eigenart und Schwere des Dienstvergehens sind vor allem durch die wiederholten Verletzungen der dienstlichen Wahrheitspflicht gekennzeichnet. Ein Soldat, der gegenüber Vorgesetzten und Dienststellen der Bundeswehr in dienstlichen Angelegenheiten unwahre Erklärungen abgibt, büßt hierdurch allgemein seine Glaubwürdigkeit ein. Eine militärische Einheit kann nicht ordnungsgemäß geführt werden, wenn sich die Führung und die Vorgesetzten nicht auf die Richtigkeit abgegebener Meldungen, Erklärungen und Aussagen Untergebener verlassen können. Denn auf ihrer Grundlage müssen im Frieden und erst recht im Einsatzfall gegebenenfalls Entschlüsse von erheblicher Tragweite gefasst werden. Wer als Stabs-

XIX. Unwahre dienstliche Erklärung

offizier im Generalstabsdienst in dienstlichen Äußerungen und Erklärungen vorsätzlich unrichtige Angaben macht, lässt unmissverständlich erkennen, dass seine Bereitschaft zur Erfüllung der Wahrheitspflicht nicht im gebotenen Umfang vorhanden ist. Eine solche Dienstpflichtverletzung und die daraus folgende Beschädigung seiner persönlichen Integrität haben damit erhebliche Bedeutung für die militärische Verwendungsfähigkeit des Soldaten.

Die Pflicht des Soldaten zur Wahrhaftigkeit in dienstlichen Angelegenheiten ist gerade bei solchen Vorgängen, die – wie behauptete Vordienstzeiten außerhalb des Wehrdienstes – von der Bundeswehr erfahrungsgemäß nur schwer kontrolliert werden können, von besonderer Bedeutung. Die Bundeswehr ist in diesem Zusammenhang in hohem Maße auf die Ehrlichkeit und Zuverlässigkeit ihrer Soldaten angewiesen. Erfüllt ein Soldat in strafbarer Weise – wie hier – diese dienstlichen Erwartungen nicht, so stört er das Vertrauensverhältnis zu seinem Dienstherrn nachhaltig und begründet ernsthafte Zweifel an seiner Zuverlässigkeit und Integrität.

Eigenart und Schwere des Dienstvergehens werden hier schließlich auch durch die Tatumstände bestimmt. Es handelt sich um ein mehrmaliges Fehlverhalten des früheren Soldaten. Schwer wiegt, dass er bei seinem Fehlverhalten im Jahr 2008 als Oberstleutnant in einem Vorgesetztenverhältnis stand. Soldaten in Vorgesetztenstellung obliegt eine erhöhte Verantwortung für die Wahrung dienstlicher Interessen. Wegen seiner herausgehobenen Stellung ist ein Vorgesetzter in besonderem Maße für die ordnungsgemäße Erfüllung seiner Dienstpflichten verantwortlich und unterliegt damit im Falle einer Pflichtverletzung einer verschärften Haftung, da Vorgesetzte in ihrer Haltung und Pflichterfüllung ein Beispiel geben sollen (§ 10 Abs. 1 SG).

Besonders ins Gewicht fällt in diesem Zusammenhang der Umstand, dass der frühere Soldat im Jahr 2008 in der herausgehobenen Stellung als Stabsoffizier im Generalstabsdienst – damals im Feldjägerwesen eingesetzt – zweimal schwer versagt hat. Je höher ein Soldat in den Dienstgradgruppen steigt, umso mehr Achtung und Vertrauen genießt er; umso größer sind dann auch die Anforderungen, die an seine Zuverlässigkeit, sein Pflichtgefühl und sein Verantwortungsbewusstsein gestellt werden müssen, und umso schwerer wiegt eine Pflichtverletzung, die er sich zuschulden kommen lässt. Vom früheren Soldaten als Stabsoffizier konnte und musste aufgrund seiner erhöhten Verantwortung als Offizier erwartet werden, dass er auch im Umgang mit seinem Dienstherrn mit gutem Beispiel voranging.

b) Negative Auswirkungen

Das Dienstvergehen hatte für die Personalplanung und -führung erhebliche negative Auswirkungen. Die bestehende Planungsabsicht, den früheren Soldaten für eine Verwendung als Bataillonskommandeur in der Feldjägertruppe aufzubauen, wurde zunichte gemacht. Hätte dieser den wahren Sachverhalt hinsichtlich einer früheren Diensttätigkeit rechtzeitig klargestellt, hätte erheblicher – letztlich nutzloser – Aufwand der Bundeswehr in personeller und sächlicher Hinsicht eingespart werden können.

c) Fehlverhalten von Eigennutz geprägt

Die Beweggründe des früheren Soldaten für sein Fehlverhalten sind insgesamt von Eigennutz geprägt. Die Pflichtverletzungen dienten der Absicherung der erhofften Karriere.

d) Dienstgradherabsetzung

Bei der Gesamtwürdigung aller be- und entlastender Umstände sah der 2. WD-Senat keinen Anlass, die von der Vorinstanz ausgesprochene Dienstgradherabsetzung zum Hauptmann der Reserve zu beanstanden. Der 2. WD-Senat begründet seine Auffassung wie folgt:

XIX. Unwahre dienstliche Erklärung

Nach ständiger Rechtsprechung des Senats hat sich ein Vorgesetzter, der gegenüber seinen Vorgesetzten oder Dienststellen der Bundeswehr unwahre Erklärungen abgegeben hat, in seinem Status disqualifiziert was deshalb grundsätzlich eine Dienstgradherabsetzung bewirkt; hat er sich durch die unwahren Angaben eine ungerechtfertigte berufliche oder finanzielle Besserstellung erschleichen wollen, ist Ausgangspunkt der Zumessungserwägungen („Regelmaßnahme") die Verhängung der disziplinarischen Höchstmaßnahme. Unter diesen Voraussetzungen ist auch hier die disziplinarische Höchstmaßnahme – vorliegend gemäß § 58 Abs. 3 Nr. 2 WDO die Aberkennung des Dienstgrades – Ausgangspunkt der Zumessungserwägungen. Der frühere Soldat wollte sich mit seinem wiederholten Fehlverhalten bewusst eine ungerechtfertigte berufliche Besserstellung – Verwendungsoption als Bataillonskommandeur in der Feldjägertruppe ohne die erforderliche polizeiliche Vordienstzeit und Ausbildung – erschleichen.

Im Hinblick auf die konkrete Bemessung der Disziplinarmaßnahme in dem vorliegend zu entscheidenden Fall beließ es der 2. WD-Senat mit zutreffender Begründung bei der vom Truppendienstgericht verhängten Degradierung des früheren Soldaten zum Hauptmann der Reserve. Denn die Anforderungen, die an entlastende Umstände zu stellen seien, würden durch die Schwere des Dienstvergehens bestimmt. Daran gemessen würden diese Anforderungen hier nicht erfüllt. Denn im Grunde könne von jedem Stabsoffizier erwartet werden, dass er sich inner- wie außerdienstlich gesetzestreu verhalte und nicht nur beanstandungsfreie, sondern individuell optimale dienstliche Leistungen erbringe.

XIX. Verletzung dienstlicher Befugnisse

Das Verleiten Untergebener zu einer Pflichtverletzung durch einen Vorgesetzten ist maßnahmemildernd zu berücksichtigen
BVerwG, Urt. v. 18.4.2013 – 2 WD 16.12

> **Anmerkung und Hinweise für die Praxis**
>
> Bei der Gesamtwürdigung aller be- und entlastenden Umstände hielt der Senat insbesondere im Hinblick auf den tatmildernden Gesichtspunkt – Verleiten durch einen Vorgesetzten – eine Herabsetzung in einen Mannschaftsdienstgrad noch nicht für geboten, sondern eine Herabsetzung um einen Dienstgrad vom StUffz zum Uffz für ausreichend. Mit der hier besprochenen Entscheidung hat das BVerwG einen weiteren „Tatmilderungsgrund" ausdrücklich anerkannt.

1. Entwendung dienstlicher Geräte zu privaten Zwecken

Der Soldat (StUffz), Angehöriger der Versorgungsdienste im Einsatzgebiet, hatte zwei dienstliche Geräte aus dem Bestand der Bundeswehr zu privaten Zwecken angenommen und war auch an der Entsorgung von für den Einsatz vorgesehener Ausrüstungsgegenstände beteiligt. Die Aktionen gingen zurück auf einen Plan seines Teileinheitsführers, eines Portepeeunteroffiziers (HptFw A.), der seine Verantwortung als Impulsgeber für das Geschehen eingeräumt hat.

2. Milderungsgründe

In dem gerichtlichen Disziplinarverfahren stellte sich die Frage nach dem Vorliegen eines Milderungsgrundes in den Umständen der Tat, der die Schuld des Soldaten mindern könnte. Das BVerwG hat einen solchen „Tatmilderungsgrund" bejaht und in diesem Zusammenhang – auf den vorliegenden Fall bezogen – im Wesentlichen Folgendes ausgeführt:

Maßnahmemildernd ist nach der neueren Rechtsprechung des Senats auch das Verleiten zu einer Pflichtverletzung durch einen Vorgesetzten zu berücksichtigen, wenn ein Soldat durch die Ausnutzung der besonderen Autorität des Vorgesetzten oder der Befehlsgewalt zur Überwindung von Zweifeln oder Widerständen bzw. durch Umstände in seiner Person unter außergewöhnlichen Druck steht, der Versuchung, eine unrechtmäßige Handlung zu begehen, nachzugeben. Wird durch einen Vorgesetzten eine besondere Versuchungssituation geschaffen, die die Hemmschwelle zum Zugriff herabsetzt, bedarf es geringerer krimineller Energie zu ihrer Überwindung. Diesem geringeren Maß an krimineller Energie kann ausreichend auch noch mit einer weniger stark eingreifenden pflichtenmahnenden Maßnahme begegnet werden. In einer stark hierarchisch geprägten Organisationsstruktur wie der Bundeswehr kommt dem beispielgebenden Verhalten eines Vorgesetzten hohe Bedeutung zu, wie § 10 Abs. 1 SG zum Ausdruck bringt. Setzt ein Vorgesetzter durch eigene Pflichtverletzungen und dem Verleiten Untergebener zur Beteiligung hieran ein schlechtes Beispiel, ist dies auch in besonderer Weise geeignet, Wertmaßstäbe der Untergebenen zu verwirren und deren Hemmschwelle herabzusetzen. Das Verhältnis zwischen Vorgesetzten und Untergebenen ist allgemein durch Befehlsautorität auf der einen und Gehorsamsbereitschaft auf der anderen Seite gekennzeichnet. In einem so charakterisierten Verhältnis setzt eine Verleitung zu pflichtwidrigem Handeln durch einen Vorgesetzen einen Untergebenen auch dann psychisch unter einen Teilnahmedruck, wenn formal kein Befehl erteilt wird. Dem Umstand, dass die Verstrickung von Untergebenen in das Fehlverhalten den Unrechtsgehalt der Pflichtverletzungen des Vorgesetzten erhöht, korrespondiert eine Minderung der Verantwortlichkeit des Untergebenen für die Teilnahme, der bei der Bestimmung der angemessenen Sanktion Rechnung zu tragen ist.

Diesem Umstand ist auch hier maßnahmemildernd Rechnung zu tragen. Denn nach dem Eindruck des Senats von der Person des HptFw A. und seiner in den bindenden Feststellungen des Truppendienstgerichts zu den Schuldfeststellungen beschriebenen Einflussnahme auf die Soldaten der Materialgruppe ist durch diesen Vorgesetzten eine besondere Versuchungssituation geschaffen worden, durch die der Soldat zu den festgestellten Pflichtverletzungen verleitet wurde. HptFw A. hat die Verteilung von Ausrüstungsgegenständen als „Gratifikation" für gute Arbeit initiiert. Er hat bestimmt, welche Gegenstände an welche Soldaten verteilt wurden und damit – auch wenn er einzelne Unterstützungsfunktionen an Untergebene delegiert hatte – die Herrschaft über das Geschehen behalten und es in seinen wesentlichen Abläufen gesteuert. Auch hinsichtlich der „Entsorgung" der nicht verteilten GPS-Geräte auf einer afghanischen Müllhalde hat er nach den Feststellungen des Truppendienstgerichts nach einer Beratung „das Startsignal gegeben". Wer auf diese Weise die Umsetzung eines Beratungsergebnisses initiiert, manifestiert damit die eigene bestimmende Stellung innerhalb der beratenden Gruppe und gibt die Autorität des Vorgesetzten gerade nicht auf.

XX. Vermögensdelikte

BVerwG erweitert Tatmilderungsgrund des Zugriffs auf geringwertige Objekte um Zugriffe auf Kameradenvermögen
BVerwG, Urt. v. 13.12.2012 – 2 WD 29.11

> **Anmerkung und Hinweise für die Praxis**
> Bei der Anwendung des Milderungsgrundes des Zugriffs auf geringwertige Objekte (die sogenannte „Bagatellgrenze" liegt bei ca. 50 Euro) wird nicht (mehr) unterschieden zwischen einem Zugriff auf Vermögen des Dienstherrn und einem Zugriff auf Vermögen eines Kameraden. Auch wenn dies im Einzelfall nicht immer leicht zu erklären sein wird, sollte jedenfalls beachtet werden, dass dann, wenn ein mehrfacher Zugriff auf geringwertige Güter in Rede steht, die Wiederholung ein bei der Maßnahmebemessung zu berücksichtigender erschwerender Faktor darstellt, der im Ergebnis die Verhängung einer milderen Maßnahme verhindern kann.

1. Allgemeines

Tatmilderungsgründe (Milderungsgründe in den Umständen der Tat) sind nicht ausdrücklich gesetzlich geregelt, können aber nach der Rechtsprechung Art und Höhe der zu treffenden Disziplinarmaßnahme wesentlich beeinflussen.

2. Zugriff auf Eigentum oder Vermögen des Dienstherrn

Soweit ein Zugriff auf Eigentum oder Vermögen des Dienstherrn in Rede steht, kann von einer an sich verwirkten (Höchst-)Maßnahme abgesehen werden, wenn der Vermögenswert der in Rede stehenden Sache gering ist und durch das Dienstvergehen keine weiteren wichtigen öffentlichen oder privaten Interessen verletzt sind (vgl. BVerwG, Urt. v. 13.2.2008 – 2 WD 5.07). Die „Bagatellgrenze" liegt bei ca. 50 Euro (BVerwG, Urt. v. 16.3.2011 – 2 WD 40.09 – juris Rn. 30 m.w.N.).

3. Zugriff auf Eigentum oder Vermögen von Kameraden

Das BVerwG hat in dem Urteil vom 13.12.2012 erstmals entschieden, dass auch bei einem Zugriff auf Eigentum oder Vermögen von Kameraden oder Kameradengemeinschaften der geringe Wert des Zugriffsobjekts mildernd zu berücksichtigen ist. Das BVerwG begründet seine Auffassung im Wesentlichen wie folgt: Hinter dem Milderungsgrund des Zugriffs auf geringwertige Objekte stehe die Erwägung, dass bei geringwertigen Dingen die Hemmschwelle zum Zugriff herabgesetzt sei, sodass nur geringere kriminelle Energie aufgewandt werden müsse, um sie zu überwinden, und mit der Tat daher auch ein geringeres Unrechtsbewusstsein einhergehe. Da eine solche Tat geringere Charaktermängel offenbare, verlange sie auch nach einer weniger weitgehenden Maßnahme zur Erreichung des pflichtenmahnenden Zwecks der Sanktion. In diesem Punkt gebe es keinen Unterschied zwischen Zugriffsdelikten zu Lasten des Dienstherrn und Zugriffen auf Kameradeneigentum oder -vermögen. Dass ein geschädigter Kamerad oder eine geschädigte Kameradengemeinschaft einen Zugriff auf geringwertige Güter wirtschaftlich deutlicher fühle als die Bundesrepublik Deutschland, sei schon deshalb nicht ausschlaggebend, weil das Disziplinarrecht nicht der Wiedergutmachung des Geschädigten diene oder Genugtuungsfunktion habe. Hinzu komme noch, dass eine Schädigung des Dienstherrn sehr häufig ohnehin zusätzlich eine Schädigung der Kameradengemeinschaft sei. Denn die dem Dienstherrn entzogenen Gelder oder Gegenstände sollen in der Regel von Kameraden genutzt werden bzw. ihnen zugutekommen.

Dass es bei Kameradendiebstählen häufig um geringwertige Güter gehe, rechtfertige, so das BVerwG, kein anderes Ergebnis. Die unter general- wie spezialpräventiven Gesichtspunkten angemessene Sanktionierung sei nämlich durch die Berücksichtigung dieses Milderungsgrundes nicht gefährdet. Denn dem die Schwere dieser Pflichtverletzung kennzeichnenden Umstand – dass nämlich das für die Funktionsfähigkeit der Streitkräfte wesentliche Element des Vertrauens der Kameraden untereinander beeinträchtigt sei – werde bereits dadurch Rechnung getragen, dass mit der Dienstgradherabsetzung die zweitschärfste Maßnahme Ausgangspunkt der Zumessungserwägungen sei.

XX. Vermögensdelikte
Preismanipulation beim Kauf einer Ware

Preismanipulation beim Kauf einer Ware in einer Verkaufsstelle verbündeter Streitkräfte im Ausland
BVerwG, Urt. v. 14.10.2009 – 2 WD 16.08

> **Anmerkung und Hinweise für die Praxis**
>
> 1. Der besondere Unrechtsgehalt des Dienstvergehens ergibt sich hier vor allem daraus, dass der Soldat im Rahmen seiner Auslandsverwendung innerhalb einer „dienstlichen Anlage" kriminelles Unrecht zu Lasten verbündeter Streitkräfte begangen hat.
>
> 2. Begeht ein Soldat mit herausgehobenem Dienstgrad im Rahmen seiner Auslandsverwendung innerhalb einer „dienstlichen Anlage" vorsätzlich Straftaten zu Lasten von Eigentum und Vermögen verbündeter Streitkräfte, so indiziert ein solches Dienstvergehen in der Regel den Ausspruch eines Beförderungsverbots. Vorliegend war von einem „mittleren Fall" auszugehen, der keine Anhaltspunkte für eine Modifizierung der zu verhängenden Disziplinarmaßnahme nach „oben" oder „unten" bot, sodass es das BVerwG bei der Regeleinstufung „Beförderungsverbot" beließ.
>
> 3. Der Umstand, dass es strafrechtlich „nur" zu einem Betrugsversuch gekommen war, führte disziplinarrechtlich nicht zu einer milderen Einstufung des Dienstvergehens. Der Versuch einer Straftat stellt bereits ein vollendetes Dienstvergehen dar.
>
> 4. Die von der Disziplinarrechtsprechung bei sogenannten Zugriffsdelikten angenommene Bagatellgrenze von etwa 50 Euro (vgl. hierzu auch BVerwG, Urt. v. 10.9.2009 – 2 WD 28.08) war nicht überschritten.

Maßnahmebemessung

Im Hinblick auf die disziplinarrechtliche Würdigung gelangte der WD-Senat zu dem Ergebnis, dass der Soldat seine Dienstpflichten gemäß § 7, § 17 Abs. 2 Satz 1 SG i. V. m. § 267 Abs. 1 (Urkundenfälschung), § 263 Abs. 1 und 2, 22 Strafgesetzbuch (StGB) (versuchter Betrug), § 1 a Abs. 2 Wehrstrafgesetz (WStG) (Auslandsetat eines Soldaten) vorsätzlich verletzt und somit ein Dienstvergehen i. S. d. § 23 Abs. 1 Soldatengesetz (SG) begangen hat. Es stellte sich nun die Frage, wie dieses Dienstvergehen zu bewerten und welche Disziplinarmaßnahme gegen den Soldaten zu verhängen war. Der 2. WD-Senat geht von einem schwerwiegenden Dienstvergehen aus, das den Ausspruch eines Beförderungsverbotes für die Dauer von drei Jahren erforderlich macht und begründet seine Entscheidung anhand der Kriterien nach § 58 Abs. 7 i. V. m. § 38 Abs. 1 Wehrdisziplinarordnung (WDO) im Wesentlichen wie folgt:

1. Eigenart und Schwere

Der Schwerpunkt der Verfehlung liegt in der Verletzung der Pflicht zum treuen Dienen (§ 7 SG). Sie gehört zu den zentralen Pflichten eines Soldaten. Ihre Verletzung hat in der Regel schon deshalb erhebliches Gewicht. Der besondere Unrechtsgehalt des Dienstvergehens ergibt sich vor allem daraus, dass der Soldat im Rahmen seiner Auslandsverwendung innerhalb einer „dienstlichen Anlage" kriminelles Unrecht (Urkundenfälschung und versuchten Betrug) zu Lasten der verbündeten US-Streitkräfte begangen hat. Zwar wurde das sachgleiche Strafverfahren gemäß § 153 a Abs. 1 Strafprozessordnung (StPO) endgültig eingestellt, jedoch nur gegen Zahlung einer Geldbuße in Höhe von 600 Euro. Der Umstand, dass es strafrechtlich nur zu einem Betrugsversuch gekommen ist, führt hier disziplinarrechtlich nicht zu einer milderen Einstufung des Dienstvergehens. Der Versuch einer Straftat stellt bereits ein vollendetes Dienstvergehen dar. Disziplinarrechtlich belastet deshalb ein Dienstvergehen als versuchte Straftat einen Soldaten grundsätzlich genauso wie eine vollendete Straftat. Etwas anderes kann aber dann gelten, wenn der Nichteintritt des Taterfolges auf zurechenbarem Verhalten des Soldaten beruhte. Ein solcher Fall liegt hier aber nicht vor. Der Soldat hat nur deshalb keinen vollendeten Betrug begangen, weil der Senat zu seinen Gunsten davon ausgeht, dass die Kassiererin des PX-Ladens sich über den wahren Verkaufspreis der Stereoanlage nicht geirrt hatte; die Kassiererin war zuvor durch den Telefonanruf über die vom Überwachungspersonal beobachtete Preismanipulation des Soldaten aufgeklärt worden.

Die Pflicht zum treuen Dienen ist gerade bei solchen Vorgängen, die erfahrungsgemäß schwer kontrolliert werden können, von besonderer Bedeutung. Dies gilt auch im Kontakt mit verbündeten Streitkräften und deren Verwaltung. So ist die Bundeswehr beim Umgang ihrer Soldaten mit dienstlich eingeräumten Sonderrechten, Privilegien und Vergünstigungen ausländischer Einrichtungen – hier im Hinblick auf die Einkaufsbedingungen in amerikanischen PX-Läden – in hohem Maße auf die Ehrlichkeit und Zuverlässigkeit ihrer Soldaten angewiesen. Erfüllt ein Soldat in strafbarer Weise diese dienstlichen Erwartungen nicht, so stört er das Vertrauensverhältnis zu seinem Dienstherrn nachhaltig und begründet ernsthafte Zweifel an seiner Zuverlässigkeit und Integrität. Auch die verbündeten Streitkräfte haben in einem solchen Fall – wie hier – kein Verständnis dafür, wenn ein deutscher Soldat versucht, sich durch strafbares Verhalten auf ihre Kosten zu bereichern.

Aber auch die Verletzung der Pflicht zu achtungs- und vertrauenswürdigem Verhalten (§ 17 Abs. 2 Satz 1 SG) wiegt schwer. Die Pflicht zur Wahrung von Achtung und Vertrauen ist kein Selbstzweck, sondern hat funktionalen Bezug zur Erfüllung des grundgesetzmäßigen Auftrages der Streitkräfte und zur Gewährleistung des militärischen Dienstbetriebs. Ein Soldat, insbesondere ein Vorgesetzter – wie hier –, bedarf der Achtung seiner Kameraden und Untergebenen sowie des Vertrauens seiner Vorgesetzten, um seine Aufgaben so zu erfüllen, dass der gesamte Ablauf des militärischen Dienstes gewährleistet ist. Eigenart und Schwere des Dienstvergehens werden hier schließlich auch dadurch bestimmt, dass der Soldat aufgrund seines Dienstgrades als Oberfähnrich in einem Vorgesetztenverhältnis stand (§ 1 Abs. 3 SG i. V. m. § 4 Abs. 1 Nr. 2 und Abs. 3 VorgV). Soldaten in Vorgesetztenstellung obliegt eine erhöhte Verantwortung für die Wahrung dienstlicher Interessen. Wegen seiner herausgehobenen Stellung ist ein Vorgesetzter in besonderem Maße für die ordnungsgemäße Erfüllung seiner Dienstpflichten verantwortlich und unterliegt damit im Falle einer Pflichtverletzung einer verschärften Haftung, da Vorgesetzte in ihrer Haltung und Pflichterfüllung ein Beispiel geben sollen (§ 10 Abs. 1 SG).

2. Auswirkungen belasten Dienstbetrieb erheblich

Die Auswirkungen des Fehlverhaltens für den dienstlichen Bereich belasten den Soldaten in mehrfacher Hinsicht. Der Vorfall ist – auf Veranlassung des Soldaten selbst – im Kameradenkreis, aber auch im Bereich der Verbündeten bekannt geworden; er hat für Unruhe gesorgt. Auch wenn die Aufklärung des Sachverhalts und die Verfolgung des pflichtwidrigen und strafbaren Verhaltens der Bundeswehr überlassen wurde, waren doch die US-Streitkräfte (örtlicher Sicherheitsdienst, Militärpolizei) zunächst im Einsatz, was nicht nur personellen und materiellen Aufwand verursachte, sondern auch das Ansehen der deutschen Soldaten beeinträchtigte. Das Fehlverhalten des Soldaten war überdies geeignet, die vertrauensvolle Zusammenarbeit zwischen der Bundeswehr und den US-Streitkräften zu belasten. Aufgrund der Aufmerksamkeit des örtlichen Sicherheitsdienstes konnte allerdings verhindert werden, dass der mit der Betrugshandlung angestrebte Tatserfolg eingetreten ist. Es blieb letztlich bei einer Vermögensgefährdung in Höhe von 64,75 US $. Ferner hatte das Fehlverhalten für die Personalplanung und -führung insoweit negative Auswirkungen, als daraufhin ein Antrag auf Rückführung des Soldaten in die Laufbahngruppe der Unteroffiziere gestellt worden ist.

3. Wenig glaubhaft

Zu den Beweggründen seines Fehlverhaltens befragt, hat sich der Soldat in der Berufungshauptverhandlung u.a. dahin eingelassen, er könne es sich selbst nicht erklären, warum er so gehandelt habe; er würde es gern ungeschehen machen. Er wolle nichts verschleiern, betonte aber nochmals, dass die Tat nicht auf einem Tatplan beruht habe. Diese verbalen Äußerungen können den Soldaten nicht entlasten. Im Vergleich zu seinem objektiven Tatverhalten, wie es auch in der Videoaufzeichnung zum Ausdruck kommt, sind seine Einlassungen wenig glaubhaft.

4. Maß der Schuld

Der Soldat handelte vorsätzlich und mit der Absicht der Eigenbereicherung. Milderungsgründe in den Umständen der Tat, die seine Schuld mindern könnten, sind nicht erkennbar geworden.

5. Gute Leistungen

Im Hinblick auf die Zumessungskriterien „Persönlichkeit" und „bisherige Führung" sprechen für den Soldaten seine ihm in den Beurteilungen attestierten guten Leistungen sowie die ihm verliehenen förmlichen Anerkennungen und Auszeichnungen.

6. Strafbares Fehlverhalten im Ausland

Bei der Gesamtwürdigung aller be- und entlastender Umstände belastet den Soldaten erheblich, dass es sich hier nicht um einen „normalen" außerdienstlichen Warenhausdiebstahl handelt, sondern um ein strafbares Fehlverhalten im Ausland innerhalb einer „dienstlichen Anlage" im militärischen Nahbereich zu Lasten der verbündeten US-Streitkräfte, ohne dass dem Soldaten durchgreifende Tatmilderungsgründe zur Seite stehen. Der Soldat hat durch sein schweres Fehlverhalten nicht nur das Ansehen der deutschen Soldaten bei den Verbündeten sehr beeinträchtigt, sondern hat auch als Vorgesetzter erheblich versagt. Zugunsten des Soldaten lässt sich jedoch anführen, dass es sich um ein erst- und einmaliges Fehlverhalten handelt – der Soldat ist weder straf- noch disziplinarrechtlich vorbelastet – und sich der Betrugsversuch im Bagatellbereich bewegt. Nach dem seinerzeitigen Wechselkurs entsprachen 64,75 US $ wertmäßig 50,96 Euro. Den Soldaten entlastet außerdem die Tatsache, dass er nach dem Dienstvergehen in seinem Leistungsverhalten nicht nachgelassen hat (Nachbewährung).

Außerdienstlicher Warenhausdiebstahl – zur Bemessung der Laufzeit eines Beförderungsverbots
BVerwG, Urt. v. 10.2.2010 – 2 WD 9.09

Anmerkung und Hinweise für die Praxis

1. Im Unterschied zu der Entscheidung des BVerwG („Preismanipulation beim Kauf einer Ware ..." BVerwG, Urt. v. 14.10.2009 – 2 WD 16.08) fand im vorliegenden Fall das festgestellte Verhalten des Soldaten nicht im Anwendungsbereich der Pflichtenregelung des § 17 Abs. 2 Satz 1 SG, sondern des § 17 Abs. 2 Satz 2 SG statt. Der Pflichtenregelung des § 17 Abs. 2 Satz 2 SG kommt in der Rechtsprechung des BVerwG wegen ihres funktionellen Bezugs zur Erfüllung des grundgesetzmäßigen Auftrages der Streitkräfte und zur Gewährleistung des militärischen Dienstbetriebs ein hoher Stellenwert zu. Ein Soldat, insbesondere ein Vorgesetzter, bedarf der uneingeschränkten Achtung seiner Kameraden und Untergebenen sowie des uneingeschränkten Vertrauens seiner militärischen Vorgesetzten, um seine Aufgaben so zu erfüllen, dass der ordnungsgemäße Ablauf des militärischen Dienstes gewährleistet ist. Dies setzt nicht nur innerdienstlich, sondern auch außerdienstlich ein untadeliges Verhalten voraus.

2. Vorliegend wirkt sich auch die Dauer des Disziplinarverfahrens auf die Bemessung der Disziplinarmaßnahme aus. Anstelle eines Beförderungsverbots von 24 Monaten, wie von der Wehrdisziplinaranwaltschaft beantragt, hielt das BVerwG nur noch den Ausspruch eines Beförderungsverbots für die Dauer von 18 Monaten für erforderlich. Für den zusätzlichen Ausspruch einer Kürzung der Dienstbezüge sah das BVerwG mit zutreffender Begründung keinen Anlass. Bedauerlicherweise verwendet das BVerwG in dem vorgenannten Urteil nach wie vor den sprachlich nicht mehr korrekten Begriff der „Gehaltskürzung", den der Gesetzgeber schon seit vielen Jahren durch „Kürzung der Dienstbezüge" ersetzt hat.

1. Sachverhalt

Der Soldat, ein Leutnant, versuchte in einem OBI-Baumarkt aus der Elektro-Abteilung Waren im Gesamtwert von 496,10 Euro zu stehlen, indem er aus einem im Baumarkt befindlichen Warenkarton einen Ventilator entnahm und stattdessen Elektrokleinteile einfüllte, den Karton anschließend wieder ordnungsgemäß verschloss, um auf diese Weise an der Kasse nur den geringer codierten Preis für den im Karton ursprünglich vorhandenen Ventilator zahlen zu müssen. Da der Soldat bei seinem Tun beobachtet worden war und die Kasse bzw. der Kaufhausdetektiv entsprechend informiert wurde, gelang es ihm nicht, sein Vorhaben durchzuführen, sondern er wurde gestellt und der herbeigerufenen Polizei übergeben. Das Strafverfahren gegen den Soldaten wegen Diebstahls war von der Staatsanwaltschaft gemäß § 153 a Abs. 1 StPO endgültig eingestellt worden, nachdem der Soldat einen Betrag in Höhe von 1000 Euro an die „...-Hilfe" gezahlt hatte.

Das Truppendienstgericht hat das Verhalten des Soldaten als vorsätzlichen Verstoß gegen seine Pflicht, sich außer Dienst außerhalb dienstlicher Unterkünfte und Anlagen achtungs- und vertrauenswürdig zu verhalten (§ 17 Abs. 2 Satz 2 SG), gewertet und gegen den Soldaten wegen des Dienstvergehens (§ 23 Abs. 1 SG) ein Beförderungsverbot für die Dauer von zwölf Monaten verhängt. Gegen dieses Urteil hat die zuständige Wehrdisziplinaranwaltschaft eine auf das Disziplinarmaß beschränkte Berufung zuungunsten des Soldaten eingelegt und beantragt, unter Abänderung des erstinstanzlichen Urteils ein Beförderungsverbot für die Dauer von 24 Monaten und eine Kürzung der Dienstbezüge um ein Zwanzigstel für die Dauer von zwölf Monaten zu verhängen.

Der 2. WD-Senat des Bundesverwaltungsgerichts verhängte gegen den Soldaten ein Beförderungsverbot von 18 Monaten.

2. Zur Maßnahmebemessung durch das BVerwG

Der 2. WD-Senat hatte – es handelte sich um eine lediglich maßnahmebeschränkte Berufung – die Tat- und Schuldfeststellungen sowie die disziplinarrechtliche Würdigung des Truppendienstgerichts seiner Entscheidung zugrunde zu legen und auf dieser Grundlage über die angemessene Disziplinarmaßnahme zu befinden. Die Gesamtwürdigung aller be- und entlastenden Umstände ergab, dass ein Beförderungsverbot für die Dauer von noch 18 Monaten erforderlich, aber auch ausreichend ist; der Verhängung einer weitergehenden Disziplinarmaßnahme bedurfte es nicht.

Im Hinblick auf den Ausgangspunkt der Zumessungserwägungen (Regeleinstufung) ist Folgendes zu beachten: Begeht ein Soldat mit herausgehobenem Dienstgrad – wie hier – außer Dienst außerhalb dienstlicher Unterkünfte und Anlagen vorsätzlich eine Straftat zu Lasten von Eigentum und Vermögen Dritter, so indiziert ein solches Dienstvergehen in der Regel den Ausspruch einer laufbahnhemmenden Maßnahme in Form eines Beförderungsverbotes. Beim außerdienstlichen Warenhausdiebstahl hat der Senat in ständiger Rechtsprechung (vgl. z.B. BVerwG, Urt. v. 17.2.2000 – 2 WD 45.99 – und BVerwG, Urt. v. 29.2.2000 – 2 WD 5.00) grundsätzlich mildernd berücksichtigt, dass der Anreiz, der von den „unbewachten" Waren ausgeht, eine große Versuchung darstellt, sich zu bereichern, und dass die Anonymität des Eigentümers die Hemmschwelle zusätzlich herabsetzt. Anders als bei einem außerdienstlichen „Kameradendiebstahl" oder einem rechtswidrigen Zugriff im sozialen Nahbereich, wo wegen der personellen Beziehung des Täters zum Opfer eine erheblich höhere Hemmschwelle besteht, deren Überwindung eine erhöhte kriminelle Intensität erfordert, hat der Senat daher den Warenhausdiebstahl in der Regel „nur" mit einer laufbahnhemmenden Maßnahme, einem Beförderungsverbot, geahndet. Im vorliegenden – konkreten – Fall sah der Senat unter Berücksichtigung der Kriterien des § 38 Abs. 1 WDO keine Umstände, die die Möglichkeit einer Verschärfung oder Milderung gegenüber der Regelmaßnahme eröffnet, sodass es bei der Regeleinstufung „Beförderungsverbot" verblieb. Der Senat hält dabei im Ergebnis allerdings die Verhängung eines unter der mittleren Laufzeit von zweieinhalb Jahren (vgl. § 60 Abs. 2 Satz 1 WDO: mindestens ein Jahr und höchstens vier Jahre) zurückbleibenden Beförderungsverbotes von (noch) 18 Monaten für erforderlich, aber auch ausreichend. Der Zulässigkeit dieses Disziplinarausspruchs steht nicht entgegen, dass das Beförderungsverbot bis in die Zeit nach dem (voraussichtlichen) Ausscheiden des Soldaten aus der Bundeswehr am 30. April 2011 hineinwirkt (vgl. dazu BVerwG, Urt. v. 21.3.1973 – 1 WD 6.72 – BVerwGE 46, 95 f.).

Den Soldaten belastet als Offizier, dass er bei seiner versuchten vorsätzlichen Straftat mit erheblicher krimineller Energie vorging, indem er planvoll und „trickreich" handelte, sich sogar durch einen Zeugen nicht von seiner Tat abhalten ließ und eine nicht geringfügige Schädigung des Baumarktes in Kauf nahm. Zugunsten des Soldaten lässt sich jedoch anführen, dass es sich um ein erst- und einmaliges außerdienstliches Fehlverhalten ohne erkennbare negative Auswirkungen handelt und er weder straf- noch disziplinarrechtlich vorbelastet ist. Den Soldaten entlasten zudem die ihm attestierten positiven dienstlichen Leistungen sowie die ihm verliehenen förmlichen Anerkennungen und Auszeichnungen. Für ihn spricht auch, dass er sich glaubhaft als einsichtig und reuig gezeigt und in seinem Leistungsverhalten nicht nachgelassen hat; ihm konnte ohne Einschränkung eine erfolgreiche Nachbewährung attestiert werden. Nach alledem wäre ursprünglich durchaus – wie von der Wehrdisziplinaranwaltschaft beantragt – die Verhängung eines Beförderungsverbotes von etwa 24 Monaten in Betracht gekommen; eine solche vom Truppendienstgericht ausgesprochene Maßnahme hätte der Senat voraussichtlich nicht beanstandet. Wegen des weiteren Zeitablaufs hält er jedoch nunmehr sowohl aus spezial- wie generalpräventiven Erwägungen – die Verfehlung war in der Truppe kaum bekannt geworden – nur noch den Ausspruch eines Beförderungsverbotes für die Dauer von 18 Monaten für erforderlich. Das außerdienstliche Dienstvergehen liegt inzwischen bereits zweidreiviertel Jahre zurück. Die disziplinarischen Vorermittlungen gegen den Soldaten gemäß § 92 Abs. 1 WDO liefen seit Anfang April 2008. Die Belastung durch die Dauer des Disziplinarverfahrens mit der Ungewissheit seines Ausgangs hat zur Folge, dass die Pflichtenmahnung für den Soldaten, die mit einer solchen Maßnahme bewirkt werden soll, geringer ausfallen kann. Zudem unterliegt der Soldat seit dem Beginn der Vorermittlungen bereits einem faktischen Beförderungsverbot. Im Übrigen zeigt der Soldat ein positives Persönlichkeitsbild, hat sich bewährt und steht in knapp 14 Monaten am Ende seiner (abgekürzten) Dienstzeit von letztlich zwölf Jahren. Den zusätzlichen Ausspruch einer Kürzung der Dienstbezüge gemäß § 58 Abs. 4 WDO hielt der Senat nicht für erforderlich. Die an sich zum 1. Juli 2009 vorgesehen gewesene Beförderung des Soldaten zum Oberleutnant fand wegen des erstinstanzlich ausgesprochenen Beförderungsverbots nicht statt. Eine Beförderung vor Ende seiner Dienstzeit am 30. April 2011 ist aufgrund der vorliegenden Entscheidung des BVerwG ausgeschlossen. Im Übrigen hebt das BVerwG in diesem Zusammenhang hervor, dass dem Soldaten im Rahmen des sachgleichen Strafverfahrens bereits die Zahlung eines Geldbetrages in Höhe von 1000 Euro auferlegt worden war.

XX. Vermögensdelikte — Warenhausdiebstahl und Beförderungsverbot

Warenhausdiebstahl – Beförderungsverbot i. V. m. einer Kürzung der Dienstbezüge
BVerwG, Urt. v. 16.2.2012 – 2 WD 7.11

> **Anmerkung und Hinweise für die Praxis**
>
> Die vorliegende Fallgestaltung unterscheidet sich von der des Urteils des BVerwG vom 10.2.2010 – 2 WD 9.09. Damals sah das BVerwG keinen Anlass für den zusätzlichen Ausspruch einer Kürzung der Dienstbezüge. Anders verhält es sich hier. Der Soldat verkennt, dass bei § 58 Abs. 4 Satz 2, Halbs. 1 WDO ausschließlich die Frage im Raum steht, ob das Beförderungsverbot (als solches) mit seinem speziellen Sanktionsinhalt Wirkungen zeitigen wird. Dies ist gemäß § 60 Abs. 1 WDO nur dann der Fall, wenn eine Beförderung oder die Einweisung in eine Planstelle mit höherer Besoldungsgruppe während des Zeitraums des Beförderungsverbots rechtlich und tatsächlich möglich erscheint. Dies war jedoch nicht der Fall.

1. Sachverhalt

Der Soldat entwendete aus den Auslagen eines Warenhauses Handschuhe im Gesamtwert von 225 Euro. Aufgrund einer Strafanzeige des Warenhauses kam es zu einem Strafverfahren gegen den Soldaten, in dem er durch rechtskräftiges Urteil des Amtsgerichts wegen Diebstahls zu einer Geldstrafe von 25 Tagessätzen zu je 70 Euro verurteilt wurde. Das Truppendienstgericht verhängte durch Urteil gegen den Soldaten ein Beförderungsverbot von 18 Monaten und verband dies mit einer Kürzung der Dienstbezüge um 1/20 für die Dauer von zwölf Monaten. Das BVerwG hat die auf die Disziplinarmaßnahme beschränkte Berufung des Soldaten gegen das Urteil des TDG zurückgewiesen.

2. Zur Maßnahmebemessung durch das BVerwG

Für die Zurückweisung der Berufung des Soldaten sind im Wesentlichen nachstehende Gründe von Bedeutung:

a) Beförderungsverbot

Bezüglich des Ausgangspunkts der Zumessungserwägungen bei Warenhausdiebstählen (Regelmaßnahme) geht der 2. WD-Senat des BVerwG zunächst davon aus, dass sie regelmäßig mit einem Beförderungsverbot zu ahnden sind, soweit nicht wegen erheblicher Erschwerungs- oder Milderungsgründe der Ausspruch einer der Art nach schwereren oder milderen Disziplinarmaßnahme geboten ist (vgl. BVerwG, Urt. v. 10.2.2010 – 2 WD 9.09). Im Hinblick auf den konkreten Einzelfall lagen nach Auffassung des BVerwG keine Anhaltspunkte für eine Modifizierung der zu verhängenden Disziplinarmaßnahme nach „unten" vor, sodass es bei der Regeleinstufung „Beförderungsverbot" und der zeitlichen Dauer desselben verbleiben musste.

b) Sachgleiche strafgerichtliche Verurteilung

Anders als vom Soldaten behauptet, ist die Verhängung einer milderen Disziplinarmaßnahme auch nicht mit Rücksicht auf seine sachgleiche strafgerichtliche Verurteilung und die hieraus resultierenden finanziellen Belastungen geboten. Steht im Einzelfall – wie hier – § 16 WDO der Zulässigkeit des Ausspruchs einer Disziplinarmaßnahme nicht entgegen, ist die Art oder Höhe einer Kriminalstrafe oder sind sonstige Strafsanktionen für die Gewichtung der Schwere des sachgleichen Dienstvergehens regelmäßig nicht von ausschlaggebender Bedeutung. Strafverfahren und Disziplinarverfahren verfolgen unterschiedliche Zwecke.

Die Kriminalstrafe unterscheidet sich nach Wesen und Zweck grundlegend von der Disziplinarmaßnahme. Während erstere neben Abschreckung und Besserung der Vergeltung und Sühne für begangenes Unrecht gegen den allgemeinen Rechtsfrieden dient, ist die disziplinarische Ahndung darauf ausgerichtet, unter Beachtung des Gleichbehandlungsgrundsatzes einen geordneten und integren Dienstbetrieb aufrechtzuerhalten oder wiederherzustellen.

c) Soldat trägt Verantwortung

Dass der Soldat als Folge des Straf- und Disziplinarverfahrens erhebliche finanzielle Belastungen zu tragen hatte, ihm wohl die Sicherheitsstufe Ü2 entzogen und die disziplinarische Vorbelastung seinen beruflichen Werdegang zukünftig noch begleiten wird, gebietet nicht, eine Disziplinarmaßnahme milderer Art zu verhängen. Für die disziplinarrechtlichen Folgen seines Dienstvergehens trägt letztlich der Soldat die Verantwortung (vgl. BVerwG, Urt. v. 8.7.1998 – 2 WD 42.97 – BVerwGE 113, 235, 240 und BVerwG, Urt. v. 13.3.2008 – 2 WD 6.07, NZWehrr 2009, 33).

d) Faktisches Beförderungsverbot

Eine mildere disziplinarische Ahndung verlangt ebenso wenig der Umstand, dass das bereits seit Mai 2010 – dem Zeitpunkt, zu dem das gerichtliche Disziplinarverfahren eingeleitet wurde – faktisch bestehende und zum Zeitpunkt der Berufungshauptverhandlung damit bereits gut 22 Monate andauernde Beförderungsverbot mit einem abweisenden Berufungsurteil förmlich um weitere 18 Monate verlängert wird. Der Soldat hat im Dezember 2010 Berufung eingelegt und dadurch das faktische Beförderungsverbot, welches mit dem erstinstanzlichen Urteil vom 4.11.2012 sein Ende hätte finden können, um gut 14 Monate verlängert. Der anwaltlich nicht vertretene Soldat ist ferner unmittelbar nach Eingang der Berufung darauf hingewiesen worden, dass das Beförderungsverbot förmlich erst nach rechtskräftigem Abschluss des Berufungsverfahrens zu laufen beginnen würde.

e) Kürzung der Dienstbezüge

Gemäß § 58 Abs. 4 Satz 2, Halbs. 1 WDO ist es, wie das BVerwG ausführt, geboten, das Beförderungsverbot mit einer Kürzung der Dienstbezüge in dem bereits vom Truppendienstgericht zutreffend festgelegten Umfang (von zwölf Monaten bei einer Kürzung von einem Zwanzigstel) zu verbinden. Denn es sei erkennbar, dass das Beförderungsverbot in den nächsten 18 Monaten keine Auswirkungen zeitigen werden.

XX. Vermögensdelikte

Unzumutbarkeit der Fortsetzung des Dienstverhältnisses – Betrügereien als S4-Versorgungsoffizier gegenüber dem Dienstherrn
BVerwG, Urt. v. 25.6.2009 – 2 WD 7.08

> **Anmerkung und Hinweise für die Praxis**
>
> 1. Vergreift sich ein Soldat in Vorgesetztenstellung vorsätzlich an Eigentum oder Vermögen seines Dienstherrn, so indiziert ein solch schweres Fehlverhalten nach der neueren Senatsrechtsprechung (vgl. z.B. BVerwG, Urt. v. 13.2.2008 – 2 WD 9.07) regelmäßig eine Dienstgradherabsetzung.
> 2. Erfolgt jedoch der vorsätzliche Zugriff im Bereich der dienstlichen Kernpflichten des Soldaten (z.B. Entwendung „anvertrauten" dienstlichen Geldes oder Materials), so ist bei der gebotenen objektiven Betrachtungsweise in der Regel die Entfernung aus dem Dienstverhältnis Ausgangspunkt der Zumessungserwägungen. Ein solch besonders schweres Dienstvergehen lag hier vor. Der für Beschaffungsmaßnahmen zuständige Soldat hat im Kernbereich der auf seinem Dienstposten als S4-Versorgungsoffizier zu erfüllenden Dienstpflichten fundamental versagt.

1. Sachverhalt

Der Soldat, ein Hauptmann, hat in seiner dienstlichen Stellung als S4-Versorgungsoffizier über einen Zeitraum von eineinhalb Jahren (Dezember 2003 bis Mai 2005) in 119 Fällen durch Vorlage gefälschter Rechnungen bzw. Lieferscheine über Handkäufe von Materialien für die Bundeswehr von der Truppenverwaltung insgesamt über 24.000 Euro Bargeld betrügerisch erlangt.

Einige Jahre zuvor war er wegen eines außerdienstlich begangenen Betrugs zum Oberleutnant degradiert und im August 2004 erneut zum Hauptmann befördert worden.

Das Truppendienstgericht setzte den Soldaten vorliegend in den Dienstgrad eines Leutnants herab. Auf die in vollem Umfang eingelegte Berufung der Wehrdisziplinaranwaltschaft hob der 2. WD-Senat des Bundesverwaltungsgerichts das Urteil des Truppendienstgerichts auf und entfernte den Soldaten aus dem Dienstverhältnis, wobei der Senat die Gewährung des Unterhaltsbeitrags auf einen Zeitraum von zwölf Monaten verlängerte.

2. Disziplinarrechtliche Würdigung

Der Soldat hat als S4-Versorgungsoffizier, zuständig für Beschaffung, wiederholt seine Pflicht, der Bundesrepublik Deutschland treu zu dienen (§ 7 SG) in Gestalt der Vermögenswahrungspflicht gegenüber dem Dienstherrn sowie in ihrer Ausprägung als Pflicht zur Loyalität gegenüber der geltenden Rechtsordnung, vor allem zur Beachtung der Strafgesetze vorsätzlich verletzt. Durch sein Fehlverhalten beging er in 119 Fällen Straftaten nach § 263 Abs. 1 StGB (Betrug). Der Soldat hat zugleich vorsätzlich gegen seine Pflicht nach § 13 Abs. 1 SG verstoßen, in dienstlichen Angelegenheiten die Wahrheit zu sagen. Darüber hinaus hat er durch seine Betrügereien auch seine Pflicht zu achtungs- und vertrauenswürdigem Verhalten im Dienst (§ 17 Abs. 2 Satz 1 SG) vorsätzlich verletzt.

3. Bemessung der Disziplinarmaßnahme

Durch die vorsätzliche Verletzung seiner Dienstpflichten hat der Soldat ein sehr schweres Dienstvergehen i. S. d. § 23 Abs. 1 SG begangen, das den Ausspruch der disziplinarischen Höchstmaßnahme – Entfernung aus dem Dienstverhältnis – erforderlich machte.

Der Schwerpunkt der Verfehlung des Soldaten liegt in der Verletzung seiner Pflicht zum treuen Dienen (§ 7 SG). Der besondere Unrechtsgehalt des Dienstvergehens ergibt sich vor allem daraus, dass der Soldat in seiner Funktion als S4-Versorgungsoffizier im Rahmen seiner dienstlichen Kernpflichten kriminelles Unrecht i. S. d. § 263 Abs. 1 StGB begangen und wegen Betruges in 119 tatmehrheitlichen Fällen rechtskräftig zu einer Gesamtfreiheitsstrafe von neun Monaten verurteilt worden ist. Die Pflicht zum treuen Dienen (§ 7 SG) ist gerade auch bei solchen dienstlichen Vorgängen, die erfahrungsgemäß schwer kontrolliert werden können, von besonderer Bedeutung. Beim Umgang mit Geld und Gut ist die Bundeswehr auf die Ehrlichkeit und Zuverlässigkeit ihrer Soldaten in hohem Maße angewiesen. Dies gilt gerade auch für das Beschaffungswesen der Streitkräfte, das wie jede Ausgabentätigkeit der Verwaltung zudem vom Grundsatz der Wirtschaftlichkeit und Sparsamkeit geprägt ist (vgl. dazu § 34 Abs. 2 Satz 1 BHO). Erfüllt ein S4-Versorgungsoffizier im Kernbereich seines Dienstpostens diese zentralen dienstlichen Pflichten nicht, so erschüttert er das Vertrauensverhältnis zu seinem Dienstherrn nachhaltig und begründet schwerste Zweifel an seiner Zuverlässigkeit und persönlichen Integrität. Ein solches Fehlverhalten, für das auch die Allgemeinheit kein Verständnis hat, bedarf einer nachdrücklichen, nach außen sichtbaren Disziplinarmaßnahme.

Der Dienstposten des Soldaten beinhaltet zentrale Funktionen auf dem Gebiet der Material- und Bestandsnachweisführung sowie der dezentralen Beschaffung. Beschaffungsmaßnahmen gehörten zu seinen Kernaufgaben als S4-Versorgungsoffizier. In diesem Kernbereich hat der Soldat immer wieder elementare Grundsätze des Haushalts- und Beschaffungswesens – die Unantastbarkeit und jederzeitige Nachweisbarkeit dienstlich verausgabter Gelder – vorsätzlich verletzt. Zudem hat er insoweit einen schweren Haushaltsverstoß begangen, als er eine „schwarze Kasse" eingerichtet hat. Durch das Anlegen einer „schwarzen Kasse" werden öffentliche Mittel der geordneten Haushaltsführung und -kontrolle vorenthalten, was zur „Verschleuderung von Steuergeldern" beiträgt. Ein solches Fehlverhalten ist, insbesondere bei erhöhter haushaltsrechtlicher Verantwortung, von besonderem Gewicht. Dabei ist es nicht entscheidend, ob die Gelder der „schwarzen Kasse" für bereits vorhandene oder erst künftig erwartete Bedürfnisse eingesetzt werden. Eine eigennützige Verfügung über Mittel in einer „schwarzen Kasse", die aus Geldern des Dienstherrn gebildet worden ist, führt – schon für sich gesehen – regelmäßig zur Entfernung aus dem Dienstverhältnis.

Eigenart und Schwere des vorliegenden Dienstvergehens sind zudem dadurch gekennzeichnet, dass es sich nicht nur um ein einmaliges Fehlverhalten gehandelt hat, sondern der Soldat über einheinhalb Jahr in einer Vielzahl von Fällen der Truppenverwaltung bewusst inhaltlich unrichtige Nachweise vorgelegt hat, um so fortlaufend vermögensschädigende Auszahlungen zu bewirken. Wer als S4-Versorgungsoffizier in Erklärungen gegenüber der Truppenverwaltung, also in dienstlichem Zusammenhang, vorsätzlich unrichtige Angaben macht, lässt unmissverständlich erkennen, dass seine Bereitschaft zur Erfüllung der Wahrheitspflicht nicht im gebotenen Umfang vorhanden ist. Eine solche Dienstpflichtverletzung und die daraus folgende Beschädigung seiner persönlichen Integrität haben damit erhebliche Bedeutung für die militärische Verwendungsfähigkeit des Soldaten.

Eigenart und Schwere des Dienstvergehens werden außerdem dadurch bestimmt, dass der Soldat aufgrund seines Dienstgrades als Hauptmann in einem Vorgesetztenverhältnis stand. Soldaten in Vorgesetztenstellung obliegt eine erhöhte Verantwortung für die Wahrung dienstlicher Interessen.

Die Auswirkungen des Fehlverhaltens für den dienstlichen Bereich belasten den Soldaten ebenfalls ganz erheblich. Der Bundeswehr war durch sein Dienstvergehen ein hoher Vermögensschaden von über 24000 Euro entstanden. Ein Schadensausgleich ist auch nicht dadurch eingetreten, dass der Soldat von dem Bargeld teilweise Materialien beschafft hat, die mittelbar der Bundeswehr wieder zugutegekommen sind. Schließlich wirkt sich erschwerend aus, dass der Soldat wegen eines außerdienstlichen Betruges einschlägig vorbelastet ist und deshalb bereits disziplinargerichtlich degradiert worden war.

XX. Vermögensdelikte

Betrügereien als S4-Versorgungsoffizier

Mit Rücksicht auf die sehr angespannte finanzielle Situation des Soldaten, die sehr schwierige Lage auf dem Arbeitsmarkt sowie die Tatsache, dass seine Ehefrau nicht berufstätig ist und der jüngste Sohn noch im elterlichen Haushalt lebt, hat der Senat dem Soldaten zur Vermeidung einer unbilligen Härte den ihm von Gesetzes wegen zustehenden Unterhaltsbeitrag gemäß § 63 Abs. 3 Satz 2 WDO antragsgemäß auf einen Zeitraum von zwölf Monaten verlängert.

XX. Vermögensdelikte

Stabsoffizier zieht Wehrpflichtige und Dienstfahrzeug zu privater Hausrenovierung heran – Beförderungsverbot verhängt
BVerwG, Urt. v. 20.5.2010 – 2 WD 12.09

Anmerkung und Hinweise für die Praxis

Das BVerwG ging bei seiner Maßnahmebemessung nicht von einem leichten oder schweren, sondern von einem mittleren („durchschnittlichen") Fall der schuldhaften Pflichtverletzung aus, sodass es bei der Regeleinstufung (= „Ausgangspunkt der Zumessungserwägungen") „Beförderungsverbot" verblieb. Hätte ein höherer bzw. niedriger Schweregrad vorgelegen, wäre gegenüber der Regeleinstufung die zu verhängende Disziplinarmaßnahme nach „oben" bzw. nach „unten" zu modifizieren gewesen. Für die „Eigenart und Schwere des Dienstvergehens" kann z.B. von Bedeutung sein, ob der Soldat einmalig oder wiederholt versagt hat, und bei den „Auswirkungen" des Fehlverhaltens sind die konkreten Folgen für den Dienstbetrieb sowie schädliche Weiterungen für das Außenbild der Bundeswehr in der Öffentlichkeit zu berücksichtigen. Hinsichtlich des Zumessungskriteriums „Maß der Schuld" ist neben der Schuldform (Vorsatz, Fahrlässigkeit) das Vorliegen von Erschwerungs- und Milderungsgründen in den Tatumständen bei der endgültigen Bestimmung der Disziplinarmaßnahme in Betracht zu ziehen. Im vorliegenden Fall spielte außerdem die lange Dauer des Disziplinarverfahrens eine Rolle. Dieser Umstand führte dazu, dass das BVerwG anstelle eines Beförderungsverbots von etwa zwei bis zweieinhalb Jahren ein Beförderungsverbot von lediglich einem Jahr ausgesprochen hat.

1. Sachverhalt

Gegenstand des Dienstvergehens ist der privatnützige Einsatz Untergebener für Hausrenovierungsarbeiten und die Verwendung eines Dienstfahrzeugs zu privaten Zwecken. Der Soldat, ein Stabsoffizier, sprach während des Dienstes Wehrpflichtige eines Gerätezuges an, ob sie bereit seien, ihn in ihrer dienstfreien Zeit an einem Sonntag bei privaten Renovierungsarbeiten in seinem Wohnhaus zu unterstützen. Hierauf meldeten sich freiwillig sechs Wehrpflichtige, deren Hilfe der Soldat annahm. Darüber hinaus wandte sich der Soldat an den Zeugen Oberfeldwebel W., der für diesen Sonntag als Kraftfahrer eingeteilt war und veranlasste ihn, mit dem Dienst-Kfz den Transport der sechs Helfer zum und vom Wohnhaus des Soldaten zu übernehmen. Zuvor machte der Zeuge Oberstleutnant B., stellvertretender Kommandeur des ..., der von dem Vorhaben des Soldaten erfuhr, diesem deutlich, dass keinesfalls Dienstfahrzeuge eingesetzt werden dürfen.

Das Truppendienstgericht gelangte zunächst zu der (Schuld-)Feststellung, dass der Soldat durch das Ersuchen an seine Untergebenen, ihn bei seinen Arbeiten in seinem Privathaus zu unterstützen und deren nachfolgenden Einsatz in ihrer dienstfreien Zeit vorsätzlich gegen seine Pflichten zum treuen Dienen (§ 7 SG), zur Fürsorge für seine Untergebenen (§ 10 Abs. 3 SG) sowie zu achtungs- und vertrauenswürdigem Verhalten (§ 17 Abs. 2 Satz 1 SG) verstoßen hat. Ferner hat die Truppendienstkammer die Missachtung des Befehls des Zeugen Oberstleutnant B., in Zusammenhang mit den Renovierungsarbeiten keinesfalls Dienstfahrzeuge einzusetzen, und die vom Soldaten veranlassten Umwegtransportfahrten der Untergebenen durch den Zeugen Oberfeldwebel W. mit einem Dienstfahrzeug als vorsätzliche Verstöße gegen seine Pflichten zur Befehlserteilung nur zu dienstlichen Zwecken (§ 10 Abs. 4 SG) und zum Gehorsam (§ 11 Abs. 1 SG) gewürdigt. Diese Schuldfeststellungen, die ein Dienstvergehen (§ 23 Abs. 1 SG) darstellen, waren für den Senat bindend. Das Truppendienstgericht verhängte gegen den Soldaten auf die Dauer von vier Jahren ein Beförderungsverbot nebst Kürzung seiner Dienstbezüge um ein Fünfzehntel.

XX. Vermögensdelikte
Wehrpflichtige und Dienstfahrzeug für private Hausrenovierung

Auf die auf die Bemessung der Disziplinarmaßnahme beschränkte Berufung des Soldaten – der 2. WD-Senat hatte daher die Tat- und Schuldfeststellungen sowie die disziplinarrechtliche Würdigung des Truppendienstgerichts seiner Entscheidung zugrunde zu legen – änderte der 2. WD-Senat das Urteil des Truppendienstgerichts und verhängte gegen den Soldaten lediglich ein Beförderungsverbot von einem Jahr.

2. Zur Maßnahmebemessung durch das BVerwG

Bei der Gesamtwürdigung des Dienstvergehens hielt der 2. WD-Senat ein Beförderungsverbot für die Dauer von (noch) einem Jahr für erforderlich, aber auch ausreichend. Der Senat ging insbesondere im Hinblick auf die Kriterien „Eigenart" und „Schwere" (§ 58 Abs. 7 i. V. m. § 38 Abs. 1 WDO) von einem schweren Dienstvergehen aus. „Eigenart" und „Schwere" werden hier u.a. auch dadurch bestimmt, dass der Soldat als Stabsoffizier im Rang eines Majors und als Batteriechef zur Tatzeit eine herausgehobene Vorgesetztenstellung innehatte. Das vorsätzliche Dienstvergehen ist geprägt durch den privatnützigen Einsatz Untergebener für Hausrenovierungsarbeiten und die Verwendung eines Dienstfahrzeugs zu privaten Zwecken. Nach ständiger Rechtsprechung des Senats ist als „Ausgangspunkt der Zumessungserwägungen" bei Inanspruchnahme von Personal und dienstlichem Material der Bundeswehr zu privaten Zwecken je nach dem Gewicht des Dienstvergehens eine Kürzung der Dienstbezüge und/oder ein Beförderungsverbot, in schweren Fällen eine Herabsetzung um einen oder mehrere Dienstgrade verwirkt. Hieran hält der Senat aus Gründen der Gleichbehandlung und Rechtssicherheit fest. Im vorliegenden Fall indiziert das aus zwei Tatkomplexen bestehende erst- und einmalige Fehlverhalten des Soldaten, so das BVerwG, den Ausspruch einer laufbahnhemmenden Maßnahme in Form eines Beförderungsverbotes. Das BVerwG geht von einem „mittleren Fall" aus, der keine hinreichenden Anhaltspunkte für eine Modifizierung der zu verhängenden Disziplinarmaßnahme nach „oben" oder „unten" bietet, sodass es bei der Regeleinstufung (= „Ausgangspunkt der Zumessungserwägungen") bleibt. Der Senat hält dabei im Ergebnis allerdings die Verhängung eines deutlich unter der mittleren Laufzeit zurückbleibenden Beförderungsverbotes (vgl. § 60 Abs. 2 Satz 1 WDO: mindestens ein Jahr und höchstens vier Jahre) von einem Jahr für ausreichend. Den Soldaten belastet sein vorsätzlich eigennütziges Fehlverhalten als Stabsoffizier vor allem im Hinblick auf den ersten Tatkomplex „privatnützige Inanspruchnahme der Dienstleistung von sechs unterstellten Wehrpflichtigen in ihrer Freizeit am Sonntag". Ein solches Verhalten eines Batteriechefs, zumal im Rang eines Majors, gegenüber seinen wehrpflichtigen Untergebenen verbietet sich generell; es hat den Grenzbereich von noch zulässiger Kameradenhilfe deutlich überschritten. Auch das schuldhaft pflichtwidrige Verhalten des Soldaten im zweiten Tatkomplex „Hin- und Rücktransport von sechs ihm unterstellten Wehrpflichtigen mit einem Dienstfahrzeug zu seinem Wohnhaus" ist grundsätzlich von Gewicht. In diesem Zusammenhang kommt dem Soldaten allerdings zugute, dass er bei seinem Dienstherren nur einen Bagatellschaden verursacht hat und die von der Vorinstanz bindend festgestellte Erteilung eine Befehls zu nichtdienstlichen Zwecken vom Senat im Rahmen seiner Bemessungserwägungen nicht „überbewertet" wird. Die erstinstanzliche Annahme eines entsprechenden Pflichtenverstoßes beruht im Wesentlichen auf der Einlassung des Soldaten. Die tatsächlichen Feststellungen des Truppendienstgerichts geben nur wenig dafür her, dass der Soldat dem Zeugen Oberfeldwebel W. die Umwegtransportfahrten der sechs Helfer „befohlen" hat („Anweisung zu einem bestimmten Verhalten mit dem Anspruch auf Gehorsam"); eine entsprechende Pflichtverletzung war auch nicht angeschuldigt. Zugunsten des Soldaten, dem Tatmilderungsgründe nicht zur Seite stehen, lässt sich anführen, dass es sich um ein erst- und einmaliges Fehlverhalten eines auch strafrechtlichen nicht vorbelasteten Soldaten ohne erkennbar negative Auswirkungen handelt. Den Soldaten entlastet zudem nicht nur sein auch in der Berufungshauptverhandlung erkennbar gewordenes sehr positives Persönlichkeitsbild sowie das gute Leumundszeugnis der damaligen Angehörigen seiner Batterie, sondern auch das ihm bescheinigte überdurchschnittliche Leistungsbild. Er hat in seinem Leistungsverhalten nicht nachgelassen und sich auf diese Weise erfolgreich nachbewährt. Trotz seines Fehlverhaltens zeichnet dies den Soldaten in besonderer Weise aus. Schließlich spricht für ihn auch, dass er sich glaubhaft als einsichtig und reuig gezeigt hat. Nach alledem wäre ursprünglich durchaus die Verhängung eines Beförderungsverbotes von etwa zwei bis zweieinhalb Jahren in Betracht gekommen. Wegen des weiteren Zeitablaufs sowie aus spezial- und generalpräventiven Erwägungen hielt der Senat nunmehr jedoch nur noch den Ausspruch eines Beförderungsverbotes für die Mindestdauer von einem Jahr für erforderlich, aber auch ausreichend. Das Dienstvergehen liegt hier inzwischen fast drei Jahre zurück. Seit Anfang Juli 2007 liefen disziplinarische Vorermittlungen gemäß § 92 Abs. 1 WDO. Die Belastung durch die Dauer des Disziplinarverfahrens mit der Ungewissheit seines Ausgangs hat zur Folge, dass die Pflichtenmahnung für den Soldaten, die mit einer solchen Maßnahme bewirkt werden soll, geringer ausfallen kann. Insbesondere unterliegt der Soldat seit dem Beginn der Vorermittlungen bereits einem faktischen Beförderungsverbot. Im Übrigen handelt es sich hier um einen Soldaten mit einem sehr positiven Persönlichkeitsbild und überdurchschnittlichen Leistungsbild, der sich erfolgreich nachbewährt hat. Den zusätzlichen Ausspruch einer Kürzung der Dienstbezüge gemäß § 58 Abs. 4 WDO hielt der Senat nicht für erforderlich. Eine solche Disziplinarmaßnahme kommt insbesondere dann in Betracht, wenn erkennbar ist, dass ein Beförderungsverbot keine Auswirkungen auf den weiteren dienstlichen Werdegang des Soldaten haben wird (§ 58 Abs. 4 Satz 2 WDO). Diese Voraussetzungen liegen hier aber nicht vor. Der erst ... Jahre alte Berufssoldat hätte ohne das laufende Disziplinarverfahren bereits zur Beförderung zum Oberstleutnant angestanden. Nun muss der Soldat warten, bis das einjährige Beförderungsverbot aufgrund der vorliegenden Entscheidung abgelaufen ist. Für eine zusätzliche Kürzung seiner Dienstbezüge bestand deshalb keine Notwendigkeit.

XX. Vermögensdelikte
Eigennützige Verwendung von Spendengeldern

Eigennützige Verwendung dienstlich anvertrauter Spendengelder – Bestimmung der Disziplinarmaßnahme
BVerwG, Urt. v. 15.3.2012 – 2 WD 9.11

> **Anmerkung und Hinweise für die Praxis**
>
> Das BVerwG bestätigt mit dem vorliegenden Urteil seine gefestigte Rechtsprechung, wonach in den Fällen, in denen der vorsätzliche Zugriff auf Vermögensgüter erfolgt, die dem Soldaten dienstlich anvertraut sind, in der Regel die Höchstmaßnahme Ausgangspunkt der Zumessungserwägungen ist (s. auch BVerwG, Urt. v. 25.6.2009 – 2 WD 7.08). Ein besonders schweres Dienstvergehen lag hier vor, weil der frühere Soldat Gelder veruntreut hat, die ihm anvertraut waren, und Milderungsgründe in den Tatumständen bei der endgültigen Bestimmung der Disziplinarmaßnahme nicht in Betracht zu ziehen waren.

1. Sachverhalt

Der mittlerweile in den Ruhestand versetzte frühere Soldat war als noch aktiver Soldat über mehrere Jahre hinweg mit der Abrechnung und Verwaltung von gesammelten Spendengeldern im Rahmen des vom ... Kommando ... alljährlich durchgeführten Adventskonzerts dienstlich betraut. Seine Aufgabe war die Annahme der eingenommenen Spendengelder sowie deren ordnungsgemäße Verwaltung und Weiterleitung an mehrere gemeinnützige Institutionen. Aus den Spenden der Adventskonzerte entnahm er zur Überbrückung privater finanzieller Engpässe wiederholt – über mehrere Jahre – Gelder. Insgesamt schädigte er die Bundeswehr um einen Geldbetrag in Höhe von über 10000 Euro. Sein Verhalten war Gegenstand eines Strafverfahrens, in welchem ihn das Strafgericht (Amtsgericht) durch rechtskräftiges Strafurteil zu einer Freiheitsstrafe von elf Monaten verurteilte, deren Vollstreckung zur Bewährung ausgesetzt wurde. In dem anschließenden sachgleichen gerichtlichen Disziplinarverfahren hat das Truppendienstgericht dem früheren Soldaten durch Urteil das Ruhegehalt aberkannt und in der Begründung u.a. ausgeführt: Der frühere Soldat habe wiederholt seine Pflicht, der Bundesrepublik Deutschland treu zu dienen (§ 7 SG), in Gestalt der Vermögensverwahrungspflicht gegenüber dem Dienstgeber sowie in ihrer Ausprägung als Pflicht zur Loyalität gegenüber der geltenden Rechtsordnung, vor allem zur Beachtung der Strafgesetze, vorsätzlich verletzt. Darüber hinaus habe er durch die Verwendung des Geldes zu privaten Zwecken gegenüber dem Dienstgeber auch seine Pflicht zu achtungs- und vertrauenswürdigem Verhalten im Dienst (§ 17 Abs. 2 Satz 1 SG) vorsätzlich verletzt. Durch die vorsätzliche Verletzung seiner Dienstpflichten habe der frühere Soldat ein sehr schweres Dienstvergehen begangen, das den Ausspruch der disziplinarischen Höchstmaßnahme erforderlich mache. Die auf die Bemessung der Disziplinarmaßnahme beschränkte Berufung des Soldaten hat das BVerwG zurückgewiesen.

2. Entscheidung des BVerwG (Maßnahmebemessung)

Das BVerwG sah keinen Grund, die gegenüber dem früheren Soldaten gemäß § 58 Abs. 2 Nr. 4 WDO i. V.m. § 65 WDO ausgesprochene Aberkennung des Ruhegehalts zu beanstanden.

a) Schwerwiegende Verletzung

Bezüglich der Eigenart und Schwere des Dienstvergehens hebt das BVerwG hervor, dass die festgestellte Verletzung der in § 7 und § 17 Abs. 2 Satz 1 SG normierten Pflichten äußerst schwer wiegt, weil sie zum einen mit der Verwirklichung kriminellen, zum Ausspruch einer Freiheitsstrafe führenden Unrechts verbunden war und zum anderen der Verstoß gegen die Rechtsordnung nicht nur durch zahlreiche, sondern auch durch Handlungen erfolgte, die den originären dienstlichen Pflichtenkreis betrafen und zu einem beträchtlichen Schaden führten.

b) Auswirkungen auf Personalplanung

Das Dienstvergehen hatte über den eigentlichen Schaden hinaus auch auf die Personalplanung Auswirkungen. Dem früheren Soldaten wurde wegen des Dienstvergehens die zur Ausübung seiner Tätigkeit erforderliche Sicherheitsstufe Ü 3 entzogen. Ferner hat das Dienstvergehen das Ansehen der Bundeswehr erheblich beeinträchtigt, weil die Institutionen, denen das vom früheren Soldaten veruntreute Geld zugedacht war, von dem Geschehen im Rahmen der Ermittlungsmaßnahmen Kenntnis erlangt haben.

c) Eigennutz

Der frühere Soldat hat eigennützig gehandelt, für ihn sprechende Beweggründe waren nicht erkennbar.

d) Milderungsgründe nicht vorhanden

Milderungsgründe in den Umständen der Tat, die die Schuld des Soldaten mindern könnten, lagen nicht vor. Der in der Rechtsprechung des Senats entwickelte Tatmilderungsgrund eines Handelns in einer ausweglos erscheinenden, unverschuldeten wirtschaftlichen Notlage, die auf andere Weise nicht zu beheben war, entfällt jedenfalls deshalb, weil die Situation des früheren Soldaten nicht ausweglos war; er hat nämlich, wie er in der Berufungshauptverhandlung bestätigte, nicht den Versuch unternommen, sich wegen seiner Verschuldung in sachverständige Beratung zu begeben. Auch der Tatmilderungsgrund einer unzureichend ausgeübten Dienstaufsicht kommt nicht zum Zuge. Dieser Milderungsgrund setzt nach der Rechtsprechung des Senats eine Überforderungssituation voraus, in der ein hilfreiches Eingreifen der Dienstaufsicht erforderlich ist. In diesem Zusammenhang führt der Senat zutreffend aus, dass der frühere Soldat offensichtlich keiner dienstaufsichtlichen Begleitung bedurfte, um zur Erkenntnis zu gelangen, dass die eigennützige Verwendung anvertrauter Gelder rechtswidrig war. Auch bedurfte der frühere Soldat, wie der Senat weiter betont, keiner besonderen Einweisung, um den ihm erteilten Auftrag, die ihm jährlich einmal in einem Betrag übergebenen Spendengelder an bestimmte Empfänger weiterzuleiten, erledigen zu können.

e) Aberkennung des Ruhegehalts

Nach der Rechtsprechung des BVerwG ist bei einem vorsätzlichen Zugriff eines Soldaten in Vorgesetztenstellung auf Eigentum oder Vermögen des Dienstgebers Ausgangspunkt der Zumessungserwägungen (Regelmaßnahme) eine Dienstgradherabsetzung (BVerwG, Urt. v. 11.6.2008 – 2 WD 11.07). Erfolgt jedoch, wie im vorliegenden Fall, der Zugriff durch Handlungen, die den originären dienstlichen Pflichtenkreis betreffen, ist in der Regel die Entfernung aus dem Dienstverhältnis Ausgangspunkt der Zumessungserwägungen. Angesichts der Dauer und der Vielzahl der zugleich auch strafrechtlich mit Freiheitsstrafe geahndeten Pflichtverletzungen sowie des erheblichen Schadens sah das BVerwG keine Anhaltspunkte für eine Modifizierung der zu verhängenden Disziplinarmaßnahme nach „unten", sodass es im Ergebnis bei der Höchstmaßnahme, hier der Aberkennung des Ruhegehalts, verblieb.

XX. Vermögensdelikte
Tankkarte für private Zwecke

Einsatz einer für Dienstfahrzeuge der Bundeswehr bestimmten Tankkarte zu privaten Zwecken
BVerwG, Urt. v. 13.3.2014 – 2 DW 37.12

Anmerkung und Hinweise für die Praxis

Nach ständiger Rechtsprechung des 2. WD-Senats des BVerwG bildet bei einer vorsätzlichen versuchten oder vollendeten Schädigung des Dienstherrn eine Dienstgradherabsetzung die Regelmaßnahme. Hiervon war auch vorliegend auszugehen. Ein zusätzlicher erschwerender Umstand lag nicht vor, weil dem Soldaten zum Zeitpunkt des Dienstvergehens die DKV-Tankkarte nicht mehr anvertraut war; seine Tätigkeit als S4-Feldwebel endete zuvor. Die Degradierung konnte im Hinblick auf seine besonders guten Leistungen und seine Nachbewährung auf einen Dienstgrad beschränkt werden, zusätzlich führten sie auch dazu, dass – im Unterschied zum TDG – die Frist zur Wiederbeförderung auf zwei Jahre verkürzt wurde.

1. Sachverhalt

Der Soldat, ein Hauptfeldwebel, betankte als ehemaliger S4-Feldwebel und stellvertretender Fuhrparkbeauftragter am ... das auf seine Ehefrau ... zugelassene Privatfahrzeug der Marke Honda CR-V, amtliches Kennzeichen ... an der ... Tankstelle ... Straße in ... mit 47 Litern Diesel und beglich den Betrag von 55,88 Euro mit der dem Bundeswehrfahrzeug Y ... zugeordneten Tankkarte ... der Deutsche Kraftverkehr GmbH (DKV), die auf unbekannte Weise in seinen Besitz gelangt war. Der Soldat wusste, dass die Tankkarte nach der ihm bekannten Zentralen Dienstvorschrift 43/2 „Kraftfahrvorschrift für die Bundeswehr-Bestimmungen für den Betrieb und Verkehr von Dienstfahrzeugen" nur zur Betankung von Dienstfahrzeugen der Bundeswehr Fuhrparkservice GmbH an zivilen Vertragstankstellen eingesetzt werden durfte. Das Truppendienstgericht (TDG) hatte den Soldaten wegen eines Dienstvergehens in den Dienstgrad eines Oberfeldwebels herabgesetzt. Das BVerwG hat die Berufung des Soldaten mit der Maßgabe zurückgewiesen, dass die Frist zur Wiederbeförderung auf zwei Jahre herabgesetzt wird.

2. Entscheidung der BVerwG

a) Rechtliche Würdigung

Zu den dem Dienstvergehen (§ 23 Abs. 1 SG) zugrundeliegenden Pflichtverletzungen führt das BVerwG u.a. aus: Durch das festgestellte vorsätzliche Verhalten hat der Soldat gegen § 7 SG verstoßen. § 7 SG verpflichtet auch zur Loyalität gegenüber der Rechtsordnung, insbesondere zur Wahrung der Strafgesetze. Ein Verstoß gegen § 7 SG liegt vor, weil der Soldat einen Straftatbestand verwirklicht und dabei nicht nur dienstliches Material in Form der DKV-Tankkarte eingesetzt, sondern dadurch beim Dienstherrn auch einen unmittelbaren Schaden verursacht hat. Der Soldat hat ferner vorsätzlich gegen § 17 Abs. 2 Satz 2 SG verstoßen. Da das Betanken des privaten Kraftfahrzeugs durch den Soldaten außerhalb des Dienstes und auch außerhalb dienstlicher Anlagen und Unterkünfte erfolgte, liegt ein außerdienstliches Dienstvergehen vor. Die Ansehensschädigung und die Schädigung der Achtung und des Vertrauens ist auch erheblich, weil die Handlung unabhängig davon, ob § 263 StGB oder § 263a StGB Anwendung findet mit einer Freiheitsstrafe bis zu fünf Jahren oder Geldstrafe strafbewehrt und der Dienstherr durch die Tat geschädigt worden ist. Der Soldat hat schließlich auch vorsätzlich gegen § 11 SG verstoßen, weil die damalige ZDv 43/2 einen Befehl darstellt (BVerwG, Urt. v. 2.10.2013 – 2 WD 33.12 – juris Rn. 52), deren Nummer 755 er willentlich und wissentlich durch den Einsatz der DKV-Tankkarte für die Betankung eines Privatwagens zuwider gehandelt hat.

b) Maßnahmebemessung

Nach einer Gesamtwürdigung aller be- und entlastenden Umstände hält das BVerwG die erstinstanzlich ausgesprochene Herabsetzung um einen Dienstgrad für verhältnismäßig. Der 2. WD-Senat zieht in ständiger Rechtsprechung bei vorsätzlicher versuchter oder vollendeter Schädigung des Dienstherrn bzw. Gefährdung des Vermögens des Dienstherrn als Ausgangspunkt der Zumessungserwägungen eine Dienstgradherabsetzung (Regelmaßnahme) in Betracht (BVerwG, Urt. v. 25.10.2012 – 2 WD 33.11 – m.w.N.). Hiervon ist auch vorliegend auszugehen. Zwar hat der Soldat nicht den Dienstherrn getäuscht, der Vermögensschaden trat jedoch bei diesem ein. Im konkreten Einzelfall lagen keine Umstände vor, die nach Auffassung des BVerwG die Möglichkeit einer Milderung gegenüber der Regelmaßnahme eröffneten, sodass es bei einer Dienstgradherabsetzung verblieb. In diesem Zusammenhang stellt das BVerwG fest: Der Umfang des eingetretenen Schadens bewegt sich mit 55,88 Euro zwar knapp, aber doch eindeutig über dem Betrag von 50 Euro (vgl. BVerwG, Urt. v. 16.3.2011 – 2 WD 40.09 – juris Rn. 30 m.w.N.), bei dessen Unterschreiten der Senat regelmäßig von einem leichteren Fall ausgeht, der den Übergang zu einer milderen Maßnahmeart gebietet (vgl. BVerwG, Urt. v. 13.12.2012 – 2 WD 29.11 – Rn. 82 m.w.N.). Auch die besonders guten Leistungen des Soldaten sowie dessen Nachbewährung erlangen nicht das Gewicht, von der Herabsetzung im Dienstgrad abzusehen, weil das Gewicht mildernder Umstände umso größer sein muss, je schwerer das Dienstvergehen wiegt (BVerwG, Urt. v. 15.3.2013 – 2 WD 15.11 – Rn. 43). Dazu hätte es zusätzlicher Milderungsgründe bedurft, die nicht vorliegen. Eine mildere Disziplinarmaßnahmeart ist auch nicht mit Rücksicht auf die moderate Verurteilung des Soldaten im sachgleichen Strafverfahren in den Blick zu nehmen (Verurteilung durch das Amtsgericht wegen Betrugs zu einer Geldstrafe von 15 Tagessätzen zu je 40 Euro). Weder § 16 Abs. 1 WDO noch § 17 Abs. 2 bis 4 WDO stehen einer Herabsetzung im Dienstgrad entgegen. Steht im Einzelfall – wie hier – § 16 WDO der Zulässigkeit des Ausspruchs einer Disziplinarmaßnahme nicht entgegen, ist die Art und Höhe einer Kriminalstrafe oder sonstigen Strafsanktion für die Gewichtung der Schwere des sachgleichen Dienstvergehens regelmäßig nicht von ausschlaggebender Bedeutung. Strafverfahren und Disziplinarverfahren verfolgen unterschiedliche Zwecke. Die Kriminalstrafe unterscheidet sich nach Wesen und Zweck grundlegend von der Disziplinarmaßnahme. Während erstere neben Abschreckung und Besserung der Vergeltung und Sühne für begangenes Unrecht gegen den allgemeinen Rechtsfrieden dient, ist die disziplinarische Ahndung darauf ausgerichtet, unter Beachtung des Gleichbehandlungsgrundsatzes einen geordneten und integren Dienstbetrieb aufrechtzuerhalten oder wiederherzustellen (vgl. BVerwG, Urt. v. 13.1.2011 – 2 WD 20.09 – juris, m.w.N. und BVerwG, Urt. v. 4.5.2011 – 2 WD 2.10 – juris Rn. 51). Die besonders guten Leistungen des Soldaten und dessen Nachbewährung verlangen jedoch, die Herabsetzung im Dienstgrad auf einen Dienstgrad zu beschränken; weil sie in ihrer Gesamtheit von besonderem Gewicht sind, begründen sie ferner einen besonderen Grund dafür, die Frist zur Wiederbeförderung gemäß § 62 Abs. 3 Satz 3 WDO auf zwei Jahre zu verkürzen.

XX. Vermögensdelikte
Missbrauch von Tankkarten

Missbrauch von Tankkarten durch einen Soldaten, der förmlich zum Tankkartenverwalter bestellt war
BVerwG, Urt. v. 18.2.2016 – 2 WD 19.15

> **Anmerkung und Hinweise für die Praxis**
>
> 1. Zwar steht hier kein Zugriffsdelikt in Rede, weil der Soldat nicht die ihm anvertrauten Tankkarten entwendet oder unterschlagen hat. Allerdings hat er die Tankkarten als Instrument genutzt, um sich auf Kosten des Dienstherrn einen unberechtigten Vermögensvorteil zu verschaffen, obwohl er förmlich zum Tankkartenverwalter bestellt worden war. Durch diese Bestellung ist ihm eine Vertrauensstellung hinsichtlich der Verwaltung der Tankkarten übertragen worden. Ihm war damit die Sorge für die bestimmungsmäße Nutzung der Tankkarten zur Abwicklung der Bezahlung dienstlich veranlasster Tankvorgänge anvertraut.
> 2. Dem objektiven Vertrauensverlust steht auch die Nachbewährung des Soldaten nicht entgegen. Ist das Vertrauensverhältnis endgültig zerstört, besteht für eine Nachbewährung kein Raum mehr.

1. Entscheidung des Truppendienstgerichts (TDG)

Das TDG hat den Soldaten in dem o.g. Fall wegen eines Dienstvergehens aus dem Dienstverhältnis entfernt und zu den Pflichtverletzungen des Soldaten, eines Hauptfeldwebels, im Wesentlichen festgestellt: Der Soldat war in seiner damaligen Dienststelle zum Tankkartenverwalter bestellt worden. Er lernte eine Kameradin, Frau Y, kennen, die finanziell knapp bei Kasse war und ihn eines Tages bat, ob er ihren PKW betanken könne. Der Soldat nahm eine der ihm seitens des Dienstherrn anvertrauten Tankkarten und nutzte diese heimlich, um die Bitte der Frau Y zu erfüllen. Es kam an verschiedenen Tagen zu Tankvorgängen, wodurch der Bund einen Schaden von gut 600 Euro erlitt. Rechtliche Würdigung durch das TDG: Der Soldat habe wissentlich und willentlich bei elf Gelegenheiten Tankkarten der Bundeswehr zur Befüllung eines privaten Fahrzeuges missbraucht und so vorsätzlich jeweils die Pflicht zum treuen Dienen (§ 7 SG) und die Wohlverhaltenspflicht aus § 17 Abs. 2 Satz 1 SG bzw. § 17 Abs. 2 Satz 2 SG verletzt. Zum Tanken habe er siebenmal für mindestens 25 Minuten wissentlich und willentlich den Dienst geschwänzt und damit vorsätzlich die Pflichten aus § 7 und § 17 Abs. 2 Satz 1 SG verletzt. Indem der Soldat dreimal wissentlich der Wahrheit zuwider die sachliche Richtigkeit von Rechnungen für von ihm zu privaten Zwecken durchgeführte Betankungen bestätigte, um so eine Zahlung durch das Dienstleistungszentrum herbeizuführen, habe er vorsätzlich die Pflichten aus §§ 7, 13 Abs. 1 und § 17 Abs. 2 Satz 1 SG verletzt. Weiter habe er dreimal zur Verschleierung des Missbrauchs der Tankkarten Falscheinträge in den Überwachungslisten vorgenommen und so vorsätzlich die Pflichten aus §§ 7, 13 Abs. 1 und § 17 Abs. 2 Satz 1 SG verletzt. Bei einer Falscheintragung habe er den Namen eines Untergebenen eingetragen, billigend in Kauf genommen, dass gegen diesen ermittelt werden könnte, und so bedingt vorsätzlich die Pflichten aus § 10 Abs. 3 und § 12 SG verletzt. Ferner habe der Soldat in Kenntnis der Bestimmungen über eine diebstahlsichere Aufbewahrung die Tankkarten in einem offenen Rollschrank aufbewahrt und dadurch vorsätzlich die Pflichten aus §§ 7 und § 17 Abs. 2 Satz 1 SG verletzt. Der Soldat hat gegen das Urteil des TDG eine auf die Disziplinarmaßnahme beschränkte Berufung beim BVerwG einlegen lassen.

2. Entscheidung des BVerwG und Maßnahmebemessung

Das BVerwG hat die Berufung des Soldaten zurückgewiesen und die Entfernung aus dem Dienstverhältnis bestätigt. Wie der 2. WD-Senat des BVerwG ausführt, sind die Pflichtverstöße vor allem dadurch gekennzeichnet, dass der Soldat durch die Nutzung der ihm anvertrauten Tankkarten in einem Kernbereich seiner dienstlichen Tätigkeit versagt hat. Bei der Gesamtwürdigung aller be- und entlastenden Umstände sei der

Ausspruch der gemäß § 58 Abs. 1 Nr. 5 i. V. m. § 63 Abs. 1 WDO zulässigen Entfernung aus dem Dienstverhältnis erforderlich und angemessen. Zum Ausgangspunkt der Zumessungserwägungen der Disziplinarmaßnahme stellt das BVerwG fest: Soweit es die Verwendung der Tankkarten des Bundes betrifft, leitet sich der Ausgangspunkt der Zumessungserwägungen aus der Fallgruppe ab, die der Senat für Zugriffe auf Vermögen des Bundes entwickelt hat. Danach ist bei vorsätzlicher versuchter oder vollendeter Schädigung des Dienstherrn bzw. Gefährdung des Vermögens des Dienstherrn als Ausgangspunkt der Zumessungserwägungen eine Entfernung aus dem Dienstverhältnis in Betracht zu ziehen, wenn die Schädigung im Bereich der dienstlichen Kernpflichten erfolgte (BVerwG, Urt. v. 5.5.2015 – 2 WD 6.14 – juris Rn. 64). Hiervon ist auszugehen, da der Soldat zum Tankkartenverwalter bestellt war und die damit begründete Vertrauensstellung missbraucht hat. Mildernde Umstände, die ein Absehen von der Höchstmaßnahme gebieten, sind nicht ersichtlich. Für den Soldaten sprechen zwar seine Reue, seine früheren überdurchschnittlichen Leistungen, die Nachbewährung und die im Zusammenhang mit der Alkoholerkrankung und der mittelgradigen Depression des Soldaten stehenden Umstände finanzieller und familiärer Natur. Die Schwere des Dienstvergehens wird aber nicht nur durch den Missbrauch der Tankkarten bestimmt. Hinzu treten als weitere Pflichtverletzungen das vorschriftswidrige Aufbewahren der Tankkarten, das mehrfache unerlaubte Fernbleiben vom Dienst sowie vor allem die mehrfache Abgabe unwahrer dienstlicher Meldungen unter Inkaufnahme der disziplinarischen Verfolgung eines Kameraden. Damit liegen neben den bereits die Höchstmaßnahme indizierenden Pflichtverletzungen solche vor, die bereits allein für sich gesehen eine massive disziplinarische Ahndung – jedenfalls eine Herabsetzung im Dienstgrad – verlangt hätten. Sie vermitteln dem Dienstvergehen insgesamt eine solche Schwere, dass die für den Soldaten sprechenden Umstände nicht ein Gewicht erreichen, um von der Höchstmaßnahme absehen zu können. Der Soldat hat mit dem Dienstvergehen das in ihn gesetzte Vertrauen seines Dienstherrn endgültig verloren, sodass diesem bei objektiver Betrachtung eine Fortsetzung des Dienstverhältnisses nicht mehr zugemutet werden kann.

XX. Vermögensdelikte

Soldat schummelte bei Reisekosten – Beförderungsverbot und Bezügekürzung
BVerwG, Urt. v. 21.1.2016 – 2 WD 6.15

> **Anmerkung und Hinweise für die Praxis**
>
> Ausgangspunkt der Zumessungserwägungen ist bei einem Reisekosten- bzw. Trennungsgeldbetrug die Dienstgradherabsetzung. Im vorliegenden Fall konnte wegen einer ganzen Reihe für den Soldaten sprechender Umstände eine mildere Maßnahme als die Degradierung, nämlich ein Beförderungsverbot verbunden mit einer Kürzung der Dienstbezüge, als noch tat- und schuldangemessen verhängt werden. Da sich das Beförderungsverbot angesichts der bis zum Dezember 2020 nicht bestehenden Beförderungsmöglichkeit nicht auswirkt, war zusätzlich eine Bezügekürzung als für den Soldaten einzig spürbaren Teil der Sanktion geboten.

1. Sachverhalt

Das Truppendienstgericht (TDG) hat festgestellt, dass der Soldat, ein Hauptfeldwebel, wegen eines Lehrgangs an der Schule … in … mit seinem eigenen Pkw von seinem Wohnort … zu seinem Dienstort nach … und von dort aus als Mitfahrer im privaten Pkw eines Kameraden nach … gefahren sei. Nach dem Lehrgang sei er als Mitfahrer im Pkw eines weiteren Kameraden von … nach … gefahren. Er habe für die Mitfahrten kein Entgelt gezahlt. In der Reisekostenabrechnung habe der Soldat für die Reise zum Lehrgang angegeben, die Dienstreise am Wohnort begonnen und 170 km bis … gefahren zu sein. Er habe in der Rubrik „Abfahrt des Hauptreisemittels" „privates Kfz" angekreuzt und nicht angegeben, Mitfahrer gewesen zu sein. Entsprechende Angaben habe er auch zur Rückfahrt vom Lehrgang gemacht. Dies habe nicht der Wahrheit entsprochen, weil der Soldat nur Mitfahrer gewesen sei, was er gewusst habe. Er habe beabsichtigt, eine Wegstreckenentschädigung zu erhalten, auf die er, wie er gewusst habe, keinen Anspruch gehabt habe. Diese sei ihm in Höhe von 68 Euro ausgezahlt worden. Das TDG bewertete dieses Verhalten als Dienstvergehen in Form einer vorsätzlichen Verletzung der Pflichten aus §§ 7, 13 Abs. 1 und 17 Abs. 2 Satz 1 Alt. 2 SG und verhängte mit Urteil vom … gegen den Soldaten wegen eines Dienstvergehens ein Beförderungsverbot für die Dauer von vier Jahren verbunden mit einer Kürzung der Dienstbezüge um ein Zehntel für die Dauer von zwei Jahren. Das BVerwG hat die Berufung des Soldaten zurückgewiesen.

2. Entscheidung des BVerwG (Maßnahmebemessung)

Bei der Gesamtwürdigung aller be- und entlastenden Umstände hält der 2. WD-Senat die vom TDG festgesetzte Disziplinarmaßnahme nicht für zu schwer.

a) Ausgangspunkt der Zumessungserwägungen (Regelmaßnahme)

Der Senat zieht in ständiger Rechtsprechung bei vorsätzlicher versuchter oder vollendeter Schädigung des Dienstherrn bzw. Gefährdung des Vermögens des Dienstherrn durch einen Reisekosten- bzw. Trennungsgeldbetrug als Ausgangspunkt der Zumessungserwägungen eine Dienstgradherabsetzung in Betracht (vgl. BVerwG, Urt. v. 27.8.2003 – 2 WD 5.03 – BVerwGE 119, 1 und BVerwG, Urt. v. 11.6.2008 – 2 WD 11.07 – jeweils m.w.N.). Liegt eine Kernbereichsverletzung vor, bildet Ausgangspunkt der Zumessungserwägungen die Entfernung aus dem Dienstverhältnis (vgl. BVerwG, Urt. v. 27.6.2013 – 2 WD 5.12 – juris Rn. 48 – und BVerwG, Urt. v. 15.5.2014 – 2 WD 3.13 – juris Rn. 42). Der Kernbereich der Pflichten war hier nicht betroffen: Der Soldat ist mit der Bearbeitung von Reisekostenanträgen nicht dienstlich befasst. Diese haben auch keinen spezifischen Bezug zu seiner Verwendung als …, sodass diese Verwendung auch im Lichte des § 10 Abs. 1 SG nicht erschwerend zu berücksichtigen ist.

b) Disziplinarmaßnahme abmildern

Im konkreten Einzelfall ist das BVerwG der Auffassung, dass die gegenüber dem Ausgangspunkt der Zumessungserwägungen zu verhängende Disziplinarmaßnahme nach unten zu modifizieren, also von der Degradierung des Soldaten abzusehen ist. Dazu das BVerwG: Von der Degradierung ist nicht allein wegen der konkreten Höhe des Schadens abzusehen. Eine mildere als im Ausgangspunkt der Zumessungserwägungen indizierte Maßnahme kann zwar verhängt werden, wenn der Vermögenswert der in Rede stehenden Sache gering ist und durch das Dienstvergehen keine weiteren wichtigen öffentlichen oder privaten Interessen verletzt sind (vgl. BVerwG, Urt. v. 13.2.2008 – 2 WD 5.07). Die „Bagatellgrenze" liegt bei ca. 50 Euro (BVerwG, Urt. v. 16.3.2011 – 2 WD 40.09). Diese Grenze ist aber selbst dann überschritten, wenn man mit dem TDG davon ausgeht, dass der Soldat einen Erstattungsanspruch von 12 Euro hat, sodass der Schaden des Bundes nur 56 Euro beträgt. Gleichwohl ist der Schaden unabhängig davon, ob er sich auf 68 Euro oder 56 Euro beläuft, nicht hoch. Eine Gesamtbetrachtung auch der Auswirkungen des Dienstvergehens und der für den Soldaten sprechenden Umstände in seiner Person rechtfertigt jedoch die Modifikation des Ausgangspunktes der Bemessungserwägungen nach unten.

Das Dienstvergehen besteht nur aus einem und erstmaligen Fall eines Reisekostenbetruges, der Schaden war gering und wurde unverzüglich nach der Aufdeckung der Pflichtverletzung durch den Soldaten wiedergutgemacht. Für den Soldaten sprechen die guten Leistungen der Vergangenheit, seine Bemühungen um eine Verbesserung seiner Leistungen auch während des laufenden Disziplinarverfahrens, die Unrechtseinsicht und die Persönlichkeitsfremdheit der Tat. Das mildernde Gewicht der Kombination dieser Umstände lässt die Verhängung einer milderen Maßnahme als der Degradierung als noch tat- und schuldangemessen erscheinen. Da hiermit aber vom Ausgangspunkt der Zumessungserwägungen nach unten abgewichen wird, hat die Vorinstanz mit Recht die Dauer des Beförderungsverbotes am oberen Rand des nach § 60 Abs. 2 Satz 1 WDO Zulässigen bestimmt. Da sich das Beförderungsverbot angesichts der bis zum Dezember 2020 nicht bestehenden Beförderungsmöglichkeit nicht auswirken wird, ist kumulativ eine Bezügekürzung nach § 58 Abs. 4 Satz 2 WDO geboten, um auf den Soldaten auch spürbar pflichtenmahnend einzuwirken.

XX. Vermögensdelikte
Steuerhinterziehung

Wiederholte Steuerhinterziehung eines Soldaten – ein schweres Dienstvergehen
BVerwG, Urt. v. 21.6.2011 – 2 WD 10.10

> **Anmerkung und Hinweise für die Praxis**
>
> 1. Ausgehend vom Beamtendisziplinarrecht – und der Übernahme dieser Rechtsprechung auf Soldaten – ist nach Auffassung des 2. WD-Senats in Fällen der Steuerhinterziehung als Regelmaßnahme („Ausgangspunkt der Zumessungserwägungen") der Ausspruch einer Dienstgradherabsetzung indiziert, „wenn der Umfang der hinterzogenen Steuern besonders hoch ist – sich im fünf- oder sechsstelligen Betragsbereich bewegt – oder wenn mit dem Fehlverhalten zusätzliche schwerwiegende Straftatbestände oder andere nachteilige Umstände von erheblichem Eigengewicht verbunden sind".
>
> 2. Soweit der 2. WD-Senat des BVerwG nicht mehr an seiner eigenen Rechtsprechung zu den Soldaten bezüglich der Fälle von Steuerhinterziehung festhält, sondern sich nunmehr bei der Maßnahmebestimmung auf die Rechtsprechung des Beamtendisziplinarsenats beruft, ist diese Abkehr nicht plausibel. Denn gerade nach der bisherigen Einstufung und Soldaten-Rechtsprechung des 2. WD-Senats hätte bei einem schweren Fall wie dem vorliegenden ebenfalls auf eine Dienstgradherabsetzung erkannt werden müssen (so geschehen z.B. in dem Urt. v. 2.12.1999 – BVerwG 2 WD 42.99 –: Degradierung eines Oberstleutnants zum Major!).

1. Sachverhalt

Der Soldat, ein Berufssoldat im Dienstgrad eines Stabsfeldwebels, hat innerhalb von etwa drei Jahren insgesamt 50.000 Zigaretten quasi gewerbsmäßig unversteuert nach Deutschland eingeführt und hierdurch einen Steuerausfallschaden in Höhe von 7000 Euro verursacht. Seine „Schmuggelfahrten" wurden wiederholt entdeckt, gleichwohl hat er sie fortgesetzt. Die Zigaretten verkaufte er mit einem Aufschlag von 5,00 Euro zum Preis von 28,50 Euro pro Stange; einige Zigarettenstangen auch an Vorgesetzte und untergebene Kameraden. Der Gewinn aus dem Verkauf der Zigarettenstangen betrug 1250 Euro (50000 Zigaretten, d.h. 250 Stangen mit je 5,00 Euro Verdienst). Gegen den Soldaten erging wegen versuchter und vollendeter Steuerhinterziehung ein Strafbefehl über eine Freiheitsstrafe von zehn Monaten, die zur Bewährung ausgesetzt wurde. Das Truppendienstgericht erkannte gegen den Soldaten im gerichtlichen Disziplinarverfahren auf ein Beförderungsverbot für die Dauer von vier Jahren, verbunden mit einer Kürzung der Dienstbezüge um ein Zwanzigstel auf die Dauer von neun Monaten. Auf die (maßnahmebeschränkte) Berufung der Wehrdisziplinaranwaltschaft hat das BVerwG den Soldaten in den Dienstgrad eines Hauptfeldwebels herabgesetzt.

2. Entscheidungsgründe des BVerwG (Maßnahmebemessung)

Bezüglich einzelner Bemessungskriterien (§ 58 Abs. 7 i. V. m. § 38 Abs. 1 WDO) führt das BVerwG im Wesentlichen aus:

a) Schweres Dienstvergehen

Nach Eigenart und Schwere wiegt das Dienstvergehen schwer. Der Schwerpunkt der Verfehlungen liegt in der mehrfachen Verletzung der Pflicht zum treuen Dienen (7 SG). § 7 SG setzt sich zusammen aus einer Vielzahl soldatischer Einzelpflichten. Zu ihnen zählt auch, das Vermögen des Dienstherrn zu schützen. Dem hat der Soldat durch seine versuchten und vollendeten Steuerhinterziehungen zuwidergehandelt. Insoweit ist der Soldat im Rahmen seiner Pflicht zum treuen Dienen auch seiner Verpflichtung zur Loyalität gegenüber der Rechtsordnung, vor allem der Beachtung der Strafgesetze, nicht nachgekommen. Denn er hat kriminelles Unrecht begangen und ist deshalb – wenn auch auf Bewährung – rechtskräftig zu einer Freiheitsstrafe von zehn Monaten „verurteilt" worden. Das vorsätzliche strafbare Fehlverhalten weckt zudem Zweifel an der Rechtstreue, der persönlichen Integrität und der dienstlichen Zuverlässigkeit des Soldaten. Die allgemeine Gesetzestreue eines Beamten oder Soldaten ist eine wesentliche Grundlage des öffentlichen Dienstes, dessen Angehörigen nach Art. 33 Abs. 4 GG die Ausübung hoheitlicher Befugnisse obliegt. Deshalb ist ein – auch außerdienstlicher – Verstoß gegen Rechtsnormen, die wichtige Gemeinschaftsinteressen schützen, allgemein geeignet, das Vertrauen in eine ordnungsgemäße Dienstausübung zu erschüttern. Ein solcher Fall ist hier gegeben. Das durch § 370 AO geschützte Rechtsgut ist die Sicherung des staatlichen Steueranspruchs, d.h. des rechtzeitigen und vollständigen Steueraufkommens. In diesem Zusammenhang ist ferner von erheblichem Gewicht, dass der Soldat, der ebenso wie ein Beamter Repräsentant des demokratischen Rechtsstaats ist, Steuer- und Abgabenhinterziehungen begangen und dadurch das Vermögen des Gemeinwesens gefährdet und geschädigt hat, obwohl er gerade aus Steuermitteln alimentiert wird. Außerdem habe der Soldat dadurch, dass er durch den Verkauf geschmuggelter Zigaretten an ihm unterstellte Soldaten und an Vorgesetzte innerhalb dienstlicher Unterkünfte und Anlagen diese in die Gefahr gebracht habe, mit disziplinarischen oder strafrechtlichen Ermittlungen überzogen zu werden, gegen seine Fürsorgepflicht (§ 10 Abs. 3 SG) bzw. seine Kameradschaftspflicht (§ 12 Satz 2 SG) verstoßen.

b) Steuerausfallschaden

Den Soldaten belastet weiterhin der durch ihn vorübergehend verursachte und nicht geringwertige Steuerausfallschaden in Höhe von insgesamt 7000 Euro.

c) Eigennutz

Die Beweggründe des Soldaten für sein Fehlverhalten waren allein von Eigennutz geprägt. Der Gewinn aus dem Verkauf der geschmuggelten Zigaretten – insgesamt etwa 1250 Euro – diente nach der Einlassung des Soldaten der Deckung seiner Benzinkosten für seine Fahrten nach B. und (später) der Begleichung der Steuernachforderungen.

d) Milderungsgründe nicht erkennbar

Milderungsgründe in den Umständen der Tat, die die Schuld des Soldaten mindern könnten, waren nicht erkennbar.

e) Dienstgradherabsetzung

Bei der Gesamtwürdigung aller be- und entlastender Umstände hielt es der 2. WD-Senat für erforderlich, aber auch ausreichend, den Soldaten in den Dienstgrad eines Hauptfeldwebels herabzusetzen.

Der 2. WD-Senat sieht das Schwergewicht des Dienstvergehens in den wiederholten vollendeten und versuchten Steuerhinterziehungen gemäß § 370 Abs. 1 Nr. 2 und Abs. 2 AO und nimmt hier als „Ausgangspunkt der Zumessungserwägungen" (Regelmaßnahme) die Degradierung, wobei er nicht auf seine eigene „Soldaten-Rechtsprechung" zurückgreift, sondern sich überraschenderweise auf die Rechtsprechung des für Beamte zuständigen Disziplinarsenats des BVerwG, also eines anderen Spruchkörpers, stützt. Im Hinblick auf die konkrete Bemessung der Disziplinarmaßnahme in dem vorliegenden zur Entscheidung stehenden Fall hielt der Senat dann mangels durchgreifender Erschwerungs-, Milderungs- und Entlastungsgründe die Herabsetzung um einen Dienstgrad, d.h. zum Hauptfeldwebel (Besoldungsgruppe A 8 mit Amtszulage) für ausreichend. Hierbei wurden zugunsten des Soldaten auch seine überdurchschnittlichen Leistungen und seine Nachbewährung berücksichtigt.

XX. Vermögensdelikte
Doppeltes Kindergeld

Hoher Schaden des Fiskus durch unberechtigte Auszahlung von doppeltem Kindergeld
BVerwG, Urt. v. 11.1.2012 – 2 WD 40.10

> **Anmerkung und Hinweise für die Praxis**
>
> 1. Das Dienstvergehen wird hier dadurch charakterisiert, dass es seit der Zahlung von Kindergeld als Steuervergütung den Tatbestand der Steuerhinterziehung erfüllt. Eine Steuerhinterziehung liegt auch im pflichtwidrigen Unterlassen, zwei beteiligte Familienkassen über die für den Kindergeldberechtigten erkennbare Doppelfestsetzung von Kindergeld in Kenntnis zu setzen.
>
> 2. Ausgangspunkt der Zumessungserwägungen (Regelmaßnahme) ist nach der Rechtsprechung des BVerwG bei einem schweren Fall von Steuerhinterziehung grundsätzlich die Dienstgradherabsetzung. Im Hinblick auf das besondere Gewicht des vorliegenden Falles, nämlich die hohe Schadenssumme von über 22000 Euro und die über 14 Jahre währende, kontinuierliche Bereicherung zu Lasten des Staates, ist der Soldat mit der Degradierung um nur einen Dienstgrad mit einem „blauen Auge" davongekommen; dies auch im Vergleich zu dem Steuerhinterziehungsfall des BVerwG v. 21.6.2011 – 2 WD 10.10.

1. Sachverhalt

Nach den Feststellungen des Truppendienstgerichts hat der Soldat, ein Berufssoldat im Dienstgrad eines Hauptfeldwebels, Anfang April 1994 bei der Familienkasse der Bundeswehr Kindergeld beantragt und eine Einverständniserklärung seiner Ehefrau über seine Kindergeldbezugsberechtigung beigefügt. Danach habe er im Kindergeldantrag seiner Ehefrau an die Familienkasse des Arbeitsamtes W. von Mitte April 1994 erklärt, mit dem Kindergeldbezug durch seine Ehefrau einverstanden zu sein. Er habe es unterlassen, der Familienkasse der Bundeswehr die parallele Beantragung und den Kindergeldbezug seiner Ehefrau mitzuteilen. Hierbei habe der Soldat in bewusstem und gewolltem Zusammenwirken mit seiner Ehefrau gehandelt, um für seinen Sohn zweimal Kindergeld zu erlangen. Für diesen sei von März 1994 bis Dezember 2008 zu Unrecht Kindergeld in Höhe von 22619,70 Euro durch die Familienkasse W. an seine Ehefrau gezahlt worden. Dieses Verhalten bewertete das Truppendienstgericht als vorsätzlichen Verstoß gegen die Dienstpflichten aus § 13 Abs. 1 SG und § 17 Abs. 2 Satz 1 SG und damit als Dienstvergehen i. S. v. § 23 Abs. 1 SG. Das Truppendienstgericht erkannte auf ein Beförderungsverbot für die Dauer von vier Jahren verbunden mit einer Kürzung der Dienstbezüge in Höhe von einem Zwanzigstel auf die Dauer von drei Jahren. Das Verhalten des Soldaten war auch Gegenstand eines dem gerichtlichen Disziplinarverfahren vorausgegangenen Strafverfahrens, in welchem gegen den Soldaten durch rechtskräftigen Strafbefehl des Amtsgerichts A. wegen Steuerhinterziehung eine Geldstrafe in Höhe von 260 Tagessätzen zu je 45 Euro verhängt wurde. Gegen das Urteil des Truppendienstgerichts legte die Wehrdisziplinaranwaltschaft eine maßnahmebeschränkte Berufung mit dem Ziel einer Dienstgradherabsetzung ein. Daraufhin setzte der 2. WD-Senat des BVerwG den Soldaten in den Dienstgrad eines Oberfeldwebels herab und verkürzte die Wiederbeförderungsfrist auf zwei Jahre.

2. Entscheidung des BVerwG

a) Langer Zeitraum

Bestimmend für Eigenart und Schwere des Dienstvergehens sind u.a. folgende Tatumstände: Der Irrtum zweier Familienkassen über den parallelen Bezug von Kindergeld durch beide Ehegatten wurde über einen langen Zeitraum von etwa 14 Jahren aufrechterhalten. Über diesen langen Zeitraum hinweg hat der Soldat kontinuierlich durch die unberechtigte monatliche Auszahlung von doppeltem Kindergeld profitiert und dem Fiskus einen in der Gesamtsumme hohen Schaden von 22619,70 Euro zugefügt.

b) Hoher Schaden

Bezüglich des Ausgangspunkts der Zumessungserwägungen („Regelmaßnahme") führt das BVerwG u.a. aus, die allgemeine Gesetzestreue bilde bei Soldaten eine wesentliche Grundlage ihres Dienstes. Füge ein Staatsdiener dem Staat durch eine schwere Wirtschaftsstraftat, insbesondere eine Steuerhinterziehung, einen besonders hohen Schaden zu, sei Ausgangspunkt der Zumessungserwägungen grundsätzlich die Dienstgradherabsetzung. In diesem Zusammenhang hebt das BVerwG hervor: Das Dienstvergehen des Soldaten werde im Wesentlichen dadurch charakterisiert, dass es seit der Zahlung von Kindergeld als Steuervergütung den Tatbestand der Steuerhinterziehung erfülle. Eine Steuerhinterziehung liege auch im pflichtwidrigen Unterlassen, zwei beteiligte Familienkassen über die für den Kindergeldberechtigten erkennbare Doppelfestsetzung und -zahlung von Kindergeld in Kenntnis zu setzen (FG Rheinland-Pfalz, Urt. v. 21.1.2010 – 4 K 1507/09 – juris, Hessisches Finanzgericht, Urt. v. 15.2.2011 – 5 K 341/09 – juris). Nach § 31 Satz 3 EStG in der seit dem Inkrafttreten des Jahressteuergesetzes 1996 (BGBl I 1995, 1250) am 21. Oktober 1995 – und damit für den ganz überwiegenden Teil des verfahrensgegenständlichen Zeitraums – geltenden Fassung werde Kindergeld im laufenden Kalenderjahr als Steuervergütung monatlich gezahlt. Geschädigter dieses Delikts sei jedenfalls auch der Bund als Dienstherr des Soldaten, denn nach Art. 106 Abs. 3 und 5 GG komme die Einkommenssteuer als Gemeinschaftssteuer auch diesem zugute. Dass bei einer Gemeinschaftssteuer der Dienstherr des Soldaten nicht der einzige Geschädigte sei, lasse das Dienstvergehen nicht weniger gewichtig erscheinen. Das besonders Verwerfliche der Tat sei die Schädigung des Staates durch den Staatsdiener. Besonderheiten des föderalen Aufbaus entlasteten den Soldaten nicht. Die Schadenshöhe liege hier eindeutig im fünfstelligen Bereich.

c) Dienstgradherabsetzung

In dem vorliegenden konkreten Einzelfall sah der Senat keinen Anlass, die Regelmaßnahme der Dienstgradherabsetzung nach „oben" bzw. nach „unten" zu modifizieren und hielt bei Abwägung der gegen und für den Soldaten sprechenden Aspekte eine Dienstgradherabsetzung um eine Stufe für geboten, aber auch für ausreichend.

d) Frist für Wiederbeförderung

Um den Besonderheiten der Situation des Soldaten Rechnung zu tragen, hat der 2. WD-Senat zusätzlich die Frist, nach deren Ablauf eine Wiederbeförderung möglich ist, nach § 62 Abs. 3 Satz 3 WDO von drei auf zwei Jahre herabgesetzt. Besondere Gründe hierfür lagen zum einen in der Dauer des Berufungsverfahrens, das jedenfalls faktisch der rechtlich seit dem Oktober 2010 bestehenden Beförderungsmöglichkeit entgegensteht und wegen der Ungewissheit über die zu verhängende Maßnahme den Betroffenen belastet. Zum anderen war auch zu berücksichtigen, dass sich die Tat als der Persönlichkeit des Soldaten insbesondere nach seinem Eindruck auf den Senat in der Berufungshauptverhandlung völlig fremd darstellte.

XX. Vermögensdelikte

Steuerhinterziehung ist kein „Kavaliersdelikt" – Soldat wird aus dem Dienstverhältnis entfernt
BVerwG, Urt. v. 24.11.2015 – 2 WD 15.14

Anmerkung und Hinweise für die Praxis

Das BVerwG führt zutreffend aus, dass angesichts der erschwerenden Umstände der Tatbegehung dem Dienstherrn eine Fortsetzung des Dienstverhältnisses nicht mehr zugemutet werden kann. Dabei beantwortet sich die Frage nach der Vertrauenswürdigkeit eines Soldaten schon aus Gründen der Gleichbehandlung (Art. 3 Abs. 1 GG) sowie im Interesse der rechtsstaatlich gebotenen Voraussehbarkeit der Disziplinarmaßnahme ausschließlich nach den vom Wehrdienstgericht festgestellten objektiven Bemessungsgesichtspunkten und nicht nach der subjektiven Sicht konkreter einzelner Vorgesetzter. Dem objektiven Vertrauensverlust steht ebenso wenig entgegen, dass sich der Soldat nachbewährt hat. Ist das Vertrauensverhältnis endgültig zerstört, besteht für eine Nachbewährung kein Raum mehr.

1. Sachverhalt

Der Soldat, ein Oberleutnant, reichte beim Finanzamt für die Veranlagungszeiträume 2009 und 2010 zur Einkommensteuer in Bezug auf die geltend gemachten Werbungskosten unzutreffende Erklärungen ein, und zwar mehrere Kommandierungsverfügungen sowie mehrere Bescheinigungen über erhaltene Abfindungen nach dem Bundesreisekostengesetz und der Trennungsgeldverordnung. Die Kommandierungen waren jedoch weder beabsichtigt noch wurden sie durchgeführt. Die von ihm selbst erstellten Kommandierungsverfügungen unterschob er dem Vertreter, seinem damaligen Dienststellenleiter, zur Abzeichnung, erstellte daraufhin die Abfindungsbescheinigungen, die er mit dem Namen und der Unterschrift nicht existenter Personen der Wehrverwaltung sowie dem Dienstsiegel versah. Der Soldat hat durch seine inhaltlich unzutreffende Steuererklärung seine Einkommensteuer für das Jahr 2009 um 3570 Euro verkürzt. Bezüglich der Einkommensteuererklärung für das Jahr 2010 hat das Finanzamt die unrichtigen Angaben des Soldaten erkannt; der Soldat hat versucht, seine Einkommensteuer für das Jahr 2010 um 2485 Euro zu verkürzen. Wie vom Amtsgericht festgestellt, hat der Soldat den Straftatbestand einer Steuerhinterziehung (§ 370 Abs. 1 Nr. 1 AO) in einem gemäß § 370 Abs. 3 Nr. 4 AO besonders schweren Fall erfüllt und wurde durch Urteil des Amtsgerichts vom ... zu einer Gesamtgeldstrafe von 90 Tagessätzen zu je 80 Euro verurteilt. Das Truppendienstgericht (TDG) hat den Soldaten mit Urteil vom ... wegen eines Dienstvergehens gemäß § 23 Abs. 1 SG aus dem Dienstverhältnis entfernt.

2. Entscheidung des BVerwG (Maßnahmebemessung)

Bei der Gesamtwürdigung aller be- und entlastenden Umstände hält der 2. WD-Senat des BVerwG die Entfernung des Soldaten aus dem Dienstverhältnis für erforderlich und bestätigt damit das Urteil des TDG. Das BVerwG begründet seine Entscheidung im Wesentlichen wie folgt:

a) „Ausgangspunkt der Zumessungserwägungen" (Regelmaßnahme)

Fügt ein Staatsdiener dem Staat durch eine schwere Wirtschaftsstraftat, insbesondere eine Steuerhinterziehung, einen besonders hohen Schaden zu, ist Ausgangspunkt der Zumessungserwägungen grundsätzlich die Dienstgradherabsetzung. Eine Steuerhinterziehung stellt im Hinblick auf den dem Staat verursachten Schaden ein schweres Wirtschaftsdelikt dar. Es handelt sich aus disziplinarischer Sicht nicht um ein „Kavaliersdelikt", sondern um eine regelmäßig schwerwiegende Verfehlung. Sie ist dadurch gekennzeichnet, dass sich der Bedienstete durch strafbares Verhalten unter Schädigung des Staates – und damit wie vorliegend des eigenen Dienstherrn – persönlich unberechtigt Steuervorteile verschafft, obwohl er öffentliche Aufgaben wahrzunehmen hat und durch Steuermittel alimentiert wird. In Fällen der Steuerhinterziehung durch Bedienstete ist demzufolge der Ausspruch einer Dienstgradherabsetzung indiziert, wenn der Umfang der hinterzogenen Steuern besonders hoch ist – sich im fünf- oder sechsstelligen Betragsbereich bewegt – oder wenn mit dem Fehlverhalten zusätzliche schwerwiegende Straftatbestände oder andere nachteilige Umstände von erheblichem Eigengewicht verbunden sind (vgl. BVerwG, Urt. v. 11.1.2012 – 2 WD 40.10). Vorliegend bewegt sich der Schaden bzw. die Gefahr eines Schadenseintritts aus der Steuerhinterziehung des Soldaten zwar noch im vierstelligen Bereich; es treten jedoch zusätzliche schwerwiegende Straftatbestände und andere nachteilige Umstände von erheblichem Eigengewicht hinzu, die die Herabsetzung im Dienstgrad zum Ausgangspunkt der Zumessungserwägungen werden lassen. Der Soldat hat sich nämlich nicht darauf beschränkt, seinen Dienstherrn zu schädigen, sondern dies mit unwahren Dokumenten erreicht bzw. zu erreichen versucht, die von ihm zum Teil strafrechtlich relevant im Rahmen einer mehrfachen Urkundenfälschung hergestellt worden sind.

b) Entfernung aus dem Dienstverhältnis

Der 2. WD-Senat hält im vorliegenden konkreten Fall eine Abweichung vom Ausgangspunkt der Zumessungserwägungen (Regelmaßnahme) nach „oben" und damit den Übergang zur Entfernung aus dem Dienstverhältnis für geboten. Den Übergang zu der schwersten Disziplinarmaßnahmeart, so der Senat, verlangt zum einen, dass der Soldat das ihm in seiner Eigenschaft als S1-Offizier anvertraute Dienstsiegel eingesetzt hat. Zum anderen hat er darüber hinaus das von seinen Vorgesetzten ihm gerade als Personaloffizier entgegengebrachte besondere Vertrauen aufs Gröbste unter Verstoß gegen § 13 Abs. 1 SG dadurch missbraucht, dass er ihnen Kommandierungsverfügungen untergeschoben hat. Das hohe Gewicht der Wahrheitspflichtverletzung kommt darin zum Ausdruck, dass nach der Rechtsprechung des Senats die Abgabe unwahrer Angaben gegenüber Dienststellen der Bundeswehr oder gegenüber Vorgesetzten in der Absicht, von ihnen dadurch eine ungerechtfertigte berufliche oder finanzielle Besserstellung zu erschleichen, bereits zur disziplinarischen Höchstmaßnahme als Ausgangspunkt der Zumessungserwägungen führt (BVerwG, Urt. v. 31.5.2011 – 2 WD 4.10). Er hat damit das in ihn gesetzte Vertrauen seines Dienstherrn endgültig verloren, sodass diesem bei objektiver Betrachtung eine Fortsetzung des Dienstverhältnisses nicht mehr zugemutet werden kann.

XX. Vermögensdelikte — Verlängerter Unterhaltsbeitrag

Zu den Voraussetzungen eines verlängerten Unterhaltsbeitrags im Wehrdisziplinarrecht
BVerwG, Urt. v. 17.11.2009 – 2 WD 18.08

Anmerkung und Hinweise für die Praxis

1. Die Beschränkung des Rechtsmittels der Berufung auf die Gewährung eines Unterhaltsbeitrags gemäß § 63 Abs. 3 Satz 2 WDO, also über den als gesetzliche Rechtsfolge für den Regelfall vorgesehenen Bewilligungszeitraum von sechs Monaten (§ 63 Abs. 2 Satz 1 WDO) hinaus, ist zulässig.

2. Das BVerwG hat im vorliegenden Fall den Unterhaltsbeitrag des Soldaten auf insgesamt zwölf Monate verlängert und hierbei hervorgehoben, dass eine „unbillige Härte" i. S. d. § 63 Abs. 3 Satz 2 WDO insbesondere dann vorliegt, wenn das Auslaufen der gesetzlichen Unterhaltsgewährung nach sechs Monaten angesichts der besonderen persönlichen Situation des Soldaten für ihn und seine von ihm abhängigen Familienangehörigen absehbar schwere und kaum wiedergutzumachende Nachteile zur Folge hätte. Für die Frage der „Billigkeit" ist weiter von Bedeutung, wie sich der Soldat von seinem schweren Dienstvergehen und in dem Zeitraum danach sonst dienstlich verhalten, insbesondere bewährt hat.

1. Sachverhalt

Der Soldat wurde durch Urteil des Truppendienstgerichts aus dem Dienstverhältnis entfernt. Er hat gegen das Urteil Berufung eingelegt und diese zunächst auf die Disziplinarmaßnahme beschränkt. In der Hauptverhandlung vor dem 2. WD-Senat hat er das Rechtsmittel weiter beschränkt, und zwar auf eine Verlängerung des (gesetzlichen) Unterhaltsbeitrags über sechs Monate hinaus. Zur Begründung machte er im Wesentlichen geltend, aufgrund seines Lebensalters und gesundheitlicher Probleme werde es für ihn nicht leicht sein, in seinem früheren Ausbildungsberuf alsbald wieder einen Arbeitsplatz zu finden. Die von Gesetzes wegen auf sechs Monate begrenzte Gewährung eines Unterhaltsbeitrags (§ 63 Abs. 2 Satz 1 WDO) stelle für ihn eine unbillige Härte dar; er bitte deshalb um eine angemessene Verlängerung des Leistungszeitraums.

2. Beschränkung des Rechtsmittels auf die Gewährung eines Unterhaltsbeitrags ist zulässig

Das BVerwG führt aus, dass die (nachträgliche) weitere Beschränkung des Rechtsmittels auf die Gewährung eines Unterhaltsbeitrags gemäß § 63 Abs. 3 Satz 2 WDO, d.h. über den als gesetzliche Rechtsfolge für den Regelfall vorgesehenen Bewilligungszeitraum von sechs Monaten hinaus, zulässig ist. Nach ständiger Rechtsprechung des Senats (vgl. zuletzt BVerwG, Urt. v. 21.9.2004 – 2 WD 11.04 – NZWehrr 2005, 39 und BVerwG, Urt. v. 27.10.2005 – 2 WD 4.05 – NZWehrr 2006, 159) kann die Berufung auf die Gewährung eines Unterhaltsbeitrags beschränkt werden. Der Senat hat dies nach Inkrafttreten der Unterhaltsbeitrags-Neuregelung durch das Zweite Wehrdisziplinarrecht-Neuordnungsgesetz am 1. Januar 2002 bisher allerdings nur für Fälle entschieden, in denen das Truppendienstgericht zuvor gemäß § 63 Abs. 3 Satz 1 WDO die Gewährung des Unterhaltsbeitrags ganz ausgeschlossen hatte. Hier begehrt der Soldat aber nicht überhaupt die Gewährung eines Unterhaltsbeitrags – das Schweigen des erstinstanzlichen Urteilsausspruchs macht konkludent deutlich, dass es das Truppendienstgericht bei der gesetzlichen Rechtsfolge einer sechsmonatigen Unterhaltsgewährung gemäß § 63 Abs. 2 WDO belassen wollte –, sondern erstrebt nach § 63 Abs. 3 Satz 2 WDO eine darüber hinausgehende Verlängerung des Leistungszeitraums. Eine solche gerichtliche Entscheidung kann, so das BVerwG, ebenfalls in einer auf Gewährung des Unterhaltsbeitrags beschränkten Berufung getroffen werden (gerichtliche Nebenentscheidung).

Die Beschränkung der Berufung auf die Gewährung eines verlängerten Unterhaltsbeitrags hat zur Folge, dass der Senat an die Tat- und Schuldfeststellungen des Truppendienstgerichts ebenso gebunden ist wie an deren disziplinarrechtliche Würdigung als Dienstvergehen und den Ausspruch der dafür angemessenen Disziplinarmaßnahme der Entfernung aus dem Dienstverhältnis (§ 63 WDO); er hat nur noch über den Unterhaltsbeitrag zu befinden.

3. BVerwG verlängert den Unterhaltsbeitrag auf insgesamt zwölf Monate

Das BVerwG ist dem Antragsbegehren des Soldaten gefolgt und hat den Zeitraum für den Bezug des Unterhaltsbeitrags über die in § 63 Abs. 2 WDO als Regelfall vorgesehene Dauer von sechs Monaten hinaus auf insgesamt zwölf Monate verlängert. Nach § 63 Abs. 3 Satz 2 WDO kann die Gewährung des Unterhaltsbeitrags im Urteil über den Zeitraum von sechs Monaten hinaus verlängert werden, soweit dies zur Vermeidung einer unbilligen Härte notwendig ist; der Verurteilte hat die Voraussetzungen der unbilligen Härte glaubhaft zu machen. Der Unterhaltsbeitrag ist im Wehrdisziplinarrecht – ebenso wie im Beamtendisziplinarrecht – seit jeher Ausdruck der das Dienstverhältnis überdauernden Fürsorgepflicht des Dienstherrn. Er dient allein dazu, dem aus dem Dienstverhältnis entfernten Soldaten oder Beamten den durch den Wegfall der Dienst- oder Versorgungsbezüge notwendig gewordenen Übergang in einen anderen Beruf oder in eine andere Art der finanziellen Existenzsicherung zu erleichtern und ihn ebenso wie seine finanziell von ihm abhängigen Familienangehörigen während dieses – vorübergehenden – Zeitraums nicht in wirtschaftliche Not geraten zu lassen (stRspr, für das Wehrdisziplinarrecht z.B. BVerwG, Urt. v. 21.9.2004 – 2 WD 11.04 und BVerwG, Urt. v. 27.10.2005 – 2 WD 4.05, für das Beamtendisziplinarrecht z.B. BVerwG, Beschl. v. 29.5.1996 – 1 DB 25.95). Unter diesen Voraussetzungen bejaht das BVerwG eine „unbillige Härte" i. S. d. § 63 Abs. 3 Satz 2 WDO insbesondere dann, wenn das Auslaufen der gesetzlichen Unterhaltsgewährung nach sechs Monaten angesichts der besonderen persönlichen Situation des Soldaten einschließlich seiner familiären und wirtschaftlichen Verhältnisse für ihn und seine von ihm abhängigen Familienangehörigen absehbar schwere und kaum wiedergutzumachende Nachteile zur Folge hätte. Dies kann zum Beispiel der Fall sein, wenn der Soldat krankheitsbedingt voraussichtlich nicht in der Lage sein wird, innerhalb der nächsten sechs Monate eine existenzsichernde Erwerbstätigkeit aufzunehmen. Für die Frage der Billigkeit ist weiter von Bedeutung, wie sich der Soldat vor seinem schweren Dienstvergehen und in dem Zeitraum danach sonst dienstlich verhalten, insbesondere bewährt hat. Ein Soldat, der sich bis dahin tadelfrei geführt und auch sonst überdurchschnittliche dienstliche Leistungen erbracht hat, hat in höherem Maße Anspruch auf nachwirkende Fürsorge seines früheren Dienstherrn als ein Soldat mit einem nicht so positiven Persönlichkeitsbild. Nach diesen Maßstäben hat das BVerwG den Zeitraum für den Bezug des Unterhaltsbeitrags über die in § 63 Abs. 2 WDO als Regelfall vorgesehene Dauer von sechs Monaten hinaus auf insgesamt zwölf Monate verlängert; innerhalb eines Jahres dürfte es dem Soldaten voraussichtlich gelingen, beruflich wieder Fuß zu fassen. Ausschlaggebend für diese Entscheidung war vor allem der Umstand, dass es bei der derzeit sehr schwierigen Lage auf dem Arbeitsmarkt für den 50-jährigen ehemaligen Berufssoldaten nicht leicht sein wird, in seinem früheren Ausbildungsberuf alsbald wieder einen existenzsichernden Arbeitsplatz zu finden. Eine kurzfristige erfolgreiche Arbeitsplatzsuche dürfte für den Soldaten noch dadurch erschwert sein, dass dieser gesundheitlich eingeschränkt ist. Das BVerwG hielt eine Verlängerung der Gewährung des Unterhaltsbeitrags zur Vermeidung einer „unbilligen Härte" letztlich auch deshalb für angemessen, weil der weder disziplinar- noch strafrechtlich vorbelastete und nicht vorläufig vom Dienst suspendierte Soldat ungeachtet seines sehr schweren Dienstvergehens sonst durchgängig überdurchschnittliche dienstliche Leistungen erbracht hat. Sein überaus positives Leistungsbild, so das BVerwG, rechtfertige in besonderem Maße eine ihm günstige Entscheidung im Rahmen nachwirkender Fürsorge seines früheren Dienstherrn.

XXI. Waffen/Munition

Rechtswidriger Gebrauch einer Schusswaffe
(Herabsetzung um einen Dienstgrad)
BVerwG, Urt. v. 22.4.2009 – 2 WD 12.08

> **Anmerkung und Hinweise für die Praxis**
>
> Eine Degradierung war vorliegend auch deshalb Ausgangspunkt der Bemessungsentscheidung, da das vorschriftswidrige und die körperliche Unversehrtheit des „Tatopfers" zumindest potenziell gefährdende Verhalten des Soldaten zugleich eine entwürdigende, demütigende und ehrverletzende Behandlung eines Untergebenen und so – wie vom 2. WD-Senat ausgeführt – eine Wehrstraftat nach § 31 Abs. 1 WStG darstellt. In einem solchen Fall ist nach ständiger Rechtsprechung des Senats (z.B. BVerwG, Urt. v. 13.2.2003 – 2 WD 33.02) – auch aus generalpräventiven Überlegungen – grundsätzlich eine Dienstgradherabsetzung Ausgangspunkt der Zumessungserwägungen, wobei bei einem Soldaten auf Zeit in Vorgesetztenstellung – wie hier – regelmäßig sogar eine Herabsetzung in einen Mannschaftsdienstgrad in Betracht gezogen werden kann.
>
> Dafür, dass der Senat den Soldaten überhaupt in einem Vorgesetztendienstgrad beließ, war bestimmend, dass dem ehrgeizigen Soldaten, der sich durchaus einsichtig gezeigt hatte, noch eine Chance eröffnet werden sollte, sich als Unteroffizier zu bewähren.

1. Sachverhalt

Der Soldat, ein Feldwebel (Soldat auf Zeit), war bei einer Geländeübung auf einem Standortübungsplatz als Ausbilder und Gruppenführer eingesetzt. Während einer Mittagspause ärgerte er sich über einen in der Nähe stehenden damaligen Obergefreiten, richtete seine Sicherungswaffe P 8 auf dessen Kopf und betätigte den Sicherungshebel, wodurch die Waffe gesichert und entspannt wurde. Auf Frage des Obergefreiten, der verwirrt, überrascht und erschrocken reagierte, antwortete der Soldat sinngemäß, er habe eine Sicherheitsüberprüfung gemacht. Etwa einen Monat zuvor war gegen den Feldwebel wegen eines anderen Dienstvergehens durch Disziplinargerichtsbescheid ein 18-monatiges Beförderungsverbot ausgesprochen worden. Das Truppendienstgericht verhängte im vorliegenden Fall gegen den Soldaten durch Urteil ein Beförderungsverbot für die Dauer von zwei Jahren sowie eine Kürzung der Dienstbezüge in Höhe von einem Zwanzigstel für die Dauer von zwölf Monaten. Gegen dieses Urteil hat die zuständige Wehrdisziplinaranwaltschaft eine auf das Disziplinarmaß beschränkte Berufung zuungunsten des Soldaten eingelegt und beantragt, den Soldaten in den Dienstgrad eines Stabsunteroffiziers herabzusetzen. Der 2. WD-Senat des Bundesverwaltungsgerichts setzte den Soldaten in den Dienstgrad eines Unteroffiziers herab.

2. Zur Maßnahmebemessung (sehr schweres Dienstvergehen i. S. d. § 23 Abs. 1 SG)

Vor dem Hintergrund der vom Truppendienstgericht festgestellten vorsätzlichen Dienstpflichtverletzungen (Verstöße gegen die Pflichten zum Gehorsam, § 11 Abs. 1 SG i. V. m. Nr. 612 ZDv 3/15 (Stand 2009); § 10 Abs. 3 SG; zur Kameradschaft, § 12 Satz 2 SG; zur Achtungs- und Vertrauenswahrung im Dienst, § 17 Abs. 2 Satz 1 SG) sowie der ergänzend vom 2. WD-Senat festgestellten vorsätzlichen Verstöße gegen § 46 WStG – rechtswidriger Waffengebrauch – und § 31 Abs. 1 WStG – entwürdigende Behandlung – wiegt das Dienstvergehen des Soldaten sehr schwer.

Indem der Soldat unter Verletzung der Sicherheitsbestimmungen der Nr. 612 ZDv 3/15 seine ursprünglich mit scharfer Munition teilgeladene Sicherungswaffe P 8 bewusst auf den Kopf des Obergefreiten, eines

Wehrpflichtigen, gerichtet hat, hat er als Vorgesetzter schwer versagt. Anstatt aufgrund seines Dienstgrades „Feldwebel", seiner verantwortungsvollen Stellung als Ausbilder und zugleich Träger einer Sicherungswaffe ein Vorbild an Pflichterfüllung und beispielhaftem Verhalten (§ 10 Abs. 1 SG) abzugeben, hat er durch sein Fehlverhalten seinen Untergebenen ein denkbar schlechtes Beispiel geboten. Der leichtfertige Umgang mit Waffen und Munition stellt wegen der damit verbundenen Gefahren stets ein ernst zu nehmendes Dienstvergehen dar. Um Unfälle zu vermeiden, müssen nicht nur die speziellen Sicherheitsbestimmungen, sondern auch die allgemeinen Verhaltensanweisungen, die den Umgang mit Waffen und Munition regeln, genau beachtet und eingehalten werden. Da gegen solche Vorschriften häufig verstoßen wird, ereignen sich immer wieder Unfälle, bei denen Soldaten verletzt oder sogar getötet werden. Der Gesetzgeber hat deshalb keinen Zweifel daran gelassen, welche Bedeutung er dem vorschriftswidrigen Umgang mit einer Schusswaffe beimisst, und derartiges Fehlverhalten zu kriminellem Unrecht erklärt. Der Soldat hat sich auch entsprechend strafbar gemacht. Demzufolge ist schon aus generalpräventiven Gründen eine strenge disziplinarische Ahndung solcher Verfehlungen geboten. Hinzu kommt der schwerwiegende Gehorsamsverstoß. Ist ein Vorgesetzter vorsätzlich ungehorsam, untergräbt er seine Autorität bei Untergebenen und schädigt sein dienstliches Ansehen erheblich. Dies gilt auch dann, wenn dadurch kein Schaden eingetreten ist. Auch wenn die Pistole des Soldaten – ohne Magazin – gesichert und entspannt war und der Soldat eine Sicherheitsprüfung gemacht hatte, bevor er sie in einem Abstand von etwa 1,5 m auf den Kopf des Wehrpflichtigen richtete, hat er dem inneren Gefüge der Truppe – insbesondere im Verhältnis der Vorgesetzten zu Wehrpflichtigen – und zugleich seiner eigenen Autorität und seinem Ansehen sowohl bei dem Betroffenen als auch bei den Zeugen des Vorfalls schwer geschadet. Autorität und Ansehen des Vorgesetzten – vor allem als Vorbild für Untergebene und in seiner Verantwortung gegenüber den besonders schutzwürdigen Wehrpflichtigen – leben von dem Vertrauen, das ihm aufgrund pflichtgemäßen Verhaltens entgegengebracht werden kann.

Der Soldat tat als Ausbilder in der Grundausbildung genau das Gegenteil dessen, was generell allen Soldaten als korrekter Umgang mit der Waffe vermittelt wird, und legte eine Verhaltensweise an den Tag, die geeignet ist, Untergebene – insbesondere Rekruten – in ihrem Vertrauen in eine korrekte Anwendung dienstlicher Vorschriften nachhaltig zu beeinträchtigen. Aus den genannten Gründen hat sich der Soldat als Vorgesetzter in seinem Dienstgrad nachhaltig disqualifiziert, sodass grundsätzlich eine Dienstgradherabsetzung Ausgangspunkt der Zumessungserwägungen ist. Die Tatsache, dass der Soldat sein Fehlverhalten selbst als „schlechten Scherz" bezeichnet hat und die Sache letztlich glimpflich abgelaufen ist, ist nicht geeignet, den Soldaten einer milderen Maßregelung zu unterwerfen. Denn eine solche disziplinarische Einstufung des seiner Eigenart nach schwerwiegenden Dienstvergehens würde der Gedankenlosigkeit, Leichtfertigkeit und billigenden Inkaufnahme von Verstößen gegen Sicherheitsbestimmungen, bindende Vorschriften und erteilte Befehle geradezu Vorschub leisten und mit dazu beitragen, dass Verantwortungslosigkeit in der Truppe um sich greift und die Gefährdung von Leib und Leben der Kameraden unübersehbar würde. Die Auswirkungen des Fehlverhaltens des Soldaten belasten diesen in mehrfacher Hinsicht. Dies gilt zunächst in Bezug auf das „Tatopfer", den Obergefreiten. Dieser war nach dem Fehlverhalten des Soldaten den ganzen Tag über „ziemlich fertig". Der Soldat selbst wurde nach dem Vorfall als Ausbilder und in seiner Funktion als Vorgesetzter abgelöst und im Kompaniegeschäftszimmer eingesetzt. Auch ist er vom Dienst als UvD oder Wachhabender ausgenommen worden. Diese für seine dienstliche Verwendungsfähigkeit negativen Auswirkungen seines Dienstvergehens muss sich der Soldat ebenfalls zurechnen lassen. Schließlich ist auch das Bekanntwerden seiner Verfehlung in der Öffentlichkeit – eine Zeitung hatte über das strafbare Verhalten des Soldaten ausführlich berichtet – zu seinen Lasten zu berücksichtigen, da der Vorfall bei Außenstehenden ein schlechtes Licht auf den Ruf der Bundeswehr und ihrer Angehörigen geworfen hat, in deren Reihen sich der Soldat noch befindet. Milderungsgründe in den Umständen der Tat, die die Schuld des Soldaten mindern könnten, lagen nicht vor. Den Soldaten belastet erheblich, dass er sich das kurz zuvor mit Disziplinargerichtsbescheid ausgesprochene rechtskräftige 18-monatige Beförderungsverbot nicht hat zur Warnung dienen lassen. Dreieinhalb Wochen später hat er

XXI. Waffen/Munition — Rechtswidriger Gebrauch einer Schusswaffe

das vorliegende schwere Dienstvergehen begangen. Bei der Gesamtwürdigung aller be- und entlastender Umstände war im Hinblick auf Eigenart und Schwere des Dienstvergehens, das Maß der Schuld sowie die Persönlichkeit und bisherige Führung des Soldaten nach Auffassung des Senats der Ausspruch einer Dienstgradherabsetzung unerlässlich. Das Gewicht des vorsätzlich begangenen Dienstvergehens wird geprägt durch erheblich belastende Umstände. Der Soldat, der zur Tatzeit aufgrund seines Dienstgrades als Feldwebel eine Vorgesetztenstellung innehatte und als Ausbilder von Wehrpflichtigen eingesetzt war, hat in diesem Status und in dieser Funktion kurz nach Ablauf der ersten vier Dienstjahre seines auf zwölf Jahre angelegten Dienstverhältnisses zum zweiten Mal – diesmal schwer – versagt und zugleich kriminelles Unrecht begangen. Durch seinen kriminellen Umgang mit einer Schusswaffe hat sich der Soldat für die Erziehung und Ausbildung junger Menschen – vor allem an Waffen – als ungeeignet erwiesen und damit als Vorgesetzter in seinem Dienstgrad nachhaltig disqualifiziert. Wegen der disziplinarischen Vorbelastung des Soldaten, seiner (noch) ungünstigen Zukunftsprognose so-wie mangels Bedeutung und Gewicht der ihn entlastenden Umstände war gemäß § 58 Abs. 1 Nr. 4 i. V. m. § 62 Abs. 1 Satz 4 WDO eine für den Soldaten spürbare Dienstgradherabsetzung auszusprechen. Nachdem der Senat zunächst ernsthaft erwogen hatte, dem Soldaten durch Degradierung zum Hauptgefreiten seine Vorgesetztenstellung aufgrund seines Dienstgrades ganz zu entziehen, hat er es letztlich mit einer Herabsetzung in den Dienstgrad eines Unteroffiziers bewenden lassen.

Vorsätzliches Fehlverhalten eines Ausbilders im Umgang mit einer Signalpistole – Degradierung vom Oberfeldwebel zum Stabsunteroffizier

BVerwG, Urt. v. 12.12.2013 – 2 WD 40.12

> **Anmerkung und Hinweise für die Praxis**
>
> Der Soldat hat, so das BVerwG, mit der Signalpistole nicht nur eine Schusswaffe i.S.v. § 1 Abs. 2 Nr. 1 WaffG (vgl. § 1 Abs. 4 WaffG i. V. m. Anlage 1 Abschnitt 1 Punkt 1.1) eingesetzt, sondern mit diesem Instrument auch ein besonders gefährliches Werkzeug verwandt. Denn die Flugbahn einer Signalpistole ist kaum vorherseh- oder kontrollierbar. Ausgangspunkt der Zumessungserwägungen bei der Maßnahmebemessung ist hier die Herabsetzung im Dienstgrad. Diese Maßnahmeart stellt grundsätzlich eine angemessene Ahndung von Verfehlungen im Zusammenhang mit vorsätzlichen Verstößen gegen Sicherheitsvorschriften im Umgang mit Schusswaffen dar. Angesichts des Vorliegens gewichtiger Erschwerungsgründe bei der Tatbegehung hielt das BVerwG eine Herabsetzung um zwei Dienstgrade, also vom OFw zum Stuffz, für geboten.

1. Sachverhalt

Das Truppendienstgericht (TDG) hat in tatsächlicher Hinsicht festgestellt, dass der Soldat, ein Oberfeldwebel, am … während eines Truppenübungsplatzaufenthaltes in der Nähe von S. wissentlich und willentlich aus einer Laune heraus viermal in Folge in Richtung des damaligen Gefreiten H. mit einer Signalpistole geschossen hat, wobei er zuvor dreimal dem Gefreiten befohlen hat, in Stellung zu gehen bzw. aufzustehen oder sich im Schussfeld aufzustellen. Zwei der Schüsse haben den Gefreiten nur knapp verfehlt. Am nächsten Tag ist der Soldat mit zwei Beifahrern, darunter dem damaligen Hauptgefreiten T., mit einem geländegängigen LKW auf der Strecke von der Schießbahn des Truppenübungsplatzes zur Kaserne in S. über eine Schlaglochstrecke, die eine Geschwindigkeit von maximal 10 km/h erlaubt, mit ca. 30 bis 40 km/h gefahren, sodass es zu einem heftigen Aufsetzen des Fahrzeuges gekommen ist, welches bei dem Beifahrer T. eine schmerzhafte Rückenstauchung hervorgerufen hat. Das Schießen mit der Signalpistole in Richtung des Gefreiten H. hat das TDG rechtlich als vorsätzliche Verletzung der Pflichten aus §§ 7, 10 Abs. 3, 12 Satz 2 und 17 Abs. 2 Satz 1 SG bewertet, die Befehle an den Gefreiten, in Stellung zu gehen oder aufzustehen und sich im Schussfeld aufzustellen, als vorsätzliche Verletzungen der Pflicht aus § 10 Abs. 4 SG. Die Fahrt mit überhöhter Geschwindigkeit über den Panzertreck unter Verursachung einer Rückenstauchung des Hauptgefreiten hat die Vorinstanz als fahrlässige Verletzung der Pflichten aus §§ 10 Abs. 3, 12 Satz 2 und 17 Abs. 2 Satz 1 SG festgestellt. Das TDG hat mit Urteil vom … den Soldaten wegen eines Dienstvergehens in den Dienstgrad eines Feldwebels herabgesetzt. Auf die – auf die Bemessung der Maßnahme beschränkte – Berufung der Wehrdisziplinaranwaltschaft hat das BVerwG das Urteil des TDG im Ausspruch über die Disziplinarmaßnahme geändert und den Soldaten in den Dienstgrad eines Stabsunteroffiziers der Besoldungsgruppe A6 herabgesetzt.

2. Entscheidung des BVerwG – Maßnahmebemessung

Ausgehend von den Tat- und Schuldfeststellungen des TDG, die für das BVerwG bindend sind, begründet der 2. WD-Senat seine Entscheidung im Wesentlichen wie folgt (vgl. § 58 Abs. 7 i. V. m. § 38 Abs. 1 WDO):

a) Dienstvergehen wiegt schwer

Nach Eigenart und Schwere wiegt das Dienstvergehen sehr schwer. Das hohe Gewicht der Pflichtverletzungen wird in erster Linie durch die Verfehlungen zum Nachteil des damaligen Gefreiten H. bestimmt. Es ergibt sich sowohl aus der Bedeutung der verletzten Kernpflichten eines Vorgesetzten als auch aus den Umständen der Begehung. Das mehrfache Feuern mit einer Signalpistole in die Richtung eines Untergebenen, der gleichsam als „Schießscheibe" zur Belustigung des Vorgesetzten missbraucht und dazu auch noch durch Befehle in Position gebracht wird, gefährdet nicht nur Leib und Leben des Untergebenen, setzt ihn insbesondere dem Risiko schwerer Körperverletzungen durch Verbrennungen aus; zudem ist es geeignet, diesen zu demütigen und vor anwesenden Kameraden lächerlich zu machen. Ein solches Verhalten missachtet den Anspruch des Untergebenen, als Person geachtet zu werden und beeinträchtigt die Autorität des Soldaten als Vorgesetzten und damit zugleich auch die Funktionsfähigkeit der Streitkräfte. Vorgesetzte, die keine Gewähr dafür bieten, Untergebene jederzeit in ihrer Menschenwürde zu achten und für deren körperliche Unversehrtheit zu sorgen, untergraben das Vertrauen, auf dem die Gehorsamsbereitschaft der Untergebenen und damit ihre Befehlsautorität beruht, und gefährden so auch die hierauf angewiesene Funktionsfähigkeit der Streitkräfte. Die Umstände der Tatbegehung erhöhen die Schwere des Dienstvergehens: Der Soldat hat mit der Signalpistole nicht nur eine Schusswaffe i. S. v. § 1 Abs. 2 Nr. 1 WaffG (vgl. § 1 Abs. 4 WaffG i. V. m. Anlage 1 Abschnitt 1 Punkt 1.1) eingesetzt. Er hat mit diesem Instrument ein besonders gefährliches Werkzeug verwandt. Denn die Flugbahn einer Signalpistole ist auch für geübte Schützen kaum vorherseh- oder kontrollierbar. Die Abgabe von Schüssen mit der Signalpistole in die Richtung einer anderen Person begründet damit ein besonders hohes Risiko unbeabsichtigter Treffer, Querschläger oder Abpraller. Dies gilt erst recht, wenn man – wie hier der Soldat – auf den Boden in der Nähe der anderen Person zielt und damit einen Abpraller provoziert, oder unmittelbar am Körper einer anderen Person vorbeischießt. Der Soldat hat – und zudem auch noch mehrfach – Schüsse in Richtung dieses Untergebenen in einer Weise abgegeben, die gravierende Verletzungen durch Querschläger, Abpraller oder versehentliche Treffer nicht ausschließen konnte. Zudem hat er ebenfalls mehrfach das Führungsinstrument des Befehls missbraucht, um den Geschädigten in die gewünschte Position zu bringen und sein Tun auch noch fortgesetzt, als ihm durch einen Feldwebel dessen Gefährlichkeit verdeutlicht worden war. Außerdem hat der Soldat gerade aus der herausgehobenen Position des Leitenden einer Übung heraus versagt, in der ihm eine besondere Verantwortung für die umfassende Einhaltung aller Sicherheitsbestimmungen und vorbildlichen Verhaltens oblag. Die fahrlässige Pflichtverletzung zu Lasten des Geschädigten T. erschwert das Dienstvergehen zusätzlich.

b) Nachteilige Auswirkungen

Das Dienstvergehen hatte insofern nachteilige Auswirkungen für den Dienstbetrieb, als der Soldat vorübergehend aus der Ausbildung herausgenommen werden musste. Von Gewicht sind auch die Auswirkungen für den Geschädigten T., der einige Tage dienstunfähig erkrankt war. Zudem war das Dienstvergehen in der Einheit bekannt geworden.

c) Schwerwiegende Charaktermängel

Die Beweggründe des Soldaten sprechen gegen ihn. Auch wenn es ihm nicht darum ging, einen Kameraden psychisch oder physisch zu schädigen, offenbart der Versuch, durch eine entwürdigende Behandlung eines Kameraden einen Spaß zu machen, schwerwiegende Charaktermängel und fehlenden Respekt gegenüber Mitmenschen.

d) Vorsätzliches Handeln

Das Maß der Schuld des Soldaten wird vor allem dadurch bestimmt, dass er – uneingeschränkt schuldfähig – im Schwerpunkt der Pflichtverletzungen vorsätzlich gehandelt hat. Milderungsgründe in den Umständen der Tat, die die Schuld des Soldaten mindern könnten, liegen nicht vor.

e) Überzeugende Leistungen und Geständnis

Im Hinblick auf die Zumessungskriterien „Persönlichkeit" und „bisherige Führung" sind dem Soldaten in fachlicher Hinsicht überzeugende Leistungen vor den Vorfällen zugutezuhalten. Für den Soldaten spricht, dass er uneingeschränkt geständig gewesen ist und zu seinem Verhalten steht. Für ihn spricht weiter, dass er sich einer psychotherapeutischen Behandlung unterzieht und sich darin auch mit eigenen problematischen Charakterzügen wie einem übersteigerten Gerechtigkeitssinn und seiner Reaktion auf das Verfahren auseinandersetzt.

f) Dienstgradherabsetzung

Bei der Gesamtwürdigung aller be- und entlastenden Umstände hält der 2. WD-Senat den Ausspruch einer Herabsetzung um zwei Dienstgrade in die niedrigere Besoldungsgruppe des Stabsunteroffiziers für angemessen. Der Senat nimmt die Herabsetzung im Dienstgrad zum Ausgangspunkt der Zumessungserwägungen. Diese Maßnahmeart stellt grundsätzlich eine angemessene Ahndung von Verfehlungen im Zusammenhang mit vorsätzlichen Verstößen gegen Sicherheitsvorschriften im Umgang mit Schusswaffen dar. Die erschwerenden Umstände in der Tatbegehung veranlassten den Senat zu einer Degradierung um zwei Dienstgrade. Der fahrlässigen Pflichtverletzung zu Lasten des Geschädigten T. trägt der Senat in der Form Rechnung, dass er eine Herabsetzung in die für den Stabsunteroffizier niedrigere Besoldungsgruppe A6 ausspricht.

XXI. Waffen/Munition

Werfen eines Feuerwerkskörpers in einem Fußballstadion – Degradierung
BVerwG, Urt. v. 3.12.2015 – 2 WD 2.15

Anmerkung und Hinweise für die Praxis

Bei einer außerdienstlichen Körperverletzung, bei der auch – wie hier – die qualifizierenden Tatbestandsmerkmale des § 224 StGB (Gefährliche Körperverletzung) erfüllt sind, ist die Dienstgradherabsetzung zum Ausgangspunkt der Zumessungserwägungen zu nehmen. Dass es sich um ein außerdienstliches Fehlverhalten handelt, rechtfertigt keine mildere Regelmaßnahme. Zutreffend stellt das BVerwG fest, dass die Pflicht zu achtungs- und vertrauenswürdigem Verhalten im außerdienstlichen Bereich (§ 17 Abs. 2 Satz 2 SG) keine bloße Nebenpflicht ist, sondern funktionalen Bezug zur Erfüllung des grundgesetzmäßigen Auftrages der Streitkräfte und zur Gewährleistung des militärischen Dienstbetriebs hat.

1. Sachverhalt

Das Truppendienstgericht (TDG) hat festgestellt, dass der Soldat (Soldat auf Zeit) am ... 2014 im Fußballstadion ... in ... einen Feuerwerkskörper „Cobra Super 6", für dessen Umgang er keine Erlaubnis hatte, gezündet und in Richtung des Spielfeldes geworfen hat. Der Böller ist im Zuschauerbereich explodiert und hat bei vier Personen, darunter einem Kind, zur schmerzhaften Verletzung in Form eines Knalltraumas und „Piepen" der Ohren geführt. Das TDG hat gegen den Stabsunteroffizier wegen eines Dienstvergehens ein Beförderungsverbot für die Dauer von 36 Monaten verhängt, weil er vorsätzlich die Achtung und das Vertrauen, die seine dienstliche Stellung erforderten, ernsthaft beeinträchtigt habe (§ 17 Abs. 2 Satz 2 SG). Das BVerwG hat das Urteil des TDG im Ausspruch über die Disziplinarmaßnahme geändert, den Soldaten in den Dienstgrad eines Unteroffiziers herabgesetzt und die Frist zur Wiederbeförderung auf zwei Jahre verkürzt.

2. Entscheidung des BVerwG (Maßnahmebemessung)

Bei der Gesamtwürdigung aller be- und entlastenden Umstände hält der 2. WD-Senat eine Dienstgradherabsetzung nach § 58 Abs. 1 Nr. 4, § 62 Abs. 1 WDO für erforderlich, die aber auf einen Dienstgrad begrenzt und mit einer Verkürzung der Wiederbeförderungsfrist gemäß § 62 Abs. 3 Satz 3 WDO verbunden werden kann.

a) Ausgangspunkt der Zumessungserwägungen (Regelmaßnahme)

Hier bildet die Pflichtverletzung durch das Werfen des nicht zugelassenen Böllers im Fußballstadion den Schwerpunkt des Dienstvergehens. Dieser erhält sein Gewicht durch die damit vollendete gefährliche Körperverletzung. Bei einer außerdienstlichen Körperverletzung, bei der auch – wie hier – die qualifizierenden Tatbestandsmerkmale nach den §§ 224 – 227 StGB erfüllt sind, ist die Dienstgradherabsetzung bis in einen Mannschaftsdienstgrad zum Ausgangspunkt der Zumessungserwägungen zu nehmen. Dass es sich um ein außerdienstliches Fehlverhalten handelt, rechtfertigt keine mildere Regelmaßnahme. Die Unfähigkeit, im privaten Bereich die Grenzen rechtmäßiger Anwendung von körperlicher Gewalt einzuhalten, hat auch Auswirkungen auf das Vertrauen des Dienstherrn in die dienstliche Zuverlässigkeit des Soldaten. Soldaten üben für den Dienstherrn das staatliche Gewaltmonopol in der Verteidigung des Staates und seiner Bürger nach außen hin aus. Hierbei muss der Dienstherr darauf vertrauen können, dass sie besonnen und unter Beachtung rechtlicher Grenzen vorgehen. Dieses Vertrauen ist auch beeinträchtigt, wenn ein

Soldat im privaten Bereich gefährliche Körperverletzungen unter Einsatz explosionsgefährlicher Stoffe begeht, um seinen Gefühlen über ein Fußballspiel Ausdruck zu verleihen.

b) Dienstgradherabsetzung

Im konkreten Einzelfall verneinte das BVerwG das Vorliegen von Umständen, die die Möglichkeit einer der Art nach anderen Maßnahme als eine Dienstgradherabsetzung eröffnen. Dazu das BVerwG: Weder im Hinblick auf das Handlungsunrecht noch nach den Verletzungsfolgen der Geschädigten ist hier die Annahme eines minderschweren Falles veranlasst. Diese disziplinarrechtliche Würdigung wird entgegen der Auffassung der Verteidigung durch die strafrechtliche Frage nach einem minderschweren Fall i. S. v. § 224 Abs. 1 StGB nicht präjudiziert, zumal hier das Amtsgericht auch gar keinen minderschweren Fall im Sinne dieser Norm angenommen, vielmehr auf § 21 StGB abgestellt hatte. Der Wurf eines Knallkörpers in eine Menschenmenge stellt eine Tat mit einem hohen Gefährdungspotential dar. Die eingesetzte Pyrotechnik kann leicht entflammbare Gegenstände in Brand setzen. Der Knall, der Rauch, ggf. auch Funken oder Flammen können in einer Menschenmenge Panikreaktionen auslösen und so zu mittelbaren Verletzungsfolgen führen. Werden von einem Böller Personen unmittelbar getroffen, sind gravierende Verletzungen mit dauerhaften Folgen nicht auszuschließen. Es ist letztlich nur dem Zufall zu verdanken, dass es hier nicht zu größeren Schäden gekommen ist. Im vorliegenden Fall sind vier Personen, darunter auch einem Kind, nicht unerhebliche Schmerzen und zum Teil tagelange Beeinträchtigungen des Hörvermögens zugefügt worden. Insgesamt handelt es sich daher um einen mittelschweren Fall einer gefährlichen Körperverletzung in Tateinheit mit einem Verstoß gegen das Sprengstoffgesetz, der damit für sich betrachtet keinen Grund gibt, vom Ausgangspunkt der Zumessungserwägungen nach unten abzuweichen.

c) Verkürzung der Wiederbeförderungsfrist

Die gewichtig für den Soldaten sprechenden Aspekte in seiner Person – insbesondere seine Nachbewährung und die durch das Geständnis, die sofortige Meldung bei seinem Vorgesetzten, die Entschuldigungen bei den Geschädigten ... zum Ausdruck kommende Unrechtseinsicht –, sind angemessen mit einer Verkürzung der Wiederbeförderungsfrist erfasst.

Hauptfeldwebel schoss mit Signalpistole in Richtung eines Soldaten – Degradierung um nur eine Stufe wegen Vorliegens mildernder Aspekte
BVerwG, Urt. v. 12.11.2015 – 2 WD 1.15

> **Anmerkung und Hinweise für die Praxis**
>
> Im vorliegenden Fall folgte das BVerwG nicht dem Antrag der Wehrdisziplinaranwaltschaft, den Soldaten weitergehend zu degradieren. Insbesondere wegen des Vorliegens eines Milderungsgrundes in den Umständen der Tat (sogenannter „Tatmilderungsgrund"), nämlich eine einmalige persönlichkeitsfremde Augenblickstat eines ansonsten tadelfreien und im Dienst bewährten Soldaten, ist hier die Dienstgradherabsetzung um lediglich einen Dienstgrad tat- und schuldangemessen. Etwas anderes folgt auch nicht aus dem von der Wehrdisziplinaranwaltschaft herangezogenen Vergleich mit den Bemessungserwägungen im Urteil des BVerwG vom 12.12.2013 – 2 WD 40.12. Diesem Urteil lag ein Dienstvergehen zugrunde, dessen Eigenart und Schwere wesentlich davon geprägt war, dass ein Untergebener als „Schießscheibe" zur Belustigung eines Vorgesetzten missbraucht und dadurch gedemütigt und vor anwesenden Kameraden lächerlich gemacht wurde. Ein vergleichbarer Umstand fehlt hier.

1. Sachverhalt

Der Soldat, ein Hauptfeldwebel, hatte am Nachmittag des 10.02.... in der ...-Kaserne in ... W. die Stationsleitung einer Ausbildungsstation, bei der Signalpistolen verwendet wurden, inne. Nach dem Ende der Ausbildung wurden die Signalpistolen und die weitere Ausrüstung in den Keller des Gebäudes ..., Raum 002, der Kaserne gebracht. Dort prüfte und reinigte der damalige Stabsgefreite ... L. die während der Ausbildung verwendeten Signalpistolen. Nachdem der Stabsgefreite bereits vier der sechs verwendeten Signalpistolen geprüft und gereinigt hatte und gerade mit der Reinigung der fünften Signalpistole beschäftigt war, betrat etwa um 17:55 Uhr der Soldat den Raum, nahm die sechste Signalpistole und gab unter Missachtung von Sicherheits- und Dienstvorschriften mit dieser Waffe aus kurzer Entfernung einen Schuss in Richtung – nicht auf ihn – des Geschädigten L. ab, der diesen in dessen Gesicht traf. Der Stabsgefreite L. hat eine dauerhafte sichtbare Narbe über die gesamte rechte Wange zurückbehalten. Durch die Leuchtmunition geriet noch eine in dem Keller befindliche Holzkiste, in der sich weiteres Material befand, in Brand. Das Truppendienstgericht (TDG) hat den Soldaten wegen eines Dienstvergehens gemäß § 23 Abs. 1 SG um einen Dienstgrad, also zum Oberfeldwebel, herabgesetzt. Eine weitere Herabsetzung sei wegen der für den Soldaten sprechenden Umstände unangemessen. Milderungsgründe in den Umständen der Tat lägen jedoch nicht vor. Von einer Verkürzung der Wiederbeförderungssperre sei abzusehen.

2. Entscheidung des BVerwG

a) Degradierung

Das BVerwG bestätigte die Degradierung um einen Dienstgrad und setzte darüber hinaus zugunsten des Soldaten die Frist zur Wiederbeförderung auf zwei Jahre herab. Bei der Bemessung der Disziplinarmaßnahme (§ 58 Abs. 7 i. V. m. § 38 Abs. 1 WDO) war von besonderer Bedeutung, dass das BVerwG dem Soldaten im Rahmen des Bemessungskriteriums „Maß der Schuld" einen Milderungsgrund in den Umständen der Tat, der seine Schuld minderte, zuerkannte. Das Hantieren des Soldaten mit der Signalpistole bildete nach Auffassung des 2. WD-Senats eine einmalige persönlichkeitsfremde Augenblickstat eines ansonsten tadelfreien und im Dienst bewährten Soldaten (vgl. BVerwG, Urt. v. 5.5.2015 – 2 WD 6.14). Der Senat ist überzeugt, dass die Tat dem Soldaten persönlichkeitsfremd war. Der Zeuge Major R. hat in der Berufungshauptverhandlung vor dem Senat dazu ausgeführt, er habe bei dem Soldaten bereits vor dem Dienstvergehen einen respektvollen Umgang mit Waffen, insbesondere anlässlich eines konkreten Geschehnisses einen geradezu zögerlichen Umgang mit Leuchtmunition festgestellt. Mit diesem sorgfältigen Verhalten in Widerspruch steht augenscheinlich das angeschuldigte Verhalten, das auf Seiten des bis dahin disziplinarisch unvorbelasteten Soldaten auch anschließend keine Wiederholung gefunden hat. Er hat ausweislich der Aussage des Hauptmanns M. seine Kenntnisse vertieft und für den Umgang mit Schusswaffen vielmehr – nachfolgend – Maßstäbe gesetzt. Zudem handelte es sich nach dem von der Vorinstanz festgestellten Ablauf des Geschehens auch nicht um eine mehraktige Tat. Vielmehr ist der Entschluss zum Handeln spontan und unüberlegt in die Tat umgesetzt worden.

b) Frist zur Wiederbeförderung

Bei der Gesamtwürdigung aller be- und entlastenden Umstände hielt das BVerwG eine Herabsetzung um zwei Dienstgrade, wie von der Wehrdisziplinaranwaltschaft gefordert, nicht für angemessen. Vielmehr sei es geboten, die mit der Herabsetzung um einen Dienstgrad gesetzlich vorgesehene Frist zur Wiederbeförderung zu verkürzen.

aa) Ausgangspunkt der Zumessungserwägungen („Regelmaßnahme")

Hiernach bildet die Herabsetzung im Dienstgrad den Ausgangspunkt der Zumessungserwägungen. Diese Maßnahmeart stellt grundsätzlich eine angemessene Ahndung von Verfehlungen im Zusammenhang mit vorsätzlichen Verstößen gegen Sicherheitsvorschriften im Umgang mit Schusswaffen dar (vgl. BVerwG, Urt. v. 12.12.2013 – 2 WD 40.12). Ein milderer Ausgangspunkt der Zumessungserwägungen ist auch nicht deshalb veranlasst, weil eine Signalpistole und damit keine zum Angriff oder zur Verteidigung bestimmte Schusswaffe in Rede steht. Die zweitschärfste Maßnahmeart ist bei einem leichtfertigen Umgang mit dieser Waffe wegen der hohen Gefahr gravierender Unfälle geboten (BVerwG, Urt. v. 12.12.2013 – 2 WD 40.12).

bb) Keine weitergehende Degradierung im konkreten Einzelfall

Zwar fällt zu Lasten des Soldaten ins Gewicht, dass der vorsätzliche Verstoß gegen die maßgeblichen Vorschriften über den Umgang mit Schusswaffen erhebliche Schäden nach sich zog, namentlich zu Lasten des Stabsgefreiten L. Allerdings sind die erschwerenden Umstände mit den mildernden Aspekten abzuwägen. Hier sprechen namentlich die besondere Gefährdung durch den Einsatz einer Signalpistole (vgl. BVerwG, Urt. v. 12.12.2013 – 2 WD 40.12) zumal in einem geschlossenen Raum, ebenso wie die gravierenden Auswirkungen der Pflichtverletzung beim Geschädigten für das Erfordernis einer weitergehenden Dienstgradherabsetzung. Jedoch wird ihr Gewicht durch die für den Soldaten sprechenden Erwägungen aus den Bemessungskriterien des „Maßes der Schuld", der „Persönlichkeit" und der „bisherigen Führung" – vor allem das Vorliegen einer einmaligen persönlichkeitsfremden Augenblickstat, die guten Leistungen des Soldaten, seine eindrücklich zum Ausdruck gebrachte Reue und Unrechtseinsicht – soweit kompensiert, dass eine Herabsetzung um einen Dienstgrad insgesamt tat- und schuldangemessen ist. Der vom Senat des Weiteren festgestellten Nachbewährung trägt der Senat dadurch Rechnung, dass er die Wiederbeförderungsfrist nach § 62 Abs. 3 Satz 3 WDO auf zwei Jahre herabsetzt.

XXI. Waffen/Munition

Unsachgemäße Lagerung von Manövermunition
BVerwG, Urt. v. 19.5.2016 – 2 WD 13.15

Anmerkung und Hinweise für die Praxis
Der Soldat, als Kasernenoffizier und S3-Feldwebel eingesetzt, hat ein schwerwiegendes Dienstvergehen begangen, indem er Schwarzbestände von Manövermunition in nicht unerheblicher Menge angelegt und in nach den Sicherheitsbestimmungen dafür nicht geeigneten Diensträumen pflichtwidrig eingelagert hat. Obgleich er nicht die Absicht hatte, die Munition dem Dienstherrn zu entziehen, bildet die Dienstgradherabsetzung den Ausgangspunkt der Zumessungserwägungen. Entscheidend für diese Bewertung ist nach Auffassung des BVerwG, dass ein Befehl über die sachgemäße Lagerung von besonders gefahrträchtiger Munition missachtet wurde (Verstoß gegen die ZDv 34/250).

1. Sachverhalt

Der Soldat, ein Oberstabsfeldwebel, war im … als Kasernenoffizier und S3-Feldwebel eingesetzt und auch für die Beschaffung und Anforderung des erforderlichen Ausbildungsmaterials mitverantwortlich. Das für die Durchführung der …-Ausbildung notwendige Material wurde nicht immer vollständig verbraucht, vielmehr blieben Reste übrig. Anstatt die nicht verbrauchte Munition bei der dafür zuständigen Teileinheit „Munition" abzugeben, wo alles im Einzelnen verbucht worden wäre, und sie damit in den Versorgungskreislauf zurückzuführen, nahm der frühere Soldat sie bewusst an sich und lagerte sie entweder – in geringen Mengen – in seinem Dienstzimmer (Raum…) im Gebäude … oder – mit Masse – im Raum … im Dachgeschoss des Gebäudes … ein. Beide Örtlichkeiten liegen innerhalb der Kaserne des …. Absicht des Soldaten war es, die zurückgehaltene – nach seinen Worten „nur zwischengelagerte" – Restmunition bei anderen Ausbildungsvorhaben zu dienstlichen Zwecken zu nutzen. Sie sollte nie in seinen Privatbesitz gelangen, sondern war ausschließlich für die verbandsinterne Ausbildung gedacht.

2. Entscheidung des BVerwG

Das BVerwG ging bei seinen Maßnahme-Zumessungserwägungen von einer Dienstgradherabsetzung aus, beschränkte diese aber vor allem im Hinblick auf die lange Verfahrensdauer auf eine Stufe. Den Schwerpunkt des Dienstvergehens bilden die in der Anlegung von Schwarzbeständen und der unsachgemäßen Lagerung von Manöver- und pyrotechnischer Munition bestehenden Pflichtverletzungen. Zwar sind diese Pflichtverletzungen, wie das BVerwG ausführt, nicht dadurch charakterisiert, dass sich der Soldat in Vorgesetztenstellung vorsätzlich an Eigentum oder Vermögen seines Dienstherrn vergreift, weil es hier sowohl an einer Zueignungsabsicht als auch an einem dauerhaften Entzug der dienstlichen Nutzung durch Verbringung in die private Sphäre fehlt. Gleichwohl sind sie wegen eines vergleichbaren Gewichtes grundsätzlich mit derselben Maßnahmeart zu sanktionieren. Das Gewicht dieser Pflichtverletzungen wird nämlich dadurch bestimmt, dass ein Befehl über die sachgemäße Lagerung von besonders gefahrträchtiger Munition missachtet wurde. Die Sicherheitsbestimmungen finden sich in der damaligen Zentralen Dienstvorschrift (ZDv) 34/250 („Schutz- und Sicherheitsbestimmungen für die oberirdische Lagerung von Munition"), Anlage 5 („Aufbewahren von Munition in Kasernen"). Diese Regelungen waren dem Soldaten aus seiner dienstlichen Tätigkeit inhaltlich bekannt. Er wusste auch, dass es sich bei seinem Dienstzimmer und dem Dachgeschossraum … nicht um Munitionsaufbewahrungsorte im Sinne der Dienstvorschrift handelte. Dennoch nahm er die Nichtbeachtung der ZDv 34/250 zumindest billigend in Kauf. Die Verletzung der Gehorsamspflicht ist je nach Schwere des Verstoßes mit einer Kürzung der Dienstbezüge, einem Beförderungsverbot oder auch einer Dienstgradherabsetzung zu ahnden. Dabei ist das disziplinare Gewicht eines Ungehorsams umso höher, je größer die dadurch drohenden Gefahren für ein bedeutsames Rechtsgut, insbesondere Leib und Leben von Kameraden, sind. Eine solche Gefahrenlage besteht bei der unsachgemäßen Lagerung von Munition, die nach der Einschätzung des sachkundigen Zeugen S der Gefahrenklasse 1.3 zuzuordnen ist, sodass bei deren Entzünden die Gefahr eines Massenfeuers bestanden hätte. Schon bei nur fahrlässigen Verletzungen von Sorgfaltspflichten im Umgang mit Munition ist ein Beförderungsverbot Ausgangspunkt der Zumessungserwägungen. Der schwereren Schuldform des Vorsatzes ist Rechnung zu tragen. Der Soldat war im Übrigen seinerzeit als Kasernenoffizier eingesetzt, wodurch ihm eine besondere Verantwortung übertragen worden war. Bei der Gesamtwürdigung hielt das BVerwG den Ausspruch einer Dienstgradherabsetzung um einen Dienstgrad für erforderlich und angemessen.

XXII. Wachdienst

Ungehorsam eines Offiziers gegenüber Wachsoldaten
BVerwG, Urt. v. 23.4.2015 – 2 WD 7.14

> **Anmerkung und Hinweise für die Praxis**
>
> Ein wehrstrafrechtlich relevanter Ungehorsam durch einen Offizier, durch den Leib und Leben von Kameraden konkret gefährdet werden, stellt eine schwere Verletzung der Gehorsamspflicht dar, für die Ausgangspunkt der Zumessungserwägungen eine Dienstgradherabsetzung ist. Das Persönlichkeitsfremde der Tat, die positiv hervortretenden Leistungen, das faktische Beförderungsverbot, die bereits entgangene Beförderung zum Hauptmann und insbesondere die Nachbewährung des Soldaten erlangen hier angesichts der besonderen Schwere des Dienstvergehens auch nicht ein solches Gewicht, dass sie den Übergang zu einer milderen Maßnahmeart rechtfertigten, weil das Gewicht mildernder Umstände umso größer sein muss, je schwerer das Dienstvergehen wiegt. Dazu hätte es zusätzlicher Milderungsgründe bedurft, die nicht vorlagen. Das TDG hat diesen Umständen jedoch als besonderem Grund (gemäß § 62 Abs. 3 Satz 3 i. V. m. § 60 Abs. 2 Satz 1 WDO) durch die gesetzlich höchstmögliche Verkürzung der Frist zur Wiederbeförderung zutreffend Rechnung getragen. Im Übrigen war das Verfahren insgesamt nicht unangemessen lang, es ist von allen damit befassten Stellen zügig betrieben worden. Auch waren, wie das BVerwG betont, mit der Dauer des Verfahrens Vorteile für den Soldaten verbunden, der über diesen Zeitraum Bezüge aus der höheren Besoldungsgruppe erhalten hat.

1. Entscheidung des Truppendienstgerichts (TDG)

Das TDG hat festgestellt, dass der Soldat, ein Oberleutnant, die ihm innerhalb des Kasernenbereichs der … kaserne in S. in der Nacht vom 1. auf den 2.10.2011 vom stellvertretenden Wachhabenden Stabsunteroffizier H1 am 1.10.2011 erteilte und ihm bekannte Anweisung, wegen seiner erheblichen Alkoholisierung in dieser Nacht nicht mehr mit seinem Pkw … zu fahren, am 2.10.2011 gegen 2:30 Uhr nicht befolgt, sondern mit dem Pkw den Kasernenbereich verlassen hat. Des Weiteren hat das TDG festgestellt, dass der Soldat im Anschluss daran in der Nacht des 2.10.2011 nach 2:30 Uhr seinen Pkw auf der zum Kasernengelände der … kaserne in S. gelegenen Zufahrtsstraße fortbewegt, wegen des vom Wachsoldaten Stabsgefreiter H2 gut sichtbar mit einer auf Rotlicht eingestellten Bundeswehrtaschenlampe signalisierten Haltesignales sodann verlangsamt, dann jedoch in einer Entfernung von ca. 25 – 30 m vor den Wachsoldaten Stabsgefreiter H2 und Hauptgefreiter H3 stark beschleunigt und direkt auf die Wachsoldaten zugefahren hat, um sie an der Durchsetzung der Aufforderung, den Pkw anzuhalten, zu hindern. Kurz bevor der Soldat die Wachsoldaten mit seinem Pkw erreicht hat, sind sie zur Seite gesprungen, um von ihm nicht erfasst zu werden. Das TDG hat dieses Verhalten als vorsätzliche Verletzung der Pflichten zum treuen Dienen in Gestalt der Verpflichtung zur Wahrung der Rechtsordnung (§ 7 SG i. V. m. § 19 Abs. 1 WStG, § 24 Abs. 1 WStG), zum Gehorsam (§ 11 Abs. 1 Satz 1 SG), zum dienstlichen wie außerdienstlichen Wohlverhalten (§ 17 Abs. 2 Satz 1 und Satz 2 SG) sowie zur Kameradschaft (§ 12 Satz 2 SG) gewertet. Es hat den Soldaten in den Dienstgrad eines Leutnants herabgesetzt und die Wiederbeförderungsfrist auf zwei Jahre verkürzt. Hiergegen legte der Soldat eine auf die Disziplinarmaßnahme beschränkte Berufung ein, mit dem Antrag „ihn zu einem Beförderungsverbot zu verurteilen". Das BVerwG hat die Berufung des Soldaten zurückgewiesen.

2. Entscheidung des BVerwG – Maßnahmebemessung

Ausgehend von den Tat- und Schuldfeststellungen des TDG sowie dessen disziplinarrechtlicher Würdigung, die für das BVerwG wegen der Beschränkung der Berufung bindend sind, begründet das BVerwG die Zurückweisung der Berufung im Wesentlichen wie folgt (vgl. § 58 Abs. 7 i. V. m. § 38 Abs. 1 WDO):

a) Schweres Dienstvergehen

Nach Eigenart und Schwere wiegt das Dienstvergehen schwer. Der Soldat hat durch mehrere Handlungen gegen mehrere soldatische Pflichten – § 7 SG, § 11 Abs. 1 Satz 1 SG, § 12 Satz 2 SG sowie § 17 Abs. 2 SG – verstoßen, wobei bereits der Verstoß gegen die Gehorsamspflicht eine soldatische Kernpflicht betrifft und stets ein sehr ernstzunehmendes Dienstvergehen darstellt (BVerwG, Urt. v. 12.2.2015 – 2 WD 2.14 – Rn. 31). Die Verstöße waren zudem teilweise strafrechtlich relevant (§ 19 Abs. 1 WStG, § 24 Abs. 1 WStG) und von solchem Gewicht, dass sie durch die Strafverfolgungsorgane auch geahndet wurden. Erschwerend tritt hinzu, dass der Soldat Gehorsam gegenüber Soldaten verweigert hat, die sich bei der Wahrnehmung der Wachaufgabe ihm gegenüber durchzusetzen hatten, obwohl er für sie nach Beendigung des Wachauftrages kraft seines höheren Dienstgrades wieder Vorgesetzter war. Von einem Offizier muss in besonderer Weise erwartet werden, dass er die Funktionsvorgesetztenstellung eines deutlich dienstgradniedrigeren Soldaten achtet und diesen bei der Wahrnehmung seiner Aufgaben nicht verunsichert. Eigenart und Schwere des Dienstvergehens werden des Weiteren dadurch bestimmt, dass der Soldat aufgrund seines Dienstgrades als Oberleutnant und somit als Offizier in einem ausgewiesenen Vorgesetztenverhältnis stand. Soldaten in Vorgesetztenstellung – noch dazu Offizieren – obliegt eine höhere Verantwortung für die Wahrung dienstlicher Interessen. Wegen seiner herausgehobenen Stellung ist ein Vorgesetzter in besonderem Maße für die ordnungsgemäße Erfüllung seiner Dienstpflichten verantwortlich und unterliegt damit im Falle einer Pflichtverletzung der verschärften Haftung, da Vorgesetzte in ihrer Haltung und Pflichterfüllung ein Beispiel geben sollen (§ 10 Abs. 1 SG).

b) Nachteilige Auswirkungen

Das Dienstvergehen hatte nachteilige Auswirkungen. Zum einen war mit ihm die Gefährdung von Leib und Leben von Kameraden verbunden; zum anderen wurde es bekannt, auch wenn die Autorität des Soldaten dadurch nicht infrage gestellt worden sein mag. Erschwerend ist zu berücksichtigen, dass der Soldat nicht als Vertreter des Staffelchefs eingesetzt werden konnte.

c) Maß der Schuld

Das Maß der Schuld des Soldaten wird durch sein vorsätzliches Handeln bestimmt. In welchem Umfang der Soldat zum Zeitpunkt der Pflichtverletzungen alkoholbedingt in seinem Handeln eingeschränkt war, braucht nicht aufgeklärt zu werden. Ein Soldat ist für Art und Umfang seines Alkoholkonsums grundsätzlich selbst verantwortlich und eine dadurch verminderte Steuerungs- oder Einsichtsfähigkeit bildet nur dann einen Milderungsgrund, wenn diese Verantwortlichkeit unverschuldet – etwa aufgrund einer Alkoholerkrankung – entfällt.

d) Überdurchschnittliche Leistungen

Soweit es die Persönlichkeit und die bisherige Führung des Soldaten betrifft, sprechen für ihn sein guter Leumund und seine überdurchschnittlichen Leistungen, wie sie durch die Sonderbeurteilung und die Förmliche Anerkennung aus dem Jahre 2013 deutlich werden. Dass der Soldat bislang straf- und disziplinarrechtlich nicht vorbelastet war, ist kein für ihn sprechender Umstand von Gewicht, weil er hiermit nur die

Mindesterwartungen des Dienstherrn pflichtgemäß erfüllte (BVerwG, Urt. v. 4.12.2014 – 2 WD 23.13). Allerdings liegt angesichts der bislang ordnungsgemäßen Dienstausübung, des Bildes, das die Beurteilungen von dem Charakter des Soldaten zeichnen, und des Eindrucks, den der Senat von ihm in der Berufungshauptverhandlung gewonnen hat, ein persönlichkeitsfremdes Verhalten vor. Dies wird gestützt durch die Aussage des Oberstleutnant Z., der bestätigte, dass eine Diskrepanz zwischen der Persönlichkeit des Soldaten und der Tat bestehe.

e) Was für den Soldaten spricht

Beweggründe, die für den Soldaten sprechen könnten, sind nicht ersichtlich geworden.

f) Dienstgradherabsetzung

Bei der Gesamtwürdigung aller be- und entlastender Umstände hielt der 2. WD-Senat die Herabsetzung im Dienstgrad gemäß § 58 Abs. 1 Nr. 4 i. V. m. § 62 Abs. 1 WDO für erforderlich und angemessen. Im Hinblick auf den Ausgangspunkt der Zumessungserwägungen (Regelmaßnahme) hat der Senat in der Vergangenheit die Verletzung der Gehorsamspflicht je nach Schwere des Verstoßes mit einer Gehaltskürzung, einem Beförderungsverbot oder auch einer Dienstgradherabsetzung geahndet (vgl. BVerwG, Urt. v. 23.6.2011 – 2 WD 21.10 und BVerwG, Urt. v. 22.8.2007 – 2 WD 27.06). Hier liegt ein schwerer Fall des Ungehorsams vor, sodass die Dienstgradherabsetzung den Ausgangspunkt der Zumessungserwägungen bildet. Denn die Bedeutung der Pflichtverletzungen wird nicht nur durch die hohe Bedeutung des Prinzips von Befehl und Gehorsam für die Funktionsfähigkeit der Streitkräfte bestimmt. Durch den Ungehorsam ist hier – und das auch noch wiederholt – Wehrstrafrecht von erheblichem Gewicht verletzt worden. Dadurch wurden Leib und Leben von Kameraden konkret gefährdet. Dies geschah zudem durch einen Offizier, der in besonderer Weise verpflichtet ist, die Autorität auch dienstgradniedrigerer Wachsoldaten beispielgebend zu achten. Gegenüber dem Ausgangspunkt der Zumessungserwägungen ist vorliegend die zu verhängende Disziplinarmaßnahme (Dienstgradherabsetzung) weder nach „oben" noch „unten" zu modifizieren. Das Dienstvergehen erfordert nicht den Übergang zur Höchstmaßnahme, weil das Vertrauensverhältnis zwischen dem Soldaten und dem Dienstherrn nicht irreversibel zerstört ist (BVerwG, Urt. v. 21.5.2014 – 2 WD 7.13). Jedoch wäre der Schwere des Dienstvergehens – wie vom Soldaten beantragt – auch nicht lediglich mit einem Beförderungsverbot tat- und schuldangemessen Rechnung getragen. Diese verlangt auch unter Berücksichtigung der für den Soldaten sprechenden Aspekte, insbesondere seiner Leistungen und der Persönlichkeitsfremdheit der Taten, eine Herabsetzung im Dienstgrad, wobei einer mehrgradigen Herabsetzung § 62 Abs. 1 Satz 1 WDO entgegensteht. Soweit es die Gewichtung des faktischen Beförderungsverbots betrifft, muss sich der Soldat, so das BVerwG, entgegenhalten lassen, dass er mit der im April 2014 eingelegten und erfolglosen Berufung zu einer Verlängerung des faktischen Beförderungsverbots selbst beigetragen hat (BVerwG, Urt. v. 16.2.2012 – 2 WD 7.11). Zudem war, wie das BVerwG ausführt, die Verfahrensdauer für ihn finanziell auch von Vorteil, weil er während des gerichtlichen Verfahrens weiterhin Bezüge der Besoldungsgruppe A 10 erhalten hat.

Leutnant beging schweres Dienstvergehen – Ruhegehalt aberkannt
BVerwG, Urt. v. 16.12.2010 – 2 WD 43.09

Anmerkung und Hinweise für die Praxis

1. Das vom Truppendienstgericht gegen den früheren Soldaten verhängte Beförderungsverbot und die Kürzung der Dienstbezüge wurden dem Unrechtsgehalt des Dienstvergehens nicht gerecht. Es ist nicht zu beanstanden, dass das BVerwG dem früheren Soldaten die Übergangsgebührnisse, die gemäß § 1 Abs. 3, § 67 Abs. 4 WDO als Ruhegehalt anzusehen sind, aberkannt hat (§ 58 Abs. 2 Satz 1 Nr. 4 WDO). Dass der Soldat während des Berufungsverfahrens vor dem BVerwG aus dem Dienstverhältnis ausgeschieden ist, stand der Fortsetzung des gerichtlichen Verfahrens nicht entgegen (§ 82 Abs. 1 WDO).

2. Das BVerwG stellt – entgegen der Auffassung des Truppendienstgerichts – klar: Der Umstand, dass der frühere Soldat erst relativ spät vorläufig des Dienstes enthoben wurde, spricht nicht gegen den vollständigen Vertrauensverlust. Nach der ständigen Rechtsprechung des BVerwG hängt die Beantwortung der Frage nach der erforderlichen fortbestehenden Vertrauenswürdigkeit eines Soldaten nicht entscheidend von den Erwägungen und Entscheidungen der jeweiligen Einleitungsbehörde oder der Einschätzung der unmittelbaren Vorgesetzten ab. Ob das Vertrauen in die Zuverlässigkeit und persönliche Integrität des betroffenen Soldaten erschüttert oder gar zerstört ist, ist „nach einem objektiven Maßstab, also aus der Perspektive eines objektiv und vorurteilsfrei den Sachverhalt betrachtenden Dritten zu prüfen und zu bewerten". Kritisch ist allerdings anzumerken, dass diese Sichtweise einem Außenstehenden nicht immer ganz einfach zu vermitteln ist.

1. Sachverhalt

Der (frühere) Soldat war nach Ablauf seines Verpflichtungszeitraumes aus dem Dienst ausgeschieden und erhielt Übergangsgebührnisse. Zuletzt wurde er im Jahre 2005 zum Leutnant befördert. Im Jahre 2006 kam es zu mehreren schuldhaft (teils fahrlässig/teils vorsätzlich) begangenen dienstlichen Verfehlungen (Inanspruchnahme dienstlichen Materials der Bundeswehr zu privaten Zwecken; erniedrigende Behandlung eines Untergebenen; Verfehlungen im Wachdienst als OvWa; unerlaubtes Fernbleiben vom Dienst). Das Truppendienstgericht verhängte gegen den früheren Soldaten wegen eines Dienstvergehens ein Beförderungsverbot von vier Jahren verbunden mit einer Kürzung seiner jeweiligen Dienstbezüge um ein Fünftel für die Dauer von 30 Monaten. Der 2. WD-Senat des BVerwG hob das Urteil des Truppendienstgerichts auf und entschied – auf die Berufung der Wehrdisziplinaranwaltschaft –, dass dem früheren Soldaten das Ruhegehalt aberkannt wird, § 58 Abs. 2 Satz 1 Nr. 4 i. V. m. § 65, § 67 Abs. 4 WDO.

2. Entscheidungsgründe des BVerwG (Maßnahmebemessung)

Hinsichtlich der Bemessung der Disziplinarmaßnahme ist wegen des Gebots der Gleichbehandlung vergleichbarer Fälle zunächst eine Regelmaßnahme für die in Rede stehende Fallgruppe als „Ausgangspunkt der Zumessungserwägungen" zu bestimmen. Dabei entspricht es der Rechtsprechung des Senats, dass im – unter Anschuldigungspunkt ... beschriebenen – Fall der vorsätzlichen Inanspruchnahme von Personal oder dienstlichen Materials der Bundeswehr zu privaten Zwecken Ausgangspunkt der Zumessungserwägungen je nach Gewicht des Dienstvergehens eine Kürzung der Dienstbezüge und/oder ein Beförderungsverbot, in schweren Fällen eine Herabsetzung um einen oder mehrere Dienstgrade ist. Eine Herabsetzung im Dienstgrad, in schweren Fällen jedoch auch eine Entfernung aus dem Dienst, ist ferner Ausgangspunkt der Zumessungserwägungen dann, wenn – wie unter Anschuldigungspunkt ... dargestellt – eine vorsätzlich erniedrigende Behandlung von Untergebenen vorliegt (BVerwG, Urt. v. 13.3.2008 – 2 WD 6.07; ehrverletzende und entwürdigende Äußerungen eines Soldaten werden disziplinarrechtlich einer entsprechenden Behandlung gleichgesetzt). Die – unter Anschuldigungspunkte ... – festgestellten vorsätzlichen Verstöße gegen die Gehorsams- und/oder Wahrheitspflicht standen zudem im Zusammenhang mit zentralen Verpflichtungen des Wachdienstes, bei dem die Sorgfaltsanforderungen angesichts des Schutzgutes besonders hoch sein müssen und Zuwiderhandlungen ebenfalls einer nachdrücklichen Sanktionierung bedürfen. Das – unter Anschuldigungspunkt ... beschriebene – unerlaubte fahrlässige Fernbleiben vom Dienst verlangt bei isolierter Betrachtung im Ausgangspunkt der Zumessungserwägung zwar noch keine nach außen sichtbare, dafür jedoch eine spürbare disziplinarische Pflichtenmahnung. Im Hinblick auf die konkrete Bemessung im vorliegenden Fall würde nach Auffassung des BVerwG mit einer Herabsetzung im Dienstgrad der Schwere der dienstlichen Verfehlungen nicht ausreichend Rechnung getragen. Es entspricht ständiger Rechtsprechung des Senats, dass für die „Eigenart und Schwere des Dienstvergehens" auch von Bedeutung ist, ob der Soldat einmalig oder wiederholt versagt hat oder in einem besonders wichtigen Pflichtenbereich (BVerwG, Urt. v. 10.2.2010 – 2 WD 9.09). Nach Maßgabe dessen ist das in den (früheren) Soldaten gesetzte Vertrauen des Dienstherrn so schwerwiegend und nachhaltig zerstört, dass diesem eine Fortsetzung des Dienstverhältnisses nicht mehr zugemutet werden könnte, wenn sich der Soldat noch im aktiven Dienst befände. Eine Herabsetzung im Dienstgrad wäre nicht ausreichend. Die dienstlichen Verfehlungen des früheren Soldaten sind, wie das BVerwG betont, zahlreich und überwiegend vorsätzlich begangen. Teilweise sind sie von strafrechtlichem Gewicht und betreffen zentrale Bereiche des soldatischen Lebens, insbesondere mehrfach Verfehlungen im Wachdienst. Die Auswirkungen waren auch erheblich. Insbesondere die äußerst moderat formulierte Sonderbeurteilung bestätigt, dass bereits vor dem Ausscheiden des früheren Soldaten aus dem Dienst kein Vertrauen mehr in seine Zuverlässigkeit sowie Vertrauenswürdigkeit bestand und sein Verwendungsspektrum weitgehend eingeschränkt war. Anders als vom Truppendienstgericht angenommen, spricht gegen den vollständigen Vertrauensverlust auch nicht der Umstand, dass der frühere Soldat erst zu einem späteren Zeitpunkt vorläufig des Dienstes enthoben worden ist. Ob das Vertrauen in die Zuverlässigkeit und persönliche Integrität des betroffenen Soldaten erschüttert oder gar zerstört ist, ist nach einem objektiven Maßstab, also aus der Perspektive eines objektiv und vorurteilsfrei den Sachverhalt betrachtenden Dritten zu prüfen und zu bewerten (BVerwG, Urt. v. 28.4.2005 – 2 WD 25.04).

XXIII. Wehrstrafgesetz
Verbot der Annahme von Vorteilen für die Dienstausübung – Gericht verhängt disziplinare Höchstmaßnahme
BVerwG, Urt. v. 16.1.2014 – 2 WD 31.12

> **Anmerkung und Hinweise für die Praxis**
> 1. Nach der Neufassung des § 331 Abs. 1 StGB ist es ausreichend, dass der Vorteil von Vorteilsgeber und Vorteilnehmer allgemein im Sinne eines Gegenseitigkeitsverhältnisses mit der Dienstausübung des Amtsträgers verknüpft wird, wodurch auch schon einem bewussten Handeln von Amtsträgern begegnet werden soll, mit dem ein böser Anschein möglicher „Käuflichkeit" erweckt wird. Nur darauf muss sich der Vorsatz des Vorteilnehmers auch beziehen (BGH, Urt. v. 2.2.2005 – 5 StR 168/04).
> 2. Ausgangspunkt der Zumessungserwägungen ist bei einer Vorteilsannahme jedenfalls dann die disziplinare Höchstmaßnahme, wenn ein Stabsoffizier und Dezernatsleiter einen fünfstelligen Euro-Betrag annimmt.

1. Sachverhalt

Der Soldat, ein Stabsoffizier und Dezernatsleiter, erhielt von der Firma A., die potenzieller Auftragnehmer von durch die Bundeswehr zu vergebenden Aufträgen war, einen Betrag von 25000 Euro auf sein Konto gutgeschrieben. An die Zahlung des Geldes hatte die Firma gewisse Erwartungen geknüpft, was der Soldat auch so verstand. Der Soldat konnte aufgrund seines dienstlichen Aufgabenbereichs seine Einflussmöglichkeiten – auch ohne Zuständigkeit für die Vergabe – vorteilhaft für die Firma A. nutzen und übersandte ihr u.a. dienstinterne Dokumente. Das Truppendienstgericht (TDG) hatte gegen den Soldaten wegen eines Dienstvergehens die Höchstmaßnahme verhängt (hier: Aberkennung des Ruhegehaltes, da die Dienstzeit des Soldaten zwischenzeitlich geendet hat). Das BVerwG hat die Berufung des Soldaten zurückgewiesen und das Urteil des TDG im Ergebnis bestätigt.

2. Entscheidung des BVerwG

Zu den dem Dienstvergehen (§ 23 Abs. 1 SG) zugrundeliegenden Pflichtverletzungen führt das BVerwG u.a. aus:

a) Rechtliche Würdigung

Der Soldat hat vorsätzlich gegen die nach § 7 SG bestehende Pflicht zum treuen Dienen verstoßen: Sie schließt insbesondere die Verpflichtung zur Loyalität gegenüber der geltenden Rechtsordnung, vor allem die Beachtung der Strafgesetze ein. Allerdings stellt nicht jede Verletzung einer Rechtsvorschrift bereits eine Verletzung der Pflicht zum treuen Dienen dar. Es muss sich vielmehr um einen Rechtsverstoß von Gewicht handeln, der zudem in einem Zusammenhang mit dem Dienstverhältnis steht. Ein disziplinarrechtlich relevanter Verstoß gegen Strafgesetze liegt vor, jedenfalls hat der Soldat den Straftatbestand der Vorteilsannahme gemäß § 331 Abs. 1 StGB verwirklicht, dessen auch dienstliche Relevanz schon daraus folgt, dass es sich um ein gemäß § 48 Abs. 1 WStG auch für einen Soldaten relevantes Amtsdelikt handelt. Der Soldat hat vorsätzlich einen Vorteil dadurch angenommen, dass er wissentlich und willentlich die ihm – wie ihm auch bekannt – auf Veranlassung des Geschäftsführers der Firma A. überwiesenen 25 000 Euro, auf die er keinen Anspruch hatte und die seine wirtschaftliche Situation verbesserten (BGH, Urt. v. 2.2.2005 – 5 StR 168/04), behalten hat. Die Entgegennahme erfolgte „für" seine Dienstausübung i. S. d. § 331 Abs. 1 StGB, wobei die beiden Seiten bewusste Verknüpfung von Dienstausübung und Vorteilsannahme sich nicht auf eine konkrete Dienstleistung zu beziehen brauchte; es reicht aus, wenn die Zuwendung dazu dient, ein allgemeines Wohlwollen zu schaffen. Nach den Feststellungen des Senats bestand zwischen der Firma A. und dem Soldaten Einverständnis darüber, dass der Vorteil für die Dienstausübung gewährt wurde. Der Soldat hat mit seinem Verhalten darüber hinaus vorsätzlich gegen § 19 Abs. 1 Satz 1 SG verstoßen, der ihm verbietet, in Bezug auf seine dienstliche Tätigkeit Belohnungen, Geschenke oder sonstige Vorteile anzunehmen. Eine Zustimmung durch die oberste Dienstbehörde, die die Annahme ausnahmsweise gemäß § 19 Abs. 1 Satz 2 SGB gerechtfertigt hätte, liegt ersichtlich nicht vor. Mit der Übersendung der Leistungsbeschreibung und der festgestellten Übersendung des dienstinternen Schreibens hat der Soldat vorsätzlich gegen die nach § 14 Abs. 1 Satz 1 SG bestehende Pflicht verstoßen, über die ihm bei oder bei Gelegenheit seiner dienstlichen Tätigkeit bekannt gewordenen Angelegenheiten Verschwiegenheit zu bewahren. Dabei steht nach dem Ergebnis der Beweisaufnahme auch fest, dass die Übermittlung der Leistungsbeschreibung und des Schreibens weder im dienstlichen Verkehr geboten war (§ 14 Abs. 1 Satz 2 Nr. 1 SG) noch damit Tatsachen mitgeteilt wurden, die offenkundig waren oder ihrer Bedeutung nach keiner Geheimhaltung bedurften (§ 14 Abs. 1 Satz 2 Nr. 2 SG).

b) Maßnahmebemessung

Nach einer Gesamtwürdigung aller be- und entlastenden Umstände hält das BVerwG die Aberkennung des Ruhegehaltes für geboten, weil der Soldat aus dem Dienstverhältnis zu entfernen gewesen wäre, falls er sich noch im Dienst befände, § 65 Abs. 1 Satz 2 WDO. Hierzu stellt das BVerwG im Wesentlichen fest:

Eigenart und Schwere des Dienstvergehens bestimmen sich nach dem Unrechtsgehalt der Verfehlungen, d.h. nach der Bedeutung der verletzten Dienstpflichten. Danach wiegt die Verfehlung äußerst schwer. Der besondere Unrechtsgehalt des Dienstvergehens ergibt sich daraus, dass der Soldat gegen das Verbot der Annahme von Belohnungen und Geschenken gemäß § 19 Abs. 1 SG und zugleich gegen seine Pflicht zur Loyalität gegenüber der Rechtsordnung, vor allem der Beachtung der Strafgesetze, massiv verstoßen hat. Mit dem Verstoß gegen § 331 Abs. 1 StGB hat der Soldat den Tatbestand eines Amtsdelikts verwirklicht. Die uneigennützige, auf keinen privaten Vorteil bedachte Führung der Dienstgeschäfte stellt eine wesentliche Grundlage nicht nur des Berufsbeamten-, sondern – wie aus § 48 Abs. 1, 5. Spiegelstrich WStG folgt – auch des Soldatentums dar. Zweck der Vorschrift ist, bereits den Anschein zu vermeiden, ein Beamter oder Soldat könne sich bei Wahrnehmung seiner dienstlichen Aufgaben aus Eigennutz durch sachwidrige Erwägungen beeinflussen lassen und für Amtshandlungen allgemein käuflich sein. Einen solchen Eindruck erweckt ein Soldat, der in Bezug auf seine dienstliche Tätigkeit Vorteile annimmt, auch dann, wenn er hierfür nicht pflichtwidrig handelt. Dies kann im Interesse des allgemeinen Vertrauens in ein rechtsstaatliches Handeln staatlicher Institutionen nicht hingenommen werden. Der hohe Stellenwert, den der Gesetzgeber dem Verbot der Vorteilsannahme für die Dienstausübung beigemessen hat, wird durch den Straftatbestand des § 331 Abs. 1 StGB i.d.F. des Korruptionsbekämpfungsgesetzes vom 13. August 1997 (BGBl I S. 2038) verdeutlicht. Die Annahme eines Vorteils steht danach auch dann unter Strafe, wenn der Vorteilsgeber keine bestimmte Amtshandlung erkaufen, sondern den Soldaten wohlwollend stimmen will (BVerwG, Urt. v. 23.11.2006 – 1 D 1.06). Erschwerend tritt hinzu, dass der Soldat mit 25000 Euro einen Vorteil in erheblicher Höhe angenommen hat. Eigenart und Schwere des Dienstvergehens werden des Weiteren dadurch bestimmt, dass der Soldat aufgrund seines Dienstgrades als Oberstleutnant in einem Vorgesetztenverhältnis stand (§ 1 Abs. 3 Sätze 1 und 2 SG i. V. m. § 4 Abs. 1 Nr. 1, Abs. 3 VorgV). Soldaten in Vorgesetztenstellung obliegt eine höhere Verantwortung für die Wahrung dienstlicher Interessen. Wegen seiner herausgehobenen Stellung ist ein Vorgesetzter in besonderem Maße für die ordnungsgemäße Erfüllung seiner Dienstpflichten verantwortlich und unterliegt damit im Falle einer Pflichtversetzung einer verschärften Haftung, da Vorgesetzte in ihrer Haltung und Pflichterfüllung ein Beispiel geben sollen (§ 10 Abs. 1 SG).

Das Dienstvergehen hatte auch gravierende nachteilige Auswirkungen für den Dienstherrn. Neben dem Bekanntwerden der Geschehnisse in der Öffentlichkeit durch einschlägige Presseberichte gehört dazu vor allem die Suspendierung des Soldaten bis zu seinem Dienstzeitende.

XXIV. Soldatengesetz (SG)

vom 30. Mai 2005 (BGBl. I S. 1482)
zuletzt geändert durch GKV-Versichertenentlastungsgesetz vom 11. Dezember 2018 (BGBl. I S. 2387)

– Auszug –

§ 7 Grundpflicht des Soldaten

Der Soldat hat die Pflicht, der Bundesrepublik Deutschland treu zu dienen und das Recht und die Freiheit des deutschen Volkes tapfer zu verteidigen.

§ 8 Eintreten für die demokratische Grundordnung

Der Soldat muss die freiheitliche demokratische Grundordnung im Sinne des Grundgesetzes anerkennen und durch sein gesamtes Verhalten für ihre Erhaltung eintreten.

§ 10 Pflichten des Vorgesetzten

(1) Der Vorgesetzte soll in seiner Haltung und Pflichterfüllung ein Beispiel geben.

(2) Er hat die Pflicht zur Dienstaufsicht und ist für die Disziplin seiner Untergebenen verantwortlich.

(3) Er hat für seine Untergebenen zu sorgen.

(4) Er darf Befehle nur zu dienstlichen Zwecken und nur unter Beachtung der Regeln des Völkerrechts, der Gesetze und der Dienstvorschriften erteilen.

(5) Er trägt für seine Befehle die Verantwortung. Befehle hat er in der den Umständen angemessenen Weise durchzusetzen.

(6) Offiziere und Unteroffiziere haben innerhalb und außerhalb des Dienstes bei ihren Äußerungen die Zurückhaltung zu wahren, die erforderlich ist, um das Vertrauen als Vorgesetzte zu erhalten.

§ 11 Gehorsam

(1) Der Soldat muss seinen Vorgesetzten gehorchen. Er hat ihre Befehle nach besten Kräften vollständig, gewissenhaft und unverzüglich auszuführen. Ungehorsam liegt nicht vor, wenn ein Befehl nicht befolgt wird, der die Menschenwürde verletzt oder der nicht zu dienstlichen Zwecken erteilt worden ist; die irrige Annahme, es handele sich um einen solchen Befehl, befreit den Soldaten nur dann von der Verantwortung, wenn er den Irrtum nicht vermeiden konnte und ihm nach den ihm bekannten Umständen nicht zuzumuten war, sich mit Rechtsbehelfen gegen den Befehl zu wehren.

(2) Ein Befehl darf nicht befolgt werden, wenn dadurch eine Straftat begangen würde. Befolgt der Untergebene den Befehl trotzdem, so trifft ihn eine Schuld nur, wenn er erkennt oder wenn es nach den ihm bekannten Umständen offensichtlich ist, dass dadurch eine Straftat begangen wird.

(3) Im Verhältnis zu Personen, die befugt sind, dienstliche Anordnungen zu erteilen, die keinen Befehl darstellen, gelten § 62 Abs. 1 und § 63 des Bundesbeamtengesetzes entsprechend.

XXIV. Soldatengesetz

§ 12 Kameradschaft

Der Zusammenhalt der Bundeswehr beruht wesentlich auf Kameradschaft. Sie verpflichtet alle Soldaten, die Würde, die Ehre und die Rechte des Kameraden zu achten und ihm in Not und Gefahr beizustehen. Das schließt gegenseitige Anerkennung, Rücksicht und Achtung fremder Anschauungen ein.

§ 13 Wahrheit

(1) Der Soldat muss in dienstlichen Angelegenheiten die Wahrheit sagen.

(2) Eine Meldung darf nur gefordert werden, wenn der Dienst dies rechtfertigt.

§ 15 Politische Betätigung

(1) Im Dienst darf sich der Soldat nicht zu Gunsten oder zu Ungunsten einer bestimmten politischen Richtung betätigen. Das Recht des Soldaten, im Gespräch mit Kameraden seine eigene Meinung zu äußern, bleibt unberührt.

(2) Innerhalb der dienstlichen Unterkünfte und Anlagen findet während der Freizeit das Recht der freien Meinungsäußerung seine Schranken an den Grundregeln der Kameradschaft. Der Soldat hat sich so zu verhalten, dass die Gemeinsamkeit des Dienstes nicht ernstlich gestört wird. Der Soldat darf insbesondere nicht als Werber für eine politische Gruppe wirken, indem er Ansprachen hält, Schriften verteilt oder als Vertreter einer politischen Organisation arbeitet. Die gegenseitige Achtung darf nicht gefährdet werden.

(3) Der Soldat darf bei politischen Veranstaltungen keine Uniform tragen.

(4) Ein Soldat darf als Vorgesetzter seine Untergebenen nicht für oder gegen eine politische Meinung beeinflussen.

§ 17 Verhalten im und außer Dienst

(1) Der Soldat hat Disziplin zu wahren und die dienstliche Stellung des Vorgesetzten in seiner Person auch außerhalb des Dienstes zu achten.

(2) Sein Verhalten muss dem Ansehen der Bundeswehr sowie der Achtung und dem Vertrauen gerecht werden, die sein Dienst als Soldat erfordert. Der Soldat darf innerhalb der dienstlichen Unterkünfte und Anlagen auch während der Freizeit sein Gesicht nicht verhüllen, es sei denn, dienstliche oder gesundheitliche Gründe erfordern dies. Außer Dienst hat sich der Soldat außerhalb der dienstlichen Unterkünfte und Anlagen so zu verhalten, dass er das Ansehen der Bundeswehr oder die Achtung und das Vertrauen, die seine dienstliche Stellung erfordert, nicht ernsthaft beeinträchtigt.

(3) Ein Offizier oder Unteroffizier muss auch nach seinem Ausscheiden aus dem Wehrdienst der Achtung und dem Vertrauen gerecht werden, die für seine Wiederverwendung in seinem Dienstgrad erforderlich sind.

(4) Der Soldat hat alles in seinen Kräften Stehende zu tun, um seine Gesundheit zu erhalten oder wiederherzustellen. Er darf seine Gesundheit nicht vorsätzlich oder grob fahrlässig beeinträchtigen. Der Soldat muss ärztliche Eingriffe in seine körperliche Unversehrtheit gegen seinen Willen nur dann dulden, wenn es sich um Maßnahmen handelt, die der Verhütung oder Bekämpfung übertragbarer Krankheiten oder der Feststellung seiner Dienst- oder Verwendungsfähigkeit dienen; das Grundrecht nach Artikel 2 Abs. 2 Satz 1 des Grundgesetzes wird insoweit eingeschränkt. § 25 Abs. 3 Satz 3 des Infektionsschutzgesetzes bleibt unberührt. Lehnt der Soldat eine zumutbare ärztliche Behandlung ab und wird dadurch seine

Dienst- oder Erwerbsfähigkeit ungünstig beeinflusst, so kann ihm eine sonst zustehende Versorgung insoweit versagt werden. Nicht zumutbar ist eine ärztliche Behandlung, die mit einer erheblichen Gefahr für Leben oder Gesundheit des Soldaten verbunden ist, eine Operation auch dann, wenn sie einen erheblichen Eingriff in die körperliche Unversehrtheit bedeutet. Ärztliche Untersuchungsmaßnahmen, die einer ärztlichen Behandlung oder einer Operation im Sinne des Satzes 6 gleichkommen, dürfen nicht ohne Zustimmung des Soldaten vorgenommen werden. Nicht als ärztliche Behandlung oder als Operation im Sinne des Satzes 6 und nicht als Eingriffe in die körperliche Unversehrtheit gelten einfache ärztliche Maßnahmen, wie Blutentnahmen aus dem Ohrläppchen, dem Finger oder einer Blutader oder eine röntgenologische Untersuchung.

§ 20 Nebentätigkeit

(1) Der Berufssoldat und der Soldat auf Zeit bedürfen zur Ausübung jeder entgeltlichen Nebentätigkeit, mit Ausnahme der in Abs. 6 abschließend aufgeführten, der vorherigen Genehmigung, soweit sie nicht nach Abs. 7 entsprechend § 98 des Bundesbeamtengesetzes zu ihrer Ausübung verpflichtet sind. Gleiches gilt für folgende unentgeltliche Nebentätigkeiten:

1. gewerbliche oder freiberufliche Tätigkeiten oder die Mitarbeit bei einer dieser Tätigkeiten und

2. Eintritt in ein Organ eines Unternehmens mit Ausnahme einer Genossenschaft.

Als Nebentätigkeit gilt nicht die Wahrnehmung öffentlicher Ehrenämter; ihre Übernahme hat der Soldat vor Aufnahme seinem Disziplinarvorgesetzten schriftlich anzuzeigen.

(2) Die Genehmigung ist zu versagen, wenn zu besorgen ist, dass durch die Nebentätigkeit dienstliche Interessen beeinträchtigt werden. Ein solcher Versagungsgrund liegt insbesondere vor, wenn die Nebentätigkeit

1. nach Art und Umfang den Soldaten in einem Maße in Anspruch nimmt, dass die ordnungsgemäße Erfüllung der dienstlichen Pflichten behindert werden kann,

2. den Soldaten in einen Widerstreit mit seinen dienstlichen Pflichten bringen, dem Ansehen der Bundeswehr abträglich sein kann oder in einer Angelegenheit ausgeübt wird, in der die Dienststelle oder Einheit, welcher der Soldat angehört, tätig wird oder tätig werden kann,

3. die Unparteilichkeit oder Unbefangenheit des Soldaten beeinflussen kann,

4. zu einer wesentlichen Einschränkung der künftigen dienstlichen Verwendbarkeit des Soldaten führen kann.

Ein solcher Versagungsgrund liegt in der Regel auch vor, wenn sich die Nebentätigkeit wegen gewerbsmäßiger Dienst- oder Arbeitsleistung oder sonst nach Art, Umfang, Dauer oder Häufigkeit als Ausübung eines Zweitberufs darstellt. Die Voraussetzung des Satzes 2 Nr. 1 gilt in der Regel als erfüllt, wenn die zeitliche Beanspruchung durch eine oder mehrere Nebentätigkeiten in der Woche ein Fünftel der regelmäßigen wöchentlichen Arbeitszeit überschreitet. Soweit der Gesamtbetrag der Vergütung für eine oder mehrere Nebentätigkeiten 40 Prozent des jährlichen Endgrundgehalts des Dienstgrades des Soldaten übersteigt, liegt ein Versagungsgrund vor. Der zuständige Disziplinarvorgesetzte kann Ausnahmen zulassen, wenn der Soldat durch Angabe bestimmter Tatsachen nachweist, dass die zeitliche Beanspruchung in der Woche acht Stunden nicht übersteigt oder die Versagung unter Berücksichtigung der Umstände des Einzelfalls nicht angemessen wäre oder wenn dienstliche Interessen die Genehmigung einer Nebentätigkeit rechtfertigen. Bei Anwendung der Sätze 4 bis 6 sind genehmigungs- und anzeigepflichtige Nebentätigkeiten zusammen zu berücksichtigen. Die Genehmigung ist auf längstens fünf Jahre zu befristen; sie kann mit

XXIV. Soldatengesetz

Auflagen und Bedingungen versehen werden. Ergibt sich eine Beeinträchtigung dienstlicher Interessen nach Erteilung der Genehmigung, ist diese zu widerrufen.

(3) Der Soldat darf Nebentätigkeiten nur außerhalb des Dienstes ausüben, es sei denn, sie werden auf Verlangen seines Disziplinarvorgesetzten ausgeübt oder es besteht ein dienstliches Interesse an der Ausübung der Nebentätigkeit. Das dienstliche Interesse ist aktenkundig zu machen. Ausnahmen dürfen nur in besonders begründeten Fällen, insbesondere im öffentlichen Interesse, auf schriftlichen Antrag zugelassen werden, wenn dienstliche Gründe dem nicht entgegenstehen und die versäumte Dienstzeit nachgeleistet wird.

(4) Der Soldat darf bei der Ausübung von Nebentätigkeiten Einrichtungen, Personal oder Material des Dienstherrn nur bei Vorliegen eines öffentlichen oder wissenschaftlichen Interesses mit dessen Genehmigung und gegen Entrichtung eines angemessenen Entgelts in Anspruch nehmen. Das Entgelt ist nach den dem Dienstherrn entstehenden Kosten zu bemessen und muss den besonderen Vorteil berücksichtigen, der dem Soldaten durch die Inanspruchnahme entsteht.

(5) Die Genehmigung erteilt das Bundesministerium der Verteidigung; es kann diese Befugnis auf andere Stellen übertragen. Anträge auf Erteilung einer Genehmigung sowie Entscheidungen über diese Anträge bedürfen der Schriftform. Der Soldat hat die für die Entscheidung erforderlichen Nachweise zu führen, insbesondere über Art und Umfang der Nebentätigkeit sowie die Entgelte und geldwerten Vorteile hieraus; jede Änderung ist unverzüglich schriftlich anzuzeigen.

(6) Nicht genehmigungspflichtig sind

1. die Verwaltung eigenen oder der Nutznießung des Soldaten unterliegenden Vermögens,

2. schriftstellerische, wissenschaftliche, künstlerische oder Vortragstätigkeiten,

3. mit Lehr- oder Forschungsaufgaben zusammenhängende selbstständige Gutachtertätigkeiten von Soldaten als Lehrer an öffentlichen Hochschulen und an Hochschulen der Bundeswehr sowie von Soldaten an wissenschaftlichen Instituten und Anstalten und

4. Tätigkeiten zur Wahrung von Berufsinteressen in Gewerkschaften oder Berufsverbänden oder in Selbsthilfeeinrichtungen der Soldaten.

Tätigkeiten nach Satz 1 Nr. 2 und 3 sowie eine Tätigkeit in Selbsthilfeeinrichtungen nach Satz 1 Nr. 4 hat der Soldat der zuständigen Stelle schriftlich vor ihrer Aufnahme anzuzeigen, wenn für sie ein Entgelt oder ein geldwerter Vorteil geleistet wird. Hierbei hat er insbesondere Art und Umfang der Nebentätigkeit sowie die voraussichtliche Höhe der Entgelte und geldwerten Vorteile anzugeben. Der Soldat hat jede Änderung unverzüglich schriftlich mitzuteilen. Der zuständige Disziplinarvorgesetzte kann im Übrigen aus begründetem Anlass verlangen, dass der Soldat über eine ausgeübte nicht genehmigungspflichtige Nebentätigkeit schriftlich Auskunft erteilt, insbesondere über deren Art und Umfang. Eine nicht genehmigungspflichtige Nebentätigkeit ist ganz oder teilweise zu untersagen, wenn der Soldat bei ihrer Ausübung dienstliche Pflichten verletzt.

(7) § 97 Abs. 1 bis 3, §§ 98 und 102 bis 104 des Bundesbeamtengesetzes gelten entsprechend.

(8) Einem Soldaten, der freiwilligen Wehrdienst nach § 58b oder Wehrdienst nach Maßgabe des Wehrpflichtgesetzes leistet, darf die Ausübung einer Nebentätigkeit nur untersagt werden, wenn sie seine Dienstfähigkeit gefährdet oder den dienstlichen Erfordernissen zuwiderläuft. Gleiches gilt bei einem Soldaten, der zu einer Dienstleistung nach dem Vierten Abschnitt herangezogen worden ist.

§ 23 Dienstvergehen

(1) Der Soldat begeht ein Dienstvergehen, wenn er schuldhaft seine Pflichten verletzt.

(2) Es gilt als Dienstvergehen,

1. wenn ein Soldat nach seinem Ausscheiden aus dem Wehrdienst seine Pflicht zur Verschwiegenheit verletzt oder gegen das Verbot verstößt, Belohnungen oder Geschenke anzunehmen oder eine Tätigkeit nach § 20a nicht anzeigt oder entgegen einem Verbot ausübt,

2. wenn sich ein Offizier oder Unteroffizier nach seinem Ausscheiden aus dem Wehrdienst gegen die freiheitliche demokratische Grundordnung im Sinne des Grundgesetzes betätigt oder durch unwürdiges Verhalten nicht der Achtung und dem Vertrauen gerecht wird, die für seine Wiederverwendung als Vorgesetzter erforderlich sind,

3. wenn ein Berufssoldat nach Eintritt oder Versetzung in den Ruhestand einer erneuten Berufung in das Dienstverhältnis nicht nachkommt.

(3) Das Nähere über die Verfolgung von Dienstvergehen regelt die Wehrdisziplinarordnung.

XXV. Wehrdisziplinarordnung (WDO)

Vom 16. August 2001 (BGBl. I S. 2093)

zuletzt geändert durch
Gesetz zur Reform der strafrechtlichen Vermögensabschöpfung vom 13. April 2017 (BGBl. I S. 872)

– Auszug –

§ 38 Richtlinien für das Bemessen der Disziplinarmaßnahme

(1) Bei Art und Maß der Disziplinarmaßnahme sind Eigenart und Schwere des Dienstvergehens und seine Auswirkungen, das Maß der Schuld, die Persönlichkeit, die bisherige Führung und die Beweggründe des Soldaten zu berücksichtigen.

(2) In der Regel ist mit den milderen Disziplinarmaßnahmen zu beginnen und erst bei erneuten Dienstvergehen zu schwereren Disziplinarmaßnahmen überzugehen.

(3) Disziplinararrest soll erst dann verhängt werden, wenn vorausgegangene erzieherische Maßnahmen und Disziplinarmaßnahmen ihren Zweck nicht erreicht haben oder die Aufrechterhaltung der militärischen Ordnung eine disziplinare Freiheitsentziehung gebietet.

§ 58 Arten der gerichtlichen Disziplinarmaßnahmen

(1) Gerichtliche Disziplinarmaßnahmen gegen Berufssoldaten und Soldaten auf Zeit sind:

1. Kürzung der Dienstbezüge,
2. Beförderungsverbot,
3. Herabsetzung in der Besoldungsgruppe,
4. Dienstgradherabsetzung und
5. Entfernung aus dem Dienstverhältnis.

(2) Gerichtliche Disziplinarmaßnahmen gegen Soldaten im Ruhestand sowie gegen frühere Soldaten, die als Soldaten im Ruhestand gelten (§ 1 Abs. 3), sind:

1. Kürzung des Ruhegehalts,
2. Herabsetzung in der Besoldungsgruppe,
3. Dienstgradherabsetzung und
4. Aberkennung des Ruhegehalts.

Sind sie zugleich Angehörige der Reserve oder nicht wehrpflichtige frühere Soldaten, die noch zu Dienstleistungen herangezogen werden können, dürfen nur die in Satz 1 genannten gerichtlichen Disziplinarmaßnahmen verhängt werden.

(3) Gerichtliche Disziplinarmaßnahmen gegen Soldaten in einem Wehrdienstverhältnis nach dem Reservistinnen- und Reservistengesetz, gegen Angehörige der Reserve sowie gegen nicht wehrpflichtige frühere Soldaten, die noch zu Dienstleistungen herangezogen werden können, sind:

1. Dienstgradherabsetzung und
2. Aberkennung des Dienstgrades.

XXV. Wehrdisziplinarordnung

Für Soldaten im Ruhestand und frühere Soldaten, die als Soldaten im Ruhestand gelten (§ 1 Abs. 3), die in ein Wehrdienstverhältnis nach dem Reservistinnen- und Reservistengesetz berufen werden, bleibt Abs. 2 Satz 1 unberührt.

(4) Wegen desselben Dienstvergehens dürfen nur Kürzung der Dienstbezüge und Beförderungsverbot nebeneinander verhängt werden. Sie sollen insbesondere nebeneinander verhängt werden, wenn erkennbar ist, dass ein Beförderungsverbot keine Auswirkungen auf den weiteren dienstlichen Werdegang des Soldaten haben wird; § 16 Abs. 1 ist nicht anzuwenden. Neben oder anstelle der Kürzung des Ruhegehalts kann auf Kürzung des Ausgleichs (§ 38 des Soldatenversorgungsgesetzes) erkannt werden. Im Übrigen darf wegen desselben Dienstvergehens nur eine gerichtliche Disziplinarmaßnahme verhängt werden.

(5) Wegen eines Verhaltens, das nach § 17 Abs. 3, § 23 Abs. 2 Nr. 2 Zweite Alternative des Soldatengesetzes als Dienstvergehen gilt, dürfen bei Soldaten im Ruhestand sowie bei früheren Soldaten, die als Soldaten im Ruhestand gelten, als gerichtliche Disziplinarmaßnahmen nur Dienstgradherabsetzung oder Aberkennung des Ruhegehalts verhängt werden.

(6) Die Wehrdienstgerichte dürfen auch einfache Disziplinarmaßnahmen verhängen.

(7) Die §§ 38 und 39 gelten auch im gerichtlichen Disziplinarverfahren.

§ 59 Kürzung der Dienstbezüge

Die Kürzung der Dienstbezüge besteht in der bruchteilmäßigen Verminderung der jeweiligen Dienstbezüge um mindestens ein Zwanzigstel und höchstens ein Fünftel für die Dauer von sechs Monaten bis zu fünf Jahren. Hat der Soldat aus einem früheren öffentlich-rechtlichen Dienstverhältnis einen Versorgungsanspruch erworben, bleibt bei dessen Regelung die Kürzung der Dienstbezüge unberücksichtigt.

§ 60 Beförderungsverbot

(1) Während des Beförderungsverbots darf dem Soldaten kein höherer Dienstgrad verliehen werden. Er darf während der Dauer des Beförderungsverbots auch nicht in eine Planstelle einer höheren Besoldungsgruppe eingewiesen werden.

(2) Die Dauer des Beförderungsverbots beträgt mindestens ein Jahr und höchstens vier Jahre. Sie ist nach vollen Monaten zu bemessen.

§ 61 Herabsetzung in der Besoldungsgruppe

Bei einem Soldaten, einem Soldaten im Ruhestand oder einem früheren Soldaten, der als Soldat im Ruhestand gilt (§ 1 Abs. 3), dessen Dienstgrad in zwei Besoldungsgruppen aufgeführt ist, ist die Herabsetzung in die niedrigere Besoldungsgruppe seines Dienstgrades zulässig. Durch die Herabsetzung in der Besoldungsgruppe verliert der Soldat alle Rechte aus seiner bisherigen Besoldungsgruppe. Der Anspruch auf Dienstbezüge und Dienstzeitversorgung richtet sich nach der Besoldungsgruppe, in die er zurücktritt. § 62 Abs. 3 gilt entsprechend.

§ 62 Dienstgradherabsetzung

(1) Die Dienstgradherabsetzung um einen oder mehrere Dienstgrade ist bei Offizieren bis zum niedrigsten Offizierdienstgrad ihrer Laufbahn zulässig. Diese Beschränkung gilt auch bei Offizieren, gegen die Disziplinarmaßnahmen nach § 58 Abs. 2 und 3 verhängt werden dürfen. Bei Unteroffizieren, die Berufssoldaten

XXV. Wehrdisziplinarordnung

sind, sowie bei Berufssoldaten im Ruhestand, die einen Unteroffizierdienstgrad führen, ist die Dienstgradherabsetzung bis zum Feldwebel zulässig. Im Übrigen ist sie unbeschränkt zulässig.

(2) Durch die Dienstgradherabsetzung verliert der Soldat alle Rechte aus seinem bisherigen Dienstgrad. Er tritt in den Dienstgrad und, wenn dieser in zwei Besoldungsgruppen aufgeführt ist, in die Besoldungsgruppe zurück, die das Wehrdienstgericht bestimmt. Die Ansprüche auf Dienstbezüge und Dienstzeitversorgung richten sich nach dem Dienstgrad und der Besoldungsgruppe, in die er zurücktritt.

(3) Der Soldat darf frühestens drei Jahre nach Rechtskraft des Urteils wieder befördert werden. § 60 Abs. 1 Satz 2 gilt entsprechend. Aus besonderen Gründen kann das Gericht die Frist im Urteil auf zwei Jahre herabsetzen.

(4) (weggefallen)

§ 63 Entfernung aus dem Dienstverhältnis

(1) Mit der Entfernung aus dem Dienstverhältnis wird das Dienstverhältnis beendet. Die Entfernung aus dem Dienstverhältnis bewirkt auch den Verlust des Anspruchs auf Dienstbezüge, Berufsförderung und Dienstzeitversorgung sowie den Verlust des Dienstgrades und der sich daraus ergebenden Befugnisse. Die Verpflichtung, aufgrund der Wehrpflicht Wehrdienst zu leisten, wird durch die Entfernung aus dem Dienstverhältnis nicht berührt.

(2) Der aus dem Dienstverhältnis entfernte Soldat erhält für die Dauer von sechs Monaten einen Unterhaltsbeitrag in Höhe von 50 vom Hundert der Dienstbezüge, die ihm bei Eintritt der Unanfechtbarkeit der Entscheidung zustehen; eine Einbehaltung von Dienstbezügen nach § 126 Abs. 2 bleibt unberücksichtigt. Würden dem Soldaten Versorgungsbezüge nur für eine bestimmte Zeit zustehen, darf der Unterhaltsbeitrag höchstens für diese Zeit bewilligt werden.

(3) Die Gewährung des Unterhaltsbeitrags kann in dem Urteil ganz oder teilweise ausgeschlossen werden, soweit der Verurteilte ihrer nicht würdig oder den erkennbaren Umständen nach nicht bedürftig ist. Sie kann in dem Urteil über den Zeitraum von sechs Monaten hinaus verlängert werden, soweit dies zur Vermeidung einer unbilligen Härte notwendig ist; der Verurteilte hat die Voraussetzungen der unbilligen Härte glaubhaft zu machen. Für die Zahlung des Unterhaltsbeitrags gilt § 109.

(4) In minder schweren Fällen kann das Gericht den Verlust des Dienstgrades ausschließen, jedoch den Dienstgrad herabsetzen, ohne an die in § 62 Abs. 1 Satz 1 bis 3 bezeichneten Beschränkungen gebunden zu sein.

§ 64 Kürzung des Ruhegehalts

Die Kürzung des Ruhegehalts besteht in der bruchteilmäßigen Verminderung des monatlichen Ruhegehalts. Für die Kürzung des Ruhegehalts gilt § 59 entsprechend. Diese Kürzung bleibt bei der Anwendung von Ruhens- und Kürzungsvorschriften nach dem Soldatenversorgungsgesetz unberücksichtigt. Der Ausgleich kann bis zur Hälfte gekürzt werden.

§ 65 Aberkennung des Ruhegehalts

(1) Mit der Aberkennung des Ruhegehalts tritt der Verlust der Rechte als Soldat im Ruhestand ein. Sie setzt voraus, dass die Entfernung aus dem Dienstverhältnis gerechtfertigt wäre, falls sich der Soldat im Ruhestand noch im Dienst befände. Die Aberkennung des Ruhegehalts bewirkt auch den Verlust eines noch

XXV. Wehrdisziplinarordnung

nicht gezahlten Ausgleichs und des Anspruchs auf Hinterbliebenenversorgung sowie den Verlust des Dienstgrades und der sich daraus ergebenden Befugnisse. § 63 Abs. 4 gilt entsprechend.

(2) Der Soldat, dessen Ruhegehalt aberkannt wird, erhält bis zur Gewährung einer Rente aufgrund der durchgeführten Nachversicherung, längstens jedoch für die Dauer von sechs Monaten, einen Unterhaltsbeitrag in Höhe von 70 vom Hundert des Ruhegehalts, das ihm bei Eintritt der Unanfechtbarkeit der Entscheidung zusteht; eine Einbehaltung des Ruhegehalts nach § 126 Abs. 3 bleibt unberücksichtigt. § 63 Abs. 3 gilt entsprechend.

§ 67 Disziplinarmaßnahmen gegen frühere Soldaten, die als Soldaten im Ruhestand gelten

(1) Bei früheren Soldaten, die als Soldaten im Ruhestand gelten (§ 1 Abs. 3), besteht die Kürzung des Ruhegehalts in der Kürzung der Übergangsbeihilfe, der Übergangsgebührnisse, der Ausgleichsbezüge, des Altersgelds nach dem Altersgeldgesetz oder des Unterhaltsbeitrags. Neben oder anstelle der Kürzung der Übergangsgebührnisse oder der Ausgleichsbezüge kann auf Kürzung der Übergangsbeihilfe erkannt werden.

(2) Für die Kürzung der Übergangsgebührnisse, der Ausgleichsbezüge, des Altersgelds nach dem Altersgeldgesetz oder des Unterhaltsbeitrags gilt § 59 entsprechend. Die Übergangsbeihilfe kann bis zur Hälfte gekürzt werden.

(3) Durch die Dienstgradherabsetzung erlöschen die Rechte aus einem Eingliederungs- oder Zulassungsschein, sofern der frühere Soldat noch nicht in den öffentlichen Dienst eingestellt worden ist. Im Übrigen bleibt ein Anspruch auf Berufsförderung unberührt.

(4) Mit der Aberkennung des Ruhegehalts verliert der frühere Soldat den Anspruch auf eine noch nicht gezahlte Übergangsbeihilfe sowie Ansprüche auf Übergangsgebührnisse, Ausgleichsbezüge, Unterhaltsbeitrag, Altersgeld nach dem Altersgeldgesetz und Berufsförderung. Er verliert ferner seinen Dienstgrad und die sich daraus ergebenden Befugnisse. § 63 Abs. 4 gilt entsprechend.

§ 108 Entscheidung des Truppendienstgerichts

(1) Das Urteil kann nur auf eine Disziplinarmaßnahme, auf Freispruch oder auf Einstellung des Verfahrens lauten.

(2) Auf Freispruch ist zu erkennen, wenn ein Dienstvergehen nicht vorliegt oder nicht erwiesen ist.

(3) Das Verfahren ist einzustellen, wenn ein Verfahrenshindernis besteht, eine Disziplinarmaßnahme nicht zulässig ist oder nach § 16 nicht verhängt werden darf. Das Gericht kann das Verfahren mit Zustimmung des Wehrdisziplinaranwalts einstellen, wenn es ein Dienstvergehen zwar für erwiesen, eine Disziplinarmaßnahme aber nicht für angebracht hält.

(4) Besteht ein Verfahrenshindernis, kann der Vorsitzende der Truppendienstkammer das Verfahren außerhalb der Hauptverhandlung durch Beschluss einstellen.

XXVI. Literaturverzeichnis (Auswahl)

Burmeister, Günter C.

Strukturen und Grundsätze des materiellen Disziplinarrechts in der aktuellen Rechtsprechung des Bundesverwaltungsgerichts, NZWehrr 2012, 177 ff.

Zurückweisung und Zurückweisungsgründe im wehrdisziplinargerichtlichen Berufungsverfahren, NZWehrr 2017, 89 ff., 133 ff.

Dau, Klaus

Anmerkung zu BVerwG 2 WD 5.13 v. 20.3.2014 (außerdienstliche Wohlverhaltenspflicht), NRWehrr 2014, 203 ff.

Das Bundesministerium der Verteidigung im Tatbestand wehrstrafrechtlicher Dienstentziehungsdelikte, NZWehrr 2017, 210.

Der Disziplinbegriff im deutschen Wehrrecht, NZWehrr 2018, 133.

Sittliches Fehlverhalten von Soldaten im Urteil der Wehrdienstgerichte, NZWehrr 2015, 89 ff.

Ders./Schütz, Christoph

Wehrdisziplinarordnung, Kommentar, 7. Aufl. 2017.

Gronimus, Andreas

Die Beteiligungsrechte der Vertrauenspersonen in der Bundeswehr, Kommentar, 8. Neu bearbeitete Aufl. 2018.

Praxishinweis zum Urteil des BVerwG v. 20.3.2014 – 2 WD 5.13 (Disziplinarische Folgen außerdienstlichen Fehlverhaltens), Der Personalrat 9/2014, 54.

Häußler, Richard

Kann das Modell des Strafbefehls zur Beschleunigung von Wehrdisziplinarverfahren beitragen?, NZWehrr 2018, 233.

Heinemann, Patrick O.

Ne bis in idem: Zur Unvereinbarkeit von Disziplinararrest mit Kriminalstrafen unter Art. 103 Abs. 3 GG, NZWehrr 2014, 11 ff.

Lucks, Ulrich

Zur disziplinarrechtlichen Beurteilung von Steuerhinterziehung, NZWehrr 2016, 66 ff.

XXVI. Literaturverzeichnis (Auswahl)

Metzger, Philipp-Sebastian

Befehlsbefugnis jenseits des Kernauftrages, NZWehrr 2017, 200.

Zum Verbot der Ausübung des Dienstes, NZWehrr 2017, 57 ff.

Zur außerdienstlichen Wohlverhaltenspflicht, NZWehrr 2016, 10 ff.

Zur Durchführung von Vernehmungen nach der Wehrdisziplinarordnung, NZWehrr 2015, 1 ff.

Zur Frage der Überschreitung der Befehlsbefugnis, NZWehrr 2018, 45.

Poretschkin, Alexander

Befehlsrecht und Beteiligungsrecht der Soldaten – ein Widerspruch im Einsatz?, NZWehrr 2017, 66 ff.

Sanne, Alexander

Flirten Sie noch oder belästigen Sie schon? Die „sexuelle Belästigung" als soldatische Pflichtverletzung, NZWehrr 2018, 162.

Scherer, Werner/Alff, Richard/Poretschkin, Alexander/Lucks, Ulrich

Soldatengesetz, Kommentar, 10. Aufl. 2018.

Schwandt, Eberhard U.

Ahndung von Dienstvergehen im Wehrdisziplinarverfahren, ZBR 2002, 382.

Dienstpflichten der Soldaten, ZBR 1993, 161.

Vogelgesang, Klaus u.a.

Gesamtkommentar Öffentliches Dienstrecht, Teil 5: Wehrrecht, Soldatengesetz, Loseblatt-Kommentar.

Walz, Dieter/Eichen, Klaus/Sohm, Stefan

Soldatengesetz, Kommentar, 3. Aufl. 2016.

Widmaier, Ulrich

Aktuelle Entwicklungen in der Rechtsprechung des 2. Wehrdienstsenats des Bundesverwaltungsgerichts, NZWehrr 2008, 201 ff.

Art. 6 EMRK in der beamten- insbesondere wehrrechtlichen Disziplinarrechtsprechung des Bundesverwaltungsgerichts, DVBl 2018, 553 ff.

Disziplinar- und beteiligungsrechtliche Aspekte in der Rechtsprechung der Wehrdienstsenate des Bundesverwaltungsgerichts, DVBl 2013, 1553 ff.

Grundrechte des Soldaten – Entwicklungen in der Rechtsprechung, in: Forum Innere Führung, Dieter Weingärtner (Hrsg.) Streitkräfte und Menschenrechte, S. 35 ff., 2008.

Zum Grundrecht des Soldaten auf freie Meinungsäußerung aus disziplinarrechtlicher Sicht, in: Öffentliches Dienstrecht im Wandel, Festschrift für Walther Fürst, S. 407 ff., 2002.

XXVI. Literaturverzeichnis (Auswahl)

Ders./Kilian, Michael

Zur Bedeutung der Europäischen Menschenrechtskonvention für öffentliche Bedienstete und Soldaten, NZWehrr 2010, 235.

Zetsche, Holger

Durchsuchung und Beschlagnahme in Disziplinarverfahren, NZWehrr 2015, 150 ff.

Zum Anspruch des Dienstherrn auf Herausgabe von Schmiergeldern, BWV 2003, 54.

XXVII. Stichwortverzeichnis

Annahme v. Vorteilen 209
Aufhebung, Urteil 105
Aussagegenehmigung 17
Aussagedelikt 19

Beleidigung 24
Berufungsfrist 91
Betäubungsmittel 29
Betrug 170

Dateien, speichern 34
Degradierung 120
Dienstbezüge, Einbehaltung 109
Dienstliche Erklärung, unwahre 155
Drogen, Beschaffung 32

Erzieherische Maßnahme 36

Fahrerlaubnis 136
Fernbleiben, unerlaubtes 137, 140, 142, 145, 147, 150, 207
Feststellung, strafgerichtlich 97
Finanzielle Vorteile, Verschaffung 50

Gemeinschaftskasse 46
Gutachten 118

Hausrenovierung, private 173
Höchstmaßnahme 78

Kinderpornographie 124, 133
Kameradendiebstahl 43
Kameradenehe 48
Kindergeld 186
Körperverletzung 38, 40

Manövermunition 202
Meldung, falsche 22
Menschenführung 27
Milderungsgründe 114
Misshandlung 52

Nebentätigkeit 53
Notwehr 69

Objekte, geringwertige 160

XXVII. Stichwortverzeichnis

Pflichtverletzung, verleiten 158
Pflichtverteidiger 80, 82, 84
Politische Treuepflicht 55
Preismanipulation 162

Rechtsextremismus 58, 61
Reisekosten 182
Rechtsmittelfrist 90

Sachverhaltsaufklärung 63
Schulden 121
Schuldfähigkeit 103
Schusswaffenmissbrauch 192
Sexuelle Belästigung 126, 128, 131
Signalpistole 195, 200
Spendengelder, Veruntreuung 176
Sprengstoffgesetz, Verstoß 29
Stadion, Böllerwurf 198
Stempeluhr 154
Steuerhinterziehung 184, 188

Tankkarte 178, 180

Überraschungsentscheidungen 95
Ungehorsam 152, 204
Unschuldsvermutung 65, 67
Unterhaltsbeitrag 190
Urteilsverkündung 86, 88

Verfahrensdauer 72, 73, 76
Vollstreckung 112

Warenhausdiebstahl 165, 168
Wiederaufnahme 93

Zeuge 99